벌거벗은 세계사

벗겼다, 세상이 감춰온 비극의 순간들

벌거벗은 세계사

잔혹사편

tvN 〈벌거벗은 세계사〉 제작팀 지음

교보문고

목차

벌거벗은
세계사
잔혹사편

벌거벗은 세계사

벌거벗은 마녀사냥

유럽을 휩쓴 집단 광기의 진실

임승휘

● 지난 2000년, 바티칸에서 교황 요한 바오로 2세Joannes Paulus II가 발표한 문건이 전 세계적으로 큰 화제가 되었습니다. 「회상과 화해: 교회의 과거 범죄」라는 문건에는 2,000년 기독교 역사에서 하느님의 뜻이라는 이유로 교회가 인류에게 저지른 7가지 죄를 고백하고 용서를 구한다는 내용이 담겨 있었습니다. 그중에서도 눈에 띈 것은 '수백 년 전 일어났던 마녀사냥이 교회의 과오였음을 인정하고 용서를 구한다'라는 내용이었죠.

세계사에는 수많은 비극과 고난이 기록되어 있습니다. 수백 년간 무고한 사람들을 처참하게 살육한 중세와 근대 초 유럽의 마녀사냥은 가장 비이성적인 비극 중 하나로 남아있습니다. 마녀사냥은 '초자연적인 능력이나 마법 또는 주술로 타인에게 해를 끼치는 사람을 색출해서 처벌하는 행위'를 의미합니다. 중세 유럽은 수많은 사람들에게 사악한 주술을 부리고 마을에 불행을 가져온다며 마녀 혹은 마법사라는 죄목을 씌웠습니다. 마녀로 지목된 이들은 끔찍한 고문을 당하고 끝내는 장작더미 위에 올라 화형당했죠.

이들은 정말로 마녀나 마법사였을까요? 사실 이들의 정체는 새로운 것을 연구하는 학자, 치료사, 이웃집의 평범한 주부와 할머니, 그리고 아무것도 모르는 어린아이였습니다. 16세기 유럽에서는 이들을 대상으로 한 마녀사냥이 조직적이고 대규모로 벌어졌습니다. 학자들에 따라 조금씩 다르긴 하지만 이 시기 마녀와 마법사로 몰려 목숨을 잃은 희생자는 최소 3만 명에서 최대 5만 명에 이른다고 합니다. 잘못한 것이 없는 수많은 사람들은 왜 불에 타 죽어야 했을까요? 그리고 왜 하필 이 시기에 전 유럽에 마녀사냥의 광풍이 불었던 것일까요?

지금부터 유럽에서 벌어졌던 이 참혹한 사건을 들여다보려 합니다. 말도 안 되는 집단 광기가 일어난 원인과 마녀사냥의 숨은 진실을 낱낱이 벌거벗겨 보겠습니다.

왕권을 누른 중세 유럽 교회의 강력한 힘

교황 요한 바오로 2세가 마녀사냥에 관한 죄를 인정하고 용서를 구한 것은 마녀사냥의 역사가 교회와 깊이 얽혀 있기 때문입니다. 우리가 마녀사냥을 제대로 이해하기 위해서는 먼저 5세기부터 15세기에 이르는 중세 시대 교회의 영향력부터 알아야 합니다. 기독교는 4세기에 로마의 국교가 되면서 5세기 무렵 유럽에 빠르게 퍼져나갔고 전 유럽인의 종교가 되었습니다. 이 시기 사람들의 삶을 요약하자면 '교회의 품 안에서 태어나서, 교회의 품 안에서 살다가, 교회의 품 안에서 죽는다'라고 할 수 있을 정도였죠.

이 같은 기독교적 세계관 안에서 가장 강력한 힘을 가진 존재는 바로 교회의 구심점인 교황입니다. 가톨릭의 수장이자, 로마의 주교이며, 바티칸 시국의 군주이죠. 사람들은 신이 교황이라는 대리인을 세상에 내려보냈고, 교황과 교회를 통해 사람들의 영혼을 구원으로 이끈다고 굳게 믿었습니다. 이런 믿음 아래 교회의 영향력은 점점 커졌고 교황은 왕과 함께 중세 유럽의 질서를 유지하는 거대한 두 축으로 자리매김했습니다.

중세 유럽에서 교황과 왕의 역할은 분리되어 있었습니다. 왕이 지방 곳곳에 있는 영주와 귀족들을 통해 나라를 이끌었다면 교황은 유럽의 각 나라에 주교를 파견해 사람들의 영혼을 이끌었죠. 그런데 교회가 강력해지면서 이 구분이 사라지고 힘의 균형이 기울어지기 시작했습니다. 교회의 법이 국가의 법으로 받아들여지기도 하고, 교회가 특정 행동을 범죄라고 지목하면 왕국도 여기에 협조하곤 했죠. 어느새 법률, 학문, 예술 등 중세 사회 전 분야가 교회의 영향을 받게 되었습니다. 심지어 전 유럽의 군주들에게 군대 소집을 명하기도 하고 교황권에 맞서는 황제의 무릎을 꿇리기도 했습니다. 이처럼 교회가 왕보다 더 강력한 힘을 휘두르는 일까지 생기자 "교황은 태양, 황제는 달"이라는 말까지 생겨났죠.

중세 시대 교회의 영향력을 상징하는 것이 왕의 대관식입니다. 프랑스 왕들은 대관식에서 무릎 꿇고 교회에 맹세한 후에야 왕으로 인정받는 의식을 치를 수 있었는데요, 그 맹세는 다음과 같습니다.

"교회의 평화를 유지하고 모든 폭력을 금지하며, 정의롭고 자비로운 판결을 수행할 것이며, 다스리는 땅에서 모든 이교도들을 추방할 것입니다."

왕이 교회의 수호자 역할을 자처하는 것이죠. 문제는 교회가 막강한 힘을 얻게 되면서 부패하기 시작했다는 것입니다. 주교나 수도원장 같은 고위 성직자들은 돈을 받고 성직을 팔아 부를 축적했습니다. 또한 순결의 의무를 저버리고 성적인 관계를 갖거나 불륜을 저질러 사생아를 낳기도 했죠.

굳게 믿었던 교회와 성직자들이 타락했다는 사실을 알게 된 사람들은 배신감을 느꼈습니다. 당시 유럽 곳곳에서는 교회를 비판하는 무리가 등장했는데 특히 프랑스 남부의 알비와 툴루즈 지역이 교회의 개혁을 강력하게 주장했습니다. '알비파'라고 불린 이들은 부패한 가톨릭교회와 순결을 버리고 타락한 성직자를 맹렬하게 비판했습니다. 급기야는 교회라는 존재가 필요 없다고 주장하며 십자가를 산처럼 쌓아서 태워버리기까지 했죠. 교회는 자신을 전면적으로 부정하며 반기를 드는 알비파를 가만히 둘 수 없었고 이들을 '이단'이라고 낙인찍었습니다. 이단이란 기존 교회가 세운 정통 교리와 다른 해석을 하는 사람들을 말합니다. 그렇다면 알비파를 이단으로 규정한 교회는 어떤 움직임을 보였을까요?

교황 인노켄티우스 3세Innocentius III는 이단인 알비파를 토벌하기 위해 1209년에 십자군을 결성해 프랑스 남부로 파견했습니다. 하지만 이 지역 사람들이 모두 알비파는 아니었죠. 그들은 전체 인구의 5%도 안 될 만큼 소수에 불과했습니다. 그렇다면 십자군은 알비파와 기독교인을 어떻게 구별했을까요? 놀랍게도 구별하지 않고 모조리 죽였습니다. 십자군이 알비파의 거점인 베지에라는 도시를 점령할 당시 현장에 있던 교황의 특사가 "모두 죽여라, 신께서는 자신의 자식을 알아보실 것이다"라고 말했다고 합니다. 이는 죽고 나면 신이 이단을 구별해줄 것이라는 이야기입니다.

프랑스 남부의 알비파를 척결한 교회는 여기서 멈추지 않았습니다. 독일과 스페인, 이탈리아 등에도 교회를 비판하는 사람이 널리 퍼져 있었기 때문이죠. 권위를 지키기 위해 반기를 드는 세력을 제압해야겠다고 결심한 교회는 유럽 곳곳에 종교재판소를 세우기 시작했습니다. 당시 종교재판소는 알비파 척결을 위해 설치한 정치적 도구였습니다. 자체 감옥을 운영했으며 고문의 사용도 허가했고, 그곳에 이단 심문관과 종교재판관을 파견했죠. 교황은 이단을 박멸하고 방지하기 위해 '이단 심문제도'를 강화했고, 종교재판소에서 무수히 많은 이단 재판을 벌이며 이단을 척결했습니다.

이단 재판을 주도한 종교재판관과 이단 심문관은 교황이 직접 임명했는데 주로 주교나 성직자들이었습니다. 특히 도미니쿠스 수도회의 수사들이 종교재판관으로 많이 활동한 것으로 알려져 있죠. 가톨릭의 두뇌이자 정통 신앙의 수호자로 불린 도미니크 수도회는 교리를 깊이 연구했는데, 그러다 보니 이단에 관해 매우 엄격한 태도를 보였다고 합니다.

마녀의 정체와 마녀사냥의 시작

이단을 잡아들이겠다는 열의에 불탄 이단 심문관들은 언제부턴가 새로운 주장을 했습니다. 마녀도 이단에 포함하자는 것입니다. 이 같은 주장의 단초는 교회에서 내린 이단에 대한 정의였습니다. 여기저기서 이단이 등장하자 교회가 이단을 정통 기독교와 다른 정도가 아니라, 사악한 힘에 물들어 악마를 숭배하는 대역죄로 규정해 버린 것입니다. 교회는 이단자들이 악마를 숭배하고, 십자가를 모독하고, 갖가지 악을 저지른다고 몰아붙였습니다. 하지만 교황은 이단 심문관들의 요청을 단칼에 거절했습니다. 그때까지만 해도 마녀를 악마를 숭배하는 사람으로 여기지 않았기 때문입니다.

사실 인간은 오랜 세월 동서고금을 막론하고 마법을 믿어왔습니다. 그리고 마법을 부리는 사람들을 마녀 혹은 마법사라고 불렀죠. 과거 마녀는 약초사, 의사, 치유사, 약사, 산파, 무속인을 겸했기에 '현명한 부인'으로 불리기도 했습니다. 다양한 민간요법을 알고 있거나 식물과 연고를 이용해 병을 치료해주는 사람들이 주로 여성이었기 때문입니다. 사람들은 병이 나면 약초에 대한 지식이 풍부한 경험 많은 치유사를 찾아가 치료받거나, 아이를 출산할 때는 산파의 도움을 구하기도 했죠. 마녀를 찾아가 한해 농사를 점치거나 농작물이 잘 자라게 해달라고 부탁하기도 했습니다.

이처럼 유럽에서는 마녀를 많은 도움을 주는 존재로 여겼습니다. 실제로 이탈리아의 프리울리라는 지역에는 착한 마녀들에 관한 기록이 전해 내려옵니다. 착한 마녀는 전염병이 돌거나 곡식 수확이 좋지 않을 때 마을을 위해 축원하고 마을의 안녕을 비는 예식을 올려서 사람들을 보호해주었습니다. 사람들은 미래가 불안하면 마녀를 찾아가 고민을 털어놓거나 주술사가 써준 부적을 받아 안심하며 돌아가곤 했죠.

그렇다고 해서 마녀를 나쁘게 보는 시선이 없었던 것은 아닙니다. 커다란 불행이나 슬픔이 찾아오면 그런 일이 생긴 원흉을 마녀에게서 찾기도 한 것입니다. 사람이나 가축이 죽거나 병에 걸리면 마을 사람들은 마녀에게 우르르 몰려가 "나쁜 주술을 쓴 게 아니냐"라며 따지고 집단으로 폭력을 가했습니다. 이런 행위를 '샤리바리charivari'라고 합니다. 요컨대 병의 증상을 낫게 해주려 만든 약초가 순식간에 저주의 약초로 변해버리고 마는 것이죠. 다만 이런 일은 마을 사람들에 의해서 자체적으로, 소규모로 벌어졌기에 분풀이를 하고 나면 금세 가라앉았습니다. 이때까지만 해도 교황은 샤리바리가 일어나면 "마녀 탓을 하지 말라"라며 관용적인 태도를 보였습니다.

그런데 1318년에 상황이 완전히 뒤바뀌었습니다. 교황이 마녀사냥을 허가한 것입니다. 무슨 일이 있었던 것일까요? 1317년, 프랑스 아비뇽에서 교황 요한 22세Joannes XXII를 향한 암살 미수 사건이 벌어졌습니다. 범인은 놀랍게도 교회의 고위 사제인 주교였죠. 더욱 충격적인 사실은 그가 교황을 살해하려 한 방법이 칼이나 무기가 아닌 주술이었다는 것입니다. 교회는 경악했고 사건은 엄청난 파장을 불러일으켰습니다. 분노한 교황이 마녀를 이단자로 단정할 논리적 근거도 마련하지 않은 채 이단자와 마녀를 혼동하며 마녀사냥을 허락한 것입니다. 이후 프랑스 남부에서는 1320년부터 1350년 사이에 600여 명이 마녀로 기소되었고, 그중 400여 명을 화형에 처했습니다.

이는 마녀사냥의 서막에 불과했습니다. 14세기에 잇따른 악재가 벌어지면서 마녀사냥을 향한 광기가 더욱 크게 몰아친 것입니다. 이 시기 유럽의 상황을 알기 위해서는 먼저 14세기 초부터 18세기 초까지 벌어진 심각한 기후 변화부터 살펴봐야 합니다. 당시 유럽을 비롯한 지구의 기온은 평균 2℃씩 떨어졌습니다. 이 시기를 '소빙하기'라고 합니다.

그림은 이탈리아의 시인 단테Dante가 쓴 《신곡: 지옥편》에서 묘사한 제3 지옥의 모습입니다. 단테는 이곳을 하염없이 춥고 저주받은 비와 우박, 그리고 눈이 내리는 가운데 악마가 영혼을 조각조각 찢어발기는 곳이라고 표현했습니다. 이러한 묘사는 14세기 초의 기상 변화에서 영감을 받은 것으로 추정하는데 실제로 소빙하기가 닥쳐온 세상은 단테가 묘사한 지옥과도 같았죠. 겨울이 길어지면서 매서운 추위가 이어졌고, 하늘은 흐리며, 계절을 가리지 않고 폭우와 우박, 서리가 쏟아졌다고 합니다.

소빙하기의 피해는 심각했습니다. 독일 북부의 뤼벡 지역에서는 홍수 피해를 입은 마을의 복구가 어렵다는 판단에 주민들이 마을을 버리는 사태

단테의 《신곡: 지옥편》에서 그린 기상 이변

가 벌어졌습니다. 영국에서 가장 부유한 항구 중 하나였던 던위치는 홍수로 수백 채의 집이 물에 잠기고 사람들이 대피하는 사태가 벌어졌죠. 그뿐 아니라 곡식과 과일이 제대로 영글지 못하면서 흉작이 이어졌고 대기근까지 찾아왔습니다. 식품 가격은 천정부지로 치솟았고, 음식이 부족하다 보니 많은 사람이 굶주리거나 오염된 음식을 먹고 목숨을 잃곤 했죠. 가축들도 예외는 아니었습니다. 먹지 못한 소, 양, 말 등은 나날이 허약해지다가 굶어 죽기 일쑤였습니다. 어느새 유럽 곳곳은 굶주림에 지친 사람들이 일으킨 폭동으로 들썩였습니다.

천재지변으로 혼란한 유럽에 또 하나의 커다란 악재가 찾아왔습니다. 14세기 중엽에 전 유럽을 강타한 흑사병입니다. 인류 역사상 최악의 팬데믹이라 불리는 흑사병은 유럽 인구의 3분의 1을 앗아갔습니다. 당시 파리와 런던은 인구가 절반으로 줄어들 만큼 피해가 극심했죠. 소빙하기로 대기근이 길어지면서 굶주림이 계속됐고 면역력이 약해져 전염병의 피해가 더욱 컸던 것입니다. 설상가상으로 프랑스와 잉글랜드의 전쟁이 100년 이상 이어지면서 유럽인들의 삶은 더욱 피폐해졌습니다. 상황이 이렇게 되자 이 모든 불행을 '하나님의 심판'이라고 생각하는 사람들이 생겨나기 시작했습니다. 천벌을 받았다고 생각한 것이죠. 이들은 《성경》의 한 구절에 주목했는데 다음과 같습니다.

> "한 나라가 일어나 다른 나라를 칠 것이며, 곳곳에 무서운 지진이 일어나고 또 기근과 전염병도 휩쓸 것이며 무서운 일과 하늘로부터 큰 징조들이 있을 것이다."

사람들은 전쟁과 기근, 전염병까지 모두 당시 상황과 딱 들어맞는다고 생각했습니다. 그러고는 곧 세상에 종말이 찾아올 거라며 두려움에 떨었죠. 실제로 인구학자들에 따르면 기근, 전염병, 전쟁을 가리켜 '과잉인구 3대 청소부'라고 부른다고 합니다. 그런데 종말론에 대한 공포를 불러일으킨 것은 이뿐만이 아닙니다. 《성경》 속 '요한계시록'의 "마지막 날들에 사탄이 일시 승리를 거두지만, 그리스도가 그를 제압한 후 1,000년 동안 이 땅에서 그리스도가 통치하는 시대가 이어진다"라는 문구도 종말을 암시한 것입니다. 이를 두고 사람들은 지금 세상에 닥친 불행이 사탄, 즉 악마들의 소행이라고 믿기 시작했습니다.

14세기 후반 이탈리아에서 그린 그림을 보면 하늘에서 악마가 사람들을 향해 죽음의 화살을 쏘고, 죽음의 약을 뿌리고 있습니다. 이처럼 사람들은 종말이 닥쳤고 전 세계에서 악마가 날뛰고 있다며 두려움에 벌벌 떨었습니다. 이 시기 유럽인들은 악마가 세상을 지배하고 있다고 믿었는데 흑사병

죽음의 화살을 쏘는 악마들

이 온 세상을 덮는 것을 목격하며 그만큼 악마의 힘이 강해졌다고 생각한 것입니다.

자연재해와 전염병을 악마가 벌인 짓이라고 여기는 게 잘 이해가 되지 않을 것입니다. 하지만 중세 시대는 과학 기술과 이성적 사고가 부족했고 종교적인 세계관이 강했습니다. 때문에 많은 사람이 이처럼 황당한 추론을 의심 없이 받아들였습니다. 굶주림과 죽음에 절망한 사람들은 이제 주변에서 원흉을 찾기 시작했습니다. 악마와 결탁해 세상을 어지럽힌 죄인들을 찾아 없애야 한다고 생각한 것이죠. 과연 그들은 누가 악마와 결탁했다고 믿었을까요? 바로 마녀입니다.

마녀사냥의 교과서 《마녀 잡는 망치》

1484년, 마녀를 향한 불신과 의심을 더욱 확고히 만드는 사건이 벌어졌습니다. 교황 인노켄티우스 8세Innocentius VIII가 마녀를 새로운 이단으로 규정하는 교령, 즉 교황의 명령을 발표한 것입니다. 이 교령은 이제껏 착한 마녀의 존재를 믿었던 사람들의 인식마저도 완전히 뒤바꾸는 데 결정적인 역할을 했습니다. 그 내용은 다음과 같습니다.

> "최근 우리들 귀에는 참으로 가슴 아픈 이야기가 들려옵니다. 남녀 할 것 없이 자신의 구원을 잊어버리고, 가톨릭 신앙에서 벗어나 악마에게 자신을 의탁하는 신자들이 많아지고 있다는 것입니다. 주술과 마력, 푸닥거리나 미신적인 언동, 마술 따위로 여인들

의 자손과 어린 짐승들이, 땅의 기운과 포도밭의 열매들이, 과실들이 쇠잔해지고 사멸하고 있습니다. (…) 사도의 권위에 따라 이 지역의 해당 종교재판관이 해당 범죄에 대한 교정, 투옥 및 처벌의 진행을 허용할 것을 선언합니다."

교령에서 말하는 '악마에게 자신을 의탁하고 주술과 마술을 쓰는 사람들'은 마녀와 마법사를 의미합니다. 나아가 흉작이 들고, 아이들이 사산되는 모든 불행을 악마와 의탁한 자들이 저지른 악의적인 범죄로 규정하고 있죠. 그러니 악마의 하수인을 이단 심판관들이 잡아서 처벌하라고 선언한 것입니다. 교황은 이 교령에서 왕이나 영주가 종교재판관들을 도와서 마녀와 마법사를 처벌하는 일에 협력하라고 요청하기까지 했죠. 즉 이는 마녀사냥의 허가장이나 마찬가지였던 것입니다.

교황의 명령에 힘입어 마녀사냥의 교과서라고 할 수 있는 책이 등장했습니다. 책의 정식 이름은 《말레우스 말레피카룸MALLEUS MALEFICARUM》, 라틴어로 《마녀 잡는 망치》라는 뜻입니다. 도미니크 수도회 소속의 두 종교재판관이 쓴 이 책은 마녀를 악으로 규정하고 심판해야 한다는 내용을 담고 있습니다. 총 3부로 되어있는데, 1부는 악마와 마녀는 어떤 존재이며, 마녀가 악마와 계약을 맺고 사악한 힘을 받는 과정을 이야기합니다. 2부는 악마의 하수인인 마녀가 저지르는 범죄에 관해 설명하죠. 3부는 마녀를 어떻게 재판하고 심문해야 하는지, 재판과 처형의 상세한 매뉴얼을 다루고 있습니다. 교회가 마녀사냥을 허락한 지 160년이 지난 가운데 《마녀 잡는 망치》를 통해 마녀를 이단자로 단죄할 신학적 근거를 마련한 셈입니다.

《마녀 잡는 망치》는 발간 후 빠르게 전 유럽으로 퍼져나갔습니다. 모두 인쇄술이 발전한 덕분이었죠. 1455년에 독일의 구텐베르크Gutenberg가 유럽 최초로 금속활자를 개발하면서 전 유럽에 인쇄소가 생겨났고, 책을 만들기가 훨씬 쉬워졌습니다. 이 시점에 《마녀 잡는 망치》가 등장하면서 독일과 프랑스는 물론 전 유럽에서 폭발적인 인기를 얻게 된 것입니다. 1487년에 프랑스 스트라스부르에서 초판이 나온 후 30년간 30쇄가량 인쇄한 유럽 최고의 베스트셀러였죠. 이 책은 성직자, 신학자, 법률가, 지식인 사이에서 당대의 필독서나 마찬가지였으며 대중적으로도 인기를 얻었다고 합니다.

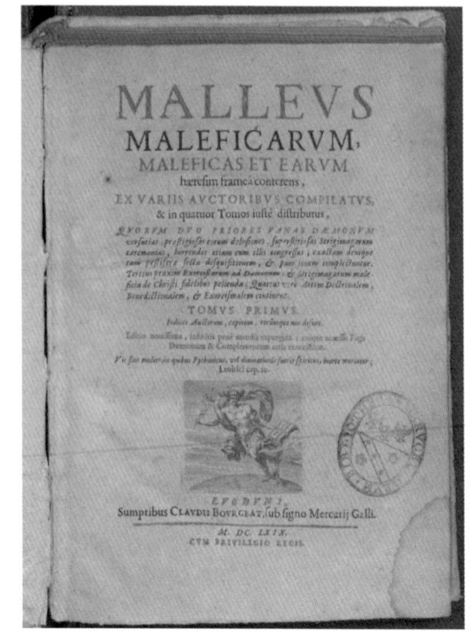
MALLEVS
MALEFICARVM,
MALEFICAS ET EARVM
hæresim frameâ conterens,
EX VARIIS AVCTORIBVS COMPILATVS,
& in quatuor Tomos iustè distributus,

TOMVS PRIMVS.

Sumptibus CLAVDII BOVRGEAT, sub signo Mercurij Galli.
M. DC. LXIX.

《마녀 잡는 망치》

《마녀 잡는 망치》는 인류 역사에서 사람을 가장 많이 죽인 책으로도 평가받습니다. 책을 출간하기 전까지만 해도 사람들은 악마가 직접 세상에 해악을 끼치지 않고 왜 마녀를 통해야 하는가에 관한 의문을 가졌습니다. 설마 마녀가 그런 일을 할 수 있겠느냐는 반론도 많았죠. 이 책의 저자들은 이 같은 의문을 철저히 차단하기 위한 논증을 펼쳤습니다. 악마는 영적인 존재라서 직접적인 물리력을 행사할 수 없으므로 세상에 해악을 끼치기 위해서는 매개체가 필요한데, 그 존재가 바로 마녀라는 것입니다. 마녀에 관한 새로운 논리를 담은 이 책은 오늘날 우리가 알고 있는 대표적인 마녀의 이미지를 만들어냈습니다.

그림은 부엌에서 마법의 연고를 만들고 있는 마녀의 모습입니다. 《마녀 잡는 망치》는 마녀가 아기들을 죽인 다음 그 시신을 끓여서 하늘을 날 수 있는 연고를 만든다고 주장했습니다. 우리가 어린 시절 본 만화영화 속 마녀들은 부글부글 끓는 냄비 앞에서 알 수 없는 주문을 외우며 이상한 재료들을 넣고 휘휘 저으면서 무언가를 만들곤 했습니다. 이 시기 굳어진 마녀의 모습이 지금까지도 전해 내려온 것입니다. 사람들이 흔히 마녀라고 하면 떠올리는 '빗자루를 타고 날아다니는 능력'도 그중 하나입니다. 평상시에는 빗자루뿐 아니라 건초를 긁어모으는 쇠스랑이나 난로의 장작을 뒤집는 부젓가락, 염소, 당나귀, 고양이까지 타고 다닌다고 생각했죠.

마녀의 연고

모두가 잠든 깊은 밤 마녀들은 모든 준비를 마치고 아무도 눈치채지 못하게 탈 것과 연고를 준비했습니다. 자신의 몸이나 타고 갈 빗자루, 염소 등에 연고를 바르고 비행 주문을 외웠죠.

"아래에서 위로 아래에서 위로 우리들이 날아간다 우리들이 날아간다."

마녀들이 날아서 가는 곳은 '사바스sabbath'라고 하는 마녀들의 연회입니다. 《마녀 잡는 망치》는 마녀라면 반드시 악마들과의 연회에 참석해야 하고, 이 연회에서 모든 악행이 벌어진다고 이야기합니다. 마녀들이 벌이

마녀들의 연회

악마에게 아기를 바치는 마녀

는 연회를 상상한 그림을 보면 중앙에 앉아 있는 염소가 악마의 대장인 루시퍼Lucifer입니다. 원래는 천사였으나 천국에서 추방당하고 악마의 왕으로 불린 타락한 천사죠. 한 마녀는 그의 엉덩이에 입을 맞추고 있는데 이는 악마를 주인으로 섬기고 복종하겠다는 뜻이라고 합니다. 벌거벗은 마녀들이 악마들과 짝지어 껴안고 있는 모습은 마녀와 악마의 성적인 관계를 의미하죠. 《마녀 잡는 망치》는 마녀가 연회에서 악마들과 난잡한 성관계를 한다고 주장했습니다. 그리고 연회 하면 빠질 수 없는 만찬에서 마녀가 악마에게 아기를 산 제물로 바친다는 것입니다. 이렇게 악마와의 성적인 관계를 맺고 아기를 제물로 바치면 악마가 마녀에게 능력을 내려준다고 믿었던 것이죠. 연회를 즐긴 마녀들이 얻은 능력은 다음과 같습니다.

• 우박과 폭풍, 악천후를 부른다.

• 마법을 걸어 인간과 가축을 살해할 수 있다.
• 사람과 가축에게 불임을 일으킨다.
• 인간의 마음에 비정상적인 애정이나 증오심을 불러일으킬 수 있다.
• 슬쩍 만지거나 쳐다보는 것만으로도 배 속의 아이를 살해할 수 있다.

자연재해와 예기치 못한 죽음과 같은 불행을 모두 마녀의 탓으로 돌리고 있습니다. 교회법에서는 사람을 직접 죽이는 것뿐 아니라 배 속에 있는 아이를 지우는 것 역시 살인죄와 같았죠. 즉 《마녀 잡는 망치》에 따르면 마녀는 존재만으로도 끔찍한 살인자이자 악마의 하수인이라는 범죄자가 되는 셈입니다.

들을수록 황당한 이야기는 어떻게 만들어진 것일까요? 알비파를 척결한 뒤 일부 열성적인 종교재판관들은 이단을 가리켜 악마의 하수인이라고 주장했습니다. 이 책을 쓴 두 명의 종교재판관도 그런 부류였습니다. 오랜 세월 이단을 추적하면서 보고 들은 것들, 즉 교회의 교리에서 벗어난 모든 민간신앙을 마녀의 행위로 몰아넣은 것입니다. 뿐만 아니라 유럽 전역에 퍼져 있던 마녀에 관한 온갖 구전 설화까지 집대성하면서 《마녀 잡는 망치》라는 책을 펴낸 것이죠.

사람들이 이런 황당한 근거들을 믿은 이유는 이 책이 당대 최고의 권위를 자랑하는 세 곳에서 인증받았기 때문입니다. 종교적으로는 교황 인노켄티우스 8세의 교령을 서문에 붙였고, 학문적으로는 당대 최고의 교육기관 중 하나인 쾰른 대학교 신학과 교수들의 승인서를 추가했으며, 국가적으로는 신성로마제국의 황제인 막시밀리안 1세Maximilian I의 서명을 받아 넣었죠. 교황청이 종교적으로 인정하고, 쾰른 대학교 신학부 교수들이 학문적으로 승인했으며, 황제가 국가적으로 서명한 이 책의 권위는 상상을 초월했습니다. 사람들은 《마녀 잡는 망치》를 계기로 마녀가 세상의 온갖 불행을 불러오는 존재라고 생각하기 시작했습니다. 누군가 갑자기 죽거나, 병들거나, 흉년이 들거나, 가뭄이나 홍수가 나면 모두 마녀의 탓으로 돌리게 됐죠. 사실 교회는 《마녀 잡는 망치》가 발간된 지 2년 만에 이 책에 오류가 있다고 선언했습니다. 하지만 이미 퍼진 독을 막기에는 역부족이었죠. 이제 안 좋은 일은 모두 마녀의 짓이 돼버린 것입니다.

1562년 8월, 독일 슈투트가르트에 커다란 우박이 쏟아져 농작물이 피해를 입고 집이 무너지자 5명의 마녀가 즉시 체포됐습니다. 1568년에는 독일 라인강 인근에서 초여름인 6월까지 추위가 지속되는 이상 기온이 발생했는데 이 역시 모두 마녀 때문이라고 단정했습니다. 이때 마녀로 끌려온 120여 명의 죄목이 기가 막힙니다. 바로 '겨울을 더 길게 한 죄'였죠.

잔혹함의 끝판왕, 마녀사냥과 마녀재판

어느새 고통받고 절망하던 사람들은 불행의 원흉인 마녀를 찾는 데 혈안이 됐습니다. 온 사회에 마녀를 잡아 죽여야 한다는 인식이 상식처럼 받아들여졌죠. 유럽 전역이 마녀사냥에 대한 광기에 사로잡힌 것입니다. 과연 누가 마녀를 잡아들였을까요? 초기에는 종교재판소의 종교재판관들이 마녀를 잡아들이는 데 앞장섰습니다. 이단을 잡아들여 처단하던 이들의 업무에 마녀까지 포함한 것이죠.

교회가 마녀를 범죄자로 낙인찍자 종교재판소뿐 아니라 대영주나 국왕

등 세속의 권력이 관장하는 사법기구인 세속 재판소에서도 마녀재판을 열었습니다. 《마녀 잡는 망치》를 통해 마녀가 주술을 사용해 가축을 병들게 하거나 사람을 죽였다는 등 형사적으로 범죄라 여기는 행위를 저지른다는 이미지가 상식처럼 받아들여졌기 때문이죠. 교회가 극악무도한 범죄자라고 판단한 마녀를 세속 재판소도 그대로 인정한 것입니다. 이 시기 유럽은 마녀를 재판할 수 있는 제대로 된 법조차 갖추지 못했습니다. 그럼에도 불구하고 각 지역의 재판관들은 각자의 기준과 상식에 따라 자의적으로 마녀를 잡아들였습니다. 종교재판소에서 시작한 마녀재판이 세속 재판소까지 이어지면서 이른바 '대 마녀사냥의 시대'가 열린 것입니다.

재판의 조건은 피해자와 가해자가 존재하는 것입니다. 물리적인 가해와 피해가 있고 이를 고발했을 때 재판이 열리죠. 그런데 마녀재판에서 물리적 증거의 유무는 중요하지 않았습니다. 가령 "저 여자가 내 배를 쳐다봤는데 갑자기 배가 아프고 유산이 됐다. 여자는 마녀다"라는 의심과 주장만 있어도 마녀로 고발할 수 있었죠. 온갖 불행이 넘쳐나던 시기, 받아들이기 힘든 일에 마녀라는 프레임을 씌우자 터무니없는 고발이 난무했습니다.

1580년~1590년대 프랑스에서 가장 많은 마녀사냥이 일어난 지역은 알자스로렌입니다. 이곳의 치안판사 니콜라스 레미Nicholas Remy는 광적인 마녀사냥으로 악명높았죠. 그는 자신의 관할지에서만 약 800명의 마녀를 처형했습니다. 그가 남긴 125건의 재판 기록 중 하나를 소개하겠습니다.

한 농촌 마을에 마리에트라는 여자가 살았습니다. 어느 날 그녀는 이웃에 사는 클라우드라는 남자와 말다툼을 벌였습니다. 그가 함께 일하고 더 많은 건초 더미를 챙겨갔기 때문이었죠. 그런데 그날 이후 이상한 일들이 벌어지기 시작했습니다. 클라우드의 아이가 죽고, 그가 키우던 동물들이 갑자기 떼죽음을 당한 것입니다. 불행은 클라우드에서 끝나지 않았습니다. 마치 전염이라도 되듯 마을의 다른 남자가 병에 걸렸고, 또다시 닭들이 떼죽음을 당한 것입니다. 어느새 사람들은 마리에트를 의심의 눈초리로 바라보았고 근거 없는 말을 보태기 시작했습니다. 그녀가 검은 염소에 올라타는 것을 봤다고 주장하는가 하면, 악마를 소환해서 사람들을 저주했다는 소문까지 퍼졌죠. 그러자 마리에트와 말싸움을 벌였던 클라우드가 마을 대표로 그녀를 마녀라고 고발했습니다. 악마의 힘으로 마을에 불행을 불러왔다는 것입니다. 마리에트는 정말 마녀였을까요? 이처럼 마녀재판은 사실상 복수의 수단으로 이용되기도 했습니다.

이때 피해자의 대다수는 혼자 사는 여성이나 노인 등 사회적 약자들이었습니다. 특히 산파들이 마녀로 많이 몰렸죠. 대학에서 자격증을 딴 의사 중 몇몇이 오랜 세월 축적한 경험을 가진 산파들을 경쟁 상대이자 눈엣가시로 여겨 온갖 헛소문을 퍼트려 마녀로 몰아세운 것입니다. 이들은 산파가 죽은 태아와 갓 태어난 아기를 악마에게 바친다는 등 근거 없는 소문을 덧붙여 고발했습니다. 당시 산파는 피임, 유산, 그리고 낙태를 할 수 있는 기술을 가진 유일한 사람들이었죠. 이 같은 직업적 특성 때문에 다른 여성에 비해 마녀로 지목될 가능성이 컸습니다.

이 외에도 아이들이 부모가 싫다며 마녀로 고발하거나, 잠을 깊게 잔다는 이유로 마녀라고 몰아세우는 어이없는 일도 많았습니다. 꿈에서 악마를 만나기 때문이라고 의심한 것이죠.

이렇게 고발당한 사람들은 어떤 재판을 받았을까요? 지금부터 악명 높았던 마녀재판 과정을 들여다보겠습니다. 우선 마녀라는 고발이 접수되면 종교재판소와 사법재판소는 혐의자들을 체포합니다. 이때 반항하거나 힘이 센 사람들은 얼굴 수갑으로 통제했죠. 그림처럼 입에 닿는 부분에 가시가 있어 착용하는 것만으로도 고통을 주는 도구입니다. 아직 죄인으로 밝혀지지도 않았는데 이런 식의 고통을 가한 것입니다. 마녀 혐의자들은 끌려가자마자 지하 감옥에 갇혔습니다. 불결하기 그지없는 데다 식사도 형편없었기에 많은 사람이 병에 걸렸고, 목숨을 잃는 경우도 많았다고 합니다. 수용소에 끌려오는 순간 고문이 시작되는 것이었죠.

얼굴 수갑

그다음에는 심문을 진행했습니다. 처음에 묻는 공통 질문은 '악마를 믿는가?'입니다. 이 질문에 뭐라고 대답해야 살아남을 수 있을까요? 사실 이 질문에는 정답이 존재하지 않습니다. 믿지 않는다고 답하면 악마의 존재를 기록한 《성경》을 부정하는 이단이며, 믿는다고 답하면 꼬리에 꼬리를 무는 질문과 추궁을 통해 마녀로 판결했기 때문입니다. 즉 재판을 시작하기도 전에 끌려온 사람들은 모두 마녀라는 유죄 판결을 받은 셈이죠.

이후 재판관들은 가지각색의 기상천외한 방법으로 피고인이 마녀라는 사실을 입증했습니다. 가장 먼저 옷을 벗긴 후 머리카락과 겨드랑이를 포함해 온몸의 털을 샅샅이 밀었습니다. 악마의 표식을 찾기 위해서입니다. 《마녀 잡는 망치》에서 마녀의 몸에 악마가 발톱으로 낸 특유의 표식이 있다고 밝혔기 때문이죠. 작은 점이나 벌레 물린 흉터, 사마귀라도 발견하면 모두 악마의 표식으로 의심했습니다. 심문관들은 표식을 바늘로 15cm가

물의 시험

불의 시험

량 깊숙이 찔러 고통을 느끼는지 확인했다고 합니다. 악마가 남긴 표식은 찔러도 고통스럽지 않다고 생각했기 때문이죠. 심문관들은 깊숙이 바늘로 찔렀는데도 울지 않거나 아파하지 않으면 마녀라고 확신했죠. 만약 계속 아파하면 아프지 않은 곳을 찾을 때까지 온몸 구석구석을 찔렀습니다.

이 외에도 마녀임을 확인하는 방법은 무궁무진했습니다. 왼쪽 그림은 사람을 물에 빠트리는 장면입니다. 이때 사람이 물 위로 떠오르면 마녀라고 결론지었습니다. 악마를 따르는 마녀의 경우 교회에서 물로 받았던 신의 세례를 거부해서 물이 마녀를 밀어낼 것이라 믿었기 때문입니다. 반대로 물에 가라앉아 한참 동안 떠오르지 않으면 무죄라고 판단해 건져 올렸습니다. 이 과정에서 익사하는 사람도 많았죠. 오른쪽 그림은 달궈놓은 쇠판 위로 걷게 한 뒤 마녀인지 판단하는 모습입니다. 악마의 하수인이라면 불에 닿아도 타지 않을 테니 뜨거운 쇠판 위를 걸어도 멀쩡하다면 마녀라고 믿은 것이죠. 과연 달군 쇠판 위에서 멀쩡할 사람이 있을까요? 대부분 심각한 화상을 입거나 목숨을 잃었습니다.

그밖에 눈물로 마녀를 찾아내는 시험도 있었죠. 당시 사람들은 마녀가 절대 눈물을 흘릴 수 없다고 믿었습니다. 그래서 마녀로 의심되는 여자가 눈물을 펑펑 흘린다면 마녀가 아니니 풀어주고, 반대로 눈물을 한 방울도 흘리지 않으면 마녀로 판정했죠. 다만 여기에는 조건이 있었습니다. 재판관들이 기도문을 외운 뒤 "자, 지금 울어라"라고 명령할 때 정확하게 눈물을 흘려야 한다는 것입니다. 그렇지 않으면 악마가 거짓으로 가짜 눈물을 흘리게 만든 것이라는 논리를 펼쳤습니다.

자백을 받기 위해 자행한 끔찍한 고문들

앞서 이야기한 검증법보다 더 중요한 것은 자백입니다. 이는 마녀라는 절대적인 증거로 받아들여졌습니다. 악마를 숭배하는 것을 영혼의 죄로 여기던 시대였기에 혐의자가 스스로 자신의 죄를 자백해야 범죄로 인정할 수 있었기 때문이죠. 따라서 아무리 증인과 증거가 많아도 자백하지 않으면 마녀로 몰아갈 수 없었습니다. 다음은 독일의 재판관이 마녀재판에서 자백을 받아내기 위해 던진 질문입니다.

- 너는 왜 마귀에 빠졌는가?
- 어떤 신성 모독죄를 저질렀는가?
- 얼마나 자주 하늘을 날았는가? 누구와 함께 하늘을 날았는가?
- 어떻게 마귀와 성교를 하였는가?
- 어느 장소에서 비밀집회를 열었는가? 이 집회를 이끈 자는 누구이며, 몇 명이 참석했는가? 거기서 어떤 사항을 결정하고 행동했는가?

영문도 모른 채 잡혀 와 이런 질문을 받은 마녀 혐의자들은 황당하고 어처구니가 없었을 것입니다. 그래서 다들 자신이 마녀가 아니라고 부인했죠. 하지만 마녀사냥에 혈안이 된 재판관들은 반드시 자백을 들어야 했고, 원하는 말을 끌어내기 위해 갖은 수단을 동원했습니다. 가장 끔찍한 방법은 자백할 때까지 고문하는 것이었죠.

그림은 갖가지 고문을 일삼던 스페인의 이단 심문실을 그린 것입니다. 이단재판의 고문은 마녀재판에도 고스란히 이어졌습니다. 맨 오른쪽 의자에 앉아 있는 사람은 재판관이고, 그 앞에는 서기가 고문 끝에 내뱉은 자백 내용을 받아 적고 있습니다. 얼굴을 가린 사람들은 고문 기술자들입니다. 가운데 누워 있는 혐의자 옆에 선 고문 기술자들은 입에 깔때기를 끼우고 수십 리터에 달하는 물을 강제로 들이부으며 물고문을 하고 있습니다.

다양한 고문을 벌이는 고문실

그 옆에는 양 손목이 묶인 혐의자가 매달려 있는데, 이는 마녀사냥에서 가장 자주 행했던 끔찍한 고문법으로 스트라파도strappado라고 합니다. 저렇게 매달린 사람의 발에 무거운 쇳덩이를 달고 몇 시간씩 방치하다가 갑자기 밧줄을 풀어버리는 것입니다. 이때 바닥에 닿기 전에 줄을 잡아 멈추면 체중과 돌의 무게로 어깨가 빠지거나 손과 발, 팔꿈치, 다리 등이 부러지면서 엄청난 고통이 찾아옵니다. 이를 여러 번 반복하면 불구가 되고 말죠. 마녀로 고발당한 사람들은 끊임없이 잡혀 들어왔고, 수많은 사람이 뒤엉켜 잔혹한 고문이 자행되는 심문실은 그야말로 지옥을 방불케 했습니다.

이 외에도 마녀사냥 시대에는 고문 백과사전이라고 할 만큼 수많은 고문이 이루어졌습니다. 사람을 발가벗긴 뒤 온몸에 가시를 두른 채 바닥에 굴려서 자백을 강요하거나, 물과 함께 부드러운 천을 삼키게 하고는 나중에 그 천을 확 잡아당겨서 내장을 손상시키는 기이한 고문도 있었죠. 손이나 발을 하나씩 끊어내고 여기에 뜨거운 기름을 붓는 짓을 저지르기도 했습니다. 가시가 박힌 의자에 앉게 한 뒤 그 밑에 불을 지펴서 고통을 주는 고문, 부츠를 신기고 그 안에 뜨거운 물이나 끓는 납을 흘려 넣는 고문도 있었죠. 이렇게 고문이 이어져도 대부분은 자신이 마녀가 아니라고 꿋꿋이 주장했습니다. 마녀재판에 꼭 필요한 자백을 부인한 것입니다.

끔찍한 고통을 당하면서도 자백하지 않고 버틴 이유는 마녀재판에서 마녀로 심판받으면 죽어서 천국에 가지 못한다고 굳게 믿었기 때문입니다. 하지만 고문의 종류는 끝이 없었고 너무도 끔찍한 고통 때문에 끝까지 버텨내는 사람은 거의 없었습니다. 끝내 한계에 다다른 마녀 혐의자들은 자신이 하지도 않은 일들을 자백해 버렸습니다. 마녀 집회에 가서 악마와 성관계를 하고 아기들을 잡아먹었으며, 가뭄과 냉해를 일으키고 사람들을 저주했다고 읊은 것입니다. 이는 소문으로 들었던 마녀의 행적에 관한 이야기에 살을 붙인 것이었죠.

마녀재판을 담당한 교회와 영주, 그리고 왕이 이렇게까지 잔인할 수 있었던 것은 마녀를 인간이 아니라고 생각했기 때문입니다. 마녀로 고발당한 사람들은 악마와 결탁해 인류의 파멸을 꾸미는 범죄자에 불과했죠. 게다가 재판관들은 자신이 정의의 편이라는 것을 믿어 의심치 않았습니다. 다음은 프랑스에서 마녀재판으로 악명 높았던 한 재판관이 남긴 말입니다.

"나는 직접 보고, 듣고, 가능한 한 자세히 조사하여 그들로부터 진실을 이끌어냈다."

재판관들은 마녀를 고문하고 자백을 받아냄으로써 세상을 정화시켰다고 굳게 믿었습니다. 악의 구렁텅이에서 사람들과 세상을 구원하는 신성한 의무를 다하고 있다고 자부한 것이죠. 이 같은 분위기 속에서 재판관뿐 아니라 프랑스의 대표 지식인들까지 마녀사냥에 가담했습니다. 16세기 프랑스 최고의 지성 중 한 명인 법률가 장 보댕Jean Bodin은 《마녀의 빙의 망상》이라는 책을 쓰면서 '마녀는 극악한 죄인'이라고 정의했습니다. 그리고 마녀들에게는 가혹한 고문을 해도 된다며 고문을 권장하기까지 했죠. 때문에 거리낌 없이 마녀재판을 자행했고 끊임없이 희생자가 나온 것입니다.

마녀재판에서 마녀사업으로

검증을 거쳐 마녀라고 자백한 사람들은 어떻게 됐을까요? 마녀로 밝혀진 혐의자들이 향하는 곳은 오직 하나, 공개 처형대였습니다. 군중 앞으로 끌려 나온 마녀들은 처형을 위한 여러 절차를 밟았습니다. 재판관은 기나긴 판결 선고와 함께 피고의 죄상을 구체적으로 나열했습니다. 이제 사람들은 자신에게 불행을 가져온 범죄자의 얼굴을 똑똑히 보면서 재판관의 입을 통해 불행이 닥친 이유를 명확하게 알게 되었죠. 죄목을 듣는 사람들은 분노했고 마녀에게 돌을 던졌습니다. 군중의 분풀이가 끝난 뒤에는 마지막 단계인 사형이 집행되었습니다.

마녀로 판명된 사람을 산채로 불 속에 집어넣는 것입니다. 화형은 악을 정화하는 것을 의미하고 산채로 불에 넣는 것은 죽을 때까지 끔찍한 고통을 주겠다는 의도였죠. 재판관들은 마녀들에게 더욱 긴 고통을 주기 위해 마르지 않은 나무를 사용하자고 주장하기도 했습니다. 마른 장작은 잘 타서 고통이 금방 끝나지만, 마르지 않은 장작은 불이 잘 붙지 않기 때문에

산 채로 화형당하는 마녀

극악한 죄인인 마녀를 오랫동안 고통 속에서 죽게 할 수 있다는 것입니다. 이 시기에는 너무 많은 사람이 마녀로 잡혀 들어오다 보니 집단 화형을 하는 일도 빈번했습니다. 그야말로 지옥도가 따로 없었죠.

마녀사냥이 너무도 자주 일어나다 보니 때로는 마녀를 처형할 때 불태울 나무가 부족하기도 했습니다. 그럴 때면 나무통에 기름을 붓고 그 안에 마녀를 넣어 불태우거나 그냥 골목에서 마녀를 불태우기도 했다고 합니다. 마녀를 불태우고 남은 말뚝이 너무 많아서 광장이 마치 숲처럼 보였다는 이야기도 있습니다. 이런 식으로 한 차례 마녀 화형식을 치르고 나면 사람들은 이제 불행이 사라질 거라며 안도했죠.

이렇듯 마녀를 희생양으로 삼는 사회적 시스템이 만들어지자 마녀재판을 이용하는 사람들이 나타났습니다. 지역 영주와 관리들도 마녀재판을 지지하기 시작한 것입니다. 중세 유럽에서는 영지에 문제가 발생했을 때 영주와 관리가 이를 제대로 해결하지 못하면 시민들의 불만과 항의에 시달리곤 했습니다. 그런데 마녀사냥이 유행처럼 번지면서 상황이 달라졌습니다. 교리에 따라 직접 사람을 죽일 수 없었던 종교재판소가 마녀사냥과 판결까지만 집행하고 그다음 단계인 사형은 영주와 관리들에게 넘긴 것입니다. 마녀의 처리 권한을 넘겨받은 이들은 영지에 문제가 생긴 원인을 마녀에게 돌리며 자신을 향한 불만을 잠재웠죠. 마녀사냥의 효과를 확인한 영주와 관리는 아예 광장이나 도시 외곽의 공터에 공개 처형대를 만들어 마녀재판을 이용했습니다.

이들에게 마녀재판은 자신의 권력을 과시하는 일종의 연극 무대와 같았습니다. 사악한 마녀를 색출하고 처벌함으로써 힘과 권위를 보여주는 동시에 이를 정당화하는 수단으로 이용한 것이죠. 때로는 왕이 마녀재판에 힘을 보태기도 했습니다. 마녀재판에서 사형은 왕의 권위를 보여주는 하나의 수단이었기 때문입니다. 미디어가 없던 이 시대에는 지배자의 존재를 구석구석 알릴 수가 없었죠. 왕이라는 자신의 권력과 역할을 백성에게 알리고 싶었던 왕에게 마녀재판은 더없이 좋은 기회이자 무대였습니다. 마을의 분쟁과 소란을 잠재우는 것으로 지배자의 역할을 해낸다고 생각한 것입니다. 이처럼 교회와 재판관, 왕과 지방 영주 등에 이르기까지 너나 할 것 없이 마녀사냥을 이용하면서 광기는 극에 달했습니다.

권력자들의 이해관계 속에서 희생된 사람들에게는 또 다른 벌이 남아 있었습니다. 종교인과 재판관이 화형에 사용한 비용을 마녀로 몰려 죽은 사람에게서 받아낸 것입니다. 이들은 영수증을 만들어 죽은 당사자에게 청구했습니다. 재판관, 하급 관리, 형리의 인건비와 여비는 물론 체포, 심문, 고문 수수료와 식비, 본인의 목을 졸랐던 밧줄 값과 화형에 사용한 장작값까지 받아냈습니다. 심지어 처형이 끝난 후 관계자들의 뒤풀이 비용까지 청구했다고 합니다. 마녀재판에 드는 모든 경비를 마녀로 지목된 본인이 내야 했던 것이죠. 이를 위해서 마녀가 죽고 나면 재산을 몰수했습니다. 재판에 든 돈을 모두 변제한 뒤 남은 재산은 주교와 재판관이 나눠 가지거나 마녀를 밀고한 사람에게 주기도 했습니다. 어느덧 마녀사냥은 벌이가 쏠쏠한 '마녀사업'으로까지 변질되었습니다.

당시 마녀사냥은 돈벌이에 얼마나 이용당한 것일까요? 이 시기 '마녀재판은 돈벌이가 쏠쏠한 일(magnum emolumentumest Justicia)'이라는 웃지 못할 속담까지 생길 정도였습니다. 마녀의 시체를 가진 사람이 더 많은 재산을 가질 수 있었기에 이미 부패하기 시작한 시체를 서로 차지하겠다며 성직자끼리 싸우는 일도 종종 벌어졌다고 합니다. 피고의 가택을 수색해 모든 장부와 서류를 압수했고 동산과 부동산 역시 모조리 몰수했습니다. 피고에게 채권이 있는 경우에는 채무자를 호출해 돈을 회수하는 일도 빠뜨리지 않았죠.

이들은 마녀 감식을 할 때도 돈을 벌기 위해 속임수를 썼습니다. 앞서 이야기한 악마의 표식을 찾을 때도 바늘로 찌르는 횟수만큼 비용을 매겼는데, 더 많은 돈을 받으려 찔러도 아프지 않은 바늘까지 개발한 것입니다. 몸에 닿으면 바늘이 안으로 들어가서 찌르지 않거나, 끝이 뭉툭한 바늘을 만들어서 최대한 많이 찌르고 그만큼 많은 돈을 받아가려 했습니다.

이쯤 되자 마녀사냥으로 돈을 버는 새로운 직업이 등장했습니다. 마녀를 알아볼 수 있다고 주장한 '마녀 감식인'입니다. 이들은 영화나 소설에 등장하는 마녀 사냥꾼의 모티브가 됐습니다. 마녀 감식인들은 여러 마을을 돌아다니며 무더기로 사람들을 고소하곤 했습니다. 영국에는 메튜 홉킨스Matthew Hopkins라는 유명한 마녀 감식인이 있었는데, 그는 1644년부터 1646년 사이에 혼자서 100명이 넘는 마녀를 잡아들였고 그때마다 많은 돈을 받았다고 합니다.

17세기 프랑스의 베아른 지방에서는 장 자크 바케Jean Jacques Vacque라는 마녀 감식인이 30여 개 마을을 돌아다니며 6,000명이 넘는 사람들을 마녀로 몰아 돈을 벌었습니다. 한 마을마다 평균 200명 이상을 마녀로 감식한 셈이죠. 교회와 사설 재판소 모두 마녀 감식인들에게 마녀를 판별할 어떠한 권리도 주지 않았습니다. 하지만 감식인들은 마녀를 고발하고 다녔고 사람들은 그들의 말을 따랐습니다. 그만큼 마녀사냥은 당연시되었고 점점 광기로 치달았던 것입니다.

대규모 마녀사냥을 불러일으킨 종교개혁

남프랑스의 대규모 이단 운동에서 영향을 받은 극단적인 마녀사냥은 전 유럽을 휩쓸며 200여 년간 이어졌습니다. 시간이 지날수록 광기는 더욱 극에 달했고 희생자는 늘어만 갔죠. 그러던 어느 날 전 유럽에 불어온 종교개혁으로 마녀사냥은 더욱 심해졌습니다. 종교개혁에 불을 붙인 것은 1517년 독일의 신학자 마르틴 루터Martin Luther입니다. 이즈음 교황 레오 10세Leo X는 자신의 권위를 높이기 위한 아름답고 화려한 성당을 짓기로 했습니다. 그런데 여기에는 막대한 건축비가 필요했죠. 그는 궁리 끝에 신자들에게 돈을 받고 '면벌부'라는 증서를 판매했습니다. 면벌부를 사면 죄를 지어도 벌을 받지 않고 죽어서 천국에 갈 수 있다며 사람들을 현혹한 것이죠.

죽음이 흔하던 시기였기에 사람들은 너도나도 면벌부에 달려들었습니다. 그러자 교회와 교황을 크게 비판하는 인물이 나타나는데 그가 바로 마르틴 루터입니다. 그는 면벌부가 아니더라도 모든 사람이 《성경》을 읽고 구원받을 수 있다고 주장했습니다. 이는 엄청난 폭탄 발언이었습니다. 신과 인간의 중재자인 교황과 사제들을 부정하는 동시에 지난 1,000년간 중세 유럽을 지배해온 교회의 권위를 정면으로 반박하는 것이기 때문이죠.

루터의 비판에 유럽은 발칵 뒤집혔습니다. 그런데 이는 시작에 불과했습니다. 루터의 뒤를 이어 프랑스에서는 장 칼뱅Jean Calvin이라는 신학자가 나타나 종교개혁을 일으켰고 사람들의 큰 지지를 얻었습니다. 급기야 루터와 칼뱅을 따르는 이들은 기존의 가톨릭교회에서 벗어나 새로운 교회를 만들었는데 지금의 개신교입니다. 독일에서 시작한 루터파의 교리는 독일 남부와 동부, 그리고 북유럽으로 전파했으며 제네바에서 시작한 칼뱅파의 교리는 스코틀랜드와 잉글랜드, 그리고 프랑스와 네덜란드로 광범위하게 퍼져나갔습니다. 이는 유럽의 질서를 뒤흔드는 엄청난 변화였습니다. 그동안 유럽에서 절대적인 권위로 때로는 왕보다 더 강한 권력을 휘둘러 온 가톨릭교회가 가톨릭과 개신교로 분리된 것입니다. 가톨릭을 믿던 신자들이 개신교로 대거 개종하면서 절대적인 권력을 가졌던 가톨릭의 위세는 이전보다 떨어졌죠.

종교개혁 이후 가톨릭과 개신교는 서로를 적대시했습니다. 37쪽의 그림은 두 종교가 서로를 어떻게 인식했는지를 보여줍니다. 왼쪽은 개신교도들이 교황을 어리석고, 탐욕스러운 당나귀 괴물로 묘사한 그림입니다. 오른

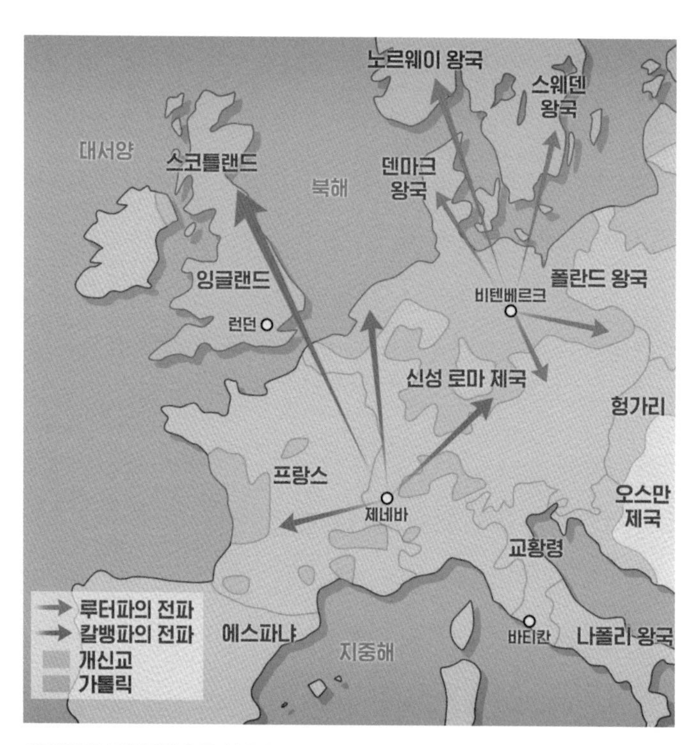

16세기에 유럽 전역으로 확산된 개신교

서로를 악마로 몰았던 가톨릭과 개신교

쪽 그림은 종교개혁을 주장한 루터가 악마의 속삭임을 듣고 있다고 비난하는 것이죠. 서로를 악마로 몰아간 두 종교 간 갈등은 갈수록 첨예해졌고 끝내 유럽을 전쟁으로 몰아넣었습니다. 1517년 종교개혁 이후 유럽 곳곳에서는 개신교와 가톨릭의 종교전쟁이 무려 100년 넘게 이어졌습니다.

독일의 전신인 신성로마제국에서는 가톨릭을 지지하는 세력과 개신교를 지지하는 세력이 팽팽하게 맞섰습니다. 여기에 유럽 대부분의 나라가 참전하면서 최초의 세계대전이 일어났죠. 특히 여러 국가의 군대가 독일 땅에서 전쟁을 치르면서 독일은 완전히 초토화되었습니다. 백성들은 식량이 없어서 굶주리고 일부 지역에서는 식인 풍습까지 생겨날 정도로 상황이 심각했다고 합니다. 이 종교전쟁으로 독일에서만 약 800만 명이 목숨을 잃었습니다.

프랑스에서는 가톨릭 신자였던 프랑스 왕이 파리에서 신교도들을 향해 피의 대학살을 벌였고 1만여 명의 목숨을 앗아갔습니다. 당시 로마의 교황이었던 그레고리 13세Gregory XIII는 프랑스의 학살 소식을 듣고 축하하면서 특별 감사 미사를 올리기도 했죠. 신교와 구교 간에 얼마나 갈등이 심각했는지 알 수 있는 대목입니다.

그렇다면 종교전쟁은 마녀사냥 확산에 어떤 영향을 미친 것일까요? 아이러니하게도 유럽에서 마녀를 가장 맹렬하게 박해한 시기는 가톨릭과 개신교 간 전쟁이 벌어졌던 때입니다. 개신교의 등장으로 지배하던 영역을 빼앗긴 로마 가톨릭은 남은 땅을 지키고 빼앗긴 지역을 되찾아야 했죠. 또한 개신교라는 외부의 적을 막기 위해 내부를 더 탄탄하게 다져야겠다고 생각했습니다. 그러면서 가톨릭 교구 내의 온갖 민간신앙부터 악마와 관련한 것들을 모조리 없애기로 했죠. 이때 가장 눈에 띈 것이 마녀였습니다. 이런 상황이 마녀사냥을 부추기면서 신성로마제국 내 가톨릭의 3대 중심지 중 하나인 독일의 트리어 지역에서는 1580년부터 10여 년간 수백 건의 마녀재판이 열렸습니다. 가톨릭교회의 권위를 높이려 했던 트리어의 대주교인 요한 폰 쉔베르크Joannes Von Schonberg는 다음과 같이 주장했습니다.

"이 세상에 도저히 함께할 수 없는 세 부류가 있으니 신교도, 유대인, 마녀다."

자신의 땅에서 죄를 말끔히 지우는 것을 신성한 사명으로 여겼던 그는 세 부류의 죄인들을 남김없이 없애려 했습니다. 쉔베르크의 의지는 막강한 영향력을 발휘했는데, 그가 교황이 임명한 트리어의 대주교인 동시에 그곳을 다스리는 지역 영주였기 때문입니다. 이처럼 강력한 힘을 가진 대주교의 주도 아래 로마 가톨릭의 권위를 되찾는다는 이유로 트리어에서 대규모 마녀사냥이 시작됐습니다. 대주교의 주장에 동조하는 여러 지식인과 법률가들은 적극적으로 의심스러운 사람들을 체포하고 재판에 넘겼습니다.

당시 트리어는 계속된 흉작으로 민심이 흉흉하고 여기저기서 불만이 터져 나오고 있었습니다. 이런 상황에서 마녀사냥을 시작하자 각 마을에서 마녀에 대한 고발이 빗발쳤습니다. 마을 사람들은 마녀를 모조리 잡아 없애겠다면서 자체적으로 긴급위원회를 조직해 활동하기 시작했습니다. 그 결과 혼자 사는 노인, 자식 없는 과부 등 보호해줄 사람이 없는 사회적 약자들이 줄줄이 잡혀 왔죠. 그런데 마녀사냥이 광기로 치달으면서 끌려오는 사람들의 신분도 점차 광범위해졌습니다. 힘없는 서민부터 귀족, 엘리트, 부유층까지 계층을 가리지 않고 마녀로 몰린 것입니다. 급기야는 시장 두 명과 고위 사제들까지 마녀로 몰려 목숨을 잃었죠. 그 결과 22개 마을에서 약 370여 명이 산 채로 화형에 처해졌습니다. 이 중 108명이 귀족과 정부 및 행정부에서 직위를 가진 사람들이었다고 합니다.

마녀사냥이 신분을 가리지 않고 마구잡이로 행해진 것은 아이들까지 내세워 마녀를 고발했기 때문입니다. 마녀재판이 가장 극심했을 때 트리어에서는 8세 소년이 증인으로 불려왔습니다. 아이는 마녀들이 자신을 집회에 데려가 북을 치게 하고, 순간이동을 했으며, 염소를 타고 날아갔다는 등 온갖 허무맹랑한 증언을 하며 집회에서 본 마녀의 이름을 줄줄이 읊었습니다. 주변 이웃들을 하나둘씩 고발한 것이죠. 또 다른 15세 소년은 마녀들의 집회에 가서 악마가 시키는 대로 사람들을 죽을병에 걸리게 했다고 자백했습니다. 아이들의 증언은 받아들여졌고 마녀 혐의자들은 줄줄이 끌려왔습니다. 확실한 증거도 없이 아이들의 증언만으로 재판이 열린 것입니다. 아이들의 흔한 공상 속에 등장하는 인물이 마녀로 몰려서 죽는 일은 유럽 전역에서 심심치 않게 발생했다고 합니다.

많은 사람들이 마녀가 여자만을 지칭한다고 생각합니다. 마녀는 영어로

'witch'라고 하는데 이는 여자와 남자를 모두 포함하는 단입니다. 유럽에서는 여자 마녀와 남자 마녀를 모두 뜻하죠. 실제로 마녀사냥으로 희생된 사람 중 20%가량이 남자 마녀였으며, 지역에 따라서는 남자 마녀가 더 많이 잡히기도 했습니다. 마구잡이 마녀사냥의 결과 트리어 교구 전 지역에서 7,000여 명이 화형에 처했고, 마을 두 곳은 전멸했으며, 다른 마을 두 곳에서는 오직 두 명의 여성만이 살아남았다고 합니다.

이 같은 무차별 마녀사냥에 반대하는 사람은 없었을까요? 트리어의 대학 교수이자 귀족 출신의 엘리트 재판관인 디트리히 플라데Dietrich Flade는 대주교의 뜻에 따라 누구보다 열심히 마녀사냥에 참여했던 인물입니다. 그는 사람들이 광기에 빠져 마녀사냥을 자행하는 모습을 보며 의문을 품기 시작했습니다. 그리고 자백을 받아내기 위해 저지르는 끔찍한 고문을 비판하며 대주교에게 반기를 들었습니다. 마녀 혐의로 끌려온 사람들을 친절하게 대하며 오직 객관적인 증거에 의해서만 마녀를 처벌했죠.

플라데가 마녀사냥을 비판하자마자 이상한 일이 벌어졌습니다. 갑자기 마녀들의 집회에서 그를 봤다는 사람들이 우후죽순 나타난 것입니다. 무려 23명이나 플라데가 집회에 참석했다고 주장했죠. 마녀를 재판하던 재판관이 도리어 마녀로 몰린 것입니다. 이 소식을 들은 플라데는 깜짝 놀라서 도망쳤지만 결국 붙잡혀서 재판을 받았습니다. 온갖 고문 끝에 스스로를 마녀라고 자백한 그는 화형으로 목숨을 잃었습니다. 한번 불붙은 마녀사냥의 광기는 소수의 저항만으로는 잠재울 수 없었던 것입니다.

그렇다면 개신교는 마녀를 어떻게 생각했을까요? 개신교를 받아들인 국가들도 가톨릭과 마찬가지로 마녀를 신의 반역자로 간주했습니다. 마녀는 사탄을 따르고 신을 거부하는 존재라고 생각했죠. 개신교 국가 중 마녀사냥이 가장 격렬하게 일어난 곳은 스코틀랜드입니다. 개신교는 스코틀랜드의 왕 제임스 6세James VI와 결탁해 마녀재판을 감독하고 마녀에 대한 처벌을 강화할 것을 요청하기도 했습니다. 그 결과 이 시기 스코틀랜드에서만 약 3,000명의 마녀가 처형됐습니다.

마녀에 대한 의심에 불을 지핀 루됭의 마녀재판

가톨릭과 개신교가 각자의 논리로 마녀사냥을 하는 동안 마녀의 범위는 점차 넓어졌습니다. 이런 혼돈 속에서 사람들은 조금씩 의문을 품기 시작했습니다. 마녀로 지목돼 처형당한 귀족들과 지식인, 관리들이 정말로 마녀였는지 의심한 것입니다. 그러던 중 1632년에 프랑스 중부의 루됭 지역에서 이 같은 의심에 불을 지피는 세기의 마녀재판이 열렸습니다. 이 재판에서는 기묘하고 믿을 수 없는 광경이 펼쳐졌습니다. 고발당해 억지로 끌려온 사람들과 달리 스스로 악마에 씌었다며 자백한 여성이 나타난 것입니다.

재판장에서 발작하는 수녀

당시 상황을 묘사한 그림을 보면 한 여성이 심한 발작을 일으키며 몸을 뒤틀고 있습니다. 악마가 씌웠다고 자백한 여성의 정체는 루됭의 우르슬라 수녀회에 소속된 수녀입니다. 그녀는 기이하게 몸을 뒤틀고 알 수 없는 이상한 말들을 내뱉으며 재판정에 있는 사람들을 경악하게 만들었죠. 더욱 놀라운 것은 같은 수녀원에서 이 같은 증상을 보인 수녀가 무려 17명이었다는 사실입니다. 놀란 종교재판관과 신학자들이 즉시 수녀들을 진단한 결과 이들의 몸에는 악마가 빙의됐으며, 특히 원장 수녀인 장 데장주Jeanne des Anges의 몸에는 무려 6마리 이상의 악마가 들어 있다는 충격적인 사실을 공표했습니다. 원장 수녀의 이마 한가운데는 레비아탄이, 오른쪽 옆구리 두 번째 갈비뼈에는 발람이, 마지막 갈비뼈에는 아만과 이사카론이, 그리고 위장 속에는 아스모데우스와 베헤모스라는 악마가 깃들었다는 것입니다.

지옥에서 올라온 끔찍한 악마들이 신성한 수녀의 몸에 깃들었다는 것은 보통 일이 아니었죠. 곧장 수녀들에게서 악마를 내쫓는 구마 의식을 행했습니다. 이 과정에서 사건은 예상치 못한 방향으로 흘러갔습니다. 수녀들에게 악마를 심은 주범을 밝혀내는 데 관심이 쏠린 것입니다. 수녀들이 한결같이 범인으로 지목한 사람은 루됭시의 교구사제였던 위르뱅 그랑디에

원장 수녀의 몸에 들어온 여러 악마들

Urbain Grandier였죠.

이 기묘한 사건의 용의자가 의외의 인물이라는 사실이 밝혀지자 재판에 관심을 가진 인물이 등장했습니다. 루이 13세Louis XIII의 재상인 리슐리외 Richelieu 추기경입니다. 유능한 정치가였던 그의 목표는 루이 13세의 왕권 강화였습니다. 이를 위해서는 지방 세력의 자치권을 약화시켜야 했죠. 그런데 17세기 프랑스는 각 지역의 영주가 영지를 다스렸기에 지방 귀족과 자치 도시의 힘이 여전히 강력했습니다. 리슐리외는 지방 세력을 누를 방법으로 언제든 왕의 명령을 거부하고 농성할 수 있는 일종의 방어벽이자 반란의 근거지인 요새와 성벽을 없애기로 했습니다. 그는 즉시 군대를 보내 지방 곳곳의 요새와 성벽을 강제로 무너뜨렸습니다. 루됭시의 성벽을 파괴하려 할 때 반기를 든 사람이 있었는데, 그가 바로 그랑디에 신부입니다.

그런데 때마침 그랑디에 신부가 수녀들에게 악마를 심은 주범으로 몰린 것입니다. 리슐리외로서는 루됭시를 무너트릴 절호의 기회였죠. 그는 특별 위원회를 설치하고 루됭의 마녀재판에 적극 개입했습니다. 리슐리외의 특사는 즉시 그랑디에를 체포했고 대중이 지켜보는 가운데 공개 재판이 열렸습니다.

그랑디에 신부의 재판은 프랑스를 넘어 유럽 전역의 주목을 받았습니다. 잘생긴 데다 언변까지 뛰어나고 루됭의 영주를 대신해 도시를 지켜온 그가 악마로 몰린 것도 모자라 왕의 재판관까지 끼어들면서 판이 커진 것입니다. 세간의 이목이 집중된 1634년 봄, 특별위원회는 그랑디에 신부의 몸에 들어 있는 마귀를 쫓아내겠다며 끔찍한 고문을 가했습니다. 다리를 나무 형틀에 넣고 쐐기를 박은 다음 망치로 내려친 것이죠. 그런데 아무리 고문을 해도 그랑디에 신부는 줄기차게 자신의 무죄를 주장했습니다. 그러다 보니 최종 판결은 계속 지연됐습니다.

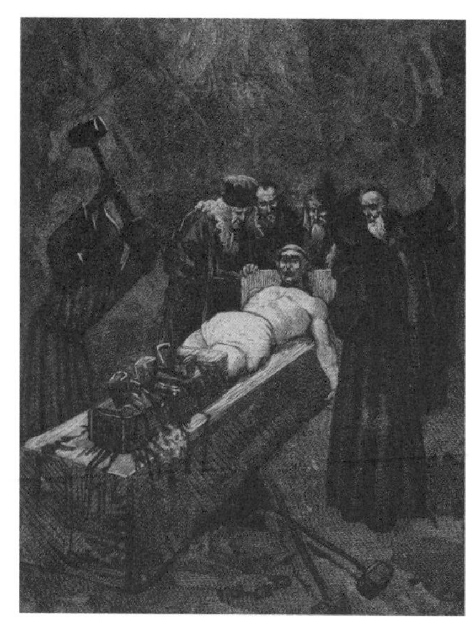

고문당하는 그랑디에 신부

가혹한 고문에도 자백하지 않는 그랑디에를 믿는 사람이 조금씩 늘어났지만 누구도 함부로 그의 편을 들지 못했습니다. 그 즉시 악마의 동조자라고 낙인찍혀 죽임당할 게 뻔했기 때문이죠. 사실 이 재판은 답이 정해져 있는 일종의 정치재판이었습니다. 재판 과정에서 수녀들은 거짓을 고했다고 고백했지만 재판부는 이를 증언으로 채택하지 않았습니다. 정치적 이유로 그랑디에를 악마로 몰아야 했기 때문입니다. 결국 악마 사건에서 가장 중요한 자백이 없었음에도 재판관은 그랑디에 신부를 악마의 하수인이라고 판결했습니다. 그는 도시의 광장에서 산 채로 화형당하고 말았죠.

모든 게 리슐리외의 뜻대로 되었습니다. 이제 루됭의 성벽은 파괴됐고 신의 노여움을 샀다는 이야기가 떠돌면서 도시는 끝내 무너지고 말았습니다. 사실상 신의 형벌이라기보다는 리슐리외의 형벌인 셈이죠.

그동안 마녀사냥은 종교의 결속을 강화하기 위한 수단이었습니다. 그런데 그랑디에 사건을 계기로 권력 강화를 위한 비밀스러운 명분이 된 것입니다. 이 사건은 마녀사냥에 대한 새로운 국면을 열어주었습니다. 악마 들린 수녀의 모습을 본 사람들이 진위 여부를 놓고 두 편으로 갈라져 논쟁을 벌이기 시작한 것입니다. 그랑디에 신부가 세력 다툼에 희생됐다는 의심까지 싹트면서 어느새 여론은 걷잡을 수 없이 변했습니다. 마녀와 마술, 악마라는 프레임이 모두 거짓이라는 인식이 유행처럼 번졌죠. 게다가 이즈음 프랑스에서는 근대 철학의 아버지라 불리는 데카르트Descartes가 등장해 합리론을 주장하면서 새로운 사상이 싹트고 수학, 과학, 의학이 발달했습니다. 세상을 다른 방식으로 보는 사람들이 증가하기 시작한 것입니다.

마녀사냥을 끝낸 루이 14세

여기에 100년 넘게 이어진 가톨릭과 개신교 간의 전쟁도 일단락되면서 유럽을 휩쓴 거대한 갈등과 광기도 차츰 사그라들기 시작했습니다. 이 틈을 타 프랑스에서는 "짐이 곧 국가다!"라며 왕권신수설을 주장한 태양왕 루이 14세가 등장했죠. 왕의 권력은 신으로부터 내려왔다고 믿은 그는 귀족들을 자기 아래 무릎 꿇리고 절대 권력을 행사했습니다.

왕이 절대 권력을 얻기 위해서는 전국을 하나로 다스리는 강력한 체계가 필요합니다. 지금 우리나라는 서울, 부산, 제주도 등 어디에서 재판을 받든 같은 법과 공통의 원칙과 체계를 적용합니다. 이와 마찬가지로 루이 14세도 자신의 명령 아래 프랑스의 모든 지역이 똑같은 체계로 관리되고 통제되기를 원했습니다. 즉 통일된 사법 체계를 확립하고자 한 것이죠. 이를 위해서는 강력한 군사력과 사법권, 행정권이 필요합니다.

문제는 지방 곳곳의 재판소에서 무분별하게 일어나는 마녀사냥이 왕권 강화의 걸림돌이었다는 것입니다. 루이 14세는 자신의 권력을 방해하는 마녀사냥을 제한하기 시작했습니다. 1669년에 프랑스 노르망디의 사설 재판소는 마녀 감식인의 고발로 잡혀들어온 24인에게 마녀라는 판결과 사형 선고를 내렸습니다. 그러자 이 소식을 들은 루이 14세가 사형을 면해주고 지방 재판관들이 몰수한 재산도 다시 돌려주라고 명령한 것입니다. 그는 즉위한 지 40여 년 만인 1682년에 왕령으로 마녀재판을 금지했습니다.

칙령의 핵심 내용은 다음과 같습니다. 첫째, 주술의 실재를 부정하고 마술과 마법, 마녀재판을 폐지한다. 둘째, 주술 행위에 대한 처벌은 체형에 그친다. 셋째, 마녀들의 행위는 악마와의 계약이 아닌 단순한 미신이다.

이전과 달리 마녀사냥을 미신으로 규정한 것입니다. 이제 마녀는 악마의 사주를 받은 악의 세력이 아니라 사기꾼, 환상에 시달리는 심약한 사람, 치료가 필요한 히스테리 환자로 받아들여졌습니다. 프랑스를 시작으로 유럽의 다른 나라들도 비슷한 과정을 거치면서 마녀사냥은 점차 사라졌죠. 이렇게 수 세기 동안 유럽을 피로 물들이던 마녀사냥이 드디어 끝났습니다. 현재 마녀나 마법은 소설이나 시, 그림과 음악의 소재로 이용될 뿐입니다.

마녀사냥은 단순히 미신에서 비롯한 비극이 아닙니다. 교회, 영주, 왕, 그리고 수많은 사람이 자신의 세력을 확장하기 위해, 스스로를 정당하다고 말하기 위해, 경제적 이득을 얻기 위해, 불행을 탓하기 위해 마녀라는 절대악을 만들고 이용한 것입니다. 그 결과 16세기와 17세기에 걸쳐 마녀사냥의 광기가 전 유럽을 지배했습니다.

사실 '악'을 만들어내는 역사는 무수히 반복되었습니다. 80여 년 전 독일의 나치에게는 유대인이 그러했고, 지금도 아프리카와 인도 등 세계 여러 나라에서 많은 사람이 마녀로 몰려서 희생되고 있습니다. 그리고 우리들의 일상 속에서도 마녀사냥은 벌어지고 있습니다. 오늘날 우리는 합리적인 세상을 살고 있으며 이성의 빛이 세상을 비추고 있다고 생각합니다. 하지만 이성의 빛은 의외로 쉽게 사라지며 그 자리는 맹목적인 믿음과 집단적인 광기가 차지하기도 합니다.

그렇다면 우리는 마녀사냥을 어떻게 경계해야 할까요? 사람들이 게을러지는 순간, 깨어 있지 않은 순간, 그래서 '쉬운 답'을 찾으려 하는 순간 마녀사냥은 일어납니다. 불행이 찾아왔을 때 문제를 똑바로 들여다보지 않고 쉽게 답을 찾으려고 한다면 손쉬운 희생양이 생겨날 것입니다. 이 희생양은 제거해야 할 악, 즉 현대판 마녀가 되는 것이죠. 게다가 오늘날의 사회는 수백 년 전보다 훨씬 복잡해졌고, 진실 파악은 그만큼 어려워졌습니다. 마녀사냥이 일어나기 쉬운 조건에 당면한 것입니다. 우리가 수백 년 전에 일어난 마녀사냥의 역사를 공부하는 이유가 여기에 있습니다. 무지 속에서 폭력을 일삼는 사회가 되지 않도록 경계하고 깨어 있기 위함입니다. 21세기를 사는 우리에게도 마녀사냥은 언제든 일어날 수 있음을 기억하길 바랍니다.

벌거벗은 세계사

벌거벗은 미국 서부 개척사

미국의 영토 확장과 인디언의 눈물

김봉중

048 벌거벗은 세계사

● '프런티어frontier'라는 말을 들어본 적 있나요? 사전적 의미의 프런티어는 주로 국가의 경계선 혹은 경계 지역을 뜻합니다. 하지만 1776년에 영국 식민지에서 독립을 선언한 미국에는 '인간의 발이 닿지 않은 미개척지'를 의미했습니다. 당시에 국경이란 것은 유동적이었습니다. 때문에 미국인들은 어떤 어려움이 있더라도 극복해내고 자유를 확장하겠다는 의지로 프런티어 개척에 앞장섰습니다. 이 같은 프런티어 정신이 오늘날 미국을 초강대국으로 만들었다고 해도 과언이 아닙니다. 하지만 빛이 있는 곳에는 항상 그림자가 있듯이 미국인의 프런티어 정신에는 뼈아픈 역사가 숨어 있습니다.

미국은 독립 이후 전쟁과 영토 매입으로 지금의 광활한 땅을 차지했습니다. 그리고 그 과정에서 수많은 인디언을 학살했습니다. 사진을 보면 총을 든 군인들이 서 있고 그 앞에는 수십 구의 시체가 아무렇게나 쌓여 있습니

미국군의 수우족 인디언 학살

다. 대체 무슨 상황일까요? 1890년 12월, 미국인들이 '수우족'이라는 인디언 부족 300여 명을 학살한 현장을 찍은 것입니다. 추위로 몸이 굳은 인디언들의 시체가 널브러진 모습이 너무도 참혹합니다.

대체 미국은 어떤 방식으로 서부 영토를 확장한 것일까요? 그리고 그 과정에서 왜 이토록 많은 인디언들이 목숨을 잃어야 했을까요? 지금부터 미국의 프런티어 정신과 영토 확장의 역사를 벌거벗겨 보겠습니다. 그 과정에서 어떤 일들이 벌어졌는지, 그리고 그것이 미국을 이해하는 데 어떤 의미가 있는지 알아보려 합니다.

100년 만에 6배, 미국 팽창의 비밀

뉴올리언스는 미국이 독립 이후 서쪽으로 영토를 확장하는 데 결정적인 역할을 한 도시입니다. 미국은 영국의 식민지에서 벗어난 뒤 13개 주에서 새로운 국가를 시작했습니다. 그때까지만 해도 뉴올리언스는 미국의 땅이 아니었습니다. 그렇다면 동부 지역의 13개 주에 불과했던 미국은 어떻게 남부의 뉴올리언스를 거쳐 서부까지 이어지는 지금의 영토까지 확장한 것일까요?

독립전쟁에서 승리한 미국은 1783년 파리 강화조약에서 독립을 인정받았습니다. 이때 미국인들이 독립만큼 기뻐한 일이 생겼습니다. 영국으로부터 13개 주 외에도 미시시피강 동쪽의 상당한 규모의 땅을 추가로 받게 된 것입니다. 이곳은 원래 인디언 구역이자 영국의 땅이었죠. 하지만 식민지 개척 과정에서 미국인이 진출한 지역이었고, 경쟁국인 프랑스와 스페인의

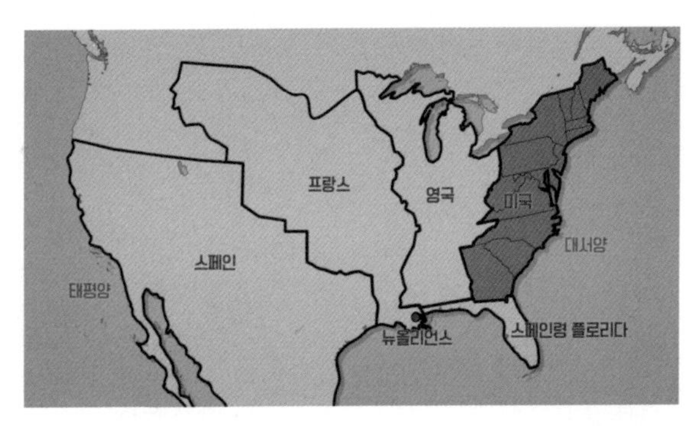

독립 당시 미국 영토

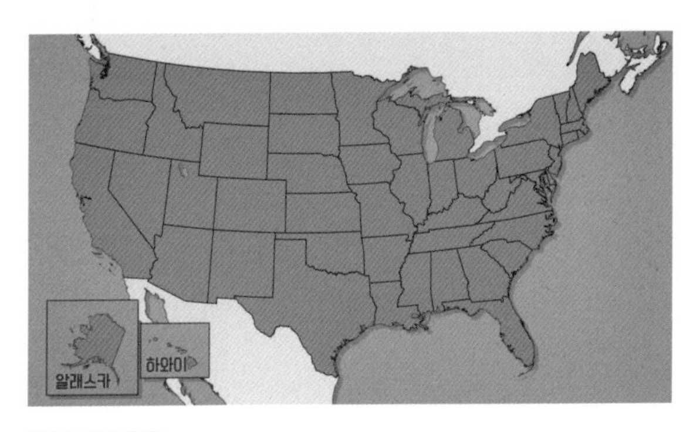

현재 미국 영토

견제를 고려할 때 미국에 넘기는 것이 낫다고 판단한 영국이 미국 영토로 인정한 것입니다. 이처럼 미국은 북아메리카의 3분의 1을 차지하며 운 좋게 출발했습니다.

그렇다면 뉴올리언스는 어떻게 미국 땅이 되었을까요? 이를 알기 위해서는 당시 미시시피강 유역의 상황을 살펴봐야 합니다. 미국은 별다른 노력 없이 미시시피강 동쪽 지역을 얻었습니다. 하지만 서쪽 지역은 당시 프랑스와 스페인이 각축전을 벌이던 땅이었죠. 뉴올리언스를 포함한 주변 영토는 현재 미국의 14개 주와 캐나다의 2개 주를 포함한, 한반도의 10배에 해당

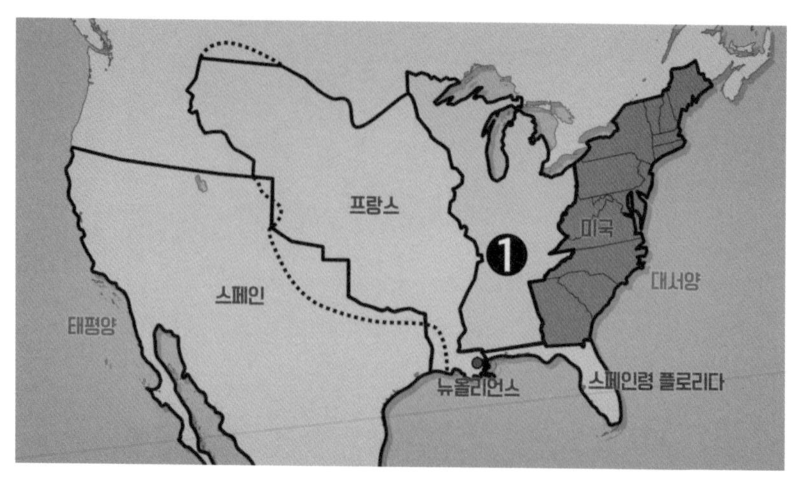

미국의 영토 확장 ①영국의 인디언 구역

하는 면적입니다. 세계 최대 곡창지대인 '그레이트 플레인스'를 품고 있으며 미시시피강 어귀에 위치한 뉴올리언스 역시 바닷길의 요충지였죠.

가장 먼저 이곳을 차지한 나라는 프랑스입니다. 1682년에 태양왕 루이 14세의 이름을 따서 '루이지애나'라고 이름 짓고 식민지로 삼은 것입니다. 그런데 1762년에 영국과의 식민지 쟁탈전인 '7년 전쟁'에서 패배한 프랑스는 비밀 조약을 통해 루이지애나 땅을 스페인에 양도해버렸습니다. 그러다가 1800년에 다시 루이지애나를 되찾아왔습니다. 프랑스는 왜 미시시피강 서쪽 지역에 또다시 눈독 들인 것일까요?

당시 프랑스는 루이지애나와 뉴올리언스, 그리고 카리브해의 서인도 제도를 잇는 거대한 식민지를 복원하려는 야심을 가지고 있었습니다. 따라서 세 지역의 중심인 뉴올리언스가 매우 중요했죠. 문제는 40여 년 만에 돌아온 프랑스가 뉴올리언스에서 설 자리가 없었다는 것입니다. 이곳은 사실상 스페인이 관리 중이었고, 무역의 중심에는 미국 상인들이 있었기 때문입니다. 그런데 스페인이 미국 배에만 무관세 선적권을 제한하는 법령을 선포하는 등 횡포를 부리기 시작했습니다. 이때 스페인 관리들의 횡포를 견디다 못한 미국 상인들은 자신들의 정부에 강력하게 항의했습니다. 이렇다 할 해결책을 내지 못한 채 미국 상인과 스페인 관리들의 갈등이 점점 고조될 무렵 미국의 제3대 대통령인 토머스 제퍼슨Thomas Jefferson이 직접 나섰습니다. 미국의 독립선언문을 작성하고 독립운동에 앞장섰던 건국 영웅 중 한 사람인 그가 내놓은 묘안은 프랑스로부터 루이지애나를 매입하는 것이었죠.

뉴올리언스를 사수하기 위해 루이지애나 영토 전체를 산다는 것은 타산이 맞지 않는 일이었고, 미국 의회는 강하게 반대했습니다. 그럼에도 제퍼슨 대통령은 자기 생각을 밀어붙였습니다. 그가 의회의 강력한 반대를 무릅쓰고 루이지애나 땅을 사려 한 것은 자신의 신조였던 '자유의 확장'을 위한 결정이었습니다. 당시 미국은 재산이 없으면 투표권을 가질 수 없었습니다. 그런데 동부의 땅값이 크게 오르면서 재산에 따라 계층이 생긴 것입니다. 제퍼슨 대통령은 루이지애나를 매입한 뒤 재산이 없어서 선거에 참여할 수 없는 동부 사람들을 서부로 보내려 했습니다. 이들이 서부의 빈 땅을 개척하면 재산이 생기고 투표권도 가질 수 있다는 계산이었죠.

땅을 소유하려는 야망 있는 사람들과 땅이 없는 하층민, 그리고 유럽 이민자 등 모든 국민이 미국의 민주주의를 공평하게 누려야 한다고 생각한 제퍼슨 대통령은 서부의 땅이 반드시 필요하다고 판단했습니다. 자유의 확장은 투표를 통해 민주주의를 공평하게 누리는 것이라 믿는 제퍼슨 대통령에게 뜻밖의 희소식이 들려왔습니다. 프랑스 파리에 있는 미국 대사가 프랑스와 접촉을 시도한 결과 프랑스 정부가 선뜻 루이지애나 땅을 팔겠다고

한 것입니다. 인수 조건은 다음과 같았죠.

- 미국은 프랑스에 1,500만 달러를 지불한다.
- 뉴올리언스에서 프랑스인에게 통상의 특권을 허용한다.
- 루이지애나 주민들은 미국에 편입시켜서 다른 미국인과 동등하게 대우한다.

북아메리카 영토의 3분의 1에 해당하는 루이지애나 땅을 사는 것치고 매우 간결한 조건입니다. 이에 따라 미국은 1,500만 달러에 루이지애나 영토를 매입했습니다. 현재 시가로 3억 2,300만 달러에 해당하는 금액입니다. 1803년에 우리나라 영토의 20배에 해당하는 지역을 1,500만 달러에 샀으니 횡재한 거나 다름없었죠.

어마어마한 크기의 영토를 헐값에 넘긴 사람은 프랑스의 황제 나폴레옹Napoleon입니다. 아메리카 대륙에 식민지를 건설하기 위해 스페인에 양도한 땅을 다시 가져온 프랑스는 왜 이렇게 쉽게 루이지애나를 포기한 걸까요? 당시 프랑스는 골치 아픈 일이 많았습니다. 대외적으로는 유럽의 패권을 놓고 영국과 세기적인 전쟁을 이제 막 시작했고, 대내적으로는 식민지였던 아이티에서 독립 혁명이 일어났죠. 계속된 전쟁과 반란을 수습하느라 정신없었던 프랑스는 멀리 떨어진 북아메리카 대륙의 루이지애나 땅까지 신경을 쓸 겨를이 없었습니다. 게다가 미국이 이 땅을 두고 프랑스와 전쟁이라도 벌이면 막대한 전쟁 비용을 감당할 수 있는 처지도 아니었죠. 결국 나폴레옹은 땅을 지키겠다는 체면보다는 실리를 택했습니다. 덕분에 미국은 뉴올리언스를 포함한 루이지애나를 전쟁을 치르지 않고 손쉽게 사들였

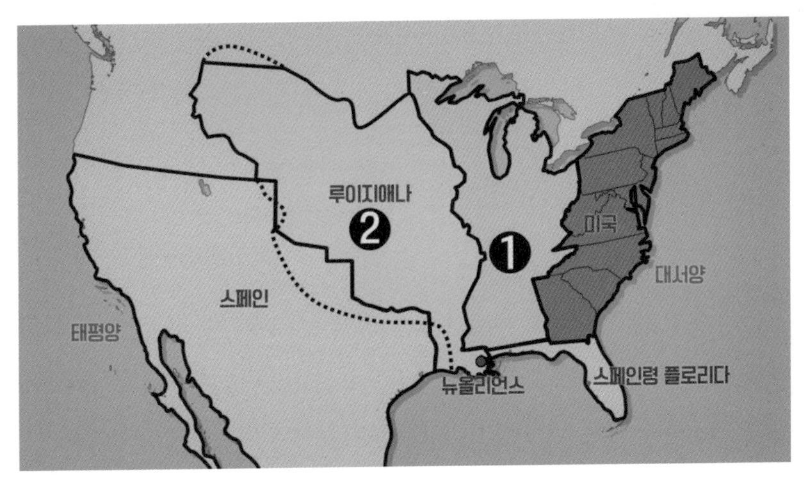

미국의 영토 확장 ②프랑스의 루이지애나 구역

습니다.

지도에서 보는 것처럼 루이지애나 매입으로 미국 영토는 크게 확장되었습니다. 이때 미국은 영국과의 협의로 루이지애나 최북단의 경계선까지 손에 넣었죠. 이로써 미국은 북아메리카의 3분의 2에 해당하는 땅을 확보하며 대륙 팽창에 박차를 가했습니다. 미국의 루이지애나 구역 매입은 오늘날 제퍼슨 대통령이 남긴 위대한 유산이 되었습니다.

그런데 루이지애나는 미국인이 가본 적 없는 미지의 땅이었습니다. 제퍼슨 대통령은 루이지애나를 포함한 미국 서부 지형을 파악할 탐사대를 조직했습니다. 이 임무를 맡은 것은 육군 출신의 메리웨더 루이스Meriwether Lewis와 윌리엄 클라크William Clark였죠. 1803년 겨울, 두 사람은 48명의 대원과 함께 서부 지형 탐사에 나섰습니다. 이후 약 3년에 걸쳐 서부의 다양한 생태환경과 지형, 그리고 원주민 인디언들을 파악한 보고서를 만들었죠. 이 보고서는 훗날 미국의 서부 개척자들에게 중요한 안내자 역할을 했습니다.

그곳은 원래 인디언들의 땅이었다

루이지애나까지 영토를 확장한 미국이 다음에 해야 할 일은 미국인들이 땅을 개척하고 살아갈 수 있도록 관리하는 것입니다. 그런데 이곳에는 이미 오랫동안 살아온 원주민인 인디언 부족들이 있었습니다. 1800년대 초 북아메리카에는 약 600개의 인디언 부족이 존재했습니다. 사진에서 보는 것처럼 이들은 부족마다 각기 다른 특징을 가지고 있었죠.

일반적으로 머리카락을 길게 길렀는데 여기에는 이유가 있습니다. 머리카락은 영혼이 성장하는 증표로 여기에서 힘이 나온다고 생각한 것입니다. 깃털은 명예와 권력, 지혜, 힘 등을 상징합니다. 그래서 독수리 깃털은 추장과 부추장, 전사들만 꽂을 수 있었죠. 인디언 부족들은 그 수만큼이나 다양한 문화를 가지고 있었습니다. 회의를 통해 추장을 선택할 만큼 민주주의적인 풍습을 갖춘 부족이 있는가 하면, 어머니 중심의 모계사회를 이루는 부족도 많았습니다. 그래서 경제권과 자녀 양육, 이혼 등을 결정할

수우족

코만치족

나바호족

수 있는 권한이 여성에게 있었죠.

인디언들은 위대한 영(靈)이 세계를 창조했고 그 영이 모든 존재에 영혼을 부여했다고 믿었습니다. 그래서 대다수 인디언은 사람과 동식물, 심지어 생명이 없는 존재까지도 영혼이 있다고 믿었으며 자연과 공존하며 살고자 했죠. 이 같은 가치관이 담긴 것이 바로 인디언들의 이름입니다.

> 바보 개, 달과 함께 걷다, 사람들이 그의 말을 두려워해, 외로운 늑대, 행복하게 춤춰, 나비 부인에게 쫓기는 남자, 불벼락, 떠도는 우박, 꽃이 핀 아름다운 땅…

감성이 느껴지는 동시에 의미가 정확하게 전달되는 이름은 가장 흥미로운 인디언 문화 중 하나입니다. 우리는 태어나기 전부터 또는 태어나자마자 이름을 짓습니다. 그런데 일부 인디언들은 살아가면서 그 사람의 특징에 맞도록 이름을 지었다고 합니다. 어떤 사람인지 지켜보다가 그 사람을 가장 잘 표현하는 이름을 지어주는 것이죠. 이처럼 자연과 공존하며 살아가려는 인디언들은 자신들의 운명이 서부 개척에 달려 있다고 생각한 미국인들에게 눈엣가시였습니다.

인디언을 추방하라!

13개 주로 시작한 미국 영토가 미시시피강 동쪽과 루이지애나까지 확장되자 인디언들은 긴장했습니다. 1821년에 미국이 500만 달러에 플로리다

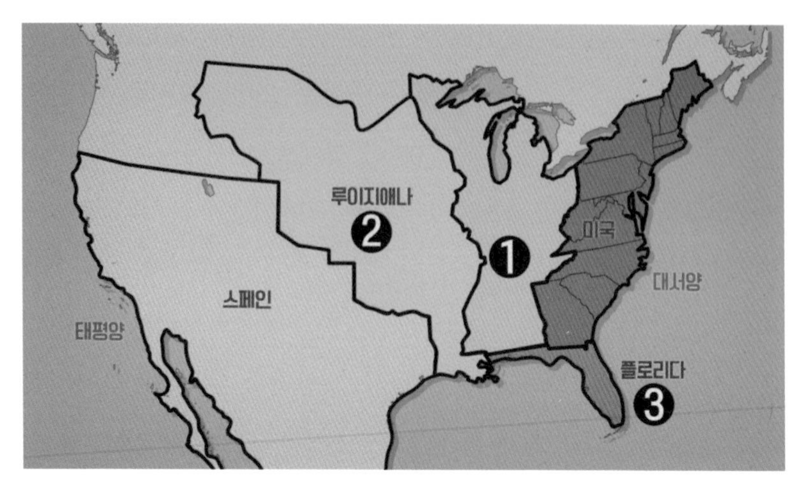

미국의 영토 확장 ③플로리다 구역

를 매입하면서 이들의 긴장감은 더욱 커졌습니다. 플로리다는 규모가 크지 않아도 대서양과 남아메리카로 향하는 바닷길이 있고, 비옥한 토지로 이루어진 알짜배기 영토였죠. 미국의 플로리다 매입이 절실했던 또 하나의 이유는 플랜테이션 농장에서 일하던 아프리카 흑인 노예들이 당시 스페인령이었던 플로리다로 자주 도망쳤기 때문입니다. 이 땅을 확보하면 노예를 잡을 수 있었죠.

이런 이유로 플로리다 영토 매입에 큰 공을 세운 미국의 제7대 대통령인 앤드루 잭슨Andrew Jackson은 서부 개척의 영웅으로 인기를 누렸습니다. 그에게는 또 다른 별명이 있는데 바로 '인디언 킬러'입니다. 잭슨은 대통령이 되기 전부터 인디언들은 미국이 정해준 보호구역으로 이동하는 것이 인디언과 미국인 모두에게 바람직하다고 주장한 인물입니다. 인디언들이 보호구역에서 미국인들과 정부의 간섭 없이 자유롭게 살 수 있도록 하자는 취지였지만, 진짜 목적은 서부 개척에 방해되는 인디언을 몰아내려는 속셈이었죠.

이때 잭슨 대통령에게 한 가지 소식이 날아왔습니다. 1829년 조지아주의 달로네가라는 지역에서 금이 발견되었다는 소식이었죠. 이곳에서 오랜 시간 농사를 지으며 살아온 체로키족은 미국인들의 문명을 받아들여 학교와 공장을 짓고 정착민들과 평화롭게 지내던 부족이었습니다. 하지만 금광을 찾으려는 사람들이 몰려들면서 상황은 급격히 달라졌습니다. 그들은 체로키족의 영토에 함부로 드나들었고 가축을 훔치는 등 생활을 침범했습니다. 심지어 체로키족에게는 금을 캐는 것도 허용되지 않았죠.

이후 7년간 달로네가에서 110만 달러(현재 기준 약 3,400만 달러) 상당의 금이 나오자, 인디언을 쫓아낼 구실을 찾던 잭슨 대통령은 금맥 발견을 최고의 명분으로 이용했습니다. "인디언을 이주시키면 미국이 인구와 부, 권력 면에서 빠르게 발전할 수 있을 것"이라고 주장한 것입니다.

그리고 1830년에는 '인디언 보호구역'이라는 이름 아래 인디언들을 서부로 추방하는 '인디언 추방법'을 통과시켰습니다. 이때 잭슨 대통령은 미국의회 연설에서 "인디언은 백인과 공생할 수 없는 열등 민족"이라고 말하기도 했죠. 이 법을 앞세워서 미시시피강 동쪽에 사는 체로키, 세미놀, 촉토, 치카소, 크리크까지 5개 부족을 강 서쪽으로 강제 이주시키는 계획을 세운 것입니다. 조지아주에는 군인들이 들이닥쳤고 체로키족은 떠날 채비도 제대로 하지 못하고 쫓겨났습니다. 조지아주의 체로키족은 내슈빌, 스프링필드를 거쳐서 오클라호마의 '인디언 보호구역'으로 이주했습니다. 당시 체로키족이 걸어서 이동한 거리는 약 1,300km로 추정합니다. 뒤를 이어 세미놀족과 치카소족 등 다른 부족들도 강제로 이주했죠. 이들의 행로는 10년 동안이나 계속됐습니다.

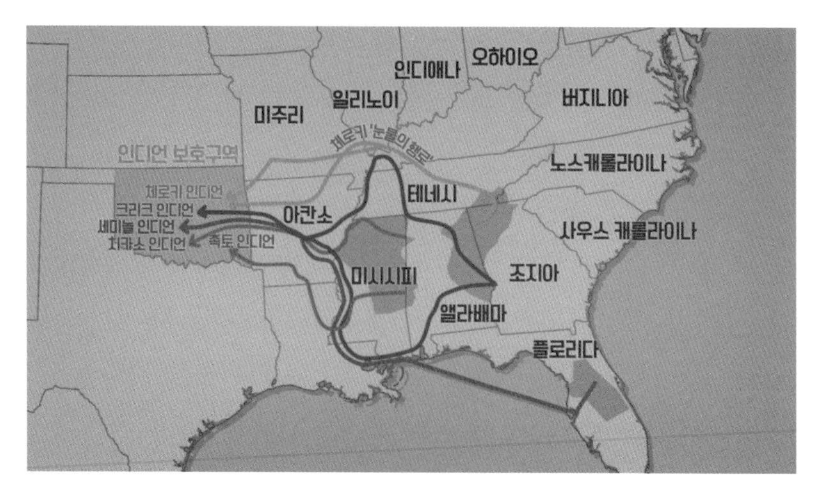

인디언들의 '인디언 보호구역' 이동 경로

61쪽의 그림은 체로키족이 강제 이동하는 모습을 표현한 것입니다. 미국 정부는 군대를 동원해 전쟁 포로를 끌고 가듯이 인디언들을 몰았습니다. 이들에게 주어진 하루 배급은 삶은 옥수수 한 줌과 순무 한 개, 끓인 물이 전부였습니다. 물이 부족할 때는 추위에 언 강물을 녹여서 마셨고, 밤이 되면 비바람을 맞으며 맨땅에 누워서 자야 했죠. 난폭한 마차꾼은 수시로 채찍을 휘둘러댔습니다. 이처럼 고단한 행로와 굶주림은 3~4개월이나 이어졌고 쓰러지는 부족민들이 하나둘씩 발생했습니다. 그럴 때면 그림 왼쪽처럼 시체를 옮기며 이동해야 했죠. 다음은 당시의 처참한 참상을 기록한 글의 일부입니다.

> "나는 하룻밤 사이에 22명이 치료도 받지 못하고 폐렴으로 감기로 혹은 담요도 없이 얼어 죽는 것을 보았다. 그중에는 추장 존 로스의 아내도 있었다. 고상하고 인정 많은 이 여인은 병든 어린

'눈물의 길'을 통과하는 체로키족

> 아이를 살리려고 한 장밖에 없었던 자신의 담요를 아이에게 덮어 주고 희생되었다. 그녀는 관도 없이 고향에서 멀리 떨어진 어떤 길가에서 자그마한 무덤으로 남았다. 서부를 향해 계속되었던 그 길고 고통스럽던 여정은 스모키산맥 언덕에서부터 오클라호마에 설치한 서부의 인디언 지역에 이르기까지 4,000여 개의 말 없는 무덤을 남기고 1839년 3월 26일에 끝났다."

체로키족이 추방당할 때 이들을 호송하는 임무를 맡았던 한 군인이 쓴 수기입니다. 인디언의 여정에 함께한 미국인의 눈에도 이들의 상황이 비참해 보였던 것이죠. 이때 전염병까지 퍼지면서 1만 4,000여 명의 인디언 중 4,000여 명이 행군 중 목숨을 잃었습니다. 훗날 인디언들은 이 행로를 '눈물의 길'이라고 불렀습니다.

눈보라가 휘몰아치던 겨울에 이주를 시작한 인디언들에게 '눈물의 길'은 곧 죽음의 길이었습니다. 밤에는 불도 제대로 피우지 못해서 추위에 떨어야 했고, 감기라도 걸리면 폐렴으로 번져서 죽기도 했죠. 이때 체로키족이 이주하면서 불렀던 노래가 〈어메이징 그레이스〉입니다. 죽은 동료와 아이들을 땅에 묻으며 이 노래로 명복을 빌었고, 살아남은 자들의 용기와 힘을 북돋우기 위해 불렀다고 합니다. 오늘날에는 세계적으로 유명한 찬송가가 되었습니다.

서부로 이주한 체로키족은 안타깝게도 정착하지 못하고 수차례 살던 땅을 떠나야 했습니다. 일부는 캔자스주 남동부와 텍사스주 북쪽으로 이동했죠. 이들의 비참한 현실은 영국 작가 조너선 스위프트Jonathan Swift가 쓴 《걸리버 여행기》 속 거인국에 비유되기도 했습니다. 풍자화에서 누워 있는 거인은 체로키족입니다. 그의 영혼이자 정체성이라 할 수 있는 머리카락을 자르고 있는 사람은 인디언을 문명화하려는 미국 대법원을 의미합니다. 두

체로키족의 비참한 현실을 그린 풍자화

개골을 뚫는 사람은 강제로 개종시키려는 선교사를 뜻하죠. 양쪽 발에는 '철도(RAIL ROADS)'라고 적혀있는데 이는 체로키 땅에 철도와 길이 놓여 곧 체로키족이 사라질 것이라 해석할 수 있습니다. 아이러니한 것은 체로키족이 살았던 땅에서 발견된 금이 고작 10년 만에 소진되기 시작했다는 사실입니다. 끝이 보이는 경제적 이익 때문에 한 부족이 전멸에 이를 만큼 잔혹한 일을 당한 것이죠.

텍사스에 눈독 들인 미국

미국은 인디언을 이주시켜 땅을 차지하는 데 그치지 않고 영토를 더욱 확장할 방법을 찾았습니다. 이때 그들의 눈에 들어온 곳이 당시 멕시코 땅이었던 텍사스주입니다. 이 시기 멕시코와 미국의 국경은 지금과 달랐습니다. 현재 미국의 영토인 텍사스주를 비롯해 캘리포니아주에 이르는 이 광활한 지역은 원래 멕시코 땅이었습니다. 텍사스라는 이름은 인디언 카도 부족의 언어로 친구라는 뜻인 'teyshas'를 빌려 스페인어로 'Tejas'라고 만든 것입니다. 때문에 텍사스에는 지금도 멕시코 문화가 남아 있습니다. 텍스-멕스Tex-Mex라는 멕시코와 텍사스 음식이 결합한 먹거리나 타코, 칠리, 전통 바비큐, 로데오 등 텍사스주의 많은 사람들이 여전히 멕시코 문화를 즐기고 있죠.

스페인의 식민 지배를 받았던 멕시코는 11년의 전쟁 끝에 1821년에 독립했습니다. 하지만 당시 사람이 많지 않았던 멕시코 땅은 불모지와 다름없었죠. 멕시코 정부는 황무지를 개척할 방법으로 미국인에게 토지 무상제

공 등의 혜택을 주며 텍사스로의 이주를 장려했습니다. 덕분에 짧은 기간에 수많은 미국인이 이주했고 텍사스 이주민의 대부분을 차지했죠. 문제는 미국인들이 멕시코 정부의 말을 듣지 않고 마음대로 행동했다는 것입니다. 멕시코는 텍사스가 마치 자기들의 땅인 양 행동하는 미국인이 점점 불편해졌습니다.

이때 미국은 멕시코에 텍사스를 3,000만 달러에 구입하겠다고 제안했습니다. 고심에 빠진 멕시코 정부는 텍사스주를 빼앗길지도 모른다는 두려움에 더 이상 미국인의 이민을 받아들이지 않기로 결정했죠. 텍사스주에 살고 있던 미국인들은 당연히 그 결정을 받아들이지 않았습니다. 그러자 1835년 10월에 멕시코군이 텍사스 주민을 무장 해제하려고 시도하면서 '텍사스 독립전쟁'이 일어났습니다. 전쟁이 시작된 지 4개월 만에 텍사스 독립전쟁은 마지막을 향하고 있었습니다. 미국인들로 구성한 텍사스 민병대가 멕시코 정규군의 진격을 지연시키기 위해 샌안토니오의 알라모라는 교회

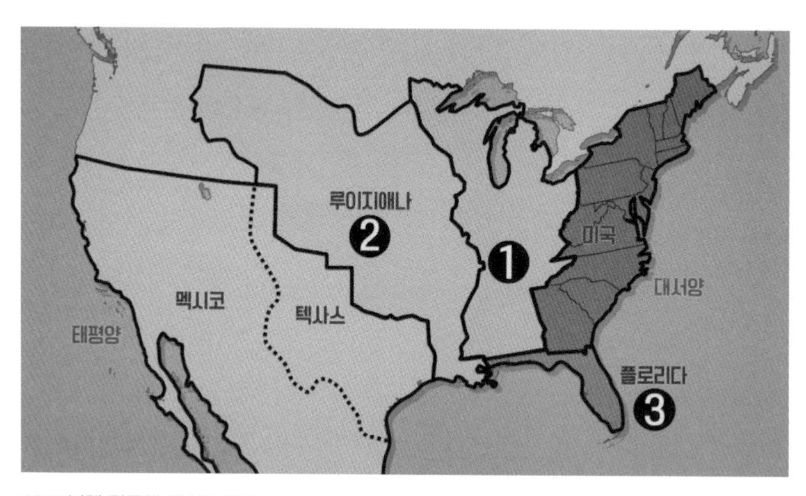

1830년대 미국과 멕시코 영토

에서 결사 항쟁을 시도하고 있던 때였죠. 이때 수천 명의 멕시코군이 교회를 포위하고 나섰습니다. 13일간 이어진 포위 작전 결과는 텍사스 민병대 182명의 몰살로 끝났습니다. 멕시코는 시신 대부분을 태워버렸습니다.

이 사건에 분노한 미국인들은 새로운 민병대를 꾸려서 멕시코군에 역공을 퍼붓기 시작했습니다. 이에 대응한 멕시코 역시 산타 안나Santa Anna 대통령이 직접 군대를 이끌고 전쟁에 참전했죠. "알라모를 잊지 말자"라고 외치며 결정적 순간을 기다리던 텍사스 민병대는 멕시코군이 텍사스의 샌 하신토강 주변에 요새를 지었다는 정보를 입수하고 기습했습니다. 미국이 지원한 무기로 무장한 민병대는 멕시코군의 진영을 공격해 승리했습니다. 전투에 참여한 약 1,500명의 멕시코 군인 중 650여 명이 사망하고 300여 명이 포로로 잡혔습니다. 그런데 그중 한 명이 멕시코의 산타 안나 대통령이었던 것입니다.

전쟁이 끝난 후 민병대는 포로가 된 멕시코 대통령을 미국의 잭슨 대통령에게 보냈습니다. 그는 멕시코 대통령을 풀어주는 대가로 텍사스의 독립을 보장받았습니다. 이처럼 미국 정부는 텍사스에 사는 미국인들의 힘만으로 어마어마한 땅을 손에 넣었습니다. 하지만 미국은 텍사스의 미국 영토 합병을 잠시 늦추기로 했습니다. 당시 남과 북이 노예 문제를 두고 첨예한 갈등을 겪고 있었기 때문이었죠. 미국 최남단에 있는 텍사스가 합병되면 노예주로 편입될 가능성이 컸기에 정부는 텍사스를 연방에 편입하지 않았던 것입니다. 이후 약 10년간 텍사스는 독립된 공화국으로 남아서 미국의 관리를 받았습니다.

미국과 멕시코 외에도 텍사스를 노리던 나라는 바로 영국입니다. 영국은 자신들의 식민지였던 미국이 서쪽으로 세력을 확장하는 것이 못마땅했습니다. 게다가 텍사스와의 무역으로 이익을 내고 있었기에 미국의 텍사스 합병을 꾸준히 반대해왔죠. 이때 미국 정치계는 미국이 나서지 않으면 영국이 텍사스를 합병할 것이라고 우려를 표명했습니다. 다급해진 미국 정부는 1845년에 재빠르게 텍사스를 합병했습니다.

이제껏 미국 정부는 매입이라는 수월한 방법으로 서쪽 지역의 땅을 넓혀왔습니다. 그에 반해 텍사스 구역 합병은 정부가 아닌 미국인 개척자들의 주도로 영토가 확장되었다는 데 의미가 있습니다. 이때 미국은 영국과의 협상으로 지금의 북동부 북쪽 경계선을 확정했습니다. 13개 주 위쪽은 원래 영국인과 미국인이 섞여 살던 곳으로 어느 나라 땅인지 구분이 명확하지 않았는데, 두 나라가 조약을 통해 위도 49도를 기준으로 국경을 정한 것입니다.

이렇게 적극적으로 영토를 확장해나가는 미국에도 미지의 땅은 존재했습니다. 서쪽 끝에 있는 오리건입니다. 동부에서 가장 먼 땅인 오리건은 아

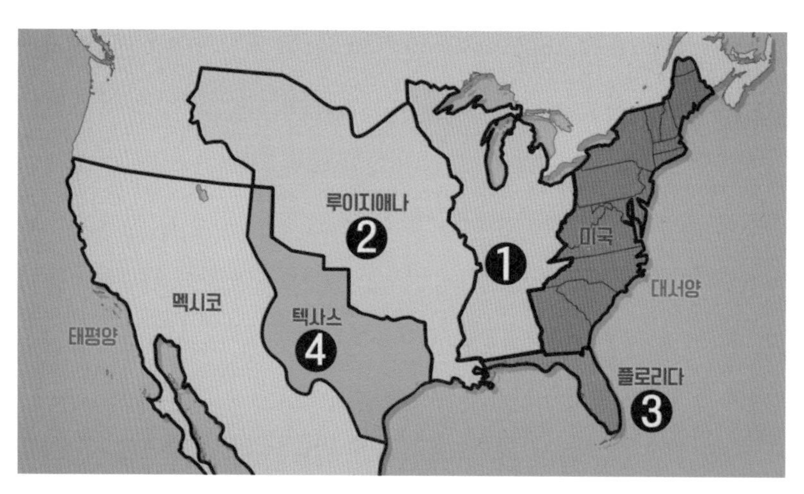

미국의 영토 확장 ④텍사스 구역

무도 정착할 엄두를 내지 못했죠. 멀고 먼 이 미지의 땅을 개척한 사람은 주로 선교사들이었습니다. 인디언을 교화할 목적으로 오리건을 찾은 선교사들은 이곳을 풍요로운 땅이라고 소개했습니다. 이 소식이 동부까지 전해지면서 3년 만에 1만 명의 미국인들이 이주한 것입니다.

사실 오리건은 영국과 미국이 공동으로 관리하던 지역이었는데 이 시기부터 점차 미국인이 증가하자 영국의 고민도 커졌습니다. 이때 미국은 영국이 협조하지 않으면 전쟁까지 불사하겠다고 으름장을 놓으며 더 많은 땅을 요구했죠. 결국 양국은 남부의 멕시코 문제 등을 고려해 평화롭게 오리건 영토를 나누는 것으로 합의했습니다. 1846년, 오리건 협약에 따라 오리건 북쪽인 지금의 벤쿠버 지역은 영국 영토로, 남쪽은 미국 영토로 나누었습니다. 당시 미국이 확보한 오리건 땅은 지금의 워싱턴주와 아이다호주, 오리건주까지 북서부 지역 대부분을 차지하는 엄청난 크기였죠.

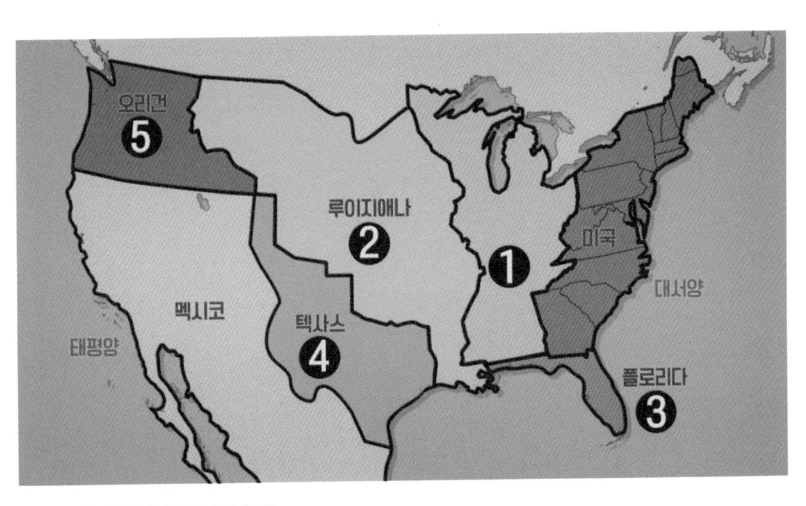

미국의 영토 확장 ⑤오리건 구역

지금의 미국 영토를 확정한 전쟁

이때 팽창해가는 미국을 불안하게 지켜보는 나라가 있었습니다. 텍사스를 빼앗긴 멕시코입니다. 북아메리카 대륙에 땅이 남아 있던 멕시코는 이마저 미국에 빼앗길까 걱정했습니다. 안타깝게도 두려움은 곧 현실이 되었습니다. 미국이 텍사스를 합병한 이후 멕시코와의 국경 분쟁이 시작된 것입니다.

당시 멕시코는 텍사스주 안쪽에 흐르는 누에시스강을 국경이라고 주장했습니다. 그런데 미국은 텍사스주 바깥쪽에 있는 리오그란데강을 국경으로 선언했습니다. 이 같은 근거는 이전에 포로로 잡혔던 멕시코의 산타 안나 대통령이 텍사스 공화국과 멕시코의 경계선을 리오그란데강이라고 약속했다는 것이었죠. 여기에는 멕시코 땅인 캘리포니아까지 차지하고 싶다는 미국의 속내가 숨어 있었습니다. 국경 분쟁이 일어나자 미국은 이참에

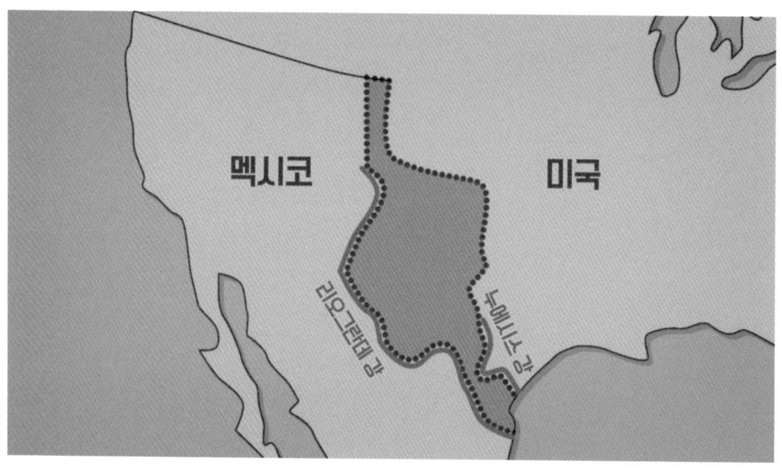

미국과 멕시코의 텍사스주 국경선 갈등

캘리포니아를 2,500만 달러에 매각하라고 요구했지만 멕시코는 받아들이지 않았습니다.

그러자 미국은 텍사스 국경선을 빌미로 멕시코와의 전쟁을 선포했습니다. 사실 큰소리는 쳤지만 미국은 전쟁 준비를 전혀 하지 못한 상황이었습니다. 무엇보다 남쪽까지 내려보낼 병력이 부족했죠. 그런데 지원병 모집조차 어려울 거라는 예상과 달리 오히려 지원병이 넘친 것입니다.

그 이유를 알기 위해서는 당시 미국인들의 사상을 들여다봐야 합니다. 이 시기 미국인은 땅을 개척하는 것을 자신의 사명이라고 믿었습니다. 태평양에서 대서양까지 모든 바다와 그 사이의 땅이 '우리 것이며, 우리 운명'이라고 생각했죠. '명백한 운명'이라 부른 이 믿음을 표현한 아래 그림에서 볼 수 있듯이 미국인들은 서부로 향하고 있습니다. 그림 속 오른쪽 끝과 왼

명백한 운명

쪽 끝의 바다는 각각 대서양과 태평양을 상징하며, 대륙의 서부에 뻗어 있는 것은 로키산맥입니다. 미국의 땅을 나타낸 것이죠. 그리고 미국의 개척자들이 자유를 상징하는 여신의 보호를 받으며 땅을 확장하기 위해 앞으로 나아가는 모습을 보여줍니다.

그림에서 가장 중요한 것은 서부로 이동하는 사람들이 농기구를 가지고 가족 단위로 움직이는 것입니다. 이는 '명백한 운명'이 정복이 아닌 정착을 위한 것이기 때문입니다. 이제껏 대부분의 북아메리카 프런티어에서 영국, 스페인, 프랑스가 영토를 정복했지만 정착했다고는 할 수 없었습니다. 그런데 이제는 미국인들이 명백한 운명에 따라 정착하는 것을 사명으로 여기고 프런티어로 진출한 것입니다.

서부 개척 시대의 표어인 '명백한 운명'은 1845년 뉴욕의 저널리스트인 존 오설리번John O'Sullivan이 처음 사용한 표현입니다. 그는 "미국인은 명백한 운명을 타고났다. 하나님이 주신 대륙을 온전히 뒤덮어야 하는 소명이 있다"라며 서부로 팽창해 대륙을 차지하는 것이 미국인의 운명이라고 주장했습니다. 즉 서부 개척은 민주주의의 자유와 기독교의 팽창을 위해 신이 베푼 축복이자 지상 명령이라는 것이죠. 이런 사상은 미국인에게 자연스럽게 스며들었고, 미국과 멕시코가 국경을 두고 분쟁을 일으키자 자발적으로 전투에 참여해 영토 확장에 앞장서야 한다는 사명감을 심어준 것입니다. 이후 명백한 운명은 미국의 서부 개척뿐만 아니라 외교 정책에서도 사상적 뿌리가 되었습니다. 문제는 이런 사상이 전쟁을 정당화하는 데 이용되었다는 것입니다.

미국인들이 명백한 운명으로 똘똘 뭉친 것처럼 멕시코인들 역시 굳게 단결했습니다. 텍사스를 빼앗긴 후 미국에 대한 적개심이 높아진 멕시코는 군인은 물론 민간인도 전쟁에 참여해 치열하게 싸웠습니다. 하지만 미국의 공격에 시간이 갈수록 피해만 커질 뿐이었죠. 2년 가까이 버텼지만 미국이 멕시코의 수도인 멕시코시티를 장악하면서 전쟁은 끝났습니다. 1848년 2월 미국과 멕시코는 평화협정을 맺었고 미국은 지금의 캘리포니아주, 네바다주, 유타주, 애리조나주, 뉴멕시코주, 콜로라도주를 넘겨받았습니다. 그 규모는 우리나라 면적의 약 30배에 달합니다. 비로소 미국은 현재 영토의 모습을 갖추게 되었습니다.

처음 13개 주로 독립한 미국은 루이지애나와 플로리다, 텍사스, 오리건에 이어서 멕시코의 일부였던 캘리포니아, 애리조나 등까지 확보하면서 지금 영토의 90% 이상을 완성했습니다. 이때 멕시코에 붙어 있는 리오그란데강 서쪽의 산악 고원지대까지 매입하면서 멕시코와의 경계를 확정 지었죠. 훗날 텍사스주에서는 유전이 발견됐는데 그 양이 미국 석유 생산량의 약 40%를 차지합니다. 텍사스뿐 아니라 멕시코에서 내어준 땅은 천연가스

미국 영토 확장 ⑥멕시코 구역

등의 자원이 풍부해 미국의 성장에 큰 역할을 했습니다. 만일 멕시코가 끝까지 땅을 지켰다면 멕시코가 강대국으로 자리매김하는 데 큰 역할을 했을 것입니다.

미국의 영토 확장은 여기서 끝나지 않았습니다. 러시아 제국이 크림전쟁의 여파로 재정적 어려움을 겪자 미국은 1867년에 북아메리카 북서쪽 끝에 있는 알래스카를 720만 달러에 매입했습니다. 당시 러시아는 영국 식민지인 캐나다와 가까운 알래스카를 제대로 관리할 수 없었고, 영국에 빼앗길 바에는 파는 게 낫다고 판단한 것입니다. 얼어붙은 쓸모없는 땅이라며 아이스박스로 불리던 알래스카였으나 이후 금, 철광석, 석탄과 석유가 쏟아져 나온 덕분에 미국은 엄청난 이득을 보았습니다. 이 외에 독립 국가였던 하와이로 이주한 미국인들이 늘어나자 이곳에 살던 선교사들을 중심으로 미국과 하와이의 합병을 요청하는 뉴랜즈 결의안(Newlands Resolution) 운동이 벌어졌습니다. 결국 1897년에 윌리엄 매킨리William McKinley 미국 대통령과 하와이 공화국이 합병조약을 체결하면서 하와이는 미국의 50번째 주가 되었고 지금의 미국 영토도 완성되었습니다.

캘리포니아 드림의 시작 '골드러시'

치열한 영토 확장으로 미국은 광활한 땅을 갖게 되었습니다. 하지만 경제와 산업의 중심은 여전히 동부에 집중됐고 새롭게 개척한 서부는 대부분 빈 땅이나 마찬가지였죠. 땅을 일굴 사람이 절실했던 이때 미국인뿐 아니라 아일랜드, 이탈리아 심지어 중국에서까지 이민자가 끊임 없이 몰려들기 시작했습니다. 미국의 서부 팽창사에서 '개척 정신'을 상징하는 곳이자 많은 사람이 기회의 땅으로 여긴 캘리포니아에서 놀라운 사건이 일어난 것입니다.

캘리포니아에서 서부 개척이 큰 전환점을 맞게 된 것은 작은 우연에서 시작됐습니다. 1848년 1월, 새크라멘토 광산에서 일하던 목수가 계곡에서 목욕하던 중 바닥에서 무언가를 발견한 것입니다. 사금이었죠. 목수는 뛸 듯이 기뻐하면서 혼자서 금을 차지하기 위해 조용히 일대의 땅을 매입하려고 했습니다. 이 기쁜 소식을 혼자만 알고 있으려니 입이 간질간질했던 그는 친한 동료에게 사금을 발견했다는 사실을 털어놓았습니다. 비밀을 지켜달라고 했지만 소문은 순식간에 퍼져나갔고 얼마 지나지 않아 금을 찾으려는 사람들이 캘리포니아로 몰려들었습니다. 미국 대통령은 사금 발견 사실을 정식으로 발표하기까지 했죠.

그러자 캘리포니아로 가는 증기선 승객을 모집하는 광고까지 나왔습니다. 1849년 3월 23일 뉴욕에서 출발해 황금이 발견된 지역까지 35일이 걸린다는 내용이었죠. 이때부터 수많은 사람들이 들이닥쳤습니다. 당시 금을 찾아 캘리포니아주 샌프란시스코로 몰려온 사람을 '포티나이너스(49ers)'라고 불렀습니다. 1849년에 왔다는 의미죠. 현재 샌프란시스코 미식 축구팀의 이름이기도 합니다. 1840년대에 9,000명

캘리포니아 골드러시 광고

정도였던 캘리포니아의 인구수는 사금 발견 후 2년 만에 약 9만 명까지 증가했습니다. 농부는 농지를 버리고, 상인은 가게 문을 닫고, 심지어 군인들은 군대를 떠났죠. 이들의 목적지는 오로지 캘리포니아였고, 목표는 금을 캐서 한몫 챙기는 것이었습니다.

삶의 터전인 동부를 버리고 희망을 찾아 캘리포니아로 떠났지만 여정은 쉽지 않았습니다. 증기선을 타지 못해 육로로 통행하는 사람들은 죽음의 계곡이라 불리는 '데스밸리'를 통과해야 했죠. 자동차로 가도 끝없는 사막 지대가 펼쳐질 만큼 광활한 이곳은 많은 사람이 목숨을 잃었다고 해서 '죽음의 계곡'이라 이름 붙였다고 합니다. 그럼에도 금을 찾기 위한 이주자들의 발길은 멈추지 않았습니다. 1849년 초까지 골드러시 소문은 전 세계에 퍼졌고 사실상 모든 대륙에서 금을 캐려는 사람들과 상인들이 모여들었습니다. 멕시코와 페루 등 라틴 아메리카부터 유럽, 중국에서까지 캘리포니아 드림을 외치며 이민자들이 찾아왔죠. 과연 이들은 꿈을 이뤘을까요?

안타깝게도 그 넓은 땅에서 금을 발견하는 것은 모래밭에서 바늘 찾기와 같았습니다. 사금 채취에 혈안이 된 이민자들은 더욱 치열하게 경쟁하며 일에 매달렸습니다. 당시에는 광산에서 바위를 옮기고, 흙을 파낸 뒤 차가운 개울에서 흙을 씻어 사금을 채취해야 했습니다. 이 과정을 반복하다 보면 손톱을 잃거나 끼니를 챙기지 못해서 영양실조에 시달리기 일쑤였죠. 일부 광부들을 제외하곤 대부분 가난했으며 많은 사람이 병이나 사고로 죽어 나갔습니다.

그런데 이때 금을 발견하지 않고도 부자가 된 사람이 있습니다. 광산에서 바위를 깨고 옮기는 과정에서 광부들의 옷이 자주 해지는 것을 알게 된 리바이 스트라우스Levi Strauss가 질긴 군용 천막과 돛천을 이용해서 튼튼한 옷을 만든 것입니다. 청바지라 불린 이 옷은 날개 돋친 듯 팔려나갔고, 캘리포니아 일대에서 대유행했습니다. 당시 광부들에게 튼튼한 작업복이자 패션 트렌드로 떠오른 청바지는 지금까지도 세계에서 가장 사랑받는 옷으로 자리 잡았죠.

1800년대 후반 청바지를 입은 광부들

과연 이 시기 금은 얼마나 나왔을까요? 1851년 85톤까지 늘어난 금 생산량은 1853년에 100여 톤까지 증가했습니다. 하지만 1853년 말에 금이 고갈되면서 골드러시는 오래 가지 못했죠. 더 이상 금을 캘 수 없었지만 고향으로 돌아가는 사람은 별로 없었습니다. 돌아가기엔 너무 먼 길이었기 때문입니다. 골드러시를 좇아 캘리포니아로 온 사람들은 이곳에 정착해서 집을 짓고 장사를 시작했습니다. 식료품 가게, 음식점, 세탁소, 술집 등이 들어서자 점차 마을이 형성됐죠. 그런데 서부로 금을 좇아온 사람들이 모인 마을에는 예상치 못했던 문제가 있었습니다. 총잡이나 도둑, 갱단도 같이 모인 것입니다. 마을은 언제 들려올지 모르는 싸움과 총소리에 늘 불안했고 혼란한 시기에 마을을 보호해줄 사람이 필요했습니다.

이때 등장한 사람들이 서부 영화에서 빠질 수 없는 캐릭터인 미국의 보안관입니다. 서부에 형성된 마을에는 인종과 종교, 문화가 다른 이주민들이 모였기 때문에 이들은 주기적으로 주민 모임을 열어서 규칙과 질서를 잡으려 했습니다. 그리고 그것을 관리해주면서 마을을 지켜줄 보안관을 뽑은 것이죠. 법이 없는 서부에는 무법자들이 많았고 총싸움이 빈번하게 벌어졌기에 마을마다 보안관을 둔 것입니다. 다른 지역에도 보안관은 있었지만 서부 영화에서 볼 수 있는 보안관 문화는 골드러시 때 활성화되었다고 할 수 있습니다.

이 시기 캘리포니아와 동부 사이에는 주가 많이 형성되지 않은 탓에 연방 정부가 캘리포니아까지 치안을 유지하는 것이 힘들었습니다. 보안관뿐 아니라 미국 정부의 행정력도 크게 미치지 못했기에 자치 정부가 들어서야 했죠. 캘리포니아 주민들은 행정을 주관할 시장을 직접 선출했습니다. 주민들 스스로 재산을 등재하는 등기소와 분쟁을 조정하는 재판소도 세웠습니다. 이렇게 캘리포니아를 중심으로 정착민들, 즉 보통 사람이 뿌리내린 민주주의가 활성화되기 시작한 것입니다.

서부 경제 성장을 폭발시킨 대륙횡단철도

골드러시가 저물고 이주민들에 의해 서부에 도시들이 하나둘 생겨가던 1861년, 미국에서 남북전쟁이 일어났습니다. 미국은 혼란스러운 시기를 겪으면서도 서부 개척만은 멈추지 않았습니다. 전쟁의 주 무대였던 동부와 달리 서부는 황무지인 곳이 많아 전쟁의 피해를 거의 받지 않은 덕분입니다. 미국의 제16대 대통령인 에이브러햄 링컨Abraham Lincoln은 전쟁이 한창이던 1862년에 과감하게 대륙횡단철도 건설 사업을 승인했습니다. 서부의 광활한 땅을 개척하기 위해서는 물자와 사람들을 실어 나를 대규모 운송

수단이 필요했는데 당시 유일한 대안이 대륙 간 철도였죠. 골드러시로 캘리포니아를 찾았던 중국인들은 이때 철도 건설 노동자가 되었습니다. 1869년, 드디어 미국 동서를 잇는 대륙횡단철도를 완공했습니다.

철도는 미국의 중서부에 위치한 네브래스카주의 오마하와 유타주의 프로몬터리 포인트, 서쪽 끝의 새크라멘토까지 이어졌습니다. 북아메리카 대륙의 중서부와 태평양까지 연결된 대륙횡단철도가 완성된 후 미국 경제는 큰 변화를 맞이했습니다. 철도를 통해 중부의 풍부한 자원이 서부로 흘러갔고, 도시는 이를 토대로 차근차근 기초를 쌓아 올린 것입니다. 도시 경제에 근간이 되는 상업과 산업도 급속도로 발전하기 시작했습니다. 특히 이동이 편리해지면서 더 많은 사람이 동부에서 서부로 향할 수 있게 됐죠. 링컨 대통령의 계획대로 급속한 서부 개척이 이루어진 것입니다. 그래서 미국은 대륙횡단철도를 미국 대륙의 대동맥이라고 합니다.

이렇게 동부에서 서부로의 교류가 활발해지자 서부에서는 새로운 직업

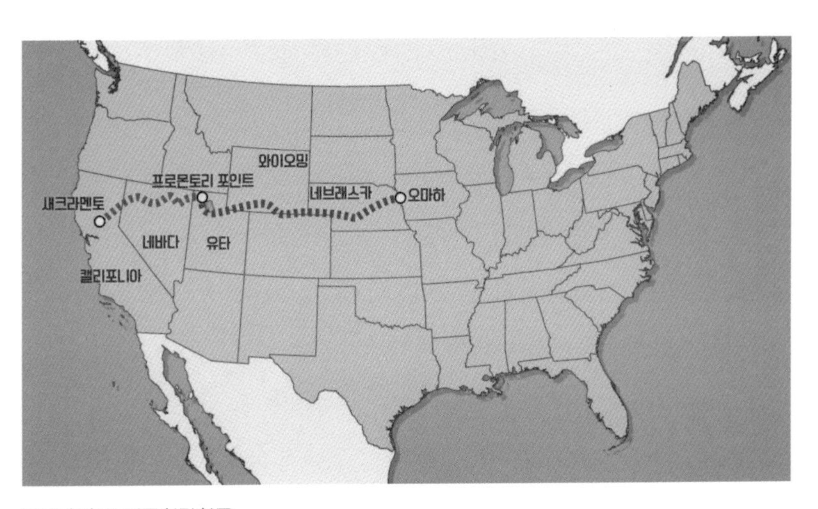

미국 최초의 대륙횡단철도

이 등장했습니다. 서부는 평야가 넓고 건조해 소를 키우기 적합한 땅이었는데 소를 팔기 위해서는 철도가 지나는 곳까지 몰고 와야 했죠. 이때 생긴 직업이 미국 서부 문화를 대표하는 카우보이입니다. 우리가 영화에서 본 카우보이는 총 잘 쏘고 야성과 자유로운 서부 개척자의 모습이지만 실제로는 cowboy라는 단어 그대로 소몰이꾼이었습니다. 사진 속 카우보이는 우리가 익히 알던 모습과 조금 다릅니다. 이 시기 상당수의 카우보이는 16세~30세 정도의 멕시칸과 흑인들이었습니다. 적은 임금을 주고 카우보이를 고용하려고 했던 기업과 생계를 유지하기 위해 무슨 일이라도 해야 했던 소수 민족의 절박한 상황이 맞아떨어졌던 것이죠. 이들은 황야의 막노동자와 다름없었습니다.

그런데 미국인들은 왜 카우보이를 자유분방하고 화려한 서부의 상징으로 만들었을까요? 19세기 말에 미국 산업혁명이 본궤도에 오르면서 산업화의 여러 가지 부작용들이 나타나기 시작했습니다. 급속한 도시화, 물질 만능주의, 이민 인구의 급격한 증가와 그에 따른 문화적 충돌로 미국인들은 불안을 느꼈고 자연스럽게 자유를 만끽했던 과거를 그리워하기 시작했죠. 이때 미국인들이 카우보이를 황야의 자유인이자 영웅으로 만들어 대리 만족한 것입니다. 거친 황야에서 소 떼를 몰면서 힘들지만 묵묵히 자신의 임무를 수행하는 고독한 황야의 전사로 말이죠. 시간

19세기 후반 흑인 카우보이

이 지나면서 문학이나 영화에서 '황야의 자유인'들은 미국의 영웅으로 끊임없이 재등장했습니다. 대통령 선거 때가 되면 후보자들은 어김없이 카우보이모자를 쓰고서 자신이 진정한 황야의 카우보이 후손이라고 으스대기도 하죠. 이러한 이미지 메이킹 덕분에 카우보이는 미국인들의 의식 속에 미국의 가치를 대변하는 영웅으로 거듭날 수 있었던 것입니다.

서부 발전이 부른 인디언 잔혹사

대륙횡단열차는 미국인에게 서부 개척의 가능성을 열어주었지만 인디언에게는 또 다른 고난의 시작을 알리는 상징이었습니다. 잭슨 대통령 시절 인디언 보호구역이 있는 오클라호마주로 강제 이주한 인디언들은 자신들의 땅을 빼앗지 않겠다는 약속을 믿고 안심하며 정착했습니다. 미국에는 1880년 기준 약 30만 명의 인디언이 살고 있었죠.

그런데 대륙횡단철도를 건설하면서 상황이 달라졌습니다. 철도를 까는 과정에서 가장 힘들었던 것은 인디언들의 양식인 버펄로 떼의 이동이었습니다. 결국 미국은 인디언의 삶에서 가장 중요한 기반인 버펄로를 제거하기로 했습니다.. 버펄로 사냥꾼들은 철도회사가 편성한 특별열차를 타

사냥당한 버펄로 두개골 더미

고 이동하면서 무자비하게 총을 쐈습니다. 이런 사냥 방식으로 1865년에만 약 100만 마리의 버펄로가 죽었고, 1872년부터 2년간 약 400만 마리 이상을 사냥했다고 합니다. 1890년대에 버펄로 말살 정책은 극에 달했고 일부 미국인은 버펄로 사냥을 스포츠로 생각할 정도였다고 하니 당시 상황이 얼마나 끔찍했을지 상상할 수 있습니다.

부족의 식량과 경제를 책임졌던 버펄로의 말살로 인디언은 절망했습니다. 생계를 위협받는 상황에서 설상가상으로 또다시 살던 땅에서 쫓겨나게 된 것입니다. 미국 정부는 인디언들을 사우스다코타주와 와이오밍주 경계의 '검은 언덕'이라는 산지로 몰아냈습니다. 1868년, 미국 정부는 검은 언덕을 인디언의 땅으로 인정하는 조약을 체결했습니다. 그런데 채 6년도 지나지 않아 인디언들은 위기를 맞이했습니다. 1874년에 검은 언덕에 황금이 묻혀 있다는 소문이 돌기 시작하면서 노다지꾼과 총잡이들이 몰려든 것입니다. 인디언 땅에 무단으로 침입한 이들은 마을을 마음대로 휩쓸고 다녔습니다.

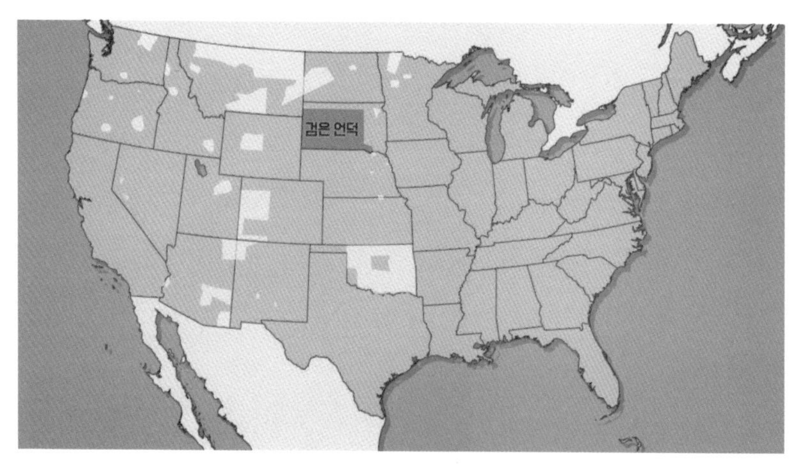

검은 언덕 위치

자신들의 땅에서 이방인들을 내쫓은 인디언은 정부에 강력히 항의했습니다. 하지만 인디언 보호구역에 대한 미국인들의 불만도 커졌습니다. 미국 정부는 하는 수 없이 광산권을 두고 인디언과 협상을 시도했지만 인디언들은 제안을 받아들이지 않았죠. 협상이 결렬되자 미국 정부는 강경하게 나갔습니다. 검은 언덕에 군대를 보내서 수우족 마을을 공격한 것입니다.

갑작스럽게 시작된 전투를 버텨내기 힘들었던 수우족은 위대한 전사인 '미친 말'을 찾아갔습니다. 수우족의 한 지파인 라코타족의 추장이자 단 한 번도 미국과 타협한 적 없는 용맹한 전사였던 미친 말은 수우족의 사연을 듣고 자신들과의 조약을 휴지 조각으로 만든 미국을 용서할 수 없다며 분노했습니다. 그리고 수우족의 또 다른 지파의 추장인 '앉은 소'와 함께 미국과의 전쟁을 결심했죠. 인디언의 위대한 용사인 미친 말과 대적할 미국의 군인은 남북전쟁에서 기병대의 사령관을 지낸 조지 암스트롱 커스터 George Armstrong Custer 중령입니다. 인디언의 전사 미친 말과 미국의 영웅 커스터 중령의 대결이 시작된 것입니다.

커스터 중령은 검은 언덕으로 군대를 파병해 인디언 마을을 급습하려 했습니다. 하지만 미친 말은 만만한 상대가 아니었죠. 그의 전략을 알아채고 인디언 2,000여 명과 함께 무역상에게 모피를 주고 교환한 총과 그들의 전통 무기인 활과 화살을 들고 만반의 준비를 하고 있었던 것입니다. 예정대

라코타족 추장 '미친 말'

로 커스터 중령과 기병대가 인디언 마을에 도착하자 검은 언덕에는 긴장감이 감돌았습니다. 죽음을 불사한 인디언 전사들은 순식간에 그들을 둘러쌌고 곧바로 치열한 전투가 시작됐죠. 3시간에 걸친 접전 끝에 커스터 중령을 비롯한 기병대의 약 40%가 전사했습니다. 이는 미국인들과의 전쟁사에서 인디언이 승리한 마지막 전투로 기록되었습니다.

하지만 승리의 기쁨은 오래가지 못했습니다. 오랫동안 이어져 온 버펄로 말살 때문에 굶주림에 지친 인디언들이 항복하기 시작한 것입니다. 더는 버티지 못한 미친 말과 동료들도 끝내 항복하고 말았습니다. 이후 미친 말은 어느 미군의 단검에 찔려 최후를 맞이했습니다.

구심점을 잃은 인디언들은 이전보다 더 열악한 땅인 늪지대와 메마른 지역으로 쫓겨났습니다. 이주를 거부하면 죽음을 맞았죠. 이 무렵 인디언들은 자신들의 서글픈 삶을 애도하고, 곧 자유로운 세상과 버펄로가 초원에 돌아올 거라는 믿음을 표현하기 위해 '유령춤(ghost dance)'이라고 불리는 춤을 췄습니다. 인디언의 유령춤은 신앙 의식처럼 빠르게 확산됐습니다. 자신들의 애환을 담은 춤일 뿐이지만 미국 정부의 생각은 달랐습니다. 미국의 개척민을 두렵게 만드는 악마적 의식이자 국가에 대한 불복종이라는 이유로 유령춤을 금지한 것입니다. 인디언들은 하는 수 없이 춤마저 포기해야 했습니다.

하지만 유령춤을 멈추지 않았던 일부 인디언들도 있었죠. 이들은 미 육군이 작성한 '소요의 주동자' 목록에 올랐습니다. 그리고 대표 인물인 '큰 발 추장'을 체포하라는 명령이 떨어졌습니다. 얼마 지나지 않아 그와 동료들은 미군에 붙잡혔고 미군은 이들을 제압하기 위해 무기를 수거했습니다. 짐을 찢고 온몸을 수색해서 나온 무기는 소총 두 자루뿐이었죠. 그중 하나

수우족 인디언의 유령춤

는 '검은 이리'라는 젊은 전사의 것으로, 그는 총을 빼앗는 미군에게 격렬히 저항했고 총을 머리 위로 치켜들며 자기 것이라 소리쳤습니다. 사실 검은 이리는 귀가 들리지 않았기 때문에 미군들의 제지에 더 크게 저항했던 것입니다.

그런데 이때 누가 쏘았는지 모를 한 발의 총성이 울렸습니다. 인디언이 공격한다고 오해한 미군은 마구잡이로 기관총을 쏘아대며 무차별적인 사격을 가했습니다. 눈 깜짝할 사이에 인디언 350여 명 중 300여 명이 사망했고 50여 명은 부상을 입은 채 항복했습니다. 무고한 인디언들이 희생당한 '운디드니 학살 사건'입니다. 군인들은 죽은 인디언들의 시체를 구덩이에 던졌는데 이 모습이 바로 우리가 이야기를 시작할 때 처음 본 사진입니다. 미군은 시체뿐만 아니라 부상당한 인디언도 방치한 채 떠났습니다. 겨우 살아남은 인디언을 절망에 빠뜨린 것은 12월의 혹독한 추위였습니다. 사진 속 인물은 수우족의 우두머리인 '큰 발 추장'입니다. 총상을 입은 그는 매섭게 휘날리는 눈보라에 덮여 얼어 죽고 말았습니다. 살아남은 대부분의 인디언도 부상 때문에 움직이지도 못한 채 추위로 죽어갔죠.

운디드니 학살로 얼어 죽은 '큰 발 추장'

지금도 인디언들은 미국 내 곳곳의 보호구역에서 살고 있습니다. 이곳은 현재 자치구로 운영되고 있으나 인프라가 부족하고 경제적 여건이 좋지 않아 여러 문제가 발생하고 있죠. 미국 정부는 보호구역 내 인디언들의 경제 활동을 지원하거나 부족들에게 카지노 운영권을 주기도 했습니다. 하지만 보호구역에 도박장과 술집이 생기면서 인디언들의 음주운전과 마약 등이 심각한 문제로 떠올랐습니다.

서부 개척이 남긴 과제

1790년 통계에 의하면 북쪽의 메인주와 남쪽의 조지아주에 위치한 애팔래치아산맥 서쪽에 거주하는 미국인들은 전체 인구의 5% 정도밖에 되지 않았다고 합니다. 그런데 1890년 미국 정부는 공식적으로 미국인이 새로 정착할 땅은 더 이상 없다고 선언했습니다. 이 말은 그만큼 많은 인구가 서부에 정착했음을 의미합니다. 미국이 건국 이후 1세기도 채 지나기 전에 지금의 서부가 발달한 것을 보면 세계사에서 그 유래를 찾기 힘든 개척사라고 해도 과언이 아닙니다.

그렇다면 보호구역으로 몰린 인디언들은 어떻게 살았을까요? 미국 정부는 인디언을 문명화한다는 이유로 인디언들에게 보호구역에 대한 또 다른 정책을 만들어 이들의 삶을 바꾸려고 했습니다. 인디언에게 공짜로 땅을 나눠준 것입니다. 이는 인디언 개인과 가족이 땅을 소유할 수 있도록 만들었다는 뜻입니다. 매번 땅이 없어서 쫓겨나던 인디언에게 땅이 생긴다는 것은 좋은 일처럼 보일 수 있습니다. 하지만 인디언 보호구역은 계속해서 미국 정부가 소유하고 관리해 왔습니다. 그런 환경에서 살아온 인디언들에게 땅을 주고 사유재산의 개념을 주입 시켜 이들을 '미국화'하려고 한 것입니다. 부족 공동체로서의 인디언을 해체하고 일반 시민으로 만들려는 계획이었죠.

땅은 공유하는 것이라고 생각했던 인디언들은 새로운 정책에 혼란스러워했습니다. 급기야는 백인 투기꾼들의 꼬임에 속아 소유한 땅을 헐값에 팔아넘기는 문제까지 발생했죠. 이제 인디언들은 보호구역에서조차 살 수 없게 된 것입니다. 이 같은 정책은 무려 50년이나 이어졌고, 대공황 시기에 프랭클린 루스벨트Franklin Roosevelt 대통령이 폐지했습니다.

이처럼 미국의 서부 팽창을 생각할 때 인디언을 잊어서는 안 됩니다. 그들의 희생으로 서부를 개척했고 미국에 영광을 가져다주었기 때문입니다. 서부 개척은 동부인의 불만을 해소할 수 있는 환경을 제공했고 미국의 도시 인구뿐 아니라 새로운 이민자들이 미국에서 정착할 기회를 제공했습니다. 덕분에 경제적 평등과 사회적 유동성이라는 결과를 낳았고 미국은 빠

미국 대통령 4인의 거대 조각상

르게 발전했죠. 이렇듯 서부는 단순한 지역으로서의 의미를 넘어서 미국 문명사에서 결코 빠질 수 없는 중심에 있다고 하겠습니다.

러시모어산 국립공원에는 미국의 가장 위대한 대통령 4인의 거대 조각상이 있습니다. 이들의 중요한 업적 중 하나는 서부 개척입니다. 인디언들의 눈물이 남아 있는 '검은 언덕'에 서부 개척의 영웅들을 기리는 역사를 기록했다니, 과연 인디언들은 이를 어떻게 생각할까요?

서부 팽창사는 인디언의 피와 눈물에 대한 반성과 책임을 남겼습니다. 《벌거벗은 세계사: 전쟁편》에서 미국 독립전쟁을 다루며 "미국의 역사는 자부심과 오만 사이의 아슬아슬한 이중주"라고 이야기한 적이 있습니다. 이는 미국의 서부 개척사에서도 여실히 드러납니다. 세월이 흘러 인디언의 후예는 대통령 4인의 얼굴을 새긴 조각가에게 자신들의 영웅인 '미친 말'을 기리는 조각을 요청했습니다. 지금도 인디언들은 조각이 완성되길 바라며 검은 언덕을 지키고자 했던 의지를 되새기고 있죠.

미국은 세계 역사에서 '제2의 기회'가 가장 풍요로운 곳으로 평가받습니

'미친 말' 조각상

다. 이는 역사를 거슬러 올라가 서부 팽창사를 보면 알 수 있습니다. 미국이 발전하면서 동부 지역의 인구가 증가하자 많은 미국인이 동부에서 살기 힘들어졌습니다. 이때 그들이 지금의 중서부로 이동하면서 많은 문제가 해결됐습니다. 중서부에서도 살기 힘들면 미시시피강과 로키산맥을 넘어 태평양 해안 서부까지 갈 수 있었죠. 이렇듯 서부 팽창은 미국인들에게 행운의 땅과 자유를 안겨주었습니다.

미국은 훗날 뉴프런티어, 즉 새로운 프런티어라는 구호 아래 개발도상국에 수많은 젊은이를 평화봉사단으로 파견했습니다. 이것은 미국의 서부 개척 정신을 긍정적으로 계승하는 새로운 방법이라고 생각합니다. 우주선을 달에 보내 우주로 팽창해가려는 것도 비슷한 맥락이죠. 이처럼 미국의 역사는 항상 새로운 프런티어를 찾는 역사라고 해도 과장이 아닙니다. 긍정적이든 부정적이든 지금의 미국은 이 같은 프런티어 정신으로 세운 나라입니다. 하지만 우리는 미국을 성장시킨 서부 개척이 인디언들의 희생이 공존했던 이중주의 결과라는 사실을 잊지 말아야 합니다.

벌거벗은 블러드 다이아몬드

탐욕이 불러온 대살육

황규득

스산한 수술실, 차가운 수술대 위에 흑인 소년의 시신이 놓여 있습니다. 이윽고 수술복을 입은 의사가 들어와 소년의 배를 가르고 몸에서 무언가를 찾습니다. 잠시 후 '짤그락' 소리와 함께 의료용 트레이에 다이아몬드 몇 개가 놓였습니다. 소년의 몸에서 꺼낸 것이죠. 이는 어느 영상의 일부입니다. 피로 물든 다이아몬드의 모습 위로 '모든 다이아몬드에는 역사가 있다'라는 문구가 떠오릅니다. 이 영상은 무엇을 이야기하려는 걸까요?

이를 알아보기 위해서는 아래의 사진에 주목해야 합니다. 잔혹하게 잘린 손목에는 다이아몬드 반지가 끼워져 있습니다. 이 손목의 주인공은 아프리카에 사는 원주민입니다. 상단의 문구는 '결혼하는 손을 위해 또 다른 손은 잘려 나가고 있다'라고 말합니다. 결혼 예물로 주고받으며 사랑의 징표가 된 다이아몬드에 수많은 아프리카 사람들의 피가 묻어 있음을 이야기하는 것이죠. 앞서 소년의 배에서 꺼낸 다이아몬드에도 붉은 피가 묻어 있었습니다. 피 묻은 다이아몬드에는 어떤 이야기가 숨어 있을까요?

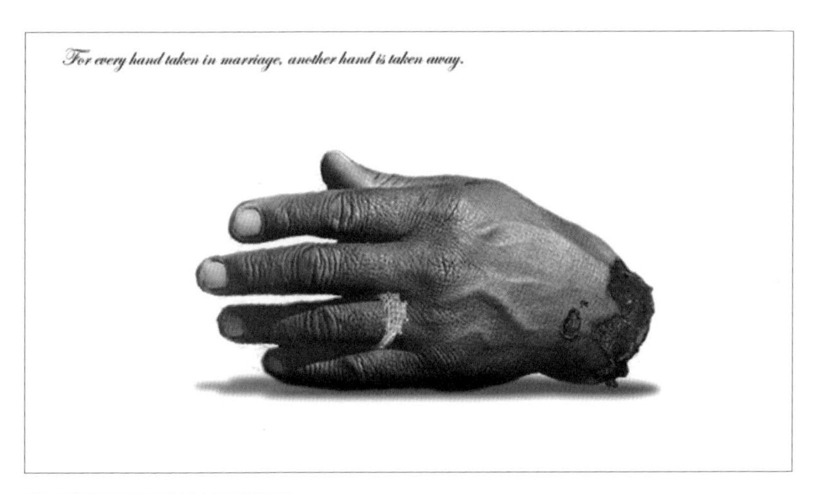

아프리카의 저주가 된 다이아몬드

아프리카에는 50개가 넘는 나라들이 있습니다. 나라마다 천연자원의 보고라고 불릴 만큼 석유, 천연가스, 철광석, 금 등 다양한 자원이 묻혀 있습니다. 그런데 아프리카는 이처럼 풍요로운 자원을 가지고도 왜 가난한 걸까요? 아이러니하게도 아프리카를 굶주림에 시달리게 만든 비극의 원인이 바로 자원입니다. 아프리카 곳곳의 풍부한 자원이 돈과 음식이 아닌 전쟁을 불러왔기 때문이죠.

특히 최상급 다이아몬드가 매장된 아프리카에서 다이아몬드는 축복이 아닌 불행의 씨앗이었습니다. 더 많은, 더 큰, 더 좋은 다이아몬드가 발견될수록 아프리카 사람들은 더욱 가난해졌고 이를 둘러싼 분쟁은 심각해졌습니다. 어느 나라는 다이아몬드를 차지하기 위한 내전으로 무려 20만 명이 목숨을 잃었고, 국민의 평균수명이 37세로 곤두박질할 만큼 혹독한 시기를 보내야 했죠. 게다가 다이아몬드 때문에 2만 7,000여 명의 손발이 잘려 나갔습니다. 대체 누가 이토록 잔혹한 만행을 저지른 것일까요? 그리고 아프리카의 자원 뒤에는 어떤 슬픔과 비극의 역사가 감춰져 있을까요?

지금부터 탐욕이 불러온 대살육에 관해 이야기하려 합니다. 아프리카 현대사에서 가장 잔인하고 참혹한 사건을 통해 다이아몬드를 둘러싼 비극과 피의 역사를 벌거벗겨 보겠습니다.

'코이누르'를 지배하는 자가 세상을 지배한다

1730년대 브라질에서 다이아몬드 광산이 발견되기 전까지 세계에서 유일하게 다이아몬드를 생산한 곳은 인도입니다. 이곳에서 시작한 다이아몬드의 역사를 살펴보면 다이아몬드가 보석의 왕으로 군림하게 된 이유를 짐작할 수 있습니다. 인도는 오랜 역사만큼 세계적인 명성을 떨치는 다이아몬드를 많이 생산했습니다. 그중에서 가장 유명한 것이 13~14세기에 발견한 현존하는 가장 오래된 다이아몬드인 '코이누르Koh-I-Noor'입니다. 페르시아어로 '빛의 산'이라는 뜻의 이 다이아몬드에는 한 가지 전설이 있습니다. '코이누르를 지배한 자가 세계를 지배한다'라는 것입니다. 그도 그럴 것이 다이아몬드diamond의 어원은 '정복할 수 없다'라는 뜻의 그리스어 '아다마스adamas'에서 유래했으며, 다이아몬드 가운데 가장 귀한 코이누르를 차지한 사람들은 모두 황제나 권력자였습니다.

이후 코이누르는 무굴제국 제5대 황제인 샤 자한Shah Jahan에게 전해졌습니다. 인도의 권력자들을 홀린 코이누르의 모습은 샤 자한 황제가 만든

무굴제국 샤 자한 황제의 왕좌

왕좌에서 찾아볼 수 있습니다. 샤 자한 황제는 즉위하자마자 1톤이 넘는 금에 루비, 에메랄드, 사파이어, 진주 등 각종 보석을 230kg이나 동원해 왕좌를 장식했습니다. 이 화려한 왕좌에 정점을 찍은 최고의 보석이 꼭대기를 장식한 코이누르 다이아몬드입니다.

이 시기 다이아몬드는 황제가 권력을 과시하는 데 내세울 만큼 비싸고 귀한 대접을 받았습니다. 하지만 그보다는 '절대 권능'을 가진 물건이라는 인식이 더욱 컸습니다. 아무리 두드려도 깨지지 않고, 불에 녹지도 않는 불사의 물체가 빛을 받아 반짝거리는 모습이 너무 아름다워 신성하고 신비로운 이미지까지 더해진 것이죠. 그래서 사람들은 다이아몬드에 특별한 능력이 있다고 여겼습니다. 다이아몬드를 비춰서 반사되는 색에 따라 범죄자를 구별할 수 있고, 덕이 높은 사람은 투명 인간으로 만들어준다고 생각한 것입니다. 연금술사들은 다이아몬드의 암수가 나뉘어서 새끼를 낳는다고도 했죠. 이와 반대로 무서운 보석이라는 인식도 있었다고 합니다. 다이아몬드를 가진 자는 절대 권력을 얻을 수 있지만, 저주에 걸려 비극적인 죽음을 맞이한다는 '다이아몬드 저주설'입니다.

이처럼 두려움과 신성함을 동시에 느끼게 한 코이누르 다이아몬드는 크기 또한 엄청났습니다. 무려 186캐럿이었다고 합니다. 다이아몬드의 크기를 측정하는 캐럿은 무게의 단위로 1캐럿은 0.2g입니다. 저울이 없던 시절 보석을 사고팔 때 캐럽이라는 나무의 열매의 무게가

영국 런던박물관에 전시된 코이누르 복제본

0.2g인 것에 착안해 이 열매를 기준 삼아 보석의 무게를 측정했다고 합니다. 여기서 유래해 캐럿이라는 말이 생긴 것이죠.

그렇다면 186캐럿의 코이누르 다이아몬드의 가격은 얼마일까요? 보통 다이아몬드는 1캐럿에 1,000만 원 정도이지만 세공한 브랜드에 따라 수천만 원을 호가하기도 합니다. 코이누르는 세계에서 가장 오래된 다이아몬드답게 그 가치를 정확히 매길 수 없지만 대략 1,700억 원으로 추정하고 있습니다.

오랫동안 절대 권력을 상징하며 최강의 권력자들이 차지했던 코이누르는 현재 영국 왕실이 소유하고 있습니다. 모두가 탐냈던 이 다이아몬드는 여러 권력자의 손을 거쳐 무굴제국을 차지한 영국의 손에 들어갔고, 1850년에는 영국의 전성기를 이끈 빅토리아Victoria 여왕에게 소유권이 넘어갔습니다. 그런데 코이누르를 받은 여왕은 실망했다고 합니다. 여러 권력자의 손을 거치면서 모양이 무뎌지고, '빛의 산'이라는 이름과 달리 반짝임도 덜

영국 여왕의 코이누르

했기 때문입니다. 결국 여왕은 코이누르를 105캐럿으로 세공해 브로치로 사용했습니다. 93쪽 사진 속 빅토리아 여왕의 가슴 부위에서 빛나는 것이 코이누르로 만든 브로치입니다. 오른쪽 사진은 코이누르의 최근 모습으로 왕관의 중앙을 장식하고 있습니다.

빅토리아 여왕 이후 코이누르는 영국 왕실을 상징하는 귀한 보석으로서 허가받은 소수의 사람만이 소유할 수 있도록 엄격하게 관리했습니다. 이때 영국 왕실은 여성만이 코이누르를 착용하고 소유할 수 있도록 했습니다. 남자가 소유하면 목숨을 잃을 것이라는 믿음 때문이었죠. 그동안 코이누르를 손에 넣었던 권력자들은 모두 남성이었습니다. 수많은 전투에서 승리한 권력자의 생사에 따라 이리저리 옮겨 다닌 것이죠. 이를 보고 코이누르를 가진 남자는 전쟁에 휘말리고 끝내 불운 속에서 비참한 죽음을 맞이한다고 생각한 것입니다.

유럽에는 코이누르 외에도 다이아몬드의 저주에 관한 이야기가 많습니다. 그중에서도 호프 · 피렌체 · 상시 · 리전트 다이아몬드는 세계 4대 저주받은 다이아몬드로 불리죠. 특히 호프 다이아몬드는 태양왕 루이 14세Louis XIV와 마리 앙투아네트Marie Antoinette의 죽음을 부른 다이아몬드로 유명한데, 지금은 미국 워싱턴의 스미소니언 박물관에 있습니다. 미국에 허리케인이나 태풍 등 커다란 자연재해가 발생할 때마다 이 보석을 가지고 있어서 저주받은 것이라며 빨리 다이아몬드를 팔라는 편지가 박물관으로 온다고 합니다.

2022년 9월까지 영국 여왕으로 재위한 엘리자베스 2세Elizabeth II는 코이누르 왕관을 착용하지 않았습니다. 더 크고 아름다운 다이아몬드를 소유하고 있기 때문이죠. '컬리넌'이라고 불리는 여왕의 다이아몬드는 현재까지

컬리넌 다이아몬드 원석

도 세계에서 가장 큰 다이아몬드로 알려져 있으며, 원석의 무게만 약 620g에 무려 3106.75캐럿이라고 합니다.

이 어마어마한 크기의 다이아몬드가 발견된 곳은 남아프리카공화국입니다. 1905년, 다이아몬드 광산에서 일하던 감독관 프레더릭 웰스Frederick Wells는 광산을 돌던 중 햇빛에 반짝이는 무언가를 보게 되었습니다. 그런데 어찌나 크던지 땅을 파고 또 파도 반짝이는 돌을 좀처럼 꺼낼 수 없었죠. 사진 속 남자가 세계에서 가장 큰 다이아몬드 원석을 발견한 프레더릭이고 그가 들고 있는 것이 컬리넌 다이아몬드입니다. 성인 남성의 손에 한가득 잡히는 것을 보면 그 크기를 짐작해볼 수 있습니다.

컬리넌 다이아몬드는 이후 당시 영국의 왕이었던 에드워드 7세Edward VII의 66세 생일 선물로 바쳐졌습니다. 영국은 이 다이아몬드를 약 100여 개로 조각낸 뒤 가장 큰 9개의 조각을 왕실 소유로 관리했습니다. 가장 큰 530캐럿은 '아프리카의 거대한 별'이라 불리며 영국 국왕의 대관식에 사용하는 지팡이 모양의 홀을 장식했고, '아프리카의 작은 별'이라 불린 다음 크기의 317캐럿은 '임페리얼 스테이트 왕관'을 장식했습니다. 나머지 7개의 다이아몬드도 브로치, 목걸이, 반지 등으로 만들었다고 합니다. 엘리자베스 2세는 1953년 대관식에서 여왕의 위엄을 나타내는 왕관을 쓰고 왕권을 상징하는 홀을 들었습니다. 이후 왕실 행사가 있을 때면 컬리넌 다이아몬드로 장식한 액세서리를 즐겨 착용했죠. 그리고 2023년 5월 6일, 찰스 3세 Charles III 역시 자신의 대관식에서 컬리넌 다이아몬드로 장식한 왕관과 홀을 착용했습니다.

세계에서 가장 오래된 다이아몬드와 가장 큰 다이아몬드는 모두 영국

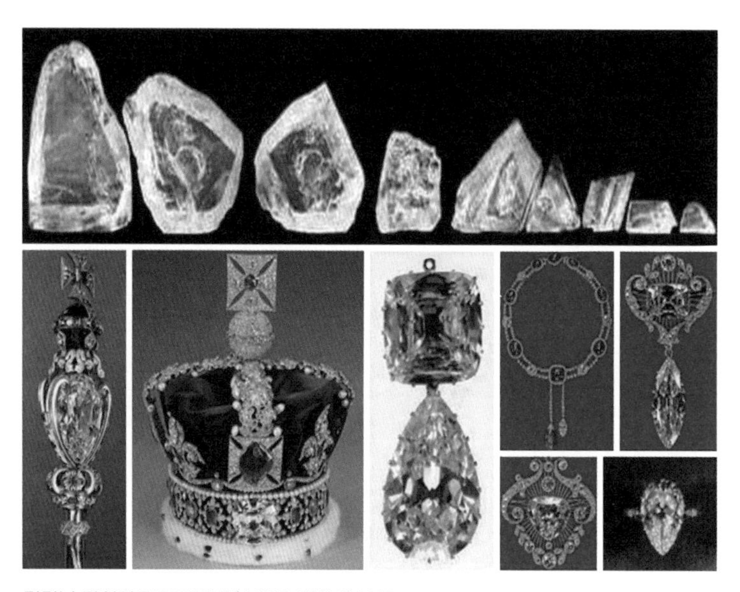

컬리넌 다이아몬드로 장식한 영국 왕실의 보물

이 소유하고 있습니다. 어떻게 다이아몬드 광산이 없는 영국으로 온갖 보석들이 모여든 것일까요? 진귀한 다이아몬드를 발견한 나라가 모두 영국의 식민지였기 때문입니다. 특히 19세기에 남아프리카공화국에서 다이아몬드 채굴이 활발해지면서 영국으로 들어오는 다이아몬드의 양이 크게 증가했습니다. 게다가 킴벌리 지역이 남아프리카공화국 최대 다이아몬드 생산지로 알려지면서 자본가들과 일확천금을 노리는 보석 사냥꾼들이 몰려들었고 다이아몬드 채굴은 더욱 활기를 띠었습니다. 덕분에 영국이 특별히 나서지 않아도 자연스럽게 다이아몬드를 손에 넣을 수 있었죠.

하지만 다이아몬드 채굴은 생각보다 어렵고 위험했습니다. 다이아몬드는 남아프리카공화국의 킴벌리 마을에서 최초로 발견한 화성암인 킴벌라이트에서 캐내는데, 이는 보통 지하 400m 아래에 묻혀 있었습니다. 최고급 다이아몬드는 그보다 더 깊은 곳에서 만들어지기 때문에 깊게 팔수록 상품성 좋은 다이아몬드를 발견할 수 있다고 합니다. 그래서 광부와 채굴꾼들은 땅을 더 깊이 파기 위해서 사진과 같이 줄을 활용했습니다. 지상에서 광산 아래까지 연결된 긴 줄에 리프트를 설치해 노동자들이 타고 내려갈

남아프리카공화국 킴벌리 광산

수 있게 한 것입니다. 노동자들은 깊은 경사를 안전장비 하나 없이 줄 하나에 의지해 오르내리며 작업했습니다. 이들을 감시하는 백인을 제외하면 수백 미터를 내려가 광산의 돌을 부수고 다이아몬드를 채굴하는 것은 오롯이 흑인 원주민들의 몫이었죠.

1871년부터 1914년까지 남아프리카공화국의 킴벌리 광산에서 다이아몬드를 채굴하기 위해 동원된 사람은 약 5만 명이며, 이들이 파낸 흙은 무려 2,250만 톤입니다. 고된 노동으로 얻은 다이아몬드는 2,722kg에 달했죠. 하지만 그 대가는 모두 영국의 것이었습니다. 이 시기 영국은 자원 확보라는 목표 아래 아프리카의 땅을 파헤치고 다이아몬드를 휩쓸었습니다. 아프리카 원주민들에게는 고된 노동의 현장에 불과했던 다이아몬드 광산이 영국과 자본가들에게는 축복이었던 셈이죠. 현재 킴벌리에는 '빅 홀'이라는

킴벌리의 빅 홀

커다란 구덩이가 있습니다. 이는 당시 광부들이 다이아몬드를 찾겠다며 삽과 곡괭이로 판 흔적이라고 합니다. 깊이 214m, 둘레 1.6km로 축구장 5개가 들어갈 수 있는 크기의 빅홀은 인간이 손으로 파서 만든 가장 깊은 구멍입니다. 다이아몬드를 향한 인간의 욕심과 집착을 보여주고 있죠.

해방 노예들의 정착지, 시에라리온

남아프리카의 다이아몬드에 매료된 영국은 이후 더 많은 자원을 확보하기 위해 아프리카 전역을 거침없이 활보하며 각국의 지질을 조사하기 시작했습니다. 이때 서아프리카의 작은 나라 시에라리온에서 최상급의 다이아몬드가 매장된 광산을 발견한 것입니다. 영국은 또다시 다이아몬드를 향한 탐욕에 불을 붙였고 시에라리온에서 비극의 서막이 열렸습니다.

이름조차 낯선 나라인 시에라리온은 임산부와 영유아 사망률이 가장 높고 국민 평균 소득이 약 150달러인 세계 최빈국입니다. 과거에 일어난 무자비한 전쟁과 학살의 상처가 지금까지도 존재하는 나라이기도 합니다. 이곳에서는 무려 2만 7,000여 명이 내전으로 손과 발이 잘린 채 살아가고 있습니다. 최상품의 다이아몬드 광산을 가진 국가가 왜 이토록 비극적인 상황에 놓인 것일까요? 그리고 무슨 이유로 시에라리온의 다이아몬드에는 수많은 사람의 피가 묻어야 했을까요? 그 이유를 알기 위해서는 시에라리온의 탄생 과정부터 살펴봐야 합니다.

시에라리온은 서아프리카 연안에 자리 잡은 작은 나라입니다. 이 나라의 역사에는 미국의 독립전쟁과 영국의 노예제 폐지라는 굵직한 두 사건이 맞물려 있습니다. 미국 독립전쟁 당시 영국은 미국의 흑인 노예들에게 "영국의 편에서 싸우면 전쟁이 끝나고 해방시켜주겠다"라고 제안했습니다. 이 제안을 받아들인 흑인들은 영국 병사로 참전했으나 전쟁에서 패했고, 이들은 일자리를 찾으러 쫓기듯 런던으로 몰려들었습니다. 얼마 후 영국에서 노예제 폐지 운동이 확산하면서 영국의 흑인 노예들까지 새로운 일자리를 찾아서 런던으로 밀려왔습니다.

영국은 흑인 노예들의 런던 이주를 반겼을까요? 일자리를 찾지 못한 해방 노예들은 거리의 빈민으로 전락했고, 사람들은 이들로 인해 런던이 무법지대가 될지도 모른다는 두려움에 휩싸였습니다. 영국은 고민 끝에 흑인 노예들에게 또다시 파격적인 제안을 내놓았습니다. 이들을 영국이 마련한 자유의 땅, 즉 아프리카로 보내주겠다는 것이었죠. 과연 이번에도 흑인 노예들은 영국의 제안에 기꺼이 응했을까요?

당시 런던의 흑인 노예들에게 아프리카는 낯선 미지의 땅과 같았습니다. 이들 대부분이 1500년대부터 노예무역으로 아프리카에서 강제로 끌려온 흑인들의 후손으로 유럽이나 미국에서 태어나고 자란 사람들이었기 때문입니다. 그런데 갑자기 너희의 고향인 아프리카로 이주하라고 하니 반대할 수밖에 없었죠. 독립전쟁 때는 해방을 빌미로 흑인들을 꾀어냈고, 노예제 폐지 운동으로 흑인들의 자유를 외쳤던 영국은 끝내 아프리카 이주라는 모순적인 정책을 내놓았습니다. 그림은 당시 상황을 짐작해볼 수 있는 만평입니다. 아래 제목에는 '정착지로 가는 불쌍한 흑인들'이라고 쓰여 있고, 한 손에 신문을 든 남자는 "그들의 영광을 위해 우리를 아프리카로 보낼 권리가 없다"라고 외치고 있습니다.

그런데 런던에 있는 흑인 노예들은 대부분 해방된 자유인이니 아프리카

정착지로 향하는 영국 흑인 빈민을 묘사한 만평

에 가지 않으면 될 텐데 무엇이 문제였을까요? 안타깝게도 그들에게는 별다른 선택지가 없었습니다. 평생 노예의 신분으로 살아왔기에 자유를 얻은 동시에 빈곤에 시달렸던 것입니다. 이런 상황에서 영국은 시에라리온의 수도인 프리타운으로 가면 초반 정착 비용을 지급하고 흑인과 백인의 권리를 동등하게 보장해주겠다며 대대적으로 홍보했습니다. 별다른 선택지가 없었던 해방 노예들은 '자유의 땅'이라 이름 붙인 프리타운으로 이주하게 됐죠. 하지만 1808년에 영국이 프리타운을 왕령 식민지로 선포하면서 이곳은 '자유'의 의미를 점차 잃어갔습니다.

시에라리온이 영국의 해방 노예들에 의해 탄생한 나라라면, 옆 나라 라이베리아는 40년 후 미국이 해방 노예들을 보내면서 탄생했습니다. 이런 독특한 역사는 두 나라의 국기에 잘 나타나 있습니다. 102쪽 그림을 보면 독립 직전인 1961년까지 사용한 시에라리온 국기에는 영국 국기인 유니언잭이 그대로 들어가 있습니다. 미국 해방 노예들을 주축으로 탄생한 라이베리아 역시 성조기를 본떠서 국기를 만들었습니다. 국기뿐 아니라 지명이나 사람의 이름도 미국식을 많이 따르고 있죠.

앞서 시에라리온을 최빈국이라고 이야기했습니다. 그런데 라이베리아는 그보다 더 열악한 나라입니다. 이곳에서 생산하는 다이아몬드는 주로 상품성이 떨어지는 산업용이라고 합니다. 본래 가진 게 없는 데다 그나마 생산하는 다이아몬드마저 일부 권력자들이 부정부패로 독점하고 있어서 가난하고 질서가 없는 곳이라 할 수 있죠.

과연 영국이나 미국의 문화에 익숙한 해방 노예들은 무사히 정착했을까요? 시에라리온에 자리 잡기 시작한 해방 노예들은 원주민들과 관계를 맺을 때 그들의 경험을 그대로 적용했습니다. 자신들이 지배당했던 방법 그대로 원주민들을 노예로 삼은 것입니다. 얼마 전까지 자신이 처했던 노예의 자리를 토착 원주민들에게 넘긴 채 그들을 노예로 부리며 핍박했고, 심

국기 비교- 시에라리온 vs 영국, 라이베리아 vs 미국

지어는 사고팔면서 이득을 취하기도 했죠. 단지 자신들이 영국과 우호적인 관계에 있고 영어를 사용할 줄 안다는 이유로 이런 일들을 저질렀던 것입니다. 영국도 식민 지배를 원활히 하기 위해 해방 노예 출신들이 원주민을 힘의 논리로 지배하는 행태를 오히려 부추겼습니다. 이처럼 해방 노예들은 영국의 힘을 등에 업고 기득권층으로 자리 잡으며 시에라리온의 탄생과 동시에 불평등의 씨앗을 심었습니다.

시에라리온, 다이아몬드의 가치에 눈뜨다

영국과 해방 노예들로 혼란스러웠던 시에라리온은 예기치 못한 사건으로 다시금 크게 들썩였습니다. 1930년에 영국의 지질학자가 그토록 찾아 헤맸던 다이아몬드 광산을 발견한 것입니다. 광산을 처음 발견한 곳은 봄보마 지역입니다. 첫 발견 이후 시에라리온 곳곳에서 또 다른 다이아몬드 광산이 발견되었습니다. 특히 동부의 코노와 케네마 지역은 많은 양의 최상품 다이아몬드가 매장되어 있었죠. 여기에 가장 먼저 눈독 들인 것이 영국의 '드비어스'라는 회사입니다.

드비어스는 한때 전 세계 다이아몬드의 90%를 유통했을 만큼 다이아몬드 업계에서 엄청난 영향력을 가진 회사입니다. 현재까지도 최고가, 최고급 다이아몬드를 취급하며 명품 브랜드의 이미지를 유지하고 있죠. 그런데 이런 드비어스에도 큰 시련이 있었습니다. 제2차 세계대전이 끝난 후 여러 나라의 왕정이 무너지면서 왕실과 귀족의 보석이었던 다이아몬드를 찾는 사람들이 사라진 것입니다. 경영난에 시달리며 회사 문을 닫을 지경에 이른

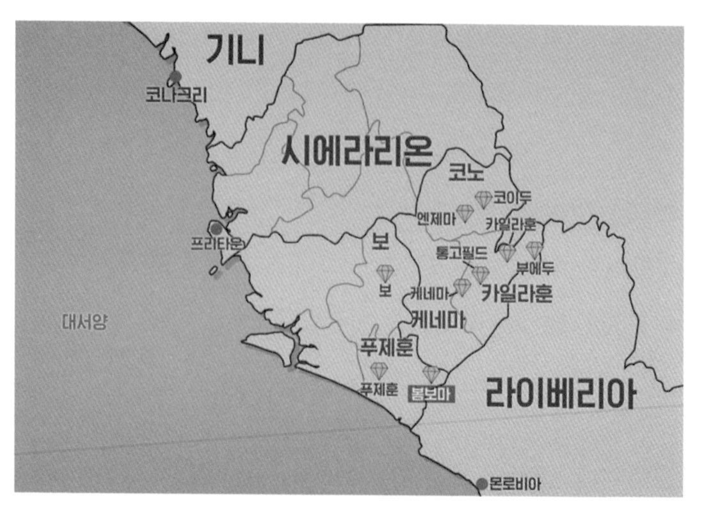

시에라리온의 주요 다이아몬드 생산지

드비어스는 다이아몬드 판매를 위해 일반 대중을 겨냥한 슬로건을 제작했습니다. 전 세계인의 결혼 풍습을 바꾼 이 슬로건은 바로 '다이아몬드는 영원하다(Diamond is Forever)'입니다. 105쪽의 그림은 당시 드비어스가 제작한 광고 포스터입니다.

다이아몬드에 영원한 사랑이라는 상징성을 부여한 슬로건과 광고는 공개되자마자 대박을 쳤습니다. 20세기 최고의 광고로 손꼽힐 만큼 유명해지면서 여기서 영향을 받은 영화와 노래들도 쏟아져 나왔죠. 한 줄의 슬로건으로 전 세계가 다이아몬드의 매력에 푹 빠지게 된 이 시기, 드비어스는 최상품 다이아몬드 물량을 확보하기 위해 시에라리온의 다이아몬드 광산에 집중했습니다. 그러고는 발 빠르게 '시에라리온 셀렉션 트러스트'라는 회사를 세우고 다이아몬드 채굴권을 모두 독점했죠. 이제 시에라리온에서 나오는 다이아몬드는 모조리 드비어스의 차지가 되는 시스템을 완성한 것

'다이아몬드는 영원하다' 광고

입니다.

그런데 원주민들은 외부인이 다이아몬드를 몽땅 가져가는데도 가만히 있었을까요? 사실 드비어스가 광산을 독점한 뒤에도 시에라리온의 원주민들은 다이아몬드를 길가에 굴러다니는 흔한 돌멩이로 여겼다고 합니다. 그러다 제2차 세계대전이 터지고 영국의 식민 지배를 받던 시에라리온의 원주민들이 영국 의용군으로 참전했고, 영국 장교들을 통해 그제야 다이아몬드의 가치를 알게 된 것입니다. 전쟁이 끝나고 고향으로 돌아온 시에라리온 사람들은 다이아몬드를 노리고 광산으로 몰려들기 시작했습니다. 하지만 이미 광산의 모든 다이아몬드는 드비어스의 차지였고 경계가 삼엄했기 때문에 다이아몬드 채굴은 어려웠습니다.

그래서 선택한 방법은 광산에서 일하면서 몰래 빼돌리는 것이었죠. 시에라리온에서는 다이아몬드를 채굴할 때 진흙을 퍼내서 물에 넣고 흔들어

씻은 다음 큰 돌을 골라낸 뒤 다이아몬드를 선별했습니다. 이때 원주민들이 다이아몬드를 입으로 삼키거나 구두 굽에 숨겼다가 몰래 판 것입니다. 인공 안구를 낀 어떤 사람은 안구 뒤쪽에 다이아몬드를 숨겨서 빼돌리기도 했다고 합니다. 드비어스의 자회사는 곳곳에 총을 든 군인들을 배치해 이런 행동을 막아보려 했지만 불법 채굴과 밀수를 막기에는 역부족이었습니다.

이렇게 다이아몬드를 빼돌리면 얼마나 벌 수 있었을까요? 2000년 기준 1캐럿 정도의 다이아몬드 원석 하나에 10달러를 받았다고 합니다. 이것을 발견하기 위해 수백 톤의 흙을 파헤친 것에 비하면 그 대가가 너무 적습니다. 사실 오래전부터 시에라리온은 감자와 비슷한 작물인 카사바를 재배해 물물교환을 해왔습니다. 때문에 현금에 대한 개념이 없었죠. 그런데 다이아몬드를 팔면 적은 돈이긴 해도 현금을 손에 쥘 수 있으니 다들 농사를 포기하고 다이아몬드에 매달렸다고 합니다. 드비어스의 자회사는 다이아몬드를 빼돌리는 사람들 때문에 피해가 증가하자, 60여 년의 독점 계약을 파기하고 광산의 일부를 시에라리온 정부에 넘겼습니다.

광산을 넘겨받은 정부는 1956년부터 민간인들에게 채굴권을 판매하기 시작했습니다. 드비어스의 바통을 이어받은 시에라리온 정부의 다이아몬드 돈벌이가 시작된 것입니다. 하지만 평범한 민간인이 정부의 채굴권을 사기란 쉽지 않은 일이었죠. 채굴권 구입 비용과 다이아몬드 유통에 필요한 세금까지 내기에는 주민들이 너무 가난했기 때문입니다. 결국 불법 채굴은 여전히 성행했고 농부들은 논밭을 버리고 정글 속 광산을 몰래 파헤치며 다이아몬드 찾기에 혈안을 올리는 상황이 이어졌습니다. 이런 사태가 길어지자 쌀 생산으로 자급자족해 온 시에라리온은 1950년에 쌀 2만 1,000톤을 수입해야 할 정도로 농업이 무너졌습니다. 1954년에는 불법으로 다이아몬드 채굴에 매달린 사람이 3만 명을 넘을 만큼 온 나라가 다이아몬드 찾기에 빠져 있었죠. 아이러니하게도 다이아몬드의 가치를 알게 된 순간, 다이아몬드의 저주가 시에라리온에 퍼지기 시작한 것입니다.

비극의 씨앗이 된 '시에라리온의 별'

그런데 때마침 아프리카에 독립의 바람이 불면서 시에라리온에도 새로운 변화가 감지되었습니다. 1950~1960년대, 미국의 우드로 윌슨Woodrow Wilson 대통령이 주창한 '민족자결주의'가 전 세계를 휩쓴 것입니다. 이는 '각 민족은 정치적 운명을 스스로 결정할 권리가 있으며, 다른 민족의 간섭을 받을 수 없다'라는 개념이죠. 시에라리온도 이에 발맞춰 1961년 4월 27일에 독립을 맞이했습니다. 시에라리온 사람들에게 독립은 영국의 식민 지배와 해방 노예들의 핍박에서 벗어나게 된 해방의 날이었죠. 이날 영국 여왕 엘리자베스 2세는 독립을 축하하기 위해 남편 필립Philip 공과 함께 시에라리온을 방문했습니다.

이제 시에라리온은 영국의 식민지가 아닌데 그녀는 왜 이곳을 방문한 것일까요? 사실 시에라리온의 독립은 완전한 독립이 아니었습니다. 엘리자베스 2세를 국가 원수로 하는 영연방의 자치국으로서 독립한 것입니다. 게다가 식민 지배 당시 영국은 해방 노예들뿐 아니라 각 부족장에게도 독재 권력과 경제적 특권을 안겨주었는데, 독립 이후에도 이들이 영국과 긴밀한 관계를 맺으며 시에라리온의 주요 요직을 차지하고 있었죠. 한마디로 반쪽짜리 독립인 셈입니다.

이런 혼란을 틈타 시에라리온의 권력을 틀어쥔 인물이 등장했습니다. 초대 대통령으로 취임한 시아카 스티븐스Siaka Stevens입니다. 독립 당시 두 정당이 지배하던 시에라리온은 1971년 그가 지배하기 시작하면서 독재 국가로 바뀌었습니다. 대통령이 된 그가 가장 먼저 한 일은 다이아몬드 광산을 국유화하는 것이었습니다. 스티븐스 정부는 드비어스 자회사가 가지고 있던 광산까지도 모두 정부에 귀속시켰죠.

그럼 이제 다이아몬드로 벌어들인 수익이 국민에게 돌아갔을까요? 다이아몬드 광산의 국유화는 사실 스티븐슨 대통령의 광산 사유화와 다름없었습니다. 막강한 권력을 휘두른 대통령과 일부 권력자가 배를 불리는 사이 다이아몬드 암시장과 부정부패로 물든 시에라리온은 국가가 기능을 제대로 하지 못한 채 '그림자 국가'로 전락하고 말았습니다.

스티븐스 대통령은 취임 전에도 한 레바논 사업가와 동맹을 맺고 340만 달러어치의 다이아몬드를 빼돌린 적이 있습니다. 대통령이 된 후 다이아몬드 산업을 정부가 통제할 수 있게 되자, 그는 훨씬 많은 다이아몬드를 빼돌렸습니다. 그 돈으로 학교나 병원 등을 세워 국가의 기반을 다졌으면 좋았겠지만 모든 이익은 대통령과 권력자들의 몫이었죠. 이처럼 일부 권력자들만 잇속을 챙기던 상황에서 시에라리온에는 또다시 다이아몬드 붐을 일으키는 사건이 벌어졌습니다.

1972년 2월 14일, 코이두 지역의 디민코 광산에서 무려 968.9캐럿의 다이아몬드가 발견된 것입니다. 당시 세계에서 세 번째로 컸던 이 다이아몬드는 별처럼 크고 반짝인다고 해서 '시에라리온의 별'이라는 이름이 붙었습니다. 시에라리온의 별은 다이아몬드의 왕이라 불린 어느 보석상에게 약 250

만 달러에 판매되었습니다. 현재 가치로 따지면 200억 원을 훌쩍 넘는 어마어마한 가격입니다. 이 수익금은 부패한 대통령과 그의 측근들이 챙겼을 것으로 추측합니다. 서아프리카의 작은 나라인 시에라리온은 '시에라리온의 별'과 함께 최상급 다이아몬드 생산지로 전 세계에 이름을 알렸습니다. 시에라리온의 다이아몬드가 유명세를 타면서 불티나게 팔리자 스티븐스 대통령은 다이아몬드 생산에 더욱 박차를 가하기 시작했죠.

표는 1970~1980년대 시에라리온의 다이아몬드 생산량입니다. 1972년에 시에라리온의 별을 발견하면서 채굴 기술이 발전했을 텐데 오히려 다이아몬드 생산량은 크게 감소했습니다. 대체 왜 이런 일이 생긴 걸까요? 사실 이는 공식 생산량일 뿐 실제 생산량이 아닙니다. 즉 많은 양의 다이아몬드를 누군가가 빼돌렸다는 것이죠. 실제로 이 시기에 최소 1억 6,000만 달러 이상의 다이아몬드가 알 수 없는 경로를 통해 팔렸고 대통령과 일부 권력자들의 배를 불렸다고 합니다. 다이아몬드를 채굴하면서 고생한 것은 국민인데 그 혜택을 전혀 누리지 못한 것입니다.

다이아몬드 생산이 한창이던 1980년대에 시에라리온의 1인당 GDP는 200~300달러로, 이미 세계 최하위 수준이었습니다. 그마저도 줄어서 1990년에는 150.4달러까지 떨어졌고 국민의 75%가 하루 2달러 미만으로 생활했다고 합니다. 당시 미국의 1인당 GDP가 2만 3,888달러였고, 우리나라가 약 6,610달러였던 것과 비교하면 터무니없는 수준이었죠. 최빈국이었던 소

1970~1980년대 시에라리온 다이아몬드 생산량(단위: 1천 캐럿)

연도	1970	1975	1980	1985	1986	1987	1988	1989
생산량	1,955	732	592	349	315	314	175	129

말리아가 126.9달러였으니, 최상급 다이아몬드 수출국인 시에라리온이 지구에서 가장 가난한 나라와 GDP 꼴찌 경쟁을 하는 말도 안 되는 일이 벌어진 것입니다.

광산에서 매일같이 다이아몬드를 찾기 위해 땡볕에 땀을 흘리고 있지만, 점점 더 배고프고 가난해지는 현실에 시에라리온 국민의 불만도 커졌습니다. 특히 다이아몬드 채굴업이 지하 경제로 들어가면서 돈벌이를 할 수 없고 학교에 다닐 수도 없던 청년들이 도시로 대거 이주했습니다. 하지만 도시조차 경제가 어려워 빈민층은 물론 교육받은 청년들의 일자리까지 사라지자 사람들의 분노는 극에 달했습니다.

포데이 산코와 반군 RUF의 등장

이때 시에라리온의 부정부패를 척결하겠다며 한 사람이 등장합니다. 반란을 꿈꾸다 투옥된 군인 포데이 산코Foday Sankoh입니다. 그는 초등 교육밖에 받지 못해 글을 읽고 쓰는 것은 능통하지 않았지만 군대를 이끄는 능력을 타고났던 사람이었습니다. 이런 능력을 앞세워 1991년에 부정부패에 찌든 정부를 몰아내겠다며 무장투쟁 단체인 '혁명연합전선(RUF: Revolutionary United Front)'을 조직했죠. 하지만 그의 등장으로 시에라리온은 더 큰 수렁에 빠지고 말았습니다. 2만 7,000여 명의 손과 발이 절단되고, 수많은 생명이 학살되는 참극이 벌어진 것입니다. 그는 시에라리온에 어떤 비극을 몰고 온 것일까요?

그가 이끄는 반군 RUF는 처음부터 민간인을 잔혹하게 학살하는 단체는 아니었습니다. 원래는 부패한 정권에 맞서 새로운 사회를 세우고자 했던 젊은 학생 운동가들과 함께 깨끗하고 건강한 시에라리온을 만들기 위해 조직한 단체였죠. 이런 취지에 공감한 국민도 처음에는 반군 RUF를 응원했습니다. 하지만 희망은 오래가지 못했습니다. 산코의 진짜 목표는 시에라리온의 평화가 아닌 다이아몬드였기 때문입니다. 이내 속내를 드러낸 그는 반군 RUF를 장악했지만 입지가 약했고, 정부군을 상대로 내전을 일으킬만한 자본과 무기가 없었습니다.

정부가 장악한 다이아몬드 광산을 반군 RUF가 차지하기 위해서는 지원이 필요했습니다. 이때 산코에게 은밀하게 손을 내민 인물이 있습니다. 옆나라인 라이베리아의 반군 지도자 찰스 테일러Charles Taylor입니다. 그는 라이베리아 반군 병사들을 보내주며 산코를 물심양면으로 지원했습니다. 물론 공짜는 아니었죠. 찰스 테일러 역시 시에라리온의 다이아몬드 광산을 차지해 이익을 얻으려는 욕심이 가득했기에 거침없이 산코와 손을 잡았던 것입니다.

1991년 3월, 드디어 다이아몬드를 둘러싼 피의 내전이 시작됐습니다. 산코가 정부군을 상대로 처음 내전을 일으킨 지역은 카일라훈의 보마루 마을입니다. 수도가 아닌 보마루 마을을 첫 점령지로 삼은 이유는 첫째, 이곳이 다이아몬드 생산지이기 때문입니다. 점령 후 다이아몬드를 팔아서 전쟁 자금을 충당할 수 있었죠. 둘째, 라이베리아와 인접해 테일러의 도움을 받기 좋은 위치였기 때문입니다. 테일러와의 협동 작전으로 큰 어려움 없이 보마루 마을을 점령한 산코는 이후 다이아몬드가 풍부한 동부의 코노, 펜뎀부 지역을 차례로 장악했습니다. 다이아몬드를 판매한 돈으로 무기를 사고, 그 무기로 전쟁을 벌였기에 다이아몬드 광산을 차지할수록 반군 RUF

반군 RUF의 공격 루트

의 세력은 점점 커졌습니다.

반군이 세력을 키우는 동안 정부는 반군에게 빼앗기지 않은 광산에서 나온 다이아몬드로 여전히 부정부패를 일삼고 있었습니다. 이런 상황에서도 제 배만 불리다 보니 재정난이 심했고, 공무원은 물론 반군과 대립 중인 정부군의 월급을 줄 수도 없을 만큼 국가 예산은 턱없이 부족했습니다. 몇 달 동안 월급도 받지 못한 군인들은 급기야 반군과 싸우는 것보다 마을을 약탈하는 게 더 이익이라는 생각을 하게 되었죠. 마을 사람들을 괴롭히고 음식을 빼앗으며, 반군과 다름없는 짓을 벌이던 정부군을 사람들을 '소벨sobel'이라고 불렀습니다. 군인(soldier)과 반군(rebel)을 합친 말로 낮에는 정부군, 밤에는 반군이라는 뜻입니다. 이익을 위해서라면 정부군이고 반군이고 할 것 없이 모두가 국민을 약탈하고 탄압하는 난장판이 당시 시에라리온의 현실이었습니다.

아무런 지원도 받지 못한 채 반군과의 전쟁이 길어지자, 더 이상 참지 못한 군인들이 뜻을 모아 대통령을 추방하기로 했습니다. 1992년 4월, 정부군을 이탈한 군인들은 시에라리온 정부를 무너뜨리기 위해 수도로 향했습니다. 쿠데타에 투입된 군인은 모두 6명뿐이었으나 놀랍게도 이들은 쿠데타에 성공했습니다. 부패할 대로 부패한 정부에는 쿠데타를 막을 병력조차 없었고, 덕분에 고작 6명만으로도 맥없이 쓰러진 것입니다.

정부가 무너지고 새롭게 국가 원수가 된 인물은 쿠데타를 진두지휘했던 25세의 대위 밸런타인 스트라서Valentine Strasser입니다. 사람들은 세계 최연소 수장이 기존과 다른 새로운 통치력을 보여줄 것이라는 희망을 가졌습니다. 안타깝게도 그 역시 이전 정부와 크게 다르지 않았습니다. 스트라서는 집권 다음 해에 4억 3,500만 달러 가치의 다이아몬드를 스웨덴에 불법 수출했고, 그 돈으로 외제차와 고급 주택을 사들여 호화 생활을 누렸습니다. 그뿐 아니라 반군 RUF를 상대하기 위해 외국인 용병까지 고용했습니다.

쿠데타로 국가 수장이 된 스트라서는 자신도 언제 쿠데타를 당할지 모른다는 불안감을 가지고 있었습니다. 결국 그는 나라의 평화보다는 자신의 안위를 보장받고 현재의 지위를 지키기 위해 'EO(Executive Outcomes)'라는 악명높은 민간 군사기업의 용병을 불러들였죠. EO는 남아프리카공화국의 군사업체로 '전장의 개'라고 불릴 만큼 악독한 백인 장교를 중심으로 활동하며, 흑인 탄압으로 이름을 떨쳤습니다.

이 시기 시에라리온의 상황을 담은 영화가 레오나르도 디카프리오Leonardo DiCaprio 주연의 〈블러드 다이아몬드〉입니다. 영화에서 스트라서가 고용한 용병 역할을 맡은 디카프리오는 다이아몬드와 한 가족을 지켜주는 영웅으로 등장하지만, 실제로는 용병들도 다이아몬드를 차지하기 위해서 반군들처럼 민간인을 괴롭혔다고 합니다. 반군만으로도 혼란스러운 상황에 용병까지 들어온 시에라리온은 초토화되었습니다.

여기에 서아프리카 평화유지군(ECOMOG)과 반군의 수탈을 견디지 못한 사람들이 만든 민병대까지 시에라리온 문제를 해결하겠다며 나섰습니다. 한마디로 시에라리온은 반군과 정부군, 평화유지군과 민병대, 그리고 용병까지 뒤섞여 살육전을 벌이는 아비규환의 상황이었던 것입니다. 그리고 이런 혼란을 잠재우지 못한 스트라서 정부의 무능함을 지켜본 국민 사이에서는 군사 정부를 몰아내고 우리 손으로 직접 정부를 뽑아야 한다는 목소리가 커졌습니다. 얼마 후 당시 부사령관이자 현재 시에라리온 대통령인 줄리어스 마다 비오Julius Maada Bio가 부패한 스트라서를 쿠데타로 몰아내는 데 성공했습니다. 이후 줄리어스는 군사정부의 임시 의장으로서 1996년에 선거를 열고 대통령을 뽑겠다고 발표했죠. 드디어 독립 후 처음으로 시에라리온에서 민주적인 선거가 열리게 된 것입니다.

포데이 산코의 만행_ 신체 절단

선거를 통해 지도자를 선출하겠다는 정부의 발표에 포데이 산코와 그가 이끄는 반군 RUF는 시에라리온 전역에서 '선거 중단 작전'을 펼쳤습니다. 정권이 바뀌면 다이아몬드 광산을 빼앗길 거란 생각에서였죠. 작전은 선거 발표 직후부터 시에라리온에서 첫 민중 대통령 선거가 이뤄진 1996년 2월 26일까지 이어졌습니다. 과연 이 시기 시에라리온에서는 무슨 일이 벌어졌을까요?

시에라리온 전역으로 흩어진 반군 RUF는 먼저 마을 사람들을 나무 그루터기 앞으로 모아놓고 줄을 세웠습니다. 도망가는 사람에게는 무차별적으로 총을 난사했기 때문에 겁에 질린 사람들은 반군의 지시에 따를 수밖에 없었죠. 당시 이 상황을 기록한 기자의 증언이 있습니다.

> "그들의 '전술'은 믿을 수 없을 만큼 잔인했다. RUF 병사들은 한 마을을 점령한 후 주민들을 광장에 모아놓고 땅에 놓인 종잇조각 중 하나를 고르게 했다. 그 종이에는 '손목 자르기', '목 자르기', '죽이기' 등 온갖 종류의 고문 방법과 살해 방법이 쓰여 있었다."

사람들의 양손을 그루터기 위에 올려놓은 반군은 웃으면서 이렇게 물었다고 합니다. "긴팔을 원해? 반팔을 원해?" 무슨 뜻일까요? 긴팔은 팔꿈치 아래로, 반팔은 발꿈치 위로 자르는 것을 의미합니다. 이처럼 사람들은 영문도 모른 채 끌려 나와서 질문을 듣고 무참하게 손목이 잘려 나갔습니다.

사진 속 여성은 긴팔로, 남성은 반팔로 잘린 모습입니다. 내전 직후 이렇

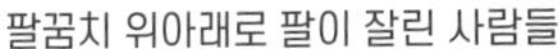

팔꿈치 위아래로 팔이 잘린 사람들

게 반군에 의해 손과 발이 잘린 사람은 2만 7,000여 명에 이르렀다고 합니다. 한 소년은 15세 때 반군이 커다란 도끼로 자신의 손을 잘랐다며 그 이유를 아직도 모르겠다고 말했습니다. 그는 피가 쏟아지는 팔을 붙들고 고통에 몸부림치며 땅바닥에 구르고 있는 잘려 나간 손을 주우려고 했지만 손이 없어서 주울 수 없었다고 합니다.

사람들의 손과 발을 자르며 잔혹한 범행을 서슴없이 저지른 반군이 사용한 도구는 '마체테'라고 부르는 농기구입니다. 아프리카에서 소년들이 나무를 베어올 때 쓰는 흔한 도구로 반군은 일부러 마체테의 날을 무디게 만들기도 했습니다. 그 이유는 손목이 한 번에 잘리지 않도록 고통을 주기 위해서였죠. 이런 잔인한 반군의 행동에, 어떤 사람들은 한 번에 손이 잘려 나가면 감사하다고 말했을 정도였다고 합니다. 그런데 반군이 모든 주민의 손을 잘랐던 것은 아닙니다. 힘이 좋은 사람들은 따로 골라내서 팔을 자르는 대신 다이아몬드 광산으로 보냈습니다. 하루 15시간 이상의 혹독한 노동을 시킨 것이죠.

포데이 산코와 반군 RUF는 왜 같은 나라 사람들을 상대로 이토록 끔찍한 짓을 저지른 것일까요? 산코와 반군 RUF가 계획한 선거 중단 작전은 사람들이 투표하지 못하도록 무차별적으로 손을 자르는 공포 전술이었던 것입니다. 이를 위해 피해자들을 향해 "정치인 때문에 팔을 잃는다", "대통령에게 가서 새 손을 달라고 해라"와 같은 말을 했습니다. 하지만 이는 억지 주장에 불과합니다. 그들은 투

마체테

표권이 없는 어린아이부터 갓난아이들의 손까지 잘랐기 때문입니다.

이처럼 반군의 선거 중단 작전은 기준과 대상을 가리지 않고 무차별적으로 이어졌습니다. 당시 대통령 선거 슬로건 중 하나는 '손을 맞잡자'였는데, 반군은 그 반대 의미로 사람들의 손을 자르고 그 손을 포대에 한가득 담아 대통령궁 앞에 던져두고 오기도 했죠. 반군의 악행은 여기서 끝이 아니었습니다. 손뿐만 아니라 다리, 손가락, 귀, 입술을 자르기도 하고 사람들의 몸에 칼로 글귀를 새기면서 반군에 대한 공포심을 극대화한 것입니다. 사진 속 피해자의 등에는 'RUF는 투표를 거부한다'라는 글이 새겨져 있습니다.

민간인을 향한 무차별적 테러로 투표 당일까지 극심한 공포감을 일으켰던 반군 RUF는 선거가 끝난 후 더욱 끔찍한 짓을 벌였습니다. 다음은 첫 번째 선거 후 사지를 절단당한 한 농부의 증언입니다.

"무장하고 전투복을 입은 사람들이 우리 마을을 습격해 많은 사람을 죽

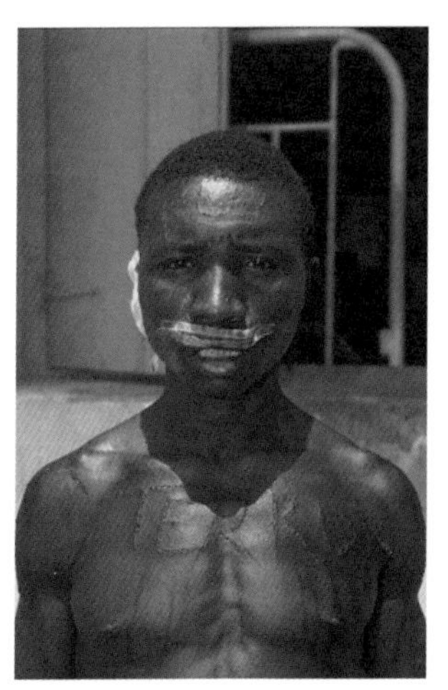

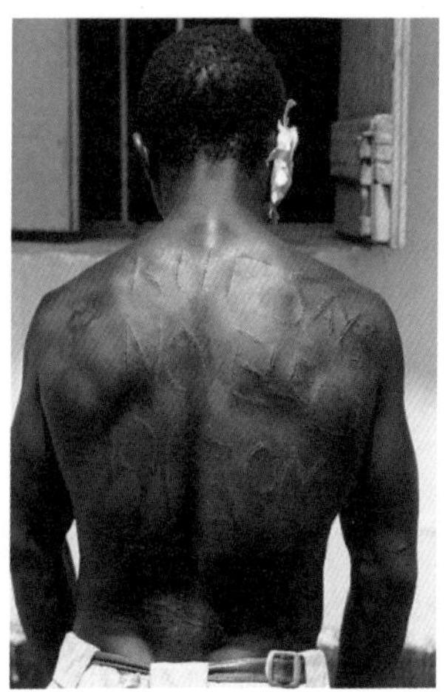

귀와 입술이 잘리고, 투표 거부 글귀가 새겨진 피해자

였다. 그들은 온 마을을 돌아다니며 우리가 마을에서 카바 대통령을 시에라리온 대통령으로 뽑았고, 다시는 그에게 투표하지 못하도록 팔을 자른다고 외쳤다."

반군 RUF가 선거를 마친 후에도 사람들의 팔다리를 자른 데는 투표 외에도 잔인한 속내가 숨어 있습니다. 농업국가인 시에라리온에서 사람들이 농사를 짓지 못하게 만들어 경제적인 능력을 완전히 거세시키려 한 것입니다. 경제적으로 자립하지 못한 사람들이 반군에게 의존하도록 만들기 위한 물밑 작업이었던 셈이죠.

다이아몬드 광산 근처에 살고 있는 한 아이는 외지인에게 다이아몬드 광석을 가리키며 "이건 대체 어디에 쓰는 거예요?"라고 물었습니다. 외지인이 결혼하는 사람들에게 필요한 것이라고 말하자 아이는 "이 돌 안에 피가 들어 있어요. 갖고 있으면 불행을 가져와요. 우리 부족에서는 피를 부르는 돌이에요"라고 대답했죠. 아무것도 모르는 시골에서는 그저 돌멩이에 불과한 다이아몬드 때문에 수많은 사람의 팔과 다리가 잘려 나간 것입니다. 이처럼 권력자들의 다이아몬드 쟁탈전에 힘없는 국민만 희생양이 되고 말았습니다.

포데이 산코의 만행_ 인간 병기가 된 소년들

시에라리온 내전이 아프리카 내에서도 무자비한 전쟁으로 기억되는 또 한 가지 이유가 있습니다. 무고한 사람들의 팔다리를 자른 반군 RUF 조직원들이 어린 소년병들이었다는 사실입니다. 전쟁의 끔찍한 가해자이자 피해자이기도 한 이 소년병들에게는 무슨 일이 있었던 걸까요?

포데이 산코가 처음 반군을 조직할 때만 해도 대부분의 조직원은 광산에서 노동 착취를 당하던 청년들이었습니다. 하지만 그들은 반군이 민간인을 무차별로 학살하고 손발을 자르자 곧바로 등을 돌렸죠. 이때 산코는 모자란 병력을 채우기 위해 악랄한 계책을 세웠습니다. 조종하기 쉬운 마을의 아이들을 납치해 반군 기지로 데려오는 것입니다. 「시에라리온 진실과 화해 위원회 보고서」에 따르면 반군 RUF의 병력 중 약 80%가 7세~14세 미만의 아동이었다고 합니다.

갑자기 납치한 아이들에게 총을 쥐여준다고 전투가 가능할 리 없습니다. 산코는 대체 무슨 생각으로 이런 일을 벌였을까요? 반군 지휘관들은 정글 기지에 아이들을 가두고 여러 방법을 동원해 충성스러운 전투원으로 훈련시켰습니다. 첫 번째 훈련법은 주입식 사상 교육입니다. 이를 위해 아이들은 헌신과 폭력을 부추기는 군가를 강제로 외워서 부르고 또 불러야

반군 RUF의 소년병들

했죠. 군가의 가사는 '전사는 용감하다네, 전사는 현명하다네, 우리를 얕보지 말라. 전사는 강하다'와 같은 내용이었다고 합니다. 부모와 생이별당한 채 낯선 환경에 떨어진 아이들은 유일한 어른인 반군 지휘관에게 심리적으로 의존할 수밖에 없었죠. 반군은 이를 이용해 아이들에게 잘못된 용기와 충성심을 주입했고 세뇌당한 아이들은 반군의 살인 기계로 성장했습니다. 그러지 못한 아이들은 결국 잔인하게 살해당했는데, 나이가 어릴수록 전쟁할 때 맨 앞에 세우고 총알이 어디로 날아오는지 확인하는 총알받이로 썼다고 합니다.

또 지휘관들은 소년병들이 잔혹한 임무를 수행하는 데 무리가 없도록 감정을 덜어내는 훈련을 시켰습니다. 사람들의 손을 자를 때 절대 죄책감을 느끼거나 슬픔, 수치심을 드러내지 말라고 강조한 것입니다. 그래서 소년병들이 많은 사람을 죽이고 돌아오면 강제로 축하 행사에 참여시키거나 시체 옆에서 억지로 춤을 추게 했다고 합니다. 하지만 아무리 세뇌당한 아이들이라도 인간의 본능인 공포심을 완전히 이겨낼 수는 없었죠. 이를 극복하기 위해 지휘관들이 사용한 것이 소년병을 훈련하는 두 번째 방법입니다.

아이들이 두려움을 잊게 하고 완전한 복종 상태로 만들어준 것은 바로 마약입니다. 셰리프 코로마Sherieff Koroma는 3세 때 반군에 납치돼 11세까지 반군 RUF 소년병으로 활동했습니다. 반군은 코로마의 집을 불태우고 아버지를 죽인 다음 코로마를 데려갔죠. 반군 기지에서 자란 코로마의 별명은 'Captain Cut-Hand', 즉 손 자르기 대장이었다고 합니다. 반군 때문에 아버지가 죽었는데 어떻게 반군 대장이 될 수 있었을까요? 이 모든 것을 가능하게 한 것이 마약입니다.

시에라리온은 전국의 여러 농장에서 마리화나를 재배하기 때문에 마약을 구하기 쉬운 나라입니다. 지휘관들은 아이들에게 강제로 마약을 흡입시키거나 주사를 놓았고, 때로는 음식에 몰래 넣어서 먹이기도 했습니다. 피부를 살짝 찢어서 상처 부위에 코카인을 문지르기도 했죠. 알약 형태의 마약은 소년병들의 목구멍에 강제로 넣어 삼키게 했습니다.

처음에는 이렇게 강제로 마약을 먹였지만 점차 약에 중독된 아이들은 충실하면서도 조종 가능한 반군으로 성장했습니다. 11년의 내전 기간 중 코로마처럼 반군에 납치된 소년병들은 무려 7,000여 명에 달한다고 합니다. 그중 많은 아이가 약물에 중독돼 자신이 무슨 짓을 하는지도 모른 채 사람들을 죽이거나 손과 발을 잘라서 불구로 만들었습니다. 강제로 약물에 중독된 피해자 중 75%가 17세 이하 소년이었고, 절반 이상은 코로마처럼 13세도 안 된 어린아이였다고 합니다.

반군 RUF가 소년병들을 훈련하는 방법은 여기서 끝이 아닙니다. 세 번째로 일종의 진급 시스템을 통해 소년병에게 권력을 쥐여준 것입니다. 반군 지휘관들은 더 많은 사람의 손을 자르거나 더 많은 사람을 죽인 소년병에게 다른 소년병들을 지휘할 수 있는 권한을 주었습니다.

포데이 산코의 만행_ 생물 절멸 작전

반군 RUF가 소년병들을 동원해 국민들을 공포에 떨게 한 사이, 예정대로 1996년 2월에 대통령 선거가 치러졌습니다. 그리고 시에라리온 사상 첫 민선 대통령이 탄생했죠. UN 변호사 출신의 아마드 테잔 카바Ahmad Tejan

Kabbah 대통령이 그 주인공입니다. 시에라리온의 정권을 잡은 카바 대통령에게는 나라의 안정을 이루고 다이아몬드 광산을 되찾기 위해 시급히 수행해야 할 일이 있었습니다. 바로 반군의 수장인 포데이 산코의 악행을 멈추는 것이었죠. 그런데 이때 시에라리온 내전을 지켜만 보던 UN이 황당한 제안을 내놓았습니다. 평화를 위해서 산코를 새로운 정부에 참여시키라는 것입니다.

UN이 새 정부에 반군을 참여시키려 한 것은 이미 실패한 경험이 있기 때문입니다. 1992년 미국의 조지 부시George Bush 대통령은 소말리아 내전에 군대를 보냈으나 미국 특수부대의 가장 충격적인 실패라고 할 만큼 완패했습니다. 때문에 시에라리온의 내전을 바라보던 미국은 군대를 보내려 하지 않았죠. 게다가 이미 냉전도 끝난 상황에서 크게 얻을 것이 없다는 생각에 정부군과 반군이 알아서 화해하기를 바랐습니다. 오랜 내전으로 나라의 근간이 흔들리는 상황에서 카바 대통령은 UN의 지원을 받기 위해 할 수 없이 제안을 받아들였습니다. 1996년 11월, 코트디부아르 아비장에서 포데이 산코와 평화 협정을 맺기로 한 것입니다. 다음은 아비장 평화 협정의 주요 내용입니다.

- 무력 충돌을 즉각적으로 끝낸다.
- 서명 후 2주 이내 '평화 정착 위원회'를 세운다.
- 정부가 고용한 외국 군대 병력은 신속히 철수한다.
- 모든 RUF 전투원은 무장 해재한다.
- RUF를 합법화하고 사회에 재통합한다.

협정 내용 중 가장 눈에 띄는 것은 마지막 조항입니다. 엄청난 규모의 반군 RUF의 범죄 행위를 처벌하려면 그만큼 많은 인력이 필요하고, 가해자와 피해자를 분리하고 공정한 사회를 재정립하려면 국제 사회의 개입도 이루어져야 합니다. 하지만 UN이 시에라리온에 그만한 인력과 재원을 투입하기를 꺼리면서 이 같은 조항이 만들어진 것입니다.

안타깝게도 포데이 산코가 협정을 어기면서 UN이 내놓은 협정이 무책임한 결정이었다는 사실이 여실히 드러났습니다. 되도록 오랫동안 전쟁을 끌면서 다이아몬드 광산을 차지하는 것이 훨씬 이득이었던 산코는 몰래 무기를 사들였습니다. 이 사실이 정부의 무전 감청으로 들통나면서 1997년 3월, 산코는 나이지리아 공항에서 탄약 밀수 혐의로 체포됐습니다. 이후 산코는 사형 선고를 받았지만 여전히 그를 따르던 추종자들이 반란을 일으키면서 정부군과 반군은 팽팽한 긴장감을 이어갔습니다. 이번에도 시에라리온은 평화를 되찾지 못했죠.

이 시기 UN의 개입이 필요할 만큼 커다란 사건이 또 일어났습니다. 포데이 산코의 조직원들이 그를 구출하기 위해 교도소를 습격한 것입니다. 하지만 이를 예상한 정부군이 이미 산코의 거취를 옮긴 뒤였죠. 잔뜩 화가 난 반군은 "살아 있는 것은 쥐새끼 한 마리도 남기지 않겠다"라며 '생물 절멸 작전'을 선포했습니다. 이들은 1999년 1월에 수도 프리타운을 습격해 초토화했죠. 그런데 프리타운을 쑥대밭으로 만든 것은 반군만이 아니었습니다. 반군과 연합했던 군사 정부군도 함께였던 것입니다. 그들은 현 정부를 지지한 대가를 치러야 한다며 민간인을 대상으로 무차별 폭행, 방화, 강간 등을 일삼고 닥치는 대로 사람들의 손과 발을 잘랐습니다. 이 작전으로 프리타운은 삽시간에 지옥으로 변했습니다. 결국 이를 견디다 못한 10만 명에 가까운 주민이 집을 버리고 떠났으며, 도시 건물은 타버리고 무너졌습니다. 게다가 이 작전으로 6,000여 명이 목숨을 잃고 아동 수천 명이 실종됐다고 합니다.

프리타운에 끔찍한 테러가 벌어진 후 UN은 다시 한번 시에라리온 내전에 관여했습니다. 과연 이번에는 시에라리온의 평화에 도움이 됐을까요? 놀랍게도 UN은 평화유지군을 지원하겠다는 조건으로 또다시 카바 정부에게 반군과 협상하라고 요구했습니다. 강압에 못 이긴 카바 대통령은 결국 1999년 7월에 아프리카 토고의 로메에서 포데이 산코와 한 번 더 평화 협정을 맺었습니다. 로메 협정의 주요 내용은 '모든 적대 행위를 끝내고 반군을 무장 해제한다'라는 것입니다. 이 외에도 포데이 산코의 처우와 관련된 조항도 있는데, 놀랍게도 그를 부통령으로 임명한다는 내용이었습니다. 잔인한 학살을 일으킨 반군의 수장이 저지른 범죄 행위를 모두 사면하는 것도 모자라 부통령으로 임명하라는 조항은 큰 논란을 일으켰습니다. 하지만 UN은 시에라리온의 분쟁에 깊이 관여하기보다 하루빨리 해결되길 바라며 미온적 태도를 고수했습니다.

결국 포데이 산코는 부통령으로 취임했습니다. 가해자와 피해자가 공존하는 반쪽짜리 값싼 협상을 치르게 된 것이죠. 이 협정으로 내전 기간에 일어난 수많은 살인과 폭행, 강간, 신체 절단 등 이루 말할 수 없는 반인륜 범죄들은 무죄가 되었습니다. 1999년, UN은 약속대로 시에라리온 사무소를 세우고 평화유지군을 파견했습니다. 시에라리온 정부가 1991년부터 UN에 요청했던 평화유지군이 수많은 희생을 치르고 비로소 8년 만에 배치된 것입니다.

더 놀라운 것은 산코가 전략적 자원 관리, 국가 재건 및 발전 위원회의 위원장이라는 직책까지 갖게 됐다는 사실입니다. 시에라리온에서 전략적으로 관리해야 할 자원은 당연히 다이아몬드입니다. 반쪽짜리 협정으로 인해 산코는 합법적으로 다이아몬드를 관리할 수 있게 된 것입니다. 게다가 그는 '전쟁 범죄 사면 조치'를 이용해 다이아몬드를 밀수출하고 무기를 사들여 또다시 전쟁을 벌일 준비를 했습니다. 그의 끝없는 욕심은 혁명연합전선을 뜻하는 RUF에 정당(party)을 뜻하는 'P'를 붙여 RUFP라는 정당을 만들고 차기 대통령까지 꿈꾸는 몰염치한 모습까지 보였죠.

산코의 뻔뻔한 태도에서 짐작할 수 있듯이 로메 협정 역시 진정성 있는 평화 협정은 아니었습니다. 더는 참을 수 없었던 시에라리온 국민 3만여 명은 산코의 집으로 몰려가 전쟁을 끝내라며 시위했습니다. 산코는 국민의 분노를 받아들일 수 없는 도발로 여겼고, 반군 RUF는 시위대를 향해 총을 쏘며 행렬을 저지했죠. 하지만 국민의 의지는 어느 때보다 강력했습니다. 마침내 정부군은 숨어 있던 산코와 반군 RUF의 주요 인물 16명을 체포했습니다. 사람들은 체포된 산코의 모습을 기념사진으로 만들어 팔 만큼 기뻐했습니다.

UN 안전보장이사회는 2000년에 시에라리온 특별법정을 세우고 전쟁을 주도한 산코와 그를 지원했던 찰스 테일러 등을 기소했습니다. 시에라리온 특별 재판소는 먼저 반군의 주요 지도부에게 최소 25년에서 52년 형을 선고했습니다. 시에라리온 내전을 지원한 찰스 테일러 역시 징역 50년 형을 받았죠. 그렇다면 산코는 어떤 판결을 받았을까요? 그는 수감 중이던 2003년에 판결을 앞두고 뇌출혈로 사망하고 말았습니다. 죗값을 받지 않고 생을 마감한 산코에 대해 특별법정 수석 검찰관인 데이비드 크레인David Crane은 "수많은 사람에게 비참한 최후를 안겨놓고 정작 자신은 평화로운 죽음을 맞았다"라고 전하기도 했죠.

반군을 이끌던 산코가 죽었습니다. 이제 시에라리온에는 평화가 찾아왔을까요? 구심점을 잃은 반군은 세력이 약해졌고 카바 대통령은 2002년에 11년간의 내전이 끝났다고 선포했습니다. 다이아몬드를 둘러싸고 벌어진 참혹한 전쟁이 드디어 마침표를 찍게 된 것입니다. 전쟁이 끝난 지 20년이 넘은 지금 당시 소년병이었던 아이들과 전쟁을 겪은 아이들은 30대가 되었습니다. 하지만 잘린 손으로는 직업을 갖기 어려워 여전히 전쟁의 아픔 속에 살고 있습니다. 사회의 주축이 된 사람들이 모두 전쟁의 피해를 가장 많이 입은 상황이죠.

시에라리온은 다이아몬드로 인해 씻을 수 없는 상처를 입었습니다. 그리고 피로 물든 시에라리온의 다이아몬드는 전쟁이 끝날 무렵인 2000년이 돼서야 영국 언론의 보도로 전 세계에 알려졌죠. 이후 블러드 다이아몬드의 진실을 알게 된 사람들과 NGO 단체들은 앞다퉈 다이아몬드의 실상을 알리는 캠페인을 펼쳤습니다. 그중 하나가 앞에서 봤던 포스터입니다. 이제는 '결혼하는 손을 위해 또 다른 손은 잘려 나가고 있다'라고 말하는 손의 의미를 잘 알 것입니다.

시에라리온의 참혹한 역사는 다이아몬드의 아름다움이 죽음만큼의 가치가 없다는 것을 알려주었습니다. 시에라리온의 비극을 또다시 반복하지 않기 위해 국제 사회는 2003년에 '킴벌리 프로세스'를 만들었습니다. 이는 반군 또는 그 동맹국이 분쟁 자금을 조달하기 위해 판매하는 다이아몬드 원석 거래를 금지하고 다이아몬드 산업의 투명성과 감독을 강화하는 체계입니다. 다행히도 이를 통해 시에라리온의 다이아몬드 쟁탈전은 어느 정도 일단락되었다고 합니다.

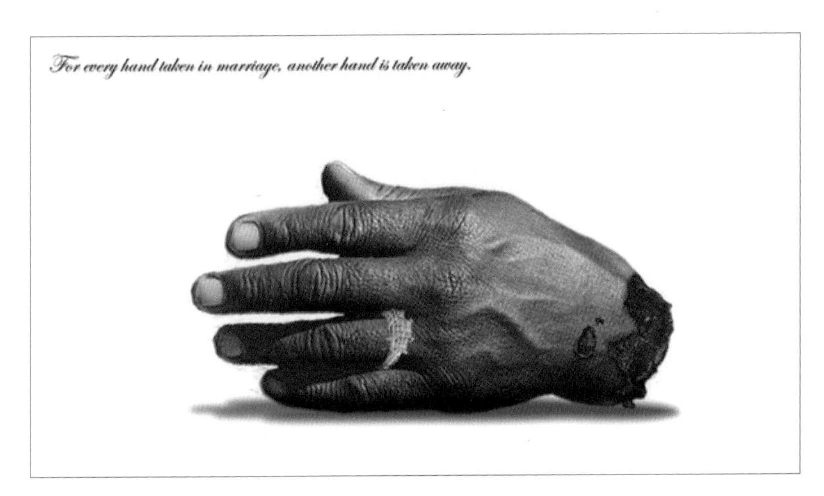

블러드 다이아몬드 소비 금지 캠페인

시에라리온은 전쟁의 아픔을 이겨내기 위해 지금도 끊임없이 노력하고 있습니다. 여전히 빈곤으로 고통받고 있지만 내전 이후 선거를 통한 평화적인 정권 교체, 경제 성장, 광산 및 지하자원을 투명하게 관리하기 위한 부패 근절 노력이 이루어지는 중이죠. 하지만 지나치게 높은 문맹률과 청년실업, 열악한 공중보건 및 기반시설 문제 등 해결해야 할 문제가 많습니다. 국민들은 하루 12~15시간의 다이아몬드 채굴 노동에 시달리며 그 대가로 0.8달러를 받으며 고통에 시달리고 있죠. 시에라리온 사회가 스스로 성장할 수 있도록, 또 이 나라에 다시는 피 묻은 다이아몬드가 퍼지지 않도록 국제 사회와 우리나라가 더 많은 관심을 갖고 지켜봐야 합니다. 그렇지 않으면 이 비극은 언제든 되풀이될 수 있고, 광산의 주인 역시 얼마든지 총으로 바뀔 수 있습니다.

벌거벗은 유대인 홀로코스트

독일의 나치 청산 역사

전진성

● 폴란드에 있는 아우슈비츠 박물관에는 수많은 신발이 쌓여 있습니다. 이 신발의 주인들은 모두 처참하게 목숨을 잃었습니다. 대체 무슨 죄를 지었길래, 어떤 일이 있었길래 이렇게 많은 사람이 한꺼번에 죽어야 했을까요? 신발의 주인들이 죽음을 맞는 과정은 너무도 끔찍했습니다. 이들은 어느 날 갑자기 강제로 재산을 몰수당하고 집에서 쫓겨난 뒤 사람들로 빽빽한 열차에 실려 수용소로 보내졌습니다. 건강 상태가 괜찮은 사람은 강제 노동에 시달리다 죽었고, 그렇지 못한 사람은 독가스가 흘러나오는 샤워실에 갇힌 채 온갖 고통으로 몸부림치며 질식사했습니다. 이들의 시체는 곧바로 소각장으로 보내져 한 줌의 재가 됐죠. 사진 속 신발은 모두 수용소에 도착한 이들에게서 압수한 것입니다.

신발의 주인들이 죽음을 맞이한 이유는 오직 하나입니다. 그들이 모두 유대인이었기 때문이죠. 어떤 잘못을 저지른 것도 아닌데 유대인이라는 '열

홀로코스트 희생자들의 신발

등한 인종'에 속한다는 사실만으로 목숨을 잃어야 했던 끔찍한 역사가 바로 '홀로코스트holocaust'라고 불리는 사건입니다. 제2차 세계대전 중 나치 독일이 자행한 홀로코스트로 목숨을 잃은 사람이 무려 600만 명에 달합니다.

인류 역사상 가장 충격적이고 끔찍한 사건 중 하나인 홀로코스트의 책임은 독일에 있습니다. 흔히 유대인 학살의 주범으로 나치 독일의 독재자였던 아돌프 히틀러Adolf Hitler를 이야기합니다. 희대의 악마라 불리는 히틀러가 끔찍한 학살의 중심에 있었던 것은 사실입니다. 하지만 그와 측근 몇몇이 모든 일을 벌였다기에는 600만 명이라는 희생자의 수가 너무도 많습니다. 사실 대량 학살은 한두 사람의 의지만으로 실행할 수 있는 것이 아닙니다. 히틀러의 나치 정권은 우리가 생각하는 것보다 훨씬 많은 사람의 지지와 동의를 바탕으로 만들어졌고, 그렇기에 그 세력을 유지할 수 있었죠. 우리는 나치 정권을 지키면서 전쟁과 학살을 이끌었던 주역들을 나치 전범이라고 부릅니다.

1945년 독일이 패망하기 직전에 히틀러는 스스로 목숨을 끊었고, 그가 세운 나치 정권은 종말을 맞이했습니다. 그런데 나치 독일과 함께 등장하고 몰락한 전범들이 사라졌다고 해서 모든 문제가 해결됐다고 할 수 있을까요? 지금부터 독일 역사에서 결코 지울 수 없는, 지워서도 안 되는 나치 전범들에 관해 이야기하려 합니다. 히틀러와 그의 측근들이 어떤 최후를 맞았는지, 이로 인해 나치의 모든 잔재까지 최후를 맞이한 것인지, 그리고 독일 사회는 600만여 명을 학살한 나치 전범 문제를 어떻게 처리해 왔는지 등 독일의 나치 청산 역사를 벌거벗겨 보겠습니다.

유대인을 희생양으로 삼은 나치당의 전략

나치 정권이 유대인을 박해하고 끔찍한 대량 학살까지 저지른 이유를 알기 위해서는 당시 독일 사회의 상황을 살펴봐야 합니다. 더불어 나치 정권이 이를 얼마나 교묘하게 이용했는지도 알아봐야겠죠. 나치당이 집권하기 전, 독일은 거듭되는 위기에 정신을 못 차릴 지경이었습니다. 예상과 달리 제1차 세계대전에서 쓰라린 패배를 맛봐야 했고 민족적 자존심을 짓밟혔습니다. 게다가 1919년에 맺은 베르사유 조약에 따라 20년 안에 1,320억 마르크라는 천문학적인 전쟁 배상금을 치러야 했죠. 설상가상으로 1929년에 세계 대공황까지 닥치면서 기업들은 줄줄이 문을 닫았고 실직자 수는 급증했습니다. 상황이 이렇게 되자 독일 국민의 불안과 불만이 극에 달했습니다.

그런데 이때 사람들의 마음을 잡아끄는 주장을 하는 정당이 있었습니다. 독일에 막대한 보상금을 부과하고 일부 유럽 내 영토를 잃게 만든 베르사유 조약의 무효를 요구하며, 독일 민족의 영광을 되찾자고 강력하게 주장한 정당의 정식 명칭은 민족사회주의 독일 노동자당(NSDAP: Nationalsozialistische Deutsche Arbeiterpartei)입니다. 일명 '나치당'이었죠. 나치당은 1920년에 창설한 정당이지만 인기는 미미했습니다. 그런데 독일 사회가 혼란한 틈을 타 게르만 민족공동체의 우수성을 강조하며 국민의 마음을 파고든 것입니다. 나치당은 자신의 정당성을 강조하기 위해 공동의 적을 내세웠는데 그들이 바로 유대인입니다. 국민의 지지를 얻으려 유대인을 희생양으로 삼기 시작한 나치는 이렇게 선전했습니다.

"우리가 전쟁으로 힘들어할 때 이익을 본 것은 유대인이었다. 증권거래소에서 투기를 일삼았고 암시장 거래를 하면서 막대한 이익을 본 것도 유대인이다."

경제적 위기에 처한 독일인의 상심과 불안을 유대인 탓으로 돌려버린 것입니다. 여기에 유대인이 대부분 소련 편을 드는 공산주의자라는 논리도 등장했죠. 때마침 공산주의를 정립한 카를 마르크스Karl Marx가 유대인이었던 까닭에 이런 주장은 더욱 그럴듯하게 들렸습니다. 이 시기 나치당은 어떤 식으로든 유대인이 독일 사회를 해치고 있다고 주장했고, 어느덧 독일 국민은 유대인을 반드시 박멸해야 하는 해충이나 쥐, 병균 같은 존재로 여기게 되었죠. 1935년에는 독일 내 유대인의 독일 국적을 박탈하고 유대인과의 결혼도 불법으로 규정하는 뉘른베르크법을 제정할 만큼 유대인을 향한 혐오는 거셌습니다. 이처럼 유대인을 희생양으로 삼는 전략은 나치당이 정권을 잡는 데 큰 발판을 마련해 주었습니다. 이제 독일에서 유대인을 향한 혐오와 증오는 당연한 것이 되었습니다.

수용소에 갇힌 유대인들

유대인 혐오만으로는 충분하지 않다고 느낀 나치 정권은 유대인의 대량 학살을 계획했습니다. 물론 아무리 혐오감이 크다고 해도 여러 조건이 제대로 갖추어지지 않았더라면 대학살은 불가능했을 것입니다. 그런데 당시 독일은 산업기술이 매우 발전한 나라였고 대학살을 위해 모든 기술을 끌어모아 마치 컨베이어벨트를 가동한 공장처럼 살인을 산업화했습니다. 일말의 여지도 없이, 시간 낭비도 없이, 사람을 체계적이고 능률적으로 학살한 것입니다. 이 같은 공정의 첫 단계를 담당한 조직과 인물이 있습니다.

나치당은 유대인을 희생양 삼아 독일 국민의 지지를 얻어냈습니다. 그 과정에서 특히 효과적이었던 것이 대중 사이에 유대인을 향한 혐오감을 조장하는 선전과 선동이었죠. 이를 담당한 것이 히틀러가 나치 정권을 수립한 1933년에 새롭게 창설한 '제국선전부'입니다. 이 조직의 목적은 음악, 연극, 영화, 서적, 라디오 등을 통해 나치의 메시지를 대중에게 효과적으로 전달하는 것이었죠. 이때 히틀러의 특명을 받고 제국선전부의 장관 자리에 오른 인물은 선동의 대가인 파울 요제프 괴벨스Paul Joseph Goebbels입니다. 탁월한 선동 능력으로 '선동의 제왕'이라 불린 괴벨스는 신문과 라디오 등을 통해 대중에게 홀로코스트와 전쟁의 당위성을 선동했습니다. 그는 누구보다 히틀러에 대한 충성심과 애정이 많았고, 나치 정권 내에서도 유대인을 향한 증오심이 남달리 큰 인물이었습니다. 이는 그가 평소에 남긴 말만 봐도 잘 알 수 있죠.

> "유대인은 세계의 적이요, 문화의 파괴자이며, 인류의 기생충이고, 혼돈의 자식이며, 악마의 화신이고, 부패의 효소이자, 인류를 멸망시킬 탈을 쓴 악마다."

괴벨스의 선전이 가장 빛을 발한 것은 히틀러의 연설입니다. 이는 단순히 메시지를 전하는 것이 아니라 매우 잘 짜인 무대를 연출한 것에 가까웠습니다. 음악, 조명, 손동작 하나하나까지 허투루 만든 게 없었죠. 1934년 9월 독일 바이에른주의 도시 뉘른베르크에서 열린 나치당의 전당대회는 낮이 아닌 야간에 시작됐습니다. 대중의 이성적 판단이 흐려지는 저녁 시간을 일부러 노린 것이죠. 그리고 그리스 신전을 본떠 만든 체펠린 연설장에서 히틀러의 등장에 맞춰 관중석의 불을 일제히 끄고 특수 조명으로 그를 비췄습니다. 오로지 히틀러만 돋보이게 연출함으로써 대중이 자연스럽게 그에게 경외심을 갖도록 만든 것입니다. 집회 참가자들이 손에 쥔 횃불은 엄숙한 분위기를 만들었죠. 여기에 빠질 수 없는 것이 음악입니다. 북소리부터 행진곡, 오케스트라의 연주에 이르기까지 상황에 따라 다양한 음악을 틀어 연설의 분위기를 고조시켰습니다.

히틀러와 괴벨스

이처럼 다양한 연출 속에서 대중을 향해 연설한 히틀러가 전하고자 하는 메시지는 '유대인의 말살'이었습니다. 그는 공개적으로 유대인을 독일에서 제거해야 할 증오의 대상으로 몰아갔습니다. 괴벨스가 이끄는 제국선전부는 유대인에 대한 혐오를 부추기기 위해 여러 매체를 동원했는데, 특히 영화를 효과적으로 활용했습니다. 극장들을 통폐합한 뒤 영화 제작에 투입할 감독, 배우, 촬영 스태프까지 일일이 감독하며 지시했죠.

이런 식으로 만든 〈의지의 승리〉는 한마디로 히틀러를 신격화한 영화입니다. 1934년 뉘른베르크 전당대회를 기록한 내용으로 30여 대의 카메라와 120여 명의 전문 인력이 투입되었다고 합니다. 영화는 하늘의 구름을 가르고 비행기를 탄 히틀러가 땅으로 내려오는 장면으로 시작합니다. 마치 독일을 구원해줄 신이 하늘에서 강림하듯이 히틀러를 표현한 것입니다. 이 영화를 만든 레니 리펜슈탈Leni Riefenstahl은 영화사에 남는 걸출한 감독입니다. 동시에 가공할 선전 영화를 만들어 나치에 협력했다는 비판에서도 자유롭지 못하죠.

선전 영화 〈영원한 유대인〉 포스터

이렇게 히틀러를 미화하는 영화가 있는가 하면 유대인을 향한 증오를 노골적으로 드러낸 선전 영화도 많았습니다. 그림은 〈영원한 유대인〉이라는 영화의 포스터입니다. 괴벨스의 지시로 만든 반유대주의 선전 영화죠. 영화는 유대인을 질병을 옮기는 불결한 쥐 떼에 비유합니다. '간사하고 겁 많고 잔인한 쥐들은 마치 유대인이 인종을 오염시키듯이 질병을 가져와 온 마을을 절멸시키곤 한다', '쥐 떼를 박멸하듯 유대인은 박멸되어야 한다'와 같은 대사가 계속해서 등장합니다. 나치의 선전 영화는 이런 식으로 유대인을 사회악이자 세상을 더럽히는 오염물로 묘사하면서 독일 국민이 그들을 향한 혐오를 키워나가는 데 큰 역할을 담당했습니다.

유대인 학살을 주도한 나치 친위대

괴벨스가 이끄는 제국선전부가 유대인에 대한 혐오를 부추겼다면 나치 친위대(schutzstaffel), 일명 SS는 그 혐오를 바탕으로 유대인 학살 작업을 주도했습니다. 나치 친위대는 원래 히틀러를 호위하는 당내 조직이었으나 나치가 정권을 잡으면서 그들에 반대하는 사람들을 적발하고 감시하는 일을 도맡았습니다. 그러다 유대인 학살에 전면적으로 개입하면서 독일을 넘어 유럽 각지의 독일 점령지에서 유대인 학살 계획을 세우고 그 일을 주도적으로 실행했죠.

나치 친위대의 중심에는 히틀러의 최측근인 두 사람이 있었습니다. 나치 정권의 최고위층으로 히틀러의 오른팔 노릇을 한 헤르만 괴링Hermann Goring과 왼팔 노릇을 한 하인리히 힘러Heinrich Himmler입니다. 137쪽 사진에서 오른쪽에 있는 히틀러를 보며 미소 짓고 있는 왼쪽 인물이 괴링이고 가운데 있는 사람이 힘러입니다. 괴링은 독일 군대에서 가장 높은 직급인 제국 원수이자 공군 총사령관이었습니다. 한때 히틀러의 후계자로 불릴 만큼 권력이 막강했죠. 나치 정당의 초창기 시절부터 각종 정책을 만들고 판을 짰던 괴링은 나치 친위대 창설에도 크게 기여했습니다.

친위대는 나치 정권의 핵심이자 특징입니다. 제2차 세계대전 당시 대부분의 국가는 군대를 육군·해군·공군의 3군이나 육군·해군의 2군 체제로 운영했습니다. 그런데 히틀러는 육해공군 외에 친위대를 독립적인 기구로 두었던 것입니다. 사람들은 나치 정권에서 가장 무자비한 조직이었던 친위대를 뚜렷한 이유도 없이 유대인들을 마음대로 죽였던 집단으로 기억하고 있습니다. 괴링은 친위대뿐 아니라 비밀국가경찰인 '게슈타포'를 재창설하기

나치 친위대

나치 정권 최고위층 괴링, 힘러, 히틀러

도 했습니다. 원래 친위대 소속이었던 게슈타포는 독자적 활동 권한을 갖고 있어 유대인, 공산주의자, 지식인 등 반체제 인사라고 생각되는 사람들을 잡아서 고문하고 처형하는 역할을 했죠. 이후 괴링은 나치 공군 창설 작업에 집중하기 위해 친위대의 권한을 측근에게 넘겼는데, 그자가 바로 힘러였습니다.

친위대 수장인 힘러는 유대인 학살을 진두지휘한 최고위급의 실무 책임자라고 할 수 있습니다. 학살을 이끌었던 인물답게 유대인에 대한 혐오도 엄청났죠. 다음은 힘러가 친위대를 모아놓고 한 말입니다.

"유대인 말살은 우리 계획의 일부이며 우리는 반드시 그들을 절멸시킬 것이다. (…) 그것이 당의 계획이므로 우리는 유대인 제거에 나선다. 그것은 식은 죽 먹기처럼 쉬운 일이다."

유대인을 향한 힘러의 혐오는 나치 최초의 수용소인 '다하우 수용소' 설립으로 이어졌습니다. 1935년 나치에 의해 세워진 이곳은 이후 세워지는 강제 수용소의 모델이 되었습니다. 이곳은 10여 년 동안 20만 명에 이르는 사람들을 잡아들였는데 유대인뿐 아니라 공산주의자, 집시, 장애인, 이민자, 동성애자, 종교인 등도 강제로 수용했죠. 이 중 4만 명 이상이 강제 노역, 영양실조, 질병 등으로 목숨을 잃었습니다. 현재 다하우 수용소에는 유대인을 강제 수용했을 당시의 사진과 영상, 그리고 생존자들의 증언록이 남아 있습니다. 나치가 세운 수용소는 종류도 다양했습니다. 다하우처럼 주로 강제노동을 위해 만든 수용소도 있지만 학살이 목적인 절멸 수용소도 있었죠. 유대인 학살의 상징으로 알려진 아우슈비츠 수용소는 이 두 가지를 결합한 형태입니다. 나치 정권이 무려 1,000여 개의 강제 수용소를 세우는 데 앞장선 힘러는 '홀로코스트의 건축가'로 불립니다.

괴링과 힘러를 주축으로 한 친위대는 과연 어떻게 유대인 학살을 진행해 나갔을까요? 제2차 세계대전이 발발하고 나치가 유럽을 장악하기 시작했을 때 친위대는 폴란드의 여러 도시에 유대인을 격리해 수용했습니다. 이를 가리켜 '게토ghetto'라고 합니다. 원래 게토는 중세 이후 유럽 각 지역에서 유대인들이 따로 모여 살던 거주지역을 말하는데, 나치는 1939년부터 폴란드 전역에 게토를 만들기 시작합니다. 가장 규모가 컸던 바르샤바 게토는 한때 50만 명에 달하는 유대인들이 밀집했었다고 합니다. 한 방에 평균 9명이 거주해야 하는 상황이었죠. 철조망으로 막힌 게토에서 유대인들은 마치 감옥에 수감된 것과 다름없는 삶을 영위해야 했습니다.

나치는 강제로 끌고 온 유대인들의 부동산을 몰수하고 사업체마저 조직적으로 압류했습니다. 강제 노역에 차출된 유대인은 입에 풀칠할 만한 급료조차 받지 못했죠. 이런 상황에서 독일 정부는 게토에 배급할 식량까지 제한해 버렸습니다. 그 결과 수많은 유대인이 질병과 굶주림에 방치된 채 죽어갔습니다. 게토에서는 길바닥에 쓰러진 유대인의 모습을 흔히 볼 수 있었다고 합니다. 이때 나치 정권은 전염병이 퍼지는 것을 막기 위해 유대인을 게토에 격리했다고 설명했습니다. 게르만족과 달리 유대인은 전염병

보균자들이므로 높은 담을 쌓고 철조망을 둘러 왕래를 차단한 게토에 몰아넣을 수밖에 없다는 것이죠.

놀랍게도 게토는 앞으로 일어날 비극의 시작에 불과했습니다. 1941년 말, 나치는 '유대인 문제의 최종 해결'이라는 명목하에 유대인을 전부 몰살하기로 결정했습니다. 유럽의 골칫거리인 유대인을 수용소에 강제로 이송한 뒤 완전히 절멸시키겠다는 것입니다. 사실 그 전까지만 해도 나치는 유대인을 유럽 밖으로 강제 이주시키는 등 다양한 계획을 세웠었습니다. 그런데 어느새 유대인을 완전히 없애버리는 것으로 결정해버린 것이죠. 이를 위해 나치 친위대 내부의 '기동 학살 부대(Einsatzgruppe)'가 전면에 나섰습니다.

기동 학살 부대의 정식 명칭은 '보안경찰 및 보안국 특수작전집단'입니다. 이 부대를 이끈 사람은 힘러였죠. 기동 학살 부대는 초창기에 유대인들을 체포해 숲에서 총살에 처하곤 했습니다. 얼마 후 이들은 숲이 아닌 깊

기동 학살 부대의 유대인 총살

은 구덩이나 참호 등에서 총살을 일삼았는데, 그 이유는 유대인을 죽음과 동시에 묻어버리기 위해서였다고 합니다. 시간 낭비할 가치도 없다고 본 것이죠.

하지만 이런 식으로 죽이는 데는 한계가 있었죠. 이 무렵 기동 학살 부대는 새로운 방식으로 유대인을 학살하기 시작했습니다. 트럭의 화물칸에 배기가스를 연결한 가스차를 만든 것입니다. 1962년 폴란드에서 제작한 영화 〈The Ambulance(앰뷸런스)〉를 보면 기동 학살 부대가 유대인 학살에 가스차를 이용한 방법을 확인할 수 있습니다. 영화에서 나치는 구급차로 위장한 트럭에 아이들을 싣고 배기관에 호스를 연결한 다음 트럭에 시동을 걸어 독가스를 살포해 은밀하게 살해합니다. 짧은 시간에 더 많은 유대인을 죽일 수 있게 된 나치는 결국 절멸 수용소에서 독가스를 살포하는 대량 학살을 기획하기 시작했습니다. 여기에는 남겨진 시신들을 한꺼번에 매장하는 방법까지 포함됐죠.

기동 학살 부대가 만든 가스차는 유대인 대량 학살의 시발점이라 할 수 있습니다. 이를 기점으로 절멸 수용소에서 가스실을 본격적으로 사용했기 때문입니다. 체계적 대학살의 준비를 마친 나치 정권의 모습을 잘 드러낸 만평이 있습니다. 1943년 미국의 한 일간지에 실린 이 만평을 보면 히틀러, 힘러, 괴벨스, 괴링이 한자리에 모여 있습니다. 이들은 200만 명의 유대인을 학살

나치의 유대인 대학살을 비판하는 만평

하고 나서 이제 유대인 공급이 달린다며 불만을 토로하고 있죠.

인류 최악의 비극, 홀로코스트

이렇듯 홀로코스트는 극단적인 인간 혐오의 산물입니다. 유대인 학살을 목적으로 만든 절멸 수용소에서는 1941년 말부터 1944년까지 그저 유대인이라는 이유 하나만으로 수많은 사람이 처참하게 목숨을 잃었습니다. 가히 인류를 향한 도발이라 할 만큼 나치는 살인에 미쳐 있었습니다.

사진은 나치 정권 당시 수용소였던 아우슈비츠 박물관 속 모습입니다. 유리창 안에 가득한 것은 머리카락이죠. 유대인들은 가스실에 들어가기 직전에 강제로 머리카락을 잘라야 했습니다. 나치는 죽기 직전의 사람들이 바친 머리카락으로 카펫, 옷 등을 만들어 활용했습니다. 나치는 독가스에

아우슈비츠 박물관에 전시된 유대인의 머리카락

질식해 죽은 유대인들의 입 안에 있는 금니까지 뽑았고, 화장 후 쌓인 재는 비료로 사용했죠. 이 과정에서 벌어진 가장 끔찍한 일은 가스실에서 시체를 끄집어내고, 시체를 태울 소각로를 가동하고, 희생자들의 입 안에서 금니를 뽑아내는 고통스러운 과정을 하필이면 같은 유대인에게 맡겼다는 것입니다. 나치는 일종의 특수 직무반인 '존더코만도Sonderkommando'라는 유대인 작업부대를 만들었습니다. 우리말로는 특공대 정도로 번역할 수 있는데 나치 친위대의 특수부대와는 이름만 같을 뿐 전혀 무관합니다. 일부러 같은 명칭을 써서 경멸하고자 했던 것입니다.

사진은 존더코만도로 일하며 소각장 업무를 담당했던 익명의 누군가가

익명의 존더코만도가 찍은 사진

카메라를 밀반입해 찍은 것입니다. 나치는 유대인 학살의 증거를 남기는 것을 극도로 경계했습니다. 때문에 몰래 촬영한 것이죠. 나치는 존더코만도를 정기적으로 교체했습니다. 여기서 말하는 교체란 이들의 흔적을 없애버리기 위해 처형하는 것을 의미합니다. 이처럼 나치는 신체적 학대뿐 아니라 그보다 훨씬 더 잔인한 정신적 학대까지 일삼았습니다. 유대인의 영혼까지 말살하기 위해 이런 일을 벌인 것입니다.

강제 수용소의 만행은 여기서 끝나지 않았습니다. 유대인을 대상으로 하는 생체 실험까지 자행했습니다. 끔찍한 짓을 저지른 사람 중 가장 악명 높았던 자는 '죽음의 천사'라 불렸던 요제프 멩겔레Josef Mengele입니다. 친위대 소속 의사인 멩겔레는 아우슈비츠 수용소의 유대인들에게 공포 그 자체였습니다. 그는 수용소에 깔린 선로가 교차하는 지점에서 선별 작업을 지휘했습니다. 그가 손짓하거나 회초리를 흔들어 보이는 사람은 곧장 가스실로 보내졌죠.

멩겔레의 가장 큰 악행은 인류학 연구라는 그럴싸한 명분 아래 온갖 끔찍한 실험을 자행한 것입니다. 대학 시절 우생학에 심취한 그는 특히 쌍둥이를 대상으로 하는 연구에 열을 올렸습니다. 우생학은 유전 법칙을 응용해 인간종의 개선을 모색하는 학문으로 우수한 유전자를 지닌 인간을 증가시키고 열등한 유전자를 지닌 인간을 줄이는 것이 목적입니다. '유대인 하층민의 인종적 차이점'이라는 주제로 박사학위를 받은 멩겔레는 유전적으로 우등한 인종과 열등한 인종이 구별된다고 주장했습니다. 강제 수용소에서도 여전히 우생학에 집착한 그는 순수 독일 혈통의 쌍둥이 출생률을 높이기 위한 연구에 열을 올렸습니다. 다음은 당시 멩겔레를 보조하던 사람의 증언입니다.

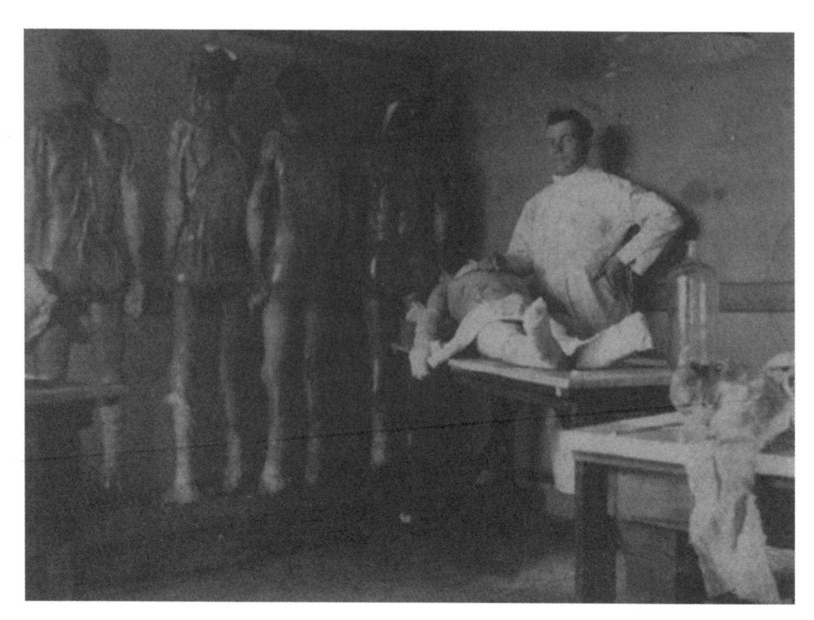

요제프 멩겔레

> "해부실 옆에는 일하는 방이 있었는데 14명의 쌍둥이가 심하게 울면서 대기하고 있었다. 멩겔레는 단 한마디도 말도 없이 주사를 준비했다. (...) 주사를 놓자 잠깐 움찔하더니 그 아이는 죽었고, 멩겔레는 시신을 시체실로 옮겼다. 이런 방법으로 그날 밤 쌍둥이 14명을 모두 죽였다."

멩겔레는 쌍둥이를 대상으로 유전학과 세균학 실험에 집중했습니다. 실험 대상 쌍둥이 중 한 명에게 세균을 주입한 뒤 죽으면 나머지 쌍둥이도 같이 죽인 다음 부검해 두 시체의 기관을 비교하는 식이었죠. 어떤 쌍둥이는 죽을 때까지 얼마만큼 혈액을 뽑을 수 있는지를 확인하는 실험에 이용되기도 했습니다. 심지어는 쌍둥이의 혈관과 기관들을 붙여 샴쌍둥이를 만드는 시도까지 했죠. 이들은 극심한 고통으로 밤낮을 울다가 3일 만에 죽었습니다. 멩겔레가 생체실험에 이용한 쌍둥이만 1,500여 명에 이른다고 합니다.

유대인들의 국가인 이스라엘에서 가장 널리 알려진 나치 전범은 힘러나 괴링 같은 히틀러의 최측근이 아닌 멩겔레라고 합니다. 그가 수용소에서 벌인 생체실험이 너무도 잔인했기 때문에 잊기 힘든 것이죠. 멩겔레는 안구의 색을 인공적으로 바꿀 수 있는지 실험하기 위해 눈에 파란색 색소를 넣기도 하고, 마취 없이 늑골을 적출하기도 했다고 합니다.

이 시기는 제2차 세계대전을 치르던 중으로 전쟁에 참여한 국가들은 의학 연구에 많은 지원을 했습니다. 전쟁에 승리하려면 군인들의 질병을 관리하고 세균전이나 화학전 등을 준비해야 한다고 생각한 것입니다. 이에 독일 나치 정권은 우생학을 국가 보건정책으로 채택했습니다. 우월한 유전자는 보존하고 열등한 유전자는 소멸시키는 데 국가가 앞장선 것이죠. 히틀러는 큰 키와 금발을 가진 북유럽의 게르만족을 일컫는 아리아인이 가장 우월하다고 믿으면서 순수 혈통의 아리아인의 출생률 증가에 열을 올렸습니다.

당시 나치 정권은 자국민까지 실험 대상에 포함시킬 정도로 우생학에 집착했습니다. 열등한 유전자를 제거한다는 명분으로 유전자 질환을 보유한 여성에 대한 불임 시술과 장애인과 정신병자 등을 대상으로 안락사 프로그램까지 시행했습니다. 앞서 이야기한 수용소의 가스실을 처음 도입한 것도 우생학 실험에서 안락사를 실현하기 위해서라고 합니다. 가스차를 만들기도 전에 샤워실로 위장한 가스실을 만든 것입니다. 나치 정권이 우생학을 발전시키는 데 가장 열정적으로 참여한 집단은 의사들입니다. 이들은 적극적으로 제거 대상을 선별하는 데 나섰다고 합니다.

이처럼 나치 정권은 유대인 학살이라는 공통의 목표를 향해 치밀하고 체계적으로 움직였습니다. 그 결과 600만 명이라는 믿을 수 없는 숫자의 유대인들이 목숨을 잃었습니다. 하지만 반인류적 대참사를 만든 나치 정권도 영원할 수는 없었죠.

나치의 패망과 나치 전범들의 최후

제2차 세계대전이 막바지에 접어들 무렵인 1945년 4월 20일, 소련군이 베를린에 입성했습니다. 독일의 패배가 확실해진 순간이었죠. 이때 히틀러는 폐허로 변한 총통 관저의 지하 벙커에서 연인 에바 브라운Eva Braun과 숨어 지내고 있었습니다. 4월 29일 히틀러는 에바 브라운과 결혼식을 올린 뒤, 그 자리에서 지인들과 간단한 피로연을 벌였습니다. 샴페인 잔을 부딪치며 지나간 영광을 추억한 그는 유서를 남기고 에바와 함께 스스로 목숨을 끊었습니다. 늘 거창했던 그의 행적을 생각하면 초라하기 그지없는 최후였죠.

사진은 우리에게 알려진 독재자 히틀러의 마지막 흔적입니다. 히틀러와 브라운의 시체는 정원에 미리 파놓은 구덩이에서 화장했다고 합니다. 물론 그가 실제로 어떻게 최후를 맞이했는지 정확히 알 수는 없습니다. 추측만 무성할 뿐이죠. 하지만 분명한 것은 인류 역사상 최악의 독재자로 불린 히틀러가 스스로 목숨을 끊었고, 그로부터 일주일 후 독일이 서방 연합국에 항복하면서 전쟁이 막을 내렸다는 사실입니다. 그렇다면 히틀러를 도와 거

히틀러의 시체를 태운 것으로 추정하는 구덩이

대한 악행을 저지른 그의 최측근들은 어떻게 됐을까요?

먼저 나치 선동의 중심에 섰던 괴벨스는 독일의 패배가 눈앞으로 다가온 순간 아내와 6명의 자녀를 데리고 어딘가로 향했습니다. 히틀러가 숨어 있던 지하 벙커로 간 것입니다. 이후 괴벨스는 히틀러가 자신을 총리로 지명하고 자살을 선택하자 다음 날 가족과 함께 음독자살했습니다. 괴벨스는 자신의 시체를 불태워 달라고 했지만 그의 최후는 타다 만 시체로 남았죠. 나치 정권의 핵심으로 친위대를 이끈 힘러는 마지막까지 살아남기 위해 애썼던 것 같습니다. 그는 항상 쓰던 안경 대신 안대를 차고, 독일군 헌병으로 위장해 도망쳤습니다. 그런데 영국군의 검문소를 지나던 중 정체를 의심받아 붙잡혔죠. 군의관이 그의 신체를 수색하는 과정에서 입을 열어보라

괴벨스의 마지막 모습

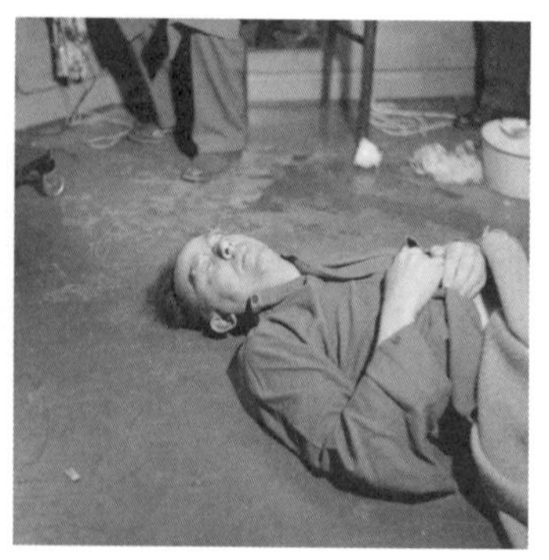

힘러의 최후

고 하자 자신의 정체가 발각될 것이 두려웠던 힘러는 결국 입 안에 숨겨둔 청산가리 캡슐을 깨물고 자살했습니다. 그의 시체는 화장 후 뿌려졌다고 합니다.

이처럼 괴벨스와 힘러는 자신들의 엄청난 과오를 인정하지도, 반성하지도 않은 채 스스로 목숨을 끊고 생을 마감해 버렸습니다. 다음은 제2차 세계대전을 앞둔 괴벨스가 일기장에 남긴 글입니다.

> "우리는 역대 가장 위대한 정치인으로 역사에 남을 것이다, 아니면 역사상 가장 악랄한 범죄자로."

그의 예언대로 히틀러와 그의 측근들은 역사상 가장 악랄한 범죄자로 남았습니다. 그리고 나치 전범들을 단죄하기 위한 사상 최초의 국제군사재판인 뉘른베르크 재판이 열렸습니다. 제2차 세계대전이 막바지에 이른 1945년에 미국, 영국, 소련은 종전 후 나치 독일 전범의 처리 문제를 미리 논의했습니다. 그 결과 전범들의 전쟁 범죄를 처벌하기 위한 국제군사재판을 열기로 합의했죠. 그해 11월, 독일 나치의 심장부와도 같았던 뉘른베르크에서 나치 전범 재판이 열렸습니다. 이 재판에는 나치 정권의 정치, 군사, 외교, 지도부 등에서 핵심적인 역할을 했던 24명이 회부되었고 그중 21명이 참석했습니다. 이들의 죄목은 다음과 같습니다.

1. 반평화적 범죄를 위한 공모죄
2. 침략 전쟁을 계획하고 실행한 죄
3. 전쟁법 위반
4. 반인도적 범죄

여기서 특히 주목할 것은 역사상 처음으로 '반인도적 범죄'를 규정했다는 사실입니다. 나치 정권의 악행은 인류 전체에 대한 도발이므로 패전국의 핵심 인사들에게 전쟁을 일으킨 책임과 함께 도덕적 잘못도 처벌하겠다는 뜻입니다. 이 역사적 재판은 미국인 대법관의 개회사와 함께 시작했습니다.

> "우리가 비판하고 처벌하고자 하는 잘못들은 너무도 계획적이고 악의적이며 파괴적인 것이었으므로 문명은 그 잘못들이 묵과되도록 내버려 둘 수 없습니다. 그런 잘못들이 되풀이된다면 문명은 살아남지 못할 것이기 때문입니다. (…) 이 재판은 역사상 권력이 이성에게 가장 큰 값을 지불한 사례 중 하나가 될 것입니다."

하지만 재판대 앞에 선 나치 전범들은 하나같이 자신의 죄를 인정하기는

커녕 외면하고 둘러대기에 바빴습니다. 한때는 충성을 다했던 히틀러와 힘러의 이름을 거론하며 그들에게 책임을 떠넘겼고, 이런 일이 일어난 사실은 끔찍하지만 자신은 모르는 일이라며 부인한 것입니다. 알았다고 하더라도 학살의 정도를 알지 못했다고 잡아떼기 일쑤였죠. 재판에 불려 나온 나치 전범 중에는 히틀러의 오른팔이자 제국의 원수였던 괴링도 있었습니다. 그는 다른 사람들과 달리 자신이 한 행동을 부인하지 않았죠. 오히려 전쟁 중에는 끔찍한 일들이 벌어지기 마련이고 떳떳한 사람은 아무도 없다며 그 어떤 사과나 변명도 하지 않았습니다. 이런 괴링이 개인적으로 유감을 표시한 내용이 하나 있습니다.

"유대인 말살은 나의 기사도 원칙에 위배된다. 나는 여성을 존중하며 어린이를 죽이는 것은 신사답지 못하다고 생각한다. 유대인 말살 문제에서 내가 껄끄럽게 생각하는 것은 그 점이다."

여성이나 어린아이를 죽인 것을 제외하면 유대인 학살은 당연했다는 너무도 뻔뻔한 발언입니다. 이렇게 괴링을 비롯한 나치 전범들의 파렴치한 자기변명은 계속됐고 이들의 죄를 추궁하는 재판은 10개월간 이어졌습니다. 151쪽의 표는 뉘른베르크 재판의 결과입니다. 절반이 사형 판결을 받았죠. 역사적 재판의 사형은 모두 교수형으로 집행되었습니다. 군인의 경우 총살이 아닌 교수형으로 처형당하는 것은 명예마저 더럽히는 치욕이라고 합니다. 자신이 교수형에 처할 것이라는 사실을 알게 된 나치 정권의 2인자 괴링은 재판부에 총살형을 요청했지만 기각당했죠. 괴링은 결국 제국의 원수가 교수대 위에서 죽을 수 없다며 사형 직전 청산가리 캡슐을 먹고 자살하는 방법을 택했습니다.

1946년 10월 16일까지 사형을 선고받은 나치 전범들을 처형한 뒤 뉘른베

뉘른베르크 국제군사재판 결과	
판결	나치 전범
사형(12명)	헤르만 괴링, 빌헬름 카이텔, 알프레트 요들, 마르틴 보어만, 한스 프랑크, 빌헬름 프리크, 에른스트 칼텐브루너, 요아힘 폰 리벤트로프, 알프레트 로젠베르크, 프리츠 자우켈, 아르투어 자이스잉크바르트, 율리우스 슈트라이허
종신형(3명)	루돌프 헤스, 발터 풍크, 에리히 레더
20년형(2명)	알베르트 슈페어, 발두어 폰 시라흐
15년형(1명)	콘스탄틴 폰 노이라트
10년형(1명)	카를 되니츠
미결수(2명)	로베르트 라이, 구스타프 크루프 폰 볼렌 운트 할바흐
무혐의 석방(3명)	한스 프리체, 프란츠 폰 파펜, 얄마르 샤흐트

르크 국제군사재판은 막을 내렸습니다. 이 재판은 역사적으로 여러 가지 의미를 지닙니다. 먼저 평화주의와 민주주의 그리고 인도주의적 관점에서 나치를 처벌했다는 점에서 불의에 대한 정의의 승리로 볼 수 있습니다. 하지만 한계점도 분명합니다. 나치 전범들을 처벌하기 위해 국제군사재판을 연 것은 전쟁에서 승리한 연합국입니다. 전쟁의 승패에 따라 승전국이 패전국을 처벌하는 구도로 재판이 이루어진 것이죠. 그리고 소수의 나치 전범, 즉 고위직들만 재판받는 데 그쳤다는 것도 아쉬움이 큰 부분입니다. 물론 국제군사재판이 끝난 이후 뉘른베르크에서 후속 재판들이 연달아 열렸지만 사회적 반향이 그리 크지는 않았습니다. 결국 뉘른베르크 국제군사재판은 독일 사회에 반성의 기회를 주는 대신 유대인 학살에 관한 모든 책임을 히틀러를 비롯한 몇몇 주요 전범들에게만 전가하는 사회적 분위기를 형성하는 단초가 되었습니다.

게다가 이 재판을 주최한 연합국에도 문제가 있었습니다. 겉으로 보기에는 법률적 형식을 갖춘 역사적 재판이었지만 실제로는 정치적 이벤트의 역할이 더 강했죠. 연합국이 진정으로 인도적 관점에서 재판을 진행했다면 유대인 학살 문제를 전면에 내세워야 마땅했지만 실상은 전혀 달랐습니다. 유대인 학살이라는 죄목으로 처형된 사람은 율리우스 슈트라이허Julius Streicher라는 정치인뿐이었습니다. 이처럼 졸속 재판이 이루어진 이유는 승전국들 내부에서도 실은 반유대주의가 팽배했기 때문입니다. 그리고 이 시기에 미국과 소련이 냉전 체제로 기 싸움을 시작한 터라 더 이상 적도 아닌 독일의 나치 청산은 수뇌부 처단만으로도 충분하다고 생각한 것이죠. 그 결과 몇몇 나치 전범이 사형당하거나 감옥에 갇히는 것으로 심판은 일단락되었습니다.

나치 전범들의 탈출구, 아르헨티나

뉘른베르크 국제군사재판이 끝났습니다. 과연 그 많던 나치 전범들은 모두 어디로 사라졌을까요? 대다수의 나치들은 자신들이 저지른 만행에 대한 반성은커녕 숨거나 도망가기에 급급했습니다. 이들은 주로 남미 국가로 도망쳤는데 나중에는 가족들까지 탈출시켜 평범한 일상을 보냈다고 합니다. 독일 검찰은 제2차 세계대전 이후 나치 전범들이 남미로 도망쳤다는 1급 비밀문서를 확인했는데, 무려 9,000여 명이었습니다. 이 중 약 5,000명이 아르헨티나로, 1,500명~2,000명이 브라질로, 500명~1,000명이 칠레로 갔고 나머지는 파라과이와 우루과이로도 탈출했습니다. 당시 남미 국가들은 대체로 군사독재 정권이었기에 나치 전범들이 정착할 수 있었죠. 특히 백인 우월주의가 강했던 아르헨티나는 유럽 백인들의 이민을 장려한 만큼 나치 전범들을 선뜻 받아주었다고 합니다.

아르헨티나로 탈출한 나치 전범 중에는 친위대 소속 중령으로 '탁상의 학살자'라 불린 아돌프 아이히만Adolf Eichmann도 있었습니다. 그의 임무는 가능한 빨리 유럽 각지의 유대인을 한곳에 집결시켜 특별 열차에 실어 동부에 있는 수용소로 보내는 것이었죠. 당시 전쟁 중이었던 독일은 군사적으로 이용할 열차도 모자란 상황이었습니다. 이 혼란한 상황에 아이히만이 교통부와 협의해 되도록 많은 열차를 확보하고 철도 수송 일정을 효율적으로 관리한 것입니다. 덕분에 전쟁이 끝날 때까지 수백만 명의 유대인을 기차에 태워 절멸 수용소로 보낼 수 있었습니다. 게다가 아이히만은 행정 능력도 뛰어났습니다. 복잡한 절차를 모두 간소화해 유대인의 재산 몰수와 강제 퇴거, 수용소 이송까지 빠르고 효율적으로 진행했죠. 한마디로 타고난 실무자였습니다.

그런 아이히만도 나치 독일이 패망하자 나치 친위대원 포로수용소로 보내졌습니다. 이어서 벌어진 뉘른베르크 국제군사재판에서 아이히만의 이름과 그에 관한 증언이 나오기도 했죠. 불안함을 느낀 아이히만은 수용소에서 탈출해 북독일에서 농사일을 거들며 4년간 지내다가 친위대 퇴역군인들의 도움을 받아 이탈리아로 도망쳤습니다. 여기서 다시 가톨릭 사제의 도움으로 1950년에 아르헨티나의 수도 부에노스아이레스에 도착해 정착하게 됩니다. 그는 리카르도 클레멘트Ricardo Klement라는 이름으로 신분증과 여권을 발급받아 평범한 삶을 살아갔습니다.

아이히만의 도피 생활은 15년이나 계속됐습니다. 심지어는 다시 연락이

DIRECCION DE IDENTIFICACION CIVIL Y ESTADISTICA GENERAL
PROVINCIA DE BUENOS AIRES

EXTRANJERO

SOLICITUD DE CEDULA DE IDENTIDAD CIVIL
(LEY 5004)

1378538

Número

Lugar y Fecha Florida 3-8-1950

Señor Director de Identificación Civil y Estadística General.

Me dirijo a Vd. solicitándole quiera disponer se me expida la Cédula de Identidad Civil a cuyo fin declaro bajo juramento que mis datos personales son los siguientes:

Nombre Ricardo Apellido Klement
hijo de don y de doña Ana Klement
domiciliado en la calle Monasterio N° 1429 Localidad Vte. López Partido
Provincia de Bs. Aires nacido el día 23 del mes de Mayo del año 1913 en Bolzano
Provincia Nación Alemania Matrícula N° D. M. Estado civil Soltero
de profesión, oficio u ocupación Mecánico Nombre y apellido de la esposa
Número de hijos Nombres
Estudios cursados Secundarios Justifico estas circunstancias con los siguientes documentos
Llegué al país el 14 de Julio de 1950 al puerto de Bs. Aires procedente del puerto Genova
Nombre del vapor "Giovanna C."
Observaciones:

Saludo a Vd. atentamente.

CAMBIOS DE ESTADO CIVIL

Fecha de otorgamiento
Fecha del vencimiento

Firma del funcionario

(1) Indicar en caso de pobreza ante que Juez se justificó.
(2) Defectos Físicos: Sordomudo, ciego, rengo: (derecha - izquierda). Manco: (derecha - izquierda).
* TACHESE LO QUE NO SE DESEE.

OSVALDO BELTRAMI

아돌프 아이히만의 새 신분증

닿은 가족들을 아르헨티나로 불러들이기까지 했죠. 하지만 모사드Mossad 가 그의 행적을 뒤쫓기 시작하며 도피 생활도 끝이 보이기 시작했습니다. 1949년에 창설한 이스라엘의 정보기관인 모사드는 뛰어난 정보 수집과 공작으로 유명합니다. 모사드는 창설 이후 첫 해외 작전을 아이히만의 체포로 정했습니다. 수백만 명의 유대인을 강제로 수용소에 이송시킨 주요 학살자였기 때문입니다.

그런데 모사드는 어떻게 아이히만의 소재를 알아냈을까요? 이를 둘러싸고 여러 가지 설이 분분합니다. 그중에는 소련 비밀경찰 KGB가 정보를 흘렸다는 설도 있죠. 확실한 것은 아이히만의 소재를 파악하는 것이 그리 어려운 일은 아니었다는 사실입니다. 아이히만이 신분을 감추고 있었다고는 해도 독일에 있는 가족을 아르헨티나로 불러들였고 또 나치 퇴역군인들과 계속 연락을 주고받았기 때문입니다. 게다가 독일의 한 언론과 인터뷰까지

했습니다. 따라서 오히려 모사드가 뒤늦게 아이히만을 체포했다는 사실이 놀라울 따름이죠. 아마도 정치적으로 적당한 시점을 고르고 있었던 것이 아닐까 합니다.

이때 이스라엘 수상은 죽여서라도 아이히만을 데려오라는 특명을 내렸다고 합니다. 모사드 요원들은 아이히만을 '딥북dybbuk'이라고 불렀는데 히브리어로 '악령'이라는 뜻입니다. 모사드는 아르헨티나의 벤츠 공장에서 일하고 있던 아이히만이 퇴근 후 집에 가는 동선을 미리 파악했습니다. 최종 작전 당일, 퇴근 후 버스에서 내려 길을 걷던 아이히만을 모사드가 덮쳤습니다. 체포 과정에서 모사드 요원이 가장 먼저 한 행동은 장갑 낀 손을 아이히만의 입속에 집어넣는 것이었다고 합니다. 체포될 경우에 대비해 청산가리 캡슐을 치아 속에 넣어 다닌다는 나치 전범들의 자살을 막기 위한 방법이었죠. 이후 미리 확보해둔 은신처에 아이히만을 데려간 모사드는 독일어로 그의 신상에 관한 여러 질문을 했습니다. 이름을 묻자 마침내 독일어로 '나는 아돌프 아이히만'이라는 자백을 받아냈습니다. 심지어는 이스라엘에서 자신을 찾아온 것을 알고 있다고도 말했죠.

아이히만 체포 당시 모사드 요원이 끼고 있던 장갑

이후 모사드는 아이히만을 8일간 감금한 뒤 이스라엘로 데려갔습니다. 아이히만 체포에 성공한 뒤 이스라엘 법의학자들은 당시 아이히만의 사진과 예전 사진을 비교해 그가 아이히만임을 밝혀냈습니다. 귀 모양이 결정적 증거였죠. 1961년 4월 11일, 텔아비브 재판정에 아이히만이 섰습니다. 이스라엘 정부는 전 세계 언론이 재판 과정을 중계할 수 있도록 허가했죠. 아이히만은 이스라엘에서 히틀러 다음으로 유명한 나치였습니다. 유대인 학살에 막대한 책임이 있는 사람을 처음으로 이스라엘 법정에 세운 그 자체만으로도 재판은 큰 의미를 지녔다고 할 수 있습니다.

이스라엘 법정에 선 아이히만과 악의 천박함

15년간 도피 생활을 하며 자신의 죄로부터 계속 도망쳐왔던 아이히만은 결국 피고인석에 섰습니다. 그의 앞에는 물 한 잔과 공책, 필기구가 놓인 탁자와 방탄유리로 만든 보호대가 전부였죠. 이스라엘 검찰은 아이히만에게 유대인에 대한 범죄, 반인도적 범죄, 불법조직 가담죄 등 15가지 죄목을 적용했습니다. 그러자 아이히만은 이렇게 말했습니다.

"유대인을 죽이는 일에 나는 아무런 관련이 없다. 나는 어떠한 인간도 죽인 일이 없다. 그 일은 그냥 일어났던 일이다."

"독일에서 떠나는 것이 모든 유대인에게 이익이었고, 그러기 위해서는 누군가가 그들을 도와야 했는데 그것이 바로 내가 한 일이다."

하지만 재판정에는 아이히만이 수용소로 강제 이송시켜 죽음에 내몰린 사람들의 처절하고 참혹한 증언이 이어졌습니다. 자신의 거짓이 처절하게 드러났음에도 아이히만은 미동조차 하지 않았습니다. 그저 자신은 상관이 시킨 일을 했을 뿐이라는 말을 반복했죠.

하지만 또다시 그의 거짓말이 드러났습니다. 아이히만은 상관의 지시로 폴란드의 한 학살 센터를 조사하러 간 적이 있습니다. 그곳에서 벌거벗은 유대인들이 트럭에 들어가라는 명령에 따라 단체로 트럭에 타는 광경을 목격했죠. 아이히만은 그 트럭을 쫓아갔습니다. 이어서 그가 본 것은 트럭에서 시신이 쏟아지는 장면이었습니다. 이동용 가스 차량에서 유대인이 학살되는 장면을 목격한 것입니다. 아이히만은 그때를 떠올리며 이렇게 말했습

재판정에 선 아이히만

니다.

“저는 그 차량을 줄곧 따라갔고, 제가 평생 본 것 중 가장 끔찍한 광경을 목격했습니다. 그 트럭은 넓게 파인 구덩이 앞으로 가서 문을 열었고 그리로 시신들이 쏟아져 나왔습니다. (…) 그들은 구덩이 속으로 던져졌고, 한 민간인이 치과용 집게를 가지고 이빨을 뽑는 것을 볼 수 있었습니다. (…) 거기서 저는 충분히 보았습니다. 저는 두손 두발 다 들었습니다.”

이 말은 적어도 그가 자기 손으로 열차에 태워 보낸 유대인들이 어떻게 죽어가는지 알고 있었음을 증명합니다.

이 같은 변명을 늘어놓는 아이히만을 유심히 지켜보는 한 사람이 있었습니다. 철학자 한나 아렌트Hannah Arendt입니다. 20세기를 대표하는 정치 사상가인 그녀는 나치 독일의 탄압을 피해 파리로 이주했다가 다시 미국까지 이주한 유대인입니다. 그녀는 아이히만의 재판을 관찰하며 『뉴요커』라는 주간지에 기사를 연재했습니다. 그녀의 글은 큰 주목을 받았고 동시에 많은 논란을 낳았습니다.

훗날 《예루살렘의 아이히만》이라는 제목으로 출간된 그녀의 책에는 지금까지도 회자되는 말이 있습니다. 책의 부제이자 핵심 키워드인 ‘악의 평범성(the banality of evil)’입니다. 이는 악랄한 행동을 하는 사람이 따로 있는 게 아니라 오히려 평범한 사람들의 몰지각한 행동들이 모여 결국 큰 악이 된다는 뜻입니다. 그저 공무원으로서 가장 효율적인 계획을 세우고 실행했을 뿐이라고 주장하는 아이히만, 그의 목적은 대학살이었습니다. 그렇다면 아이히만도 그녀의 말대로 평범한 사람일까요?

어떤 이들은 악의 평범성을 두고 한나 아렌트라는 순진한 철학자가 아이히만의 연기에 속아 넘어간 것이라고 평가하기도 했죠. 실제로 아이히만을 연구한 일부 학자들은 그가 결코 평범한 사람이 아니라는 것을 여러 자료로 입증해냈습니다. 아이히만은 단순히 '탁상의 학살자'가 아니라 오히려 엄청난 출세주의자로서 업무의 성과를 내기 위해 스스로 악행을 자처한 사람이었다는 것입니다. 게다가 나치 친위대로서의 정체성도 매우 강했습니다. 한마디로 확신범이었죠.

그렇다면 아렌트는 왜 그가 평범하다고 말했을까요? 그 답을 알기 위해서는 악의 평범성이라는 말을 다시 살펴봐야 합니다. '악의 평범성'은 영어로는 the banality of evil이고 독일어로는 die Banalitat des Bosen입니다. 독일어로 Banalitat는 평범함, 저속함, 천박함 등의 뜻을 두루 담고 있습니다. 여기서 아렌트가 말한 Banality를 어떤 뉘앙스로 이해하느냐에 따라 해석이 크게 달라집니다. 단순히 평범성으로 이해한다면, 그저 평범하게 살면서 세상의 악행에는 무관심한 우리 모두가 공범이 됩니다.

하지만 아렌트의 견해는 달랐습니다. 그녀는 아이히만이 닳고 닳은 정치꾼인 것을 눈치채고 있었습니다. 아이히만의 문제는 아무 생각이 없다는 것이 아니라 오히려 생각이 속물적이라는 것이었습니다. 스스로 진지하게 판단하려 하지 않고 맹목적인 신념에 사로잡혀 있었죠. 법정에서도 자기의 신념을 의심하지 않았던 그는 심지어 칸트의 도덕법칙까지 운운하며 형장에서도 의연한 척했습니다. 사형 직전 그가 마지막으로 남긴 말은 "잠시 후면, 여러분, 우리는 모두 다시 만날 것이다. 이것이 모든 사람의 운명이다. 독일 만세, 아르헨티나 만세, 오스트리아 만세. 나는 이들을 잊지 않을 것이다"였습니다. 너무도 우스꽝스러운 의연함이었죠.

이를 간파한 아렌트는 아이히만을 '괴물'이 아니라 '광대'라고 평가했습니다. 자기 생각도 아닌 것을 자기 것처럼 흉내 내는 사람이라는 것입니다. 그녀가 하려는 말의 핵심이 여기에 있습니다. 아이히만은 신념이 없어서가 아니라 오히려 맹목적 신념이 있어서 문제였던 것이죠. 따라서 the banality of evil는 악의 평범성이 아니라 '악의 천박함' 혹은 '악의 저속함'이라고 번역해야 옳습니다. 맹목적 애국심, 맹목적 신앙, 맹목적 정치 신념 등은 모두 속물적인 것이자 악의 원천입니다. 그래서 각성이 필요한 것이죠.

아렌트는 《예루살렘의 아이히만》에서 '부도덕한 명령에 저항하지 않은 아이히만이 유죄라면, 악행을 방조한 독일인 모두가 죄인인가?'라는 화두를 던졌습니다. 이 질문에 대한 답은 '아니다'입니다. 나쁜 행위를 구체적으로 한 사람만이 죄인입니다. 아렌트가 보기에 아이히만은 나쁜 신념을 가지고 그것을 나쁜 행위로 구현했기 때문에 유죄입니다. 별생각 없이 살아간 평범한 독일인들 모두에게 함부로 유죄 판결을 내릴 수는 없다는 것입니다. 하지만 여전히 책임의 문제는 남아 있습니다. 히틀러의 나치당에 투표해 정권을 잡게 하고 나치의 악행을 보고도 그냥 눈감아버려서 거대한 악이 구현되도록 방조한 정치적 책임이 있는 것이죠. 여기서 아렌트는 죄와 책임을 구분합니다. '평범한 독일인 모두가 죄인은 아니다, 그렇지만 독일인들은 책임을 느껴야 한다.' 이것이 아렌트가 주장하는 핵심입니다.

독일인들이 결코 책임에서 자유롭지 않다는 것은 오스트리아 출신으로 독일군 중사였던 안톤 슈미트Anton Schmid의 사례를 보면 알 수 있습니다. 죄 없는 유대인들이 학살되는 것을 보고 그들을 돕기로 결심한 슈미트는 게토에서 굶주리는 유대인들에게 몰래 부대의 먹을 것을 전달해 주었고, 위조 신분증을 발급해 그들의 탈출을 도왔습니다. 하지만 그의 행동이 발각되면서 군사재판에 회부됐고 결국 사형 판결을 받았습니다. 형장으로 가기 전 그는 아내에게 편지로 다음과 같은 말을 남겼습니다.

'나는 내 운명에 묵묵히 따릅니다. 나의 운명은 우리 주님이 내린 것이니 어떤 것도 이를 바꿀 순 없죠. 오늘 나는 매우 편안합니다.'

슈미트의 이야기를 들으면 '나는 그저 위에서 시키는 대로 했다'라는 아이히만의 변명이 얼마나 한심한 것인지 알 수 있죠. 슈미트는 아이히만보다 계급도 낮고 운신의 폭도 훨씬 좁았지만 맹목적인 애국심에서 벗어나 스스로 옳고 그름을 판단했습니다. 이처럼 인간은 어떤 상황에서도 도덕적 결단을 할 자유가 있으며, 상황과 여건을 탓하는 것은 궁색한 변명일 뿐입니다. 이러한 책임의 논리는 이후 독일인들에게 엄청난 각성을 일으켰습니다.

천박한 악마였던 아이히만은 기소된 15가지 혐의에서 모두 유죄를 인정받았고 1961년 12월에 사형 판결이 내려졌습니다. 이스라엘 민간재판 역사상 처음이자 마지막 사형이었죠. 이듬해 아이히만의 교수형이 집행됐고 그의 유해는 즉시 화장해 지중해에 흩뿌려졌습니다.

아이히만의 재판이 중요한 것은 그가 특별히 중요한 인물이어서가 아닙니다. 그는 신념에 가득 찬 나치였지만 정책을 결정할 만큼 높은 사람은 아니었습니다. 한낱 실무자에 불과했죠. 그럼에도 그의 재판은 국제 여론에 매우 큰 영향을 미쳤고 그런 점에서 큰 의미를 갖습니다. 모사드가 아이히만을 납치한 1960년대 초는 유대인들이 서구사회에서 경제적, 사회적 세력을 키우면서 반유대주의가 스멀스멀 올라오던 시점이었습니다. 또 중동지역에서 일어난 제2차 중동전쟁의 여파로 반이스라엘 여론이 확대되던 시기였죠. 상황을 감지한 이스라엘 정부는 국제적으로 친이스라엘, 친유대인 여론을 만들기 위해 아이히만의 재판을 이용해 정치적 이벤트를 꾸몄고, 결과적으로 큰 성공을 거뒀습니다.

아이히만의 재판이 진행되는 동안 모사드의 추적을 피해 도망간 나치 전범이 있습니다. 아우슈비츠 수용소에서 끔찍한 생체 실험을 했던 멩겔레입니다. 그는 나치 패망 후 친위대들의 도움을 받아 헬무트 그레고르Helmut Gregor라는 가명으로 여권을 받아 1949년 7월에 아르헨티나로 도망쳤습니다. 이후 목수, 농기구 판매원 등의 일을 했는데, 훗날 아르헨티나 정부가 발표한 자료에 따르면 멩겔레가 면허증 없이 낙태 수술을 했을 가능성도 있다고 합니다. 1956년에는 실명으로 된 외국인 거주 허가증과 서독 여권을 발급받아 유럽 여행에 나서기까지 했죠. 10년 이상 아르헨티나에서 잘 살고 있던 멩겔레는 자신의 뒤를 쫓는 모사드에게 은신처를 들켰습니다. 그 사실을 알자마자 파라과이로 도주했죠. 이후 브라질로 한 번 더 도주한 멩겔레는 1979년까지 도피 생활을 했고 끝내 누구에게도 붙잡히지 않은 채 수영 중 심장마비로 생을 마감했습니다.

그의 죽음은 6년이 지나서야 확인되었습니다. 브라질, 독일, 미국 과학 수사팀이 합세해 그의 무덤에서 유해를 발굴해 DNA를 채취하고 그의 아들과 비교한 것입니다. 무덤 속 사체가 멩겔레라는 사실이 밝혀진 후 그의 유해는 어느 브라질 대학의 법의학 자료로 사용되었다고 합니다.

멩겔레는 가장 극단적인 사례이지만 독일인 중에는 나치 패망 이후에도 제대로 반성하지 않는 사람이 많았습니다. 아이히만 재판 전까지 대부분의 독일인은 자신의 책임에 대해 깊이 생각해보지 않았죠. 나치 주요 전범들을 재판하고 그들에게 죗값을 물었던 것은 독일 정부가 아니라 연합국이었습니다. 이후 아이히만을 끈질기게 쫓아서 법정에 세운 것도 독일이 아닌 이스라엘이었죠.

과거의 악행을 반성하는 독일

그렇다면 독일의 과거 청산은 언제부터 시작된 것일까요? 진정한 의미의 과거 청산은 1960년대부터였습니다. 그전까지 독일인들은 히틀러와 나치에게 모든 책임을 전가하고 있었죠. 게다가 분단된 독일의 서독과 동독은 사정이 많이 달랐습니다. 서독은 1960년대 초까지 '라인강의 기적'이라는 이름으로 경제 성장을 이뤄내기에 급급한 채 자신의 과거를 똑바로 보지 못했죠. 동독은 '나치는 자본주의가 낳은 산물이며, 히틀러는 서독인이었다'라고 주장하며 서독에 책임을 전가하기 바빴습니다.

이렇게 과거를 회피하던 독일이 1960년대 중반부터 변화하기 시작했습니다. 그 계기 중 하나는 앞에서 여러 번 이야기한 아이히만의 재판이었죠. 끔찍한 과거를 돌이켜본 독일인들은 스스로의 책임에 관해 물었습니다. 이때 가장 큰 역할을 한 것이 세대교체입니다. 1968년, 프랑스 파리에서는 젊은이들이 거리를 점거하고 사회 변화를 외쳤습니다. 이들을 '68세대'라고 합니다. 이에 영향을 받은 독일의 젊은이들 또한 권위주의 타파와 나치 청산을 위한 투쟁을 전개하며 부도덕한 아버지 세대를 비판하기 시작했습니다. 앞선 세대의 과거를 그냥 넘길 수 없다고 생각한 68세대는 자신은 죄가 없다고 변명하기보다 독일인으로서 책임을 통감하자는 일종의 사회적 합의를 이뤄나갔습니다.

여기에 독일이 과거 청산을 해야만 하는 시대적 상황도 작용했습니다. 냉전 시기에 소련의 공산주의에 대항해 나토NATO와 유럽연합UN을 건설하고 있는데 서독이 반성과 사과를 하지 않는다면 국제적으로 따돌림당할 수밖에 없었던 것입니다. 이 같은 국제적 여건 변화와 국내 여론을 반영하기 위해 여러 조치가 시행되었고, 그 결과 1963년에 비로소 아우슈비츠 수용소 관계자들이 독일 중부 도시 프랑크푸르트 암마인에서 재판받게 되었죠. 이때부터 독일인 스스로 홀로코스트를 반성하고 사법적으로 처벌하는 과정이 본격화되었습니다.

얼마 후에는 홀로코스트 공소시효 문제가 도마에 올랐습니다. 당시 현행법상 범죄 기소 시한은 20년으로 정해져 있었기 때문에 1965년 5월 8일이면 시효가 소멸할 예정이었죠. 많은 논란 끝에 결국 1979년에 이르러 홀로코스트에 관해서는 공소시효를 폐지하기로 결정했습니다. 이 결정을 두고 법관들의 저항이 매우 거셌습니다. 하지만 독일 국민의 과거 청산 의지는 단호했고 그 결과가 공소시효 폐지로 이어진 것입니다. 이런 과정에서 '과거 극복(Vergangenheitsbewaltigung)'이라는 용어가 등장했는데 우리말의 '과거 청산'과 유사합니다. 과거의 불의를 망각하고 반성하지 않는 사회는 결코 자유롭고 정의로운 사회가 될 수 없다는 뜻을 담고 있죠. 이는 서독의 민주화를 이끄는 동력이었습니다.

'과거 극복'을 향한 독일의 의지를 보여주는 일이 일어났습니다. 1970년 12월, 서독 총리였던 빌리 브란트Willy Brandt는 폴란드의 바르샤바를 방문했습니다. 전쟁 후 독일 정상으로서는 첫 방문이었죠. 당시 분위기는 제2차 세계대전의 상처가 워낙 깊은 데다 나치 침략과 만행에 대한 증오가 남아 있어 냉랭함이 감돌았죠. 그런데 브란트 총리가 바르샤바 게토의 희생자를 추모하는 기념탑 앞에서 누구도 예상하지 못한 행동을 한 것입니다. 그는 희생자들에게 경의를 표하는 의미로 무릎을 꿇었습니다. 이런 행동은 나치가 벌인 전쟁과 잔혹 행위에 대한 독일인의 진정성 있는 반성과 사과로 받아들여졌습니다.

독일이 주체적으로 과거 청산에 나서면서 나치 정권의 악행을 도왔던 전범 기업들에 대한 문제가 수면 위로 올라왔습니다. 1941년부터 독일 민간 기업들은 강제 노동을 위해 포로수용소를 임대했습니다. 그곳에서 강제로 노역을 시키며 전쟁 군수품을 생산한 것입니다. 우리가 잘 아는 벤츠, BMW, 폭스바겐, 크루프, 지멘스, AEG 등은 모두 강제 노역자에 의존해 군수품을 생산했죠. 이들 기업의 도덕성 문제가 제기되기 시작했습니다. 서독 연방은 1956년에 배상법을 제정했고 기업들은 보상액을 지급했습니

빌리 브란트 총리의 진정한 사과

다. 매우 큰 액수였으나 강제 노역을 한 여타 외국인 노동자들에게는 무관심했죠. 이는 통일 전까지 나치의 피해자를 주로 유대인에 한정했기 때문입니다.

1990년대 말에는 손해배상을 청구하는 집단소송과 미국을 중심으로 한 독일 제품 불매운동이 일어났습니다. 이제 사과와 책임 인정이 기업 생존의 조건이 되었죠. 결국 독일 기업들은 2000년 8월에 독일 정부와 함께 '기억, 책임, 그리고 미래 재단'을 설립했습니다. 지금도 벤츠나 BMW가 운영하는 박물관에서는 강제 동원 피해자를 기억하기 위해 이와 관련한 기록물을 보존하고 있습니다.

그러나 독일의 과거 청산에서 무엇보다 중요한 것은 나치 전범들을 끝까지 찾아내 책임을 묻는 일입니다. 독일 검찰과 사법부는 나치 전범 처벌에 있어서만큼은 예외를 두지 않는 단호한 태도를 보이고 있습니다. 그래서 나이와 관계없이 나치 전범들이 법정에 섰고, 90세 이상의 초고령 피고들의 재판이 계속됐습니다. 2021년 10월에는 독일 브란덴부르크주의 한 법원에서 열린 나치 친위대 대원의 재판이 큰 주목을 받았습니다. 작센하우젠 수용소에서 3,518명의 살인을 도운 혐의로 기소돼 법정에 선 피고의 나이가 100세였기 때문이죠. 그는 나치 범죄로 기소된 최고령자로 기록됐습니다. 나치 처벌에는 공소시효가 없습니다. 독일은 이 같은 전례를 남겨둬야 이 시대를 살아가는 사람들에게도 깨달음을 줄 수 있다고 생각합니다. 100세에 가까운 노인들이 재판정에 서는 것이 안쓰러울 수도 있습니다. 하지만 죄를 지었다면 죗값을 받는 것은 당연한 일입니다. 나이뿐 아니라 단죄의 기준이 확대된 것도 주목할 만한 사실입니다. 고위직 나치 전범은 물론 수용소 감시원 등 범죄의 조력자들도 단죄의 대상이 되었죠. 현재의 연령과 당시의 지위 및 권한 등 어떤 것도 개의치 않고 나치 청산은 여전히 현재 진행형입니다.

뒤늦게 재판에 회부된 나치 전범 중 빼놓을 수 없는 거물이 있습니다. 나치 점령하에 있던 프랑스 리옹에서 수많은 유대인과 프랑스 포로들을 고문하고 살해해 '리옹의 도살자'로 불린 클라우스 바르비Klaus Barbie입니다. 나치 친위대의 일원이자 리옹 지역 게슈타포의 수장이었던 바르비는 악명 높은 고문 기술자였습니다. 그는 1만 4,000여 명의 죽음에 직접적인 책임이 있는 것으로 알려져 있습니다. 이런 바르비는 나치 패망 후 놀랍게도 미국 정보기관의 도움으로 남미 볼리비아로 탈출해 그곳에서 고문 기술을 가르쳤다고 합니다. 이후 볼리비아의 독재정권이 무너지자 1983년에 뒤늦게 프랑스로 인도되어 반인도적 범죄로 종신형을 선고받고 1991년에 77세의 나이로 감옥에서 사망했습니다. 〈호텔 테르미누스〉라는 다큐멘터리 영화에서 바르비에는 자신의 과거에 대해 다음과 같은 말을 남겼습니다.

"나는 이제 다 잊었다. 만약 그들이 아직도 기억한다면 그건 그들의 문제다."

끝까지 일말의 반성도 하지 않은 것입니다. 그럼에도 자신이 저지른 죗값을 치르는 일은 피할 수 없었습니다.

독일의 과거 청산은 아직 끝나지 않았다

과거를 청산하기 위한 독일의 노력은 계속되고 있습니다. 하지만 여전히 아쉬움은 남아 있습니다. 무엇보다 유대인에 대한 사과에만 치우쳐 있다는 것입니다. 나치에 의해 박해받은 것은 유대인뿐 아니라 장애인, 성 소수자, 집시, 그리고 공산주의자들에 이르기까지 너무도 다양합니다. 이제 독일은 유대인 외의 다른 피해자들도 추모하려 노력하고 있습니다.

최근 새로이 불거진 문제는 나치 시기 이전 독일 제국 시절의 만행입니다. 특히 1904년에서 1908년까지 서아프리카에서 행한 만행이 주목받고 있죠. 제국주의 시절 독일이 차지했던 서아프리카, 지금의 나미비아 지역에서 원주민인 헤레로족과 나마족 등이 봉기를 일으켰습니다. 그러자 독일은 종족 말살에 가까운 대학살을 자행했습니다. 이에 대해 독일 정부는 2015년이 되어서야 뒤늦게 나미비아 당국과 공식 협의를 시작했습니다. 대학살을 인정하고 거액의 돈을 쾌척하기로 선언한 것은 매우 고무적입니다. 하지만 학살에 대한 배상이라는 법적 형식을 갖추지 않고 피해자가 아닌 국가에 돈을 주는 방식은 문제가 있습니다. 학살 당시에는 나미비아라는 나라가 없었기 때문입니다. 고통받은 것은 개개인인데 국가에 돈을 주고 알아서 나눠 가지라는 것은 옳지 않은 방법이죠.

이처럼 아쉬운 부분도 있지만 그럼에도 우리는 독일이 과거를 극복하려는 노력에서 많은 것을 배울 수 있습니다. 무엇보다도 과거 극복은 민주주의와 인권을 구현하려는 노력이라는 점입니다. 반민주적 체제에서 과거 청산이나 과거 극복은 사실상 불가능에 가깝기 때문입니다. 서독과 체제 경쟁을 하던 사회주의 동독은 초창기에는 나치 청산을 철저히 하는 것처럼 보였습니다. 하지만 겉치레뿐이었죠. 나치는 자본주의가 낳은 괴물이고 히틀러는 서독인이라고 치부하면서 자신들은 나치와 싸운 사람들이니 결백하다고 주장했습니다. 그 결과 서독 사회가 민주화 과정에서 경험했던 정치적, 역사적 책임에 대한 성찰이 없었죠. 이러한 현실은 통일 이후 옛 동독

지역에서 신나치가 더 많이 등장하는 결과를 가져왔습니다. 이처럼 과거 극복의 가장 큰 열쇠는 민주주의입니다.

그렇다면 마지막으로 가장 근본적인 질문을 던져볼 차례입니다. 과연 과거는 청산 또는 극복될 수 있을까요? 과거를 반성하고 피해자에게 사과하려면 먼저 스스로를 가해자로 인정해야 합니다. 이는 절대로 쉽지 않은 일이죠. 때문에 구차한 변명을 늘어놓거나 섣불리 화해와 상생을 이야기하게 됩니다. 혹자는 미래를 설계해야지 왜 과거에 발목 잡혀 있냐고도 말하죠. 그러나 과거에 묶은 매듭을 제대로 풀지 못하면 미래를 제대로 설계할 수가 없습니다. 너무나 원통해 구천을 떠도는 원혼들을 저승에 보내드리지 않고 어찌 우리가 미래로 나아갈 수 있을까요? 세상의 이치가 그런 게 아니죠. 이번 이야기는 다음과 같은 말로 끝맺고자 합니다.

"과거를 해방해야 미래도 해방된다."

벌거벗은 킬링필드

대륙을 피로 물들인 폴 포트의 진실

박장식

● 1979년 베트남에서 공개한 어느 영상이 세상을 발칵 뒤집어놓았습니다. 당시 몇 년간 비밀에 감춰져 있던 캄보디아의 수도 프놈펜에 위치한 투올 슬렝 수용소를 취재한 영상이었죠. 처음 그곳에 들어간 기자들은 경악을 금치 못했다고 합니다. 3층짜리 수용소 건물 곳곳에는 참혹한 모습의 시체들이 흩어져 있었고 까마귀들이 날아와 시체를 파먹고 있었기 때문입니다. 취재를 통해 1만 4,000명에 달하는 사람들이 이곳에서 끔찍한 고문을 받다가 죽어간 사실이 드러났습니다.

더욱 충격적인 것은 수용소에서 일어난 일들이 캄보디아에서 벌어진 비극의 극히 일부에 불과하다는 사실이었죠. 1975년부터 약 3년 9개월간 160만~180만 명이 목숨을 잃는 대참사가 벌어졌습니다. 당시 캄보디아의 전체 인구가 약 700만 명 정도였으니 무려 4분의 1이 사라진 것입니다. 너무 많은 사람이 죽다 보니 이 시기 캄보디아인의 평균 수명은 15세~16세까지 낮아졌습니다. 죽은 사람들은 제대로 된 무덤도 없이 구덩이에 암매장됐는데, 이런 매장지가 전국에 2만여 개나 있다고 합니다. 세상은 이 끔찍한 참사를 '킬링필드Killing Fields'라고 부릅니다. 살육의 땅이라는 뜻이죠.

캄보디아에서는 킬링필드 때 가족이 죽지 않은 집이 없습니다. 전체 10명 중 10명이 모두 죽은 집, 10명 중 두세 명이 죽은 집 등 얼마나 죽었느냐의 차이만 있을 뿐이죠. 끔찍한 참사가 발생한 지 40년이 지났지만 지금도 이 사건에 관해서는 침묵할 만큼 사람들의 충격은 컸습니다.

아시아의 홀로코스트라 할 수 있는 킬링필드를 주도한 사람은 당시 캄보디아의 지도자였던 폴 포트Pol Pot입니다. 대량 살육을 벌였다는 측면에서 히틀러에 비유되는 인물이죠. 그는 대체 왜 이런 끔찍한 학살을 벌였을까요? 그리고 이 같은 최악의 학살자가 나타날 수 있었던 원인은 무엇이었을까요? 지금부터 아시아에서 벌어진 가장 비극적인 역사로 기록된 킬링필드 대학살에 관해 이야기하려 합니다. 캄보디아 인구를 유린하고 대륙을 피로 물들인 폴 포트와 킬링필드의 진실을 벌거벗겨 보겠습니다.

오랜 침략과 식민지를 겪고 독립한 캄보디아

캄보디아는 9세기부터 크메르 제국이라는 이름으로 동남아시아에서 이름을 떨치던 강대국이었습니다. 빛나는 문명을 이룩하며 앙코르와트 사원을 비롯한 수많은 건축물을 세웠죠. 하지만 15세기 전후로 여러 나라의 침략을 받으며 수난을 겪어야 했습니다. 이웃 나라인 시암, 즉 지금의 태국이 침략해 수도를 옮기는가 하면 17세기에는 베트남에 남부 지역을 빼앗기기도 했죠. 19세기에 들어서는 프랑스의 지배를 받는 식민지가 되고 말았습니다. 당시 유럽 국가들은 아프리카와 아시아 등 세계 곳곳에 식민지를 건설했는데 프랑스 역시 여러 나라를 차지한 것입니다. 지도를 보면 당시 프랑스가 동남아시아에서 캄보디아, 베트남, 라오스를 차지한 것을 알 수 있습니다.

프랑스는 이 세 나라를 두고 '인도차이나'라고 이름 붙이고 식민지로 삼아 각종 수탈을 벌였습니다. 원래 인도차이나는 어느 프랑스 학자가 인도와 중국 사이에 있는 동남아시아 전체를 가리켜 표현한 것인데, 프랑스가 이를 식민지 지명으로 가져다 쓴 것입니다. 그러던 중 제2차 세계대전이 발발하면서 일본이 캄보디아를 비롯한 동남아 전체를 점령하게 됐습니다. 그리고 몇 년 뒤 일본이 전쟁에서 패하면서 또다시 프랑스가 캄보디아를 지

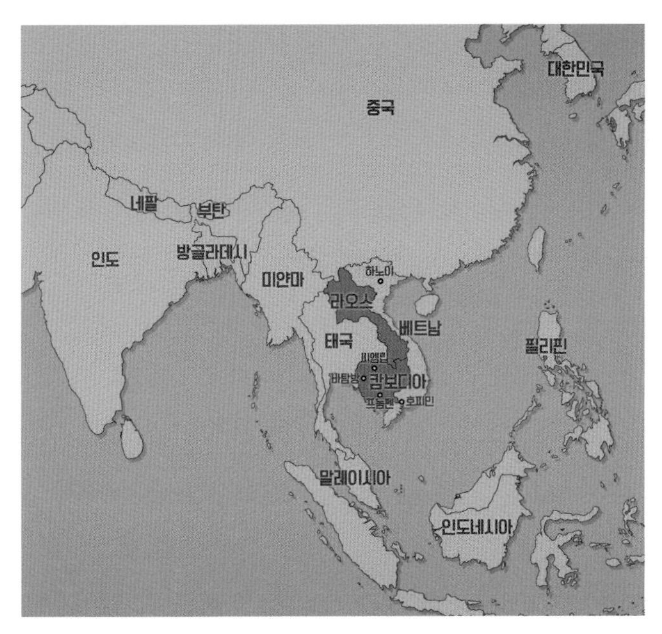

프랑스 식민지 인도차이나

배하게 됐죠. 이렇게 외세에 휘둘리는 복잡한 상황을 겪어야 했던 캄보디아는 점차 독립의 열망을 키워나갔습니다.

제2차 세계대전으로 제국주의가 물러나고 식민지들이 독립하면서 이 같은 흐름이 인도차이나반도에도 영향을 미쳤습니다. 덕분에 캄보디아도 1953년 11월에 프랑스로부터 독립했습니다. 캄보디아는 전통적으로 왕을 신성시하는 나라입니다. 왕을 신이 내려준 사람이라고 생각하며 진심으로 섬겼죠. 그래서 식민 통치 시절에도 프랑스는 캄보디아 사람들을 통제하기 위해 왕의 존재를 인정해주었습니다. 식민지 시기 캄보디아의 왕은 노로돔 시아누크Norodom Sihanouk로, 그는 이름만 왕일 뿐 아무런 힘이 없었죠. 90여 년 만에 드디어 독립국이 된 캄보디아는 왕정이 아닌 입헌군주국을 유지하기로 했습니다. 세계적인 흐름대로 국민이 직접 투표한 의원들이 모여 나라를 다스리고, 왕은 명목상으로만 존재하기로 한 것입니다.

그런데 시아누크는 권력을 향한 의지가 매우 강한 왕이었습니다. 힘없던 식민지 시기를 지나 독립까지 했음에도 이름뿐인 왕이라는 사실에 만족하지 못했죠. 그는 자신의 아버지에게 왕위를 거꾸로 물려주고 스스로 정치가로 변신하는 파격적인 행보를 보였습니다. 이제 눈치 볼 프랑스나 일본도 없기에 시아누크는 직접 정당을 결성했고 각종 부정선거를 통해 총리에 당선된 것입니다. 캄보디아를 실질적으로 통치하게 된 시아누크는 강력한 독재 체제를 구축해 권력을 잡았습니다. 자신에게 반발하는 반대파나 언론은 무력으로 진압했죠. 1960년 국왕이었던 아버지가 세상을 떠나자 '캄보디아 국가원수'라는 이름으로 다시 왕좌에 복귀했습니다.

그러던 중 국민 탄압이 극에 달하는 사건이 발생했습니다. 오랜 기간 식민 통치를 겪으면서 다른 나라에 비해 산업발전이 크게 늦은 캄보디아는 자력으로 경제를 살릴 수 있는 여건이 안 됐습니다. 이런 상황에서 시아누크가 경제를 살리겠다면 황당한 정책을 펼쳤습니다. 농민이 생산한 쌀을 싼 가격에 강제로 사들여 외국에 수출하겠다는 것입니다. 캄보디아의 주요 생산품이 쌀이다 보니 외화벌이를 위해 농민들에게 희생을 강요한 셈이죠. 힘들게 수확한 쌀을 헐값에 넘겨야 하는 상황에 절망한 일부 농민들은 차라리 쌀을 팔지 않겠다며 산지로 도피해버렸습니다. 이에 격분한 시아누크 왕은 자신에게 반발한 농민들에게 군대를 보내 무자비하게 진압했습니다. 이때 사망한 농민이 무려 1만여 명에 이른다고 합니다.

시아누크 왕의 독재로 혼란스러운 중에 엎친 데 덮친 격으로 최악의 악재가 발생했습니다. 1964년, 옆 나라에서 미국 진영인 남베트남과 소련 진영인 북베트남 사이에 전쟁이 일어난 것입니다. 이때 시아누크 왕은 또다시 최악의 선택을 했습니다. 베트남 공산당과 비밀 협약을 맺고 북베트남 군대가 캄보디아의 영토를 사용할 수 있도록 지원한 것이죠. 캄보디아가 피해를 볼 게 뻔한데도 베트남을 도와준 데는 이유가 있습니다. 1960년대 초, 베트남에서는 미국이 도와준 쿠데타 세력이 대통령을 처형하는 충격적인 일이 일어났습니다. 여기에 위기감을 느낀 시아누크 왕은 중국 공산당과 친했기에 베트남 공산당의 편을 들어준 것입니다.

이제 베트남 군대는 캄보디아 동부에 진지를 세우고 미국과 싸울 준비를 했습니다. 그뿐 아니라 베트남군의 물자를 실어 보낼 운송로까지 만들었죠. 문제는 미국이 '호찌민 루트'라 불린 이 통로를 눈엣가시로 여긴 것입니다. 베트남군의 물자 보급로를 끊어 버리기로 한 미국은 1969년에 적국도 아닌 캄보디아 동쪽 지역에 공격 명령을 내리고 융단폭격을 퍼부었습니다. 당시 미국의 리처드 닉슨Richard Nixon 대통령은 전쟁을 캄보디아로 확대하기 위해서가 아니라, 베트남 전쟁을 빨리 끝내고 모두가 원하는 정의로운 평화를 얻기 위한 폭격임을 강조했죠. 이후 1년간 미군이 호찌민 루트를 봉쇄하기 위해 캄보디아 동부에 출격한 횟수는 3,000번이 넘는다고 합니다.

호찌민 루트와 미국의 캄보디아 폭격 지역

지도에서 캄보디아 동쪽에 길게 이

어진 선이 호찌민 루트입니다. 빨간색으로 표시한 곳은 미국이 공중폭격한 지역으로, 호찌민 루트를 따라 캄보디아 동부가 쑥대밭이 된 것을 알 수 있죠. 시아누크 왕의 오랜 독재와 잘못된 결정으로 나라가 초토화되자 캄보디아 국민의 불만은 극에 달했습니다. 1970년, 시아누크 왕의 독재를 참다못한 론 놀Lon Nol 장군은 쿠데타를 일으킬 계획을 세웠습니다. 그는 시아누크 왕이 중국 순방에 나간 사이를 노려 캄보디아의 권력을 차지했습니다. 이때 론 놀은 정권을 유지하기 위해 미국과 결탁했는데, 그 결과 베트남을 견제하려 캄보디아에 폭격을 퍼부었던 미국이 이번에는 캄보디아를 지원하는 아이러니한 상황이 펼쳐졌습니다.

예상과 달리 베트남 전쟁에서 고전을 면치 못했던 미국이 캄보디아에 친미 정권을 세워 전쟁에 이용하려 했던 것입니다. 게다가 시아누크 왕이 중국과 베트남의 공산당과 친분이 있었던 만큼 캄보디아가 언제 공산화될지 모른다는 불안감을 미리 차단한 것이죠. 그런데 미국의 도움을 받은 론 놀이 캄보디아를 집권하자 미국의 폭격은 오히려 더욱 거세졌습니다. 1965년~1973년까지 미 공군은 캄보디아를 무려 23만 회나 폭격했습니다. 캄보디아 동부를 중심으로 북베트남 군대와 결집한 공산화 세력이 점차 커지자 이들을 없애기 위해 무자비한 폭격을 한 것입니다. 이 시기 캄보디아에 떨어진 폭탄의 양은 무려 275만 톤으로 국토의 3분의 1이 폐허가 되고 말았습니다. 미군이 투하한 폭탄 중에는 악마의 무기라 불리는 네이팜탄까지 있었죠. 3,000℃ 이상의 고열을 내면서 순식간에 주변을 불바다로 만드는 네이팜탄이 터지면 대부분 타죽거나 질식해 죽게 됩니다. 이 끔찍한 무기 때문에 캄보디아는 엄청난 피해를 보았습니다.

폭탄은 주거 지역에도 무차별적으로 떨어졌는데, 특히 베트남군이 많이

자라이족의 무덤과 헬리콥터 토템

주둔하는 동부 산지에 집중됐습니다. 이곳에 살던 캄보디아 소수민족인 자라이족은 당시의 아픔을 기억하기 위해 토템을 남기기도 했죠. 사진은 자라이족의 무덤입니다. 여기에 헬리콥터 모양으로 만든 나무 조각을 세웠습니다. 자라이족은 사람이 죽으면 사망의 원인을 토템으로 만들어 무덤 앞에 세우는데 헬리콥터 조각품을 세운 것은 미군이 떨어뜨린 폭탄에 사망했다는 뜻이었죠.

미국의 무자비한 폭격은 수십만 명의 캄보디아 시민의 목숨을 앗아갔습니다. 폭격은 경제에도 치명적인 타격을 입혔습니다. 메콩강이 흐르고 토양이 비옥한 캄보디아는 많은 쌀을 생산해왔습니다. 그런데 미국의 폭격으로 넓은 논이 불모지가 돼버린 것입니다. 그 결과 1960년대까지만 해도 270만 톤에 달하던 쌀 생산량은 론 놀이 집권하는 동안 65만 톤까지 크게 떨어졌습니다. 이전 생산량의 25% 수준으로 떨어진 것입니다. 캄보디아의 핵심 산업인 농업이 무너지자 국민은 극심한 식량난을 겪었고 경제는 무너졌습니다. 론 놀 정부는 미국의 지원을 받아 사리사욕을 채우기 바빴습니다. 론 놀은 서류상으로 군대를 만들었다고 거짓말하고 운영 자금을 꿀꺽하기도 했죠. 이 시기 미국 정부에서 빌린 돈은 약 5,000억 원으로 캄보디아는 이를 '더러운 빚'이라며 지금까지도 갚지 않고 있습니다.

히틀러와 스탈린에 버금가는 독재자의 등장

그때 론 놀 세력에 대항하며 캄보디아 민중 사이에서 떠오르는 세력이 있었습니다. 폴 포트와 그가 이끄는 공산주의 세력입니다. 폴 포트는 극단적 공산주의자로 자신의 목표를 위해 수많은 사람을 죽음으로 내몬 최악의 학살자이자 세상에서 가장 많은 사람을 죽인 지도자로 손꼽힙니다. 그림은 그에 대한 평가를 알 수 있는 만평입니다. 지옥의 불길 속에 세 사람이 앉아있는데 왼쪽부터 아돌프 히틀러-스탈린Stalin-폴 포트입니다. 가장 먼저 히틀러가 '지옥에 온 것을 환영한다'라며 폴 포트를 반기자, 소련의 독재자인 스탈린 역시 '기다리고 있었어, 동지'라며 환영하고 있죠. 폴 포트는

지옥에서 불타는 학살자 3인방

이들에게 고맙다고 대답합니다. 이처럼 폴 포트는 인류 역사상 최악의 학살자들과 어깨를 나란히 하는 인물입니다. 지금도 캄보디아에서는 폴 포트를 가리켜 '악마라는 호칭도 아까운 인물', '악마 그 이상의 악마'라고 평가합니다.

대체 폴 포트는 어떤 사람이며 무엇이 그를 역사상 최악의 학살자로 만들었을까요? 이를 알기 위해서는 폴 포트의 과거를 살펴볼 필요가 있습니다. 폴 포트는 캄보디아가 프랑스의 식민지였던 시절 부유한 집안에서 태어나 남부러운 것 없는 어린 시절을 보냈습니다. 그의 누나와 사촌은 왕의 총애를 받는 후궁이었죠. 덕분에 왕족이나 귀족만 들어갈 수 있는 왕립 불교 사원 학교에 입학했고 프랑스식 사립학교에서 서구식 교육까지 받았습니다. 캄보디아의 전 국민이 기본 교육도 받기 힘들었던 식민지 시기에 엘리트 교육을 받은 소수의 지식인이었던 것입니다.

20대에 프랑스 파리로 유학을 떠난 폴 포트는 1949년에 인생의 전환점을 맞이했습니다. 공산주의 사상과 만난 것입니다. 당시 프랑스 파리에서는 공산주의 사상을 널리 연구했는데 폴 포트는 파리로 유학을 왔던 다른 캄보디아 유학생들과 함께 마르크스 클럽에 들어가 공산주의를 공부했습니다. 그러다 급기야는 프랑스 공산당까지 가입했죠. 이 시기 폴 포트가 강렬하게 매료된 두 사람이 있었는데 중국의 마오쩌둥毛澤東과 소련의 스탈린입니다. 공산당 혁명에 성공해 중화인민공화국의 초대 주석이 된 마오쩌둥은 전 세계 공산주의 신봉자들의 떠오르는 별이었고, 강력한 공포 정치를 시행했던 소련의 독재자 스탈린은

폴 포트

능력 있는 지도자로 추앙됐죠. 폴 포트는 두 사람이 쓴 책들을 탐독하면서 캄보디아에 공산주의 혁명을 일으키면 나라가 잘살게 될 거라고 확신했습니다.

부유한 환경에서 자라 유학까지 다녀온 폴 포트가 평등을 강조하는 공산주의에 빠졌다는 사실이 아이러니합니다. 당시 민주주의 유럽 국가의 식민 지배를 경험한 아시아 국가의 유학생들에게는 극심한 빈부격차와 자본주의의 횡포보다 모두가 평등하게 나눠 가진다는 공산주의 사상이 일종의 유토피아처럼 느껴졌던 것입니다. 고국에 공산주의를 뿌리내리겠다는 확신을 갖고 1953년에 캄보디아로 돌아온 폴 포트는 귀국하자마자 캄보디아 내 공산당인 '캄푸치아 공산당'에 들어갔습니다. 이때는 캄보디아가 프랑스로부터 갓 독립해 시아누크 왕이 독재 체제를 구축해 나라를 다스리던 시기였죠.

폴 포트는 1960년대에 동지들과 캄보디아 공산당 내에 '크메르루주Khmer Rouge'라는 인민 해방군을 조직했습니다. 크메르는 캄보디아인, 루주는 프랑스어로 붉다는 뜻입니다. 한결같이 붉은색 체크무늬 머플러를 상징처럼 목에 걸치고 다녔기 때문에 붙은 이름이죠. 이때까지만 해도 크메르루주는 공산혁명을 위해 게릴라 전투를 하던 작은 무장투쟁 조직에 불과했습니다. 하지만 론 놀 장군의 쿠데타로 시아누크 왕이 쫓겨나면서 기회가 찾아왔습니다.

쿠데타 이후 중국에 망명해 있었던 시아누크는 다시 정권을 잡기 위해서 세력을 확보해야 했는데 마침 중국 공산당에서 같은 공산 세력인 크메르루즈와의 연합을 제안한 것입니다. 시아누크 왕은 론 놀 정부에 맞서 게릴라 전투를 하자고 연설했고, 국민은 그의 메시지에 큰 영향을 받았습니다. 비록 시아누크 왕이 독재자였으나 왕정의 전통이 뿌리 깊은 캄보디아에서 왕은 여전히 국민을 단결하는 상징으로 영향력을 미쳤던 것입니다. 국민들은 프놈펜으로 가서 론 놀 반대 시위를 벌이거나 관청을 습격했습니다. 이 시기 민심은 점차 크메르루주 편으로 돌아섰고 많은 국민이 시아누크와 연합한 크메르루즈에 가입했습니다.

이렇게 미국의 지원을 받는 론 놀 정부와 공산주의를 대표하는 크메르루주-시아누크 연합 전선은 몇 년에 걸쳐 치열한 내전을 벌였습니다. 론 놀과 크메르루주는 이 시기 전국에 수많은 지뢰를 묻었습니다. 싸워서 얻어낸 지역을 지키기 위해 지뢰를 이용하기도 했고, 각자의 보급로를 보호하기 위해서도 지뢰를 깔았죠. 그런데 오랫동안 궁핍했던 캄보디아에는 지뢰를 살 돈이 없었습니다. 이 내전에는 공산주의와 자본주의를 대표하는 각국의 지원이 이어졌는데 론 놀을 지원하는 미국과 크메르루주를 지원하는 중국과 소련, 북한 등에서 보낸 지뢰를 사용한 것입니다. 이렇게 캄보디아 영토에는 여러 나라의 지뢰가 무책임하게 묻혔습니다.

이 싸움의 가장 큰 피해자는 이번에도 국민이었습니다. 양측은 대량으로 지뢰를 묻으면서도 매설 지역을 지도로 만들어두지 않았습니다. 그 결

캄보디아에 뿌린 대인 지뢰와 피해자

과 수많은 희생자가 나왔죠. 181쪽의 사진은 내전 당시 캄보디아에 뿌린 대인지뢰입니다. 사람을 노리고 만든 이 지뢰는 사람의 목숨을 빼앗을 만큼 폭발력이 강하지는 않지만, 손발을 날릴 만큼의 화력을 지녔습니다. 캄보디아에 지뢰로 다리를 잃은 장애인은 인구 290명 중 1명으로 전 세계에서 가장 많은 나라이기도 합니다.

크메르루주는 기껏 민심을 얻어 세력을 키웠는데 지뢰로 인한 피해가 커지자 농민들의 마음을 놓치지 않기 위해 끊임없이 선전했습니다. "농민이 아프면 약을 가져다줄 것이고, 농민들이 농사를 지을 때 일손을 거들 것이다"라며 친근한 이미지를 내세웠죠. 크메르루주는 미군의 폭격까지 세력을 넓히는 데 이용했습니다. 미국의 폭격으로 생긴 구덩이나 폭탄 파편이 있는 곳으로 농민들을 데려가서 "론 놀이 집권하려고 캄보디아를 미국에 팔아먹고 있다. 미국이 캄보디아를 없애버리려고 하기 때문에 전쟁에서 지면 캄보디아가 사라질 것"이라고 교육했다고 합니다. 이런 교육을 받은 농민들도 크메르루주의 말이 그럴듯하다며 믿고 지지했죠.

폴 포트의 극단적인 공산화 정책

론 놀 정권과 싸우며 세력을 넓혀가던 폴 포트에게 결정적 기회가 찾아왔습니다. 1973년에 베트남 전쟁이 끝나면서 론 놀 장군을 도와주던 미국이 인도차이나에서 철수한 것입니다. 미국의 지원을 받던 론 놀 정부는 힘을 잃었고 크메르루주를 향한 미국의 폭격도 사라졌습니다. 폴 포트와 크메르루주는 이 기회를 틈타 론 놀 정권을 무너뜨리고 캄보디아를 차지했습

프놈펜에 입성하는 크메르루주 군인들

니다. 론 놀은 크메르루주를 피해 미국으로 망명해 버렸죠. 1975년 4월 17일, 마침내 폴 포트와 크메르루주가 수도 프놈펜에 입성했습니다. 캄보디아 사람들은 정부군과 크메르루주가 이어온 5년간의 내전이 드디어 끝났다는 사실에 기뻐했습니다.

이제 평화가 찾아올 거라는 희망에 부푼 국민들은 크메르루주의 군용트럭에 올라타 환호하거나 장갑차에 꽃을 걸기도 했습니다. 이제 캄보디아는 폴 포트와 크메르루주를 중심으로 한 공산주의 세력이 권력을 잡게 되었습니다. 이들이 세운 새로운 나라의 이름은 '민주 캄푸치아'로 폴 포트는 최고 권력자가 됐죠. 청년 시절 파리에서 공산주의에 매료돼 마오쩌둥과 스탈린을 동경하던 시절로부터 30여 년 만에 비로소 캄보디아에 공산주의 혁명을 이뤄낸 것입니다.

하지만 당시 캄보디아의 모든 상황은 최악이었습니다. 미국이 수년간 퍼부은 폭격으로 살 곳을 잃은 사람들이 고향을 등진 채 난민이 되어 수도 프놈펜을 비롯한 여러 도시로 몰려온 것입니다. 폭격 이전까지 약 60만 명이던 프놈펜의 인구는 250만 명이 넘었죠. 게다가 식량도 크게 부족했습니다. 폭격으로 캄보디아의 논이 황폐화되면서 식량 자급률이 크게 떨어졌기 때문입니다. 그동안 미군이 물자와 식량을 공급해줬지만 그마저도 양이 부족해 굶어 죽는 사람이 속출했습니다.

새롭게 정권을 잡은 폴 포트는 이 문제를 해결하기 위해 중화인민공화국의 지도자인 마오쩌둥을 롤 모델로 삼았습니다. 마오쩌둥은 1949년에 중국 공산당 혁명을 성공시킨 이후로 오랫동안 중국을 이끌어 온 강력한 지도자입니다. 그는 국민의 먹고사는 문제를 최우선 과제로 삼으며 많은 지지를 받았죠. 청년 시절부터 마오쩌둥의 책을 읽으며 동경해온 폴 포트는 그의 정책을 캄보디아에 도입하기로 했습니다. 특히 마오쩌둥이 추진했던 '대약진 운동'이라는 정책에 큰 영감을 받았습니다. 대약진 운동이란 1958년부터 4년~5년간 주도한 농공업 증산 운동입니다. 마오쩌둥은 당시 중국의 곡물 생산량을 늘리기 위해 전국에 집단농장을 세우고 전 국민을 농부로 만들어 모든 노동력을 농업에 집중시켰습니다. 과연 이 정책은 성공했을까요?

결론적으로 마오쩌둥의 정책은 완전히 실패했습니다. 모든 국민이 잘 먹기 위해 시작했는데 오히려 수많은 사람이 굶어 죽게 된 것입니다. 당시 굶어 죽은 사람은 4,000만~5,000만 명으로 추산하고 있습니다. 여러 실패 원인 중 가장 큰 문제는 낮은 노동 의욕이었죠. 집단농장에서 열심히 일하든 조금 일하든 국가가 똑같은 식량을 배급하니 사람들이 점차 일을 게을리했던 것입니다. 어떻게 일해도 보상이 똑같다면 이 같은 결과가 나올 수 밖에 없습니다. 사실 전 국민을 농업에 종사하게 해서 생산량을 늘리겠다는 계획은 중국 이전에 소련에서도 실패한 정책이었습니다. 소련의 지도자 스탈린 역시 집단농장을 만들어 농업생산량을 높이려 했지만 수백만 명이 굶어 죽는 비극으로 끝나고 말았죠.

그런데도 폴 포트는 대약진 운동을 성공시킬 수 있다고 확신했습니다. 그는 중국에서 대약진 운동이 실패한 원인을 다음과 같이 분석했습니다. 첫째, 인민들의 생활을 너무 안락하게 해줘서 노동 의욕이 떨어졌다. 둘째, 반동분자들을 더 강력하게 통제하지 않았다. 따라서 자신이 캄보디아 사람들을 더욱 강력하게 다스리면 대약진 운동이 성공할 거라고 믿었죠. 그는 더욱 강력한 초 대약진 운동을 벌이기로 결심했습니다. 당시 자신감에 차 있던 크메르루주 지도부는 공산화를 천천히 진행하라는 중국 총리의 조언에 이렇게 대답했습니다.

"이제 우리는 공산주의를 실현할 준비가 100% 되어 있습니다. 우린 심지어 중국을 앞지를 수 있을 것입니다."

폴 포트는 새로운 농업 국가를 건설하겠다는 거대한 목표를 세우고 전 세계적으로 유래를 찾기 힘들 만큼 극단적인 공산화 정책을 추진했습니다. 그는 자신이 집권한 1975년을 year zero, 즉 '원년'이라고 선포하면서 기존의 역사를 모두 지우고 그간 캄보디아에 내려온 질서도 다 뒤집어버렸습니다. 다음은 폴 포트가 내놓은 긴급 현안의 일부입니다.

캄보디아의 긴급 현안

1. 모든 도시에서 인구 내보내기

2. 전국에 집단농장 건설
3. 론 놀 정권의 화폐 폐지와 새로운 혁명정권의 화폐 인쇄
4. 시장 폐쇄
5. 모든 승려의 승적 박탈
6. 론 놀 정권의 고위직 인물 처형
7. 캄보디아 내 베트남인 추방
8. 국경에 병력 배치(특히 베트남 국경)

사유 재산 폐지, 생산수단의 공공 소유 및 공동생산을 사회의 대원칙으로 삼고 전국에 집단농장을 만들어 전 국민을 농업에 투입하기로 한 것입니다. 또 전 국민에게 극단적인 평등을 강요했습니다. 캄보디아 사람들은 크메르루주의 통제하에 모두 같은 옷을 입고, 같은 것을 먹고, 같은 집에서, 같은 노동을 해야 했죠. 똑같은 검정 옷을 입고, 자동차 폐타이어를 잘라 만든 샌들을 신었습니다. 남자는 중국식 챙모자를 쓰고 여자들은 단발머리를 했죠. 폴 포트는 개성과 개인주의가 나라를 망친다고 생각했기 때문에 국민에게 똑같은 모습을 강요했습니다. 크메르루주 시기에 남들과 다른 개성은 모두 죄라고 취급했고, 시키는 대로 입지 않고 튀는 사람은 끌고 가서 때리거나 죽였다고 합니다.

폴 포트는 화폐도 없애버렸습니다. 처음에는 론 놀 정권의 화폐 대신 크메르루주의 새로운 화폐를 유통하기로 하고 인쇄까지 마쳤지만 끝내 유통되지 않았습니다. 고민 끝에 아예 화폐를 없애기로 했기 때문입니다. 화폐, 즉 돈이 있으면 사람들이 돈을 더 많이 모으는 데 집중할 것이고, 돈을 많이 모으면 특권이 생기며, 돈을 많이 가진 사람들이 공산주의 체제를 무너

뜨릴 거라고 본 것입니다. 이 외에도 돈을 없애면 사람들이 뇌물을 주고받지 못하므로 부정부패가 사라질 거라고 생각했죠. 이렇게 돈도 없애고 시장도 없앤 상황에서 필요한 물건은 어떻게 구해야 할까요? 쌀은 국가가 배급하기로 했습니다. 그 외에 필요한 것들은 쌀을 통해 물물교환으로 해결하라고 했습니다. 하지만 나중에 쌀이 부족해지면서 처음에 권장했던 물물교환마저 엄격하게 금지했습니다. 누군가 더 좋은 것을 가지면 평등하지 않다는 이유였죠.

킬링필드의 시작

폴 포트가 프놈펜을 장악하자마자 가장 먼저 실행에 옮긴 긴급 현안은 수도 프놈펜에 사는 시민들을 쫓아내는 것이었습니다. 그는 전 국민을 기본 인민과 신인민이라는 두 부류로 나눴습니다. 기본 인민은 시골에서 농사를 지으며 자본주의에 물들지 않은 순수한 사람들로, 폴 포트가 생각하는 이상적인 국민이었죠. 폴 포트는 기본 인민들은 살던 곳에서 그대로 살도록 해줬습니다. 문제는 신인민이었습니다.

폴 포트는 도시 사람을 신인민이라고 불렀는데, 도시와 문명의 혜택을 받아 자본주의에 물든 이들이 사회를 망친다고 굳게 믿었습니다. 프놈펜에 입성한 크메르루주는 신인민을 향해 "너희들은 살려둬도 아무 이득이 없고, 죽어도 아무 손해가 없다"라고 공공연하게 말했습니다. 자신이 꿈꿔온 이상적인 공산주의 국가를 건설하겠다는 야망에 찬 폴 포트는 조금이라도 어긋나는 것은 청소해버리고 제로 베이스에서 새롭게 시작하겠다는 극단적인 생각을 가졌던 것입니다.

결국 그는 24시간 안에 모든 사람을 수도에서 내보내기로 했습니다. 하지만 250만 명이 넘는 사람들을 한꺼번에 내쫓는 것은 쉽지 않은 일이었죠. 반발이 극심할 것은 불 보듯 뻔했습니다. 크메르루주는 신속하게 도시민들을 쫓아내기 위해 미군이 프놈펜을 폭격할 것이며 인명 피해를 방지하기 위해 모두 지방으로 이동해야 한다고 속였습니다. 크메르루주 병사들은 집집마다 돌아다니며 사람들에게 거짓말을 퍼뜨렸고, 이 말을 믿은 사람들은 허겁지겁 도시를 빠져나간 것입니다. 크메르루주의 조치에 예외는 없었습니다. 잘 걷지 못하는 노약자와 임산부는 물론이고, 병원에서 치료 중인 환자들도 들것에 실려서 떠나야 했죠. 도시를 안 떠나겠다고 반항하거나 의문을 품는 사람들은 즉시 처형당했습니다. 그렇게 '아시아의 진주', '동남아의 파리'로 불렸던 프놈펜은 크메르루주가 들어오자마자 하루아침에 유령 도시가 되었습니다. 한 나라의 수도가 텅 비어버리는 초유의 사태가 벌어진 것입니다.

도시에서 쫓겨난 수백만 명은 크메르루주 군인들의 감시 속에 대이동을 시작했습니다. 어디로 가는지 영문도 모른 채 짧게는 며칠, 길게는 몇 달 동안 그저 걷고 또 걸어야 했죠. 급하게 나오느라 간단한 짐만 챙겼으니 먹을 것이 없어서 굶어 죽는 사람이 속출했고 질병까지 사람들을 괴롭혔습니다. 아비규환이었던 당시 상황을 증언하는 기록이 있습니다.

> "아픈 사람들은 식구들과 함께 이동을 멈추고 길가에 남았다. 어떤 이는 걷지 못한다는 이유로 크메르루주 병사들에게 처형되기도 했다. 부모를 잃은 아이들이 울부짖었다. 이동 중에 사망한 이

들은 그대로 버려져 파리떼로 뒤덮였다. 출산을 앞둔 여자들은 길에서든 나무 아래서든 아무 데서나 아이를 낳았다. 우리는 먹을 것을 생각할 기력도 없었다. 밤에는 길가에서 모두 같이 잠을 잤는데 피곤해서 금세 곯아떨어졌다. 새벽에 깨어나 보면 전쟁 때 죽은 군인들 시신이 바로 옆에서 뒹굴고 있기도 했다."

프놈펜에서 사람들이 쫓겨나는 과정에서 사망한 사람만 대략 1만여 명이라고 합니다. 문제는 이런 일이 프놈펜에서만 벌어진 것이 아니라 제2의 도시인 바탐방을 비롯한 여러 도시에서 일어났다는 사실입니다.

살던 곳에서 쫓겨난 사람들은 모두 지방 곳곳에 있는 집단농장으로 흩어졌습니다. 프놈펜 인근 지역들과 북서부, 그리고 남부의 인구가 희소한 지역과 비옥한 경작지가 있는 지역을 중심으로 집단농장을 세운 것입니다. 집단농장은 거대한 강제 수용소와 같았고 끌려온 사람들은 이곳에서 노예처럼 가혹한 노동에 시달려야 했습니다. 아침부터 밤늦게까지 소 대신 쟁기를 끌고 온종일 뙤약볕 아래서 쉬지도 못하고 잠도 자지 못한 채 일했습니다. 폴 포트가 캄보디아의 쌀 생산량을 세 배로 늘리겠다는 무리한 목표를 세웠기 때문입니다. 당시 캄보디아의 논에서는 1헥타르당 평균 1톤 정도의 쌀을 생산했는데 이를 세 배로 늘리는 건 불가능한 일이었죠.

이들은 온갖 공사에도 동원됐습니다. 크메르루주는 "물이 있으면 쌀이 있다. 쌀이 있으면 모든 것을 가질 수 있다"라는 구호를 외치며 전국 곳곳에 거대한 규모의 댐이나 보, 제방을 만들었습니다. 이때 모든 작업은 맨손으로 이루어졌습니다. 191쪽의 사진에서 보듯이 굴착기 같은 건설 장비 한 대도 없이 그야말로 사람의 몸만으로 흙과 돌을 나르며 공사를 진행한 것

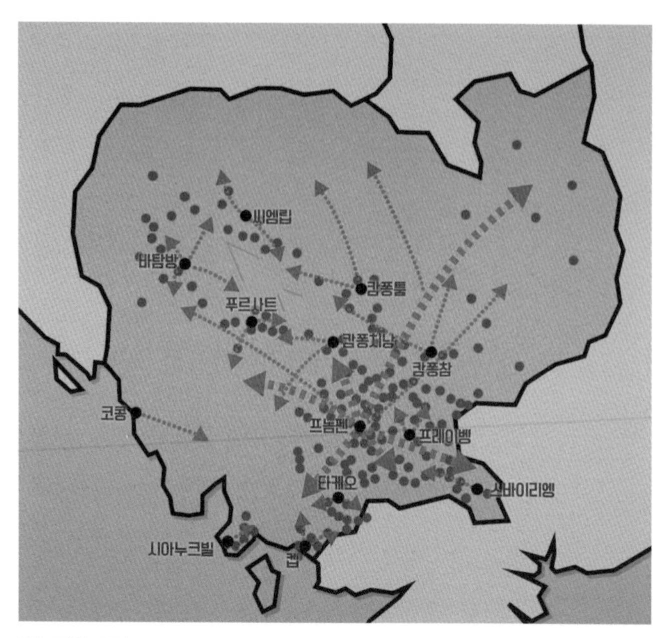

캄보디아 집단농장 분포

입니다. 허무하게도 댐은 짓고 나면 무너지기 일쑤였습니다. 제대로 된 지식도 없이 공사를 밀어붙였기 때문이죠. 그래서 겨우 지은 댐을 다시 짓고, 또 짓는 과정에서도 많은 사람이 죽어 나갔습니다. 그래도 폴 포트는 멈추지 않았습니다. 오히려 자본주의자들을 노동으로 교화해야 한다며 더욱 가혹하게 일을 시켰죠. 이런 생각을 잘 보여주는 크메르루주 간부의 말이 있습니다.

"프놈펜은 돈으로 인해 망가졌습니다. 도시는 개조될 수 없지만 인간은 개조될 수 있습니다. 인간은 땀을 흘리며 농사를 지어봐야 농사일의 진정한 가치를 알게 됩니다."

이렇게 황당한 논리로 사람들에게 가혹한 노동을 시켰던 것입니다.

캄보디아 캄퐁톰주의 댐 건설

전 국민이 농사에 매달렸음에도 캄보디아의 농업생산량은 별로 증가하지 않았습니다. 감독관들이 사람들에게 하루 노동량을 억지로 채우게 할 수는 있었지만, 수확량을 결정짓는 노동의 질까지 감독할 수는 없었기 때문입니다. 사람들은 감독관에게 벌을 받지 않을 만큼만 일했습니다.

최고 지도자인 폴 포트가 세운 목표만큼 농업생산량이 늘지 않은 상황에서 크메르루주의 관리자들은 목표량을 달성했다는 거짓 보고를 올렸습니다. 할당받은 수확량을 채우지 못했을 때 받게 될 처벌이 두려웠기 때문입니다. 크메르루주 정부는 거짓 보고를 믿고 기뻐하며 집단농장의 쌀과 농산물들을 탈탈 걷어갔습니다. 이런 상황에서 크메르루주 지방 간부들은 몰래 쌀을 빼돌리기까지 했습니다. 간부들은 매일 당에 사망자 수를 보고

해야 하는데 이때 사망자 숫자를 축소한 것입니다. 그리고 사망자에게 할당된 배급 물자를 빼돌렸죠. 그러다 보니 고된 노동으로 얻은 수확물은 정작 일한 사람들에게는 돌아가지 않았고 집단농장에는 과로와 질병, 영양실조, 기아로 죽는 사람이 속출했습니다. 1975년 한 해에만 도시 이주민의 3분의 1이 사망할 정도였죠. 식량이 극도로 부족한 일부 마을에서는 식인풍습까지 생겨났다고 합니다.

폴 포트는 이 상황을 제대로 들여다보지 않았습니다. 여전히 자신이 이끄는 캄보디아가 발전하고 있다고 확신했죠. 캄보디아가 세계 제일의 나라가 될 것이며 농업 문제를 해결해 1인당 1년에 쌀 300kg 이상을 배급하겠다고 큰소리쳤습니다. 그는 1976년 말, 당 지도부의 비공개 회의에서 농촌지역의 4분의 3이 심각한 식량부족을 겪고 있다는 보고를 받고도 상황을 이해하지 못했습니다. 자신이 세운 계획대로라면 당연히 성공해야 한다고 생각했던 것이죠.

폴 포트의 망상에 희생된 것은 어린아이들도 마찬가지였습니다. 그는 기존의 학교가 자본주의를 가르쳐왔다며 전국의 학교를 대부분 없애버리고 아이들이 학교에 가지 못하게 했습니다. 또 부모에게서 아이들을 떼어내 따로 모아서 집단으로 생활하게 했죠. 부부와 자식들은 뿔뿔이 흩어져야 했고 수많은 이산가족이 발생했습니다. '가족'이라는 개념 자체를 아예 없애버린 것입니다.

크메르루주의 소년병들

학교에도 가지 않고 부모에게

서도 떨어진 아이들은 사상교육을 받았습니다. 폴 포트는 자본주의자들을 모두 없애야 한다며 아이들에게 극단적인 공산주의 사상을 주입했습니다. 자본주의에 물들지 않은 순수한 상태의 아이들에게 어릴 때부터 사상교육을 해 자신이 생각하는 이상적인 국민으로 만들려고 한 것입니다. 특히 5세부터 9세까지의 아이들에게 집중적으로 사상을 주입했는데, 이런 아이들은 집단농장에 투입돼 사람들을 감시하거나 무기를 든 소년병이 되기도 했습니다. 자기 몸만 한 총을 들고 있는 아이들은 가족과 떨어져 선악에 대한 개념이 없는 상황에서 극단적인 사상교육에 따라 살인까지 저지르는 폴 포트의 병사가 되고 만 것입니다.

악마로 불린 폴 포트의 광기 어린 대학살

이 가운데 폴 포트는 자신이 꿈꾸는 공산국가를 건설하겠다며 또다시 최악의 선택을 했습니다. 순수한 농민 외에는 모조리 죽이겠다는 극단적인 정책을 실천에 옮긴 것입니다. 이제 캄보디아에서는 무차별적인 색출과 처형이 시작됐습니다. 최우선으로 척살할 대상은 지식인이었습니다. 캄보디아에서 교사, 공무원, 경찰은 대표적인 지식인이었고 이들은 모두 죽어야 했죠. 사실상 고등 교육 이상을 받은 캄보디아 국민은 모조리 말살 대상이었습니다. 그래서 사람들은 자신이 교육받았다는 사실을 숨기려 했습니다.

크메르루주는 납득하기 어려운 기준으로 지식인을 색출했습니다. 우선 캄보디아에서 안경을 쓴다는 것은 죽음을 의미했습니다. 안경 쓴 사람을 교육받은 사람으로 간주했기 때문입니다. 또 손이 하얀 사람, 피부색이 밝은 사람들도 죽어야 했습니다. 노동하지 않는 사람으로 여겼기 때문이죠. 글자를 읽을 수 있는 사람도 지식인으로 취급했습니다. 크메르루주는 지식인을 색출하기 위해 사람들에게 종이와 연필을 쥐여주고 이름을 쓰라고 시켰습니다. 이때는 글자를 모르는 것은 물론 아예 연필이 무엇인지도 모르는 척을 해야 살아남을 수 있었다고 합니다. 연필만 제대로 쥐어도 지식인이라는 막무가내식의 논리를 펼쳤기 때문입니다. 그 외에도 사람들에게 불어로 말을 걸고 상대가 무심결에 불어로 대답하면 바로 끌고 갔다고 합니다.

이때 프랑스 유학까지 다녀온 폴 포트는 자신은 예외라고 생각했습니다. 다른 지식인들은 자본주의에 물들어 나라를 망칠 사람들이지만 자신은 사람들을 이끌 참 지식인이라며 다르게 여긴 것이죠. 또 하나 황당한 것은 그의 이름이 영어라는 사실입니다. 그의 본명은 살롯 사Saloth Sar인데 영어로 '정치적 잠재력을 지닌 사람(**Po**litics **Pot**ential)'이라는 의미의 폴 포트Pol Pot라는 이름을 스스로 지은 것입니다. 외국어를 사용하는 사람은 죽이라고 명령했지만 정작 자신은 영어로 이름을 짓고 유창한 불어를 구사했죠. 그는 프랑스 문학도 사랑한 것으로 알려져 있습니다.

사진은 폴 포트와 함께 혁명을 일으킨 크메르루주 정부의 핵심 간부들의 모습입니다. 가운데 안경을 쓴 사람은 국방부 장관인 손 산Son Sann으로 폴 포트처럼 부유한 집안에서 태어난 프랑스 유학파였습니다. 가장 왼쪽에 있는 사람이 폴 포트입니다. 그 옆에 있는 사람은 크메르루주의 2인자이자 당 부서기를 맡은 누온 체아Nuon Chea인데 그 역시 태국에서 대학을 나온 유학파였죠. 자동차에 기대선 사람은 외교부 장관인 이엥 사리Ieng Sary로 폴 포트와 파리 유학 생활을 같이했던 사람입니다. 폴 포트는 캄보디아의 모든 지식인을 숙청하면서도 정작 정부의 주요 구성원은 모두 유학파에 지

크메르루주 핵심 간부들

식인으로 꾸렸던 것입니다.

폴 포트는 예술가들도 처형했습니다. 과거의 권력자들이 누렸던 모든 문화와 예술을 철저하게 청산해야 한다는 이유였죠. 배우, 감독, 가수, 무용수, 시인뿐만 아니라 문화예술을 공부하던 학생들까지도 줄줄이 끌고 가서 죽였다고 합니다. 운동선수들도 예외는 아니었습니다. 특히 영국에서 유래한 테니스는 식민주의자의 스포츠로 여겼기 때문에 테니스 선수들도 대부분 처형당했습니다. 과거와 완전히 단절된 캄보디아를 만들겠다는 이유로 역사학자들도 모두 숙청 대상에 올랐습니다. 그 결과 이 시기에 도서관과 박물관이 모두 사라졌습니다. 한마디로 국민에게 영향을 미치는 모든 사람을 죽인 것입니다.

사실 폴 포트가 사람들을 죽이는 데 명확한 기준과 이유는 없었습니다. 불만 많은 사람, 게으른 사람, 다른 사람들과 잘 어울리지 못하는 사람부터 인정 많은 사람, 용감한 사람, 똑똑한 사람, 개인주의자, 평판이 좋은 사람, 재주가 많은 사람, 돕기를 좋아하는 사람도 죽였죠. 그저 자신에게 조금이라도 반대할 것 같거나 방해될 것 같은 사람은 모조리 죽였던 것입니다. 게다가 폴 포트는 색출한 사람만 죽이는 게 아니라 이들의 삼대까지 씨를 말려야 한다며 온 가족을 살해했습니다. 젖먹이들까지 가차 없이 죽였죠. 그림은 당시 생존자가 남긴 것입니다. 크메르루주는 마치 개구리를 잡아서 길바닥에 패대기치듯 아기들의 팔이나 다리를 잡고 바위나 뾰족한 나무에 내려쳐 죽였다고 합니다. 아기를 공중에 던지고 총으로 맞히며 사격 연습용으로 쓰는 만행을 저지르기도 했죠.

아이를 죽이는 크메르루주

폴 포트가 이토록 잔혹한 방식으로 사람들을 죽인 것은 공포심에 반항할 마음조차 들지 못하게 만들려 한 것입니다. 사람들은 조금이라도 반항하면 자신뿐 아니라 가족과 아이들까지 모조리 끔찍하게 살해당할 거로 생각해 크메르루주에 대항하지 못했습니다. 게다가 집단농장에서 탈출하지 못하도록 주변에 수많은 지뢰를 뿌려놓기도 했죠. 캄보디아 사람들은 집단농장을 창살 없는 감옥이라고 불렀습니다. 하루아침에 삶의 터전에서 쫓겨나 강제 이주를 당하고 노예처럼 가혹한 노동 착취에 시달렸지만 그 대가는 말도 안 되는 이유로 목숨을 잃는 것이었습니다.

크메르루주가 일으킨 죽음의 행렬은 크메르루주 내부까지 확산됐습니다. 집권 다음 해인 1976년에 크메르루주는 반혁명 세력이 농촌 지역 전역에 스며들어 인민의 건전한 사상을 오염시키고 있다는 내용의 보고서를 작성했습니다. 이에 폴 포트는 한 해 동안 크메르루주 중앙위원회 간부 15명 중 8명을 처형했습니다. 폴 포트는 이 숙청을 가리켜 "당을 깨끗하고 강력하게 만든 위대한 승리"라고 말했죠. 이렇게 전국적으로 대대적인 학살이 일어나는 가운데 색출한 뒤에 즉시 죽이지 않은 사람들도 있었습니다. '반혁명 사상'을 품은 것으로 의심되는 사람들과 '스파이'로 의심되는 사람들입니다. 이번에도 별다른 증거 없이 자의적 기준을 적용해 색출한 사람들이었죠. 크메르루주의 비밀경찰은 이들을 어디론가 끌고 갔습니다.

캄보디아판 아우슈비츠, 투올 슬렝

크메르루주는 전국 곳곳에 120여 개의 강제 수용소를 세웠습니다. 그야말로 감옥 국가를 건설한 것이죠. 그중 수도 프놈펜에 있는 '투올 슬렝'은 악명 높기로 유명했습니다. 그림은 끌려간 사람들이 교실을 개조한 투올 슬렝에 빼곡하게 누워 있는 모습입니다. 이곳에는 온갖 규칙이 존재했습니다. 교도관의 허락 없이는 자리에 앉을 수도 없었고, 사람들은 쇠고랑을 찬 채로 지내면서 침묵한 채 누워서 지내야 했죠. 하지만 사람들은 이렇게 신체의 자유를 빼앗긴 것이 차라리 낫다고 생각했습니다. 감옥 밖으로 끌려나가면 고문이 기다리고 있었기 때문입니다.

수용소에 있는 고문 기술자들은 온갖 종류의 끔찍한 고문을 자행했습니다. 당시 투올 슬렝에 잡혀간 사람 중에는 반 나스Van Nath라는 화가도

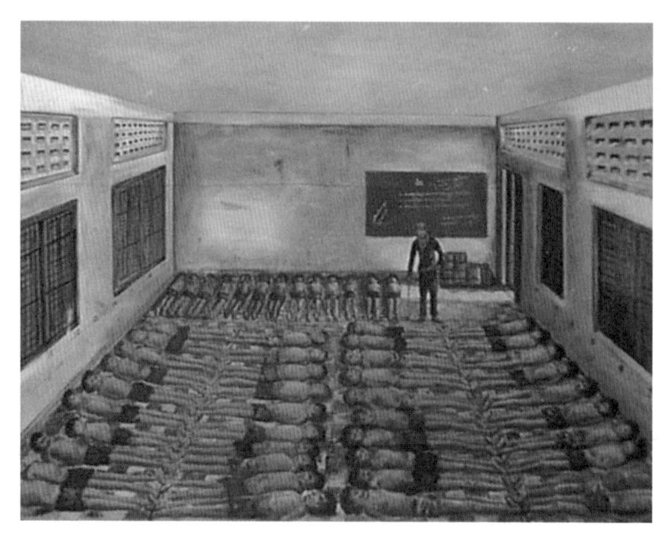

강제 수용소로 끌려온 사람들

있었는데, 그는 수용소에서 직접 보고 경험한 것을 그림으로 남겼습니다. 교도관들은 고문을 하기 전에 옷을 벗겨서 사진을 먼저 찍었다고 합니다. 그 뒤에 고문을 시작했습니다. 199쪽의 첫 번째 그림은 손톱과 발톱을 뽑는 고문이고, 두 번째 그림은 사람을 오물에 담그는 것과 팔을 뒤로 묶어서 들어 올리는 고문입니다. 팔을 뒤로 묶어 들어 올리면 몸무게에 눌려서 팔이 부러지거나 탈골되는 끔찍한 고통을 겪어야 하죠. 세 번째 그림은 묶은 채로 물에 담그는 고문입니다. 그 외에도 뜨겁게 달군 쇠막대기를 콧구멍에 쑤셔 넣기, 팔다리를 묶은 채 채찍질하기, 드릴 같이 생긴 도구로 뒤통수 뚫기, 손발 자르기 등 인간에게 최고의 고통을 가하는 다양한 고문을 자행했습니다.

사람들을 고문한 것은 자백을 받아내기 위해서였습니다. 폴 포트는 자신들에게 반대하는 세력을 모조리 뿌리 뽑고 싶어 했습니다. 특히 미국에

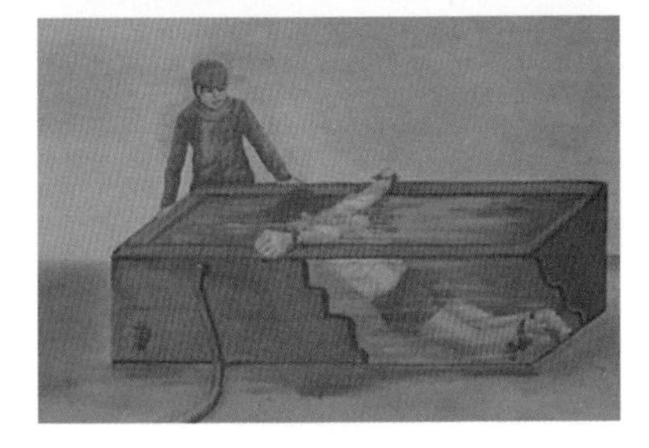
강제 수용소의 가혹한 고문

서 쳐들어올지 모른다고 두려워했기 때문에 미국 정보기관인 CIA와 내통한 사람들을 찾으려 했죠. 하지만 아무 증거 없이 심증만으로 끌려온 사람들이 대부분인데다 고문이 너무 가혹하다 보니 사람들은 있지도 않은 죄를 거짓으로 지어서 토해내야 했습니다. '미국 CIA 첩자다', '소련 KGB 첩자다'라며 부르는 대로 말하는 사람도 많았죠. 가혹한 고문을 할수록 CIA 첩자라고 고백하는 사람이 늘어나는 웃지 못할 상황이 벌어졌습니다. 이 같은 거짓 자백을 한 사람은 가차 없이 죽였습니다. 하지만 이들의 자백이 진짜라고 믿는 사람은 거의 없었습니다. 훗날 투올 슬렝 수용소의 소장조차 "자백이 진실이라고는 한 번도 믿지 않았다"라며 사람들을 죽이는 것이 목적이었다고 털어놓았죠.

상황이 이렇다 보니 가혹한 고문과 공포를 버티다 못한 사람들은 스스로 목숨을 끊었습니다. 이런 일은 투올 슬렝뿐 아니라 전국 120여 개 수용소에서 끊임없이 벌어졌습니다. 투올 슬렝 수용소에는 약 1만 4,000명을 감금했는데 고문, 학살, 질병, 기아, 자살 등으로 인해 살아나온 사람은 겨우 몇 명밖에 없었죠. 고문 그림을 그린 반 나스는 수용소에서 폴 포트의 초상화를 그려서 겨우 살아남았다고 합니다. 그는 잊고 싶은 기억이지만 크메르루주가 저지른 일들을 세상에 알리기 위해 평생 그림을 그렸습니다. 그가 수용소에 들어가기 전의 삶을 그리워하며 그린 그림을 보면 고문 그림과 대조되어 더 가슴이 아픕니다.

수용소에서 죽은 사람들은 인근에 집단으로 암매장됐습니다. 가장 대표적인 곳은 프놈펜 외곽에 있는 쯩아익 매장지입니다. 투올 슬렝에서 약 15km 떨어진 이곳에서 1만여 구의 유골이 발견되었고, 전 세계가 큰 충격을 받았습니다. 갓난 아기를 나무에 던져 잔혹하게 죽였던 나무 아래에는 250구~450구의 시신이 묻혀 있었죠. 이곳은 지금도 비가 와서 흙이 유실되면 희생자들의 유골과 옷가지가 발견된다고 합니다. 쯩아익과 같은 희생자 집단 매장지는 전국에 2만여 개나 되는 것으로 추정합니다. 이처럼 폴 포트 정권에서 3년 9개월 만에 캄보디아 전체 인구의 4분의 1이 죽어갔습니다. 그야말로 캄보디아 전역이 킬링필드가 되어버린 것입니다.

반 나스 〈내가 태어난 고향〉

폴 포트의 야욕이 불러온 또 다른 전쟁

철저한 민족주의자인 폴 포트는 통치 기간 중 캄보디아 내에 살고 있던 수많은 타민족까지 색출해 학살했습니다. 이때 중국인과 태국인, 베트남인 등이 목숨을 잃었습니다. 이 같은 학살은 베트남 정부를 자극했습니다. 결정적으로 폴 포트는 수백 년 전 베트남이 빼앗은 캄보디아 영토를 되찾겠다며 베트남의 영토를 침범하기까지 했죠. 지도 속 바척 지역은 17세기까지만 해도 캄보디아의 영토였습니다. 그런데 17세기에 태국의 침략을 받은 캄보디아의 세력이 약해졌을 때 베트남이 이곳을 차지한 것입니다. 크메르루주는 이 지역을 되찾겠다며 군대를 꾸려 베트남의 국경을 넘었고, 바척 마을에서 끔찍한 학살을 저질렀습니다. 크메르루주 군대는 마을을 포위하고 이곳으로 통하는 모든 도로를 차단했습니다. 그리고 집집마다 돌아다니며 마을 사람들을 무차별적으로 학살했죠. 12일간 3,000명이 넘는 베트남 사

캄보디아의 바척 침범

람이 목숨을 잃었습니다.

이 소식을 들은 베트남 정부는 크게 분노했습니다. 당시 전쟁을 치른 미국을 물러가게 만든 베트남은 군사적 자신감이 넘쳤습니다. 베트남은 1978년 12월에 대군을 일으켜 캄보디아를 침공했습니다. 미군과의 오랜 전쟁 경험으로 부쩍 강해진 베트남군은 약 한 달 만에 캄보디아의 수도인 프놈펜을 점령했고, 캄보디아에는 베트남의 지원을 받는 새로운 정권이 수립됐습니다. 훈 센Hun Sen을 초대 총리로, 헹 삼린Heng Samrin을 대통령으로 지목했습니다. 두 사람 모두 크메르루주 소속이었다가 그들에 반대해 베트남으로 망명한 정치인이었죠. 이때 프놈펜에 입성한 베트남군은 투올 슬렝에 가득한 해골을 보고 깜짝 놀랐다고 합니다.

폴 포트와 크메르루주는 베트남에 밀려 프놈펜에서 도망갔습니다. 그리고 태국 국경에서 다시 게릴라 군대를 창설해 베트남 정부와 내전을 벌였습니다. 이때 부족했던 전쟁자금을 지원한 것은 베트남과의 영토 분쟁으로 사이가 좋지 않았던 중국입니다. 그리고 베트남과 전쟁을 치렀던 미국도 암암리에 크메르루주를 지원했습니다. 과거에 폴 포트는 반미 정서를 이용해 세력을 키웠는데 이제는 그런 폴 포트를 미국이 지원하게 된 것입니다. 복잡한 국제 정세는 어제의 적을 오늘의 동지로 만들어주었습니다.

게다가 폴 포트는 또다시 시아누크 왕을 지도자로 삼아 명분까지 마련했죠. 과거 전 국민의 지지를 받기 위해 시아누크를 이용해 정권을 잡은 폴 포트는 1년 뒤에 그를 가택연금에 처했습니다. 그런데 자신의 처지가 위험해지자 또다시 시아누크 왕을 지도자로 삼은 것입니다. 시아누크도 이를 받아들였죠. 이렇게 중국과 미국의 지원을 등에 업은 크메르루주와 베트남의 지원을 등에 업은 친베트남 정권의 치열한 내전이 벌어지면서 캄보디아는 또다시 큰 상처를 입었습니다. 크메르루주의 학살에 묻혔지만 내전 중 사망자도 수십만 명으로 추정됩니다.

이 시기 미국은 국제적으로 크메르루주만을 정식 정부로 인정하고 캄보디아 대표로 UN에 초빙하기도 했습니다. 반면 베트남의 지원으로 새롭게 세운 정부인 '캄푸치아 인민공화국'은 철저히 무시했죠. 그리고 미국은 베트남을 곤경에 빠뜨리기 위해 '베트남이 이웃 나라 캄보디아를 무력으로 침략했다'라며 국제적인 여론전까지 펼쳤습니다. 군대를 일으켜 남의 나라를 침략했다는 비난에 직면한 베트남은 국제 여론을 반전시키기 위해 크메르루주가 저지른 대학살을 외국에 적극적으로 알리기로 했습니다. 그리고 최악의 수용소였던 투올 슬렝을 박물관으로 재탄생시켰죠. 또 프놈펜 외곽의 다른 킬링필드들도 찾아내서 발굴했습니다. 외국 기자들은 베트남의 지원으로 캄보디아 전역의 킬링필드를 돌아보며 취재했고 크메르루주의 천인공노할 만행이 전 세계에 널리 알려졌습니다.

사진은 앙코르와트 옆의 버려진 학교에 쌓인 유골들과 킬링필드의 실제 생존자들입니다. 투올 슬렝 박물관에는 수용소 내에서 발굴한 유골로 캄보디아 지도를 만들기도 했습니다. 이렇게 폴 포트에게 희생된 캄보디아 사람들은 죽음 이후에 또다시 정치적으로 이용되고 말았습니다. 전 세계에 크메르루주의 만행을 알렸음에도 베트남을 향한 국제적인 비난 여론은 사그라지지 않았습니다. 결국 베트남군은 캄보디아를 침공한 지 약 10년 만인 1989년 9월에 캄보디아에서 철수했습니다.

쯩아익에서 발굴한 유골들

기나긴 내전으로 상처입은 캄보디아

세계 여러 나라가 캄보디아 내전에 개입했지만, 캄보디아에는 좀처럼 평화가 찾아오지 않았습니다. 크메르루주가 무장해제를 거부했기 때문입니다. 결국 1993년에 UN의 적극적인 개입과 감독하에 크메르루주가 빠진 채 총선을 치렀고, 마침내 입헌군주제를 기반으로 한 캄보디아 왕국이 탄생했습니다. 시아누크는 다시 국왕으로 복위했죠. 폴 포트는 이를 인정하지 않았고 새 정부에 맞서 또다시 내전을 이어갔습니다. 이 기간의 상처는 앙코르와트 사원에도 남아있습니다. 그곳에서 총격전이 벌어지면서 사원 곳곳에 총알 자국이 새겨진 것입니다.

내전이 길어지면서 크메르루주는 점차 분열되었습니다. 심복들은 하나 둘씩 변절했고 새로운 정부에 투항하기 시작했죠. 이에 맞서던 폴 포트는 결국 1997년에 부하들에게 체포돼 그들이 주도한 재판을 받았습니다. 인민재판으로 종신형을 선고받은 그는 가택연금에 처했고 1년 뒤인 1998년에 돌연 사망했습니다. 공식적인 사인은 심장마비지만 그의 죽음을 두고 독살당했다, 자살했다 등 온갖 설이 많습니다. 폴 포트의 시신은 북부 산지에서 쓰레기와 함께 화

앙코르와트 사원의 총알 자국

장됐습니다. 수장인 폴 포트가 사망하면서 크메르루주는 완전히 해체됐고 오랜 시간 이어졌던 캄보디아의 내전도 드디어 끝이 났습니다.

캄보디아를 지옥으로 만든 폴 포트는 결국 법의 심판을 받지 않았습니다. 그는 죽기 직전까지도 자신이 캄보디아에 혁명을 일으켰을 뿐 양심에 아무 거리낌이 없다며 자신의 행동을 정당화했습니다. 마지막의 마지막까지 죄를 인정하지 않은 것입니다. 훗날 크메르루주 간부들에 대한 전범재판이 열렸으나 너무 오랜 세월이 지나 대부분 죽거나 병들어서 제대로 처벌받지도 않았다고 합니다.

폴 포트는 죽었지만 킬링필드는 캄보디아 사회에 큰 상처를 남겼습니다. 킬링필드 이후 캄보디아의 산업은 크게 퇴보했고 주변 동남아시아 국가들에 비해 발전도 뒤처졌습니다. 교사와 지식인들이 학살당하면서 다시 학교를 세우는 것조차 힘들었죠. 그뿐 아니라 의료, 문화, 예술, 스포츠 등 거의 모든 방면에서 커다란 후유증을 겪어야 했습니다. 최악의 지도자 한 명이 불과 4년도 안 되는 기간에 한 나라를 수십 년이나 후퇴시킨 것입니다.

이토록 캄보디아에 크나큰 상처로 남은 킬링필드에 관해 이야기하는 것은 아프고 괴로운 일입니다. 하지만 우리는 이 참혹한 역사에서 눈을 돌리지 말아야 합니다. 오히려 계속해서 함께 이야기해야 하죠. 국가를 비극으로 몰아간 최악의 지도자는 어느 나라, 어느 시대에도 있었고 앞으로도 나타날 것이기 때문입니다. 이 비극을 함께 이야기하고 기억하는 것은 다시는 이런 일이 일어나지 않도록 하기 위함입니다. 그것은 우리가 역사를 배우는 이유 중 하나이기도 합니다.

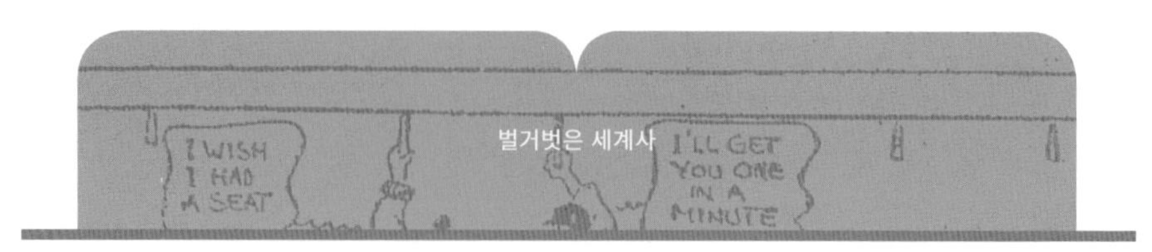

벌거벗은 인수 공통 감염병

인류를 죽음으로 몰아넣은 치명적 바이러스

송대섭

2022년, 코로나19(COVID-19)에 이어 팬데믹의 공포를 안겨준 감염병이 우리를 찾아왔습니다. 원숭이두창(monkeypox)이라는 낯선 이름의 감염병에 걸린 확진자가 국내에서도 발생하면서 또다시 일상을 위협할지도 모른다는 두려움에 휩싸인 것입니다. 원숭이두창 감염은 유럽과 북미 지역에서 빠르게 증가하며 폭발력을 우려하고 있습니다. 원숭이두창은 코로나19와 달리 눈에 보이는 증상이 뚜렷합니다. 세계보건기구(WHO)에 따르면 처음에는 피부 일부가 붉게 변하는 반점이 생기고, 1주~3주간의 잠복기를 거친 뒤에는 이 반점이 울퉁불퉁해지면서 솟아오른다고 합니다. 얼굴에서 발진이 시작하는 경우가 많고 이후 팔과 다리로 점점 발진이 번져나가죠. 또 발열, 근육통, 두통이 시작되고 림프절이 붓는 증상이 생기기도 합니다. 보통 피부 발진이 나타나고 물집이 잡히면서 딱지가 생기는 순서로 회복하죠. 하지만 중증일 경우 목숨을 잃기도 합니다.

그렇다면 원숭이두창은 언제, 어떻게 생긴 병일까요? 병명만 보면 원숭이한테서만 전염될 것 같지만 반드시 그런 것은 아닙니다. 1958년 덴마크 코펜하겐의 한 실험실에서 원숭이에게 인간의 두창과 비슷한 증상이 나타난 것을 보고 이 같은 이름을 붙였다고 합니다. 원숭이두창에 감염된 원숭이의 모습을 보면 실제로 사람에게 나타나는 증상과 비슷한 것을 알 수 있습니다.

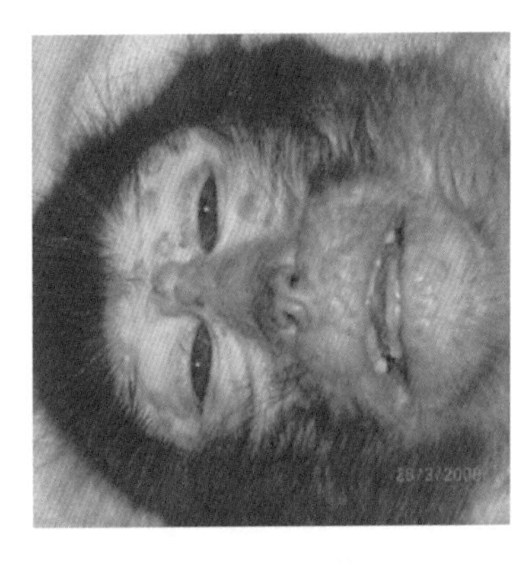

원숭이두창에 감염된 원숭이

그러다가 1970년 콩고민주공화국에서 원숭이두창이 사람에게 전파되는 일이 벌어졌습니다. 세계 최초로 9세 소년에게서 원숭이두창이 발병한 것입니다. 이후 이 감염병은 중앙아프리카와 서아프리카에서 주로 발병하는 풍토병으로 남았습니다. 그런데 2022년 5월 초에 영국에서 첫 발병한 이후 독일, 스페인, 미국 등 여러 나라로 빠르게 확산하며 원숭이두창 감염 사례가 이어졌습니다. 약 3개월 만에 84개국에서 2만 7,000명이 넘는 확진자가 발생했죠. 우리나라도 같은 해 6월 22일에 첫 확진자가 나왔습니다.

원숭이두창이 원숭이에게서만 전파되는 것이 아니므로 질병에 관한 연구는 좀 더 필요합니다. 현재까지 이 감염병의 원인으로 지목된 것은 중앙아프리카와 서아프리카에 서식하고 있는 설치류입니다. 쥐와 다람쥐 같은 동물을 말하는 것이죠. 실제로 2003년에 미국에서 47명의 원숭이두창 감염자가 나온 적이 있었는데 역학조사를 통해 '프레리도그'라는 다람쥣과에 속하는 동물이 원인으로 지목되었습니다. 당시 미국 가정에서는 아프리카

프레리도그

에서 수입한 프레리도그를 키우기도 했는데 이로 인해 원숭이두창에 감염된 사람들이 발생한 것입니다.

원숭이두창은 코로나19보다는 전파력이 약합니다. 감염된 동물 혹은 사람의 분비물이나 감염된 사람과의 밀접한 신체 접촉을 통해 퍼지는 경우가 일반적입니다. 예를 들어 원숭이두창 확진자와 같은 방에 있었다고 해서 무조건 감염되는 게 아니라, 확진자의 병변에 직접 접촉하거나 확진자가 내 얼굴을 마주 보고 기침을 하거나 침을 뱉으면 바이러스가 전파될 가능성이 있습니다. 그만큼 밀접하게 접촉해야 합니다.

그런데 최근 전 세계를 공포로 몰아넣은 코로나19와 원숭이두창에는 공통점이 있습니다. 동물 유래 바이러스라는 것입니다. 학술적인 용어로 '인수 공통 감염병'이라고 합니다. 이는 사람과 동물이 같이 전염되는 감염병으로, 동물의 병원체가 인간에게 건너와 생기는 병을 말합니다. 문제는 인수 공통 감염병이 '종간 장벽'을 뛰어넘어 발생한 감염병이라는 것입니다. 동물과 사람 사이에는 우리 눈에 보이지 않는 장벽이 있어 동물의 질병, 세균, 기생충 등이 우리에게 넘어오는 것은 쉬운 일이 아닙니다. 그런데 인수 공통 감염병은 돼지가 걸린 감염병이 인간에게 옮을 수도 있고, 상대적으로 접촉할 기회가 없다고 생각하는 야생의 이름 모를 동물들에게서도 감염병이 옮을 수 있습니다.

동물들의 몸 안에 있는 바이러스가 인간에게 전파되면 매우 치명적입니다. 가장 큰 이유는 돌연변이가 쉽게 생긴다는 것입니다. 바이러스 종류에는 DNA와 RNA가 있는데, RNA 바이러스는 복제할 때 교정하는 시스템이 없어서 복제 과정에서 돌연변이가 더 잘 생긴다는 특징이 있습니다. 이 RNA 바이러스가 숙주 세포 속으로 들어가 증식을 거듭하면서 이전과는 다른 능력과 형태를 가진 새로운 바이러스가 탄생합니다. 이게 바로 바이러스 변이입니다. 우리 몸은 이제껏 존재하지 않던 바이러스에 대항할 면역력이 없으므로 바이러스의 변이는 매우 위협적입니다. 면역력이 없으면 감염병이 집단으로 발생할 가능성도 커집니다. 게다가 새로운 바이러스가 나올 때마다 백신이나 치료제를 만드는 것은 너무나 힘든 일이고, 설사 백신을 만들었다고 해도 바이러스가 지속해서 변이를 거듭하므로 사실상 완벽한 대응은 불가능하죠. 인수 공통 감염병이 위험한 또 하나의 이유는 바이러스에게 인간이 최고의 숙주이기 때문입니다. 너무 작고 단순해서 빠르게 진화하고 옮겨 다니기 쉬운 바이러스는 살아있는 생물체의 세포를 숙주로 삼습니다. 바이러스 입장에서 인간은 평균 수명이 길고, 80억 명 이상 존재하는 좋은 생물체입니다.

그간 우리를 공포로 몰아넣었던 사스(SARS), 메르스(MERS), 그리고 코로나19 같은 감염병이 모두 RNA 바이러스라는 사실만 봐도 바이러스 변이가 얼마나 위험한지를 체감할 수 있습니다. 더군다나 우리는 어떤 동물의 몸속에 얼마나 많은 바이러스가 살고 있고, 어떤 위험한 바이러스가 또 생겨날지 전혀 예측할 수 없습니다. 그러므로 늘 인수 공통 감염병의 위험에 노출돼 있다고 해도 과언이 아닙니다. 코로나19를 겪으면서 전 세계가 감염병의 위험을 알게 됐고, 그것이 우리 삶에 얼마나 큰 영향을 미치는지 깨달았죠. 분명한 것은 지금도, 미래에도 인수 공통 감염병은 계속 존재한다는 사실입니다. 2000년대 이후 유행한 주요 감염병의 75%가 인수 공통 감염병으로 파악될 만큼 그 영향력과 파급력은 엄청납니다. 게다가 2070년까지 코로나19처럼 종간의 장벽을 뛰어넘는 유출 감염이 1만 5,000건 이상 나타날 것이라는 예측도 있죠. 결국 우리는 계속해서 '인수 공통 감염병의 시대'를 살아가야 합니다.

지금부터 이 감염병의 시대를 극복해 나갈 방법을 알아보려 합니다. 원숭이두창부터 코로나19까지 인수 공통 감염병의 역사를 통해 그 해답을 제대로 벌거벗겨 보겠습니다.

치사율 최대 90%, 죽음의 바이러스 '에볼라'

우리가 인수 공통 감염병을 이야기할 때 충격적인 치사율을 보이는 감염병이 있습니다. 치사율이 최대 90%에 이르며 인간을 죽음의 공포로 몰아넣는 세기의 바이러스인 에볼라(ebola)입니다. 에볼라는 위험성 때문에 국내에서도 제1급 법정 감염병으로 분류해 관리하고 있습니다. 에볼라에 감염되면 5일~7일간의 잠복기 후 발열, 목과 근육의 통증, 두통과 같은 증상을 겪게 됩니다. 발열이 지속되면 구토 및 심한 설사와 함께 가슴 통증과 호흡곤란 증상이 발생하기도 하죠. 이런 과정에서 혈압과 의식이 떨어져 혼수상태에 빠질 수도 있습니다. 끝내 회복하지 못하는 경우 다발성 장기부전이나 장기의 괴사로 죽음에 이릅니다. 이때 온몸의 모든 구멍에서 피를 쏟으면서 죽는 충격적인 증상을 보이기도 합니다.

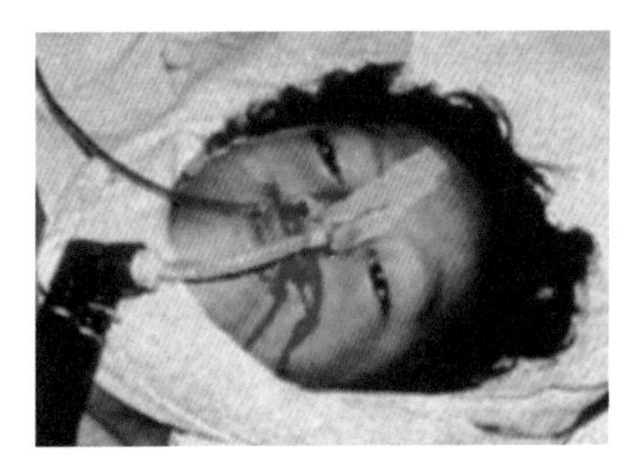
에볼라 바이러스 감염 증상

모든 에볼라 감염 환자들이 온몸에서 피를 쏟으면서 죽는 것은 아닙니다. 그 이유는 피를 쏟는 증상을 보이기도 전에 사망하기 때문이죠. 그만큼 에볼라 바이러스는 인체에 치명적입니다. 출혈 증상을 통해 놀랄만한 특징을 확인할 수 있는데, 우리 몸에 침투한 에볼라 바이러스는 혈액을 타고 이동합니다. 그러다가 우리 몸에 있는 면역세포에 잡아 먹히죠. 원래 면역세포의 역할 중 하나는 혈액 응고를 돕는 것입니다. 그런데 에볼라 바이러스에 감염되면 이 면역세포가 혈액 응고를 과도하게 촉진해 버립니다. 그 결과 에볼라 바이러스에 감염된 사람이 출혈을 일으키면 이를 멈추게 할 혈액 응고 성분이 이미 소진돼 필요한 역할을 해내지 못하는 것입니다. 즉 에볼라 바이러스는 우리 몸에 침투해 면역세포가 제 기능을 할 수 없도록 망가트려 버립니다. 이로 인해 온몸에서 피를 쏟으며 죽게 되는 것이죠.

에볼라 바이러스의 시작은 1976년 콩고민주공화국의 얌부쿠라는 작은 마을이었습니다. 이곳에는 수녀 간호사들이 운영하는 선교병원이 있었는데 어느 날 44세의 마발로 로켈라Mabalo Lokela라는 남자가 병원을 찾았습니다. 휴가를 보낸 직후 몸에 미열이 나는 것을 느끼고 병원을 찾은 마발로에게 병원은 말라리아 치료제인 퀴닌 주사를 놓아주었습니다. 그런데 며칠 후 열이 38℃를 넘고, 구토와 설사로 탈수 증세를 보이며 이전보다 증상이 훨씬 심각해진 마발로가 다시 병원을 찾아왔습니다. 그의 코와 잇몸에서는 피까지 흘러나왔죠. 처음 보는 증상에 의료진은 당황했고 마발로는 끝내 죽고 말았습니다.

마발로의 갑작스러운 죽음에 이어 그의 가족들도 연달아 사망하는 충격적인 일이 벌어졌습니다. 이는 콩고 특유의 장례 문화 때문이었습니다. 당시 전통 장례 풍속에 따라 마발로의 아내와 어머니가 맨손으로 입과 항문에 손을 넣어 장 속의 음식과 배설물들을 제거한 것입니다. 이렇게 감염된 환자와 접촉하고 피를 토한 시신을 씻기는 과정에서 바이러스가 퍼져나갔습니다. 장례식이 끝난 뒤 21명의 가족이 바이러스에 감염됐고 이 중 18명이 사망했습니다.

문제는 마발로와 그 가족의 죽음은 시작에 불과했다는 것입니다. 얼마 후 병원은 마발로와 비슷한 증상을 호소하는 이들로 넘쳐났고, 환자를 돌보는 수녀 중에도 감염자가 나타났습니다. 당황한 얌부쿠 병원의 수녀들은 긴급하게 도움을 요청했고 곧 다른 지역의 의사가 병원을 방문해 상황을 파악하고 콩고 정부의 관리자들에게 보고서를 작성해서 보냈습니다.

> '증상은 39℃ 내외의 고열과 소화된 검은 피를 자주 토하고(몇몇 환자는 붉은 피를 토하기도 했습니다), 설사는 초기에는 피가 섞인 정도이지만 죽기 직전에는 붉은 피로만 이뤄져 있습니다. 수시로 코피를 흘리고 가슴과 배 통증을 호소하고 인사불성이 됩니다. 양호한 상태에서 불과 3일 만에 죽음에 이르렀습니다.'

이후 콩고 정부는 전문가 2인을 파견했는데 현장의 끔찍한 광경을 본 이들은 하루 만에 얌부쿠를 떠나버렸다고 합니다. 콩고 보건부는 다시 3인의 전문가로 구성한 조사단을 현장으로 파견했습니다. 이들은 사망한 환자와 증세를 보이는 환자의 몸에서 시료를 채취해 본격적인 조사에 들어갔습니다. 병원 현장을 조사하던 조사단은 감염 확산에 큰 영향을 미친 원인을 찾았습니다. 바로 병원에서 사용하는 주사기였죠. 당시 병원에는 주사기가 5개뿐이었는데 이걸로 매일 300명~600명의 환자를 상대했던 것입니다. 주사기를 돌려쓴 것도 모자라 주사기를 사용하기 전에 소독도 하지 않았고 감염은 급속도로 퍼졌습니다. 1976년 콩고민주공화국에서 처음 발견된 에볼라 바이러스는 318명의 감염자와 280명의 사망자를 낳았습니다.

이렇게 콩고에서 빠른 속도로 바이러스가 퍼져나가는 사이 같은 아프리카 지역인 수단에서도 원인을 알 수 없는 감염병이 돌고 있다는 보고가 이어졌습니다. 수단에서 처음으로 확인된 사례는 은자라 지역의 한 공장에서 일하던 남성이 심한 열과 두통, 가슴 통증을 호소하더니 피가 나는 설사와 함께 입과 코에서 대량의 피를 흘리다가 끝내 숨진 것입니다. 조사 결과 콩고와 비슷한 시기에 비슷한 증세를 보인 것이었죠. 이후 콩고와 수단에서 각각 시료를 채취한 전문가들은 연구를 통해 전에 없던 미지의 바이러스가 창궐한 것으로 결론지었습니다. 그리고 처음에 증상을 보인 환자가 발병 직전에 에볼라강 유역을 여행한 것에서 착안해 '에볼라 바이러스'라고 칭했습니다. 이후 지역명을 따라 첫 번째 케이스에는 '에볼라-자이르'를, 두 번째 케이스에는 '에볼라-수단'이라는 이름을 붙였죠.

그렇다면 인수 공통 감염병인 에볼라 바이러스는 어떤 동물에게서 전파된 것일까요? 전문가들은 그 원인으로 박쥐를 지목했습니다. 특히 이 지역의 과일박쥐를 에볼라 바이러스의 숙주로 추정했죠. 과일박쥐는 이름 그대로 주로 과실을 먹는 박쥐인데 얼굴이 개나 여우와 비슷하다고 해서 날여우로 부르기도 합니다. 에볼라가 창궐한 서아프리카 지역 사람들은 과일박쥐 요리를 즐겨 먹었고 이로 인해 가장 유력한 에볼라

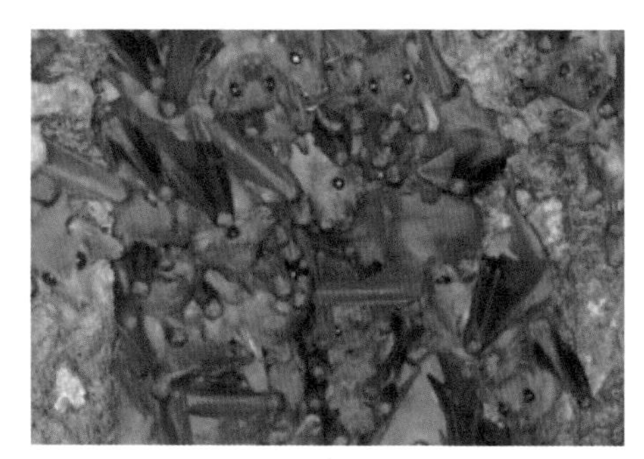
과일박쥐

바이러스의 자연 숙주로 예상하고 있습니다. 실제로 이들의 몸에서 바이러스를 검출하기도 했죠.

박쥐는 왜 바이러스의 온상이 되었을까?

코로나19의 숙주도 박쥐로 알려져 있습니다. 대체 왜 박쥐에게서 이런 감염병들이 시작되는 것일까요? 그 이유를 알기 위해서는 박쥐가 어떤 동물이며 어떠한 특성을 가졌는지 살펴봐야 합니다. 박쥐는 지난 1억 년 동안 극지방을 제외한 전 세계 곳곳에 퍼져있는 포유류로 1,200여 종에 달합니다. 이는 포유류 종의 약 20%에 해당하는 수치입니다. 문제는 세계 곳곳에 서식 중인 이들 박쥐가 어떤 바이러스를 가졌는지 파악할 수 없다는 사실입니다. 이는 앞으로 어떤 바이러스가 어떤 경로를 통해 인간에게 전파될 것인지도 미지수라는 뜻이죠.

세계에서 가장 큰 박쥐 중 하나인 '황금볏과일박쥐'는 몸무게가 최대 1.2kg, 날개폭은 최대 1.7m에 달합니다. 이 박쥐는 1년에 한 마리의 새끼

황금볏과일박쥐

뒤영벌박쥐

흡혈박쥐

만 출산해 개체 수가 매우 적은 희귀종으로 밀렵과 숲 파괴로 멸종 위기에 처해 있습니다. 덩치와 다르게 이름처럼 과일만 먹고 살며 사람에게도 적대적이지 않다고 합니다. 반대로 세계에서 가장 작은 박쥐이자 기네스북에 '세계에서 가장 작은 포유류'로 오른 '뒤영벌박쥐'는 모두 성장한 몸무게가 고작 2g에 불과합니다. 몸길이는 29mm~33mm 정도라고 하죠. 코가 돼지코 모양이라 '키티돼지코박쥐'라고도 부릅니다. 흔히 박쥐라고 하면 피를 빨아먹는 뱀파이어를 떠올리는데 실제 그런 박쥐도 있습니다. '흡혈박쥐'는 드라큘라 모양의 이빨을 갖고 있어서 혈관에 상처를 낸 뒤에 빨대 모양 관이 있는 긴 혀를 집어넣어 피를 빨아먹습니다. 피만 먹고 사는 유일한 포유류로 알려져 있죠.

박쥐는 코로나 바이러스를 비롯해 다양한 종류의 바이러스를 몸속에 지닌 일종의 바이러스 저장고라고 할 수 있습니다. 바이러스가 박쥐 몸속에 있을 경우, 비행 시 많은 에너지를 소모하는 박쥐의 체온이 40℃까지 상승하는데 이런 체온 상승이 면역 반응과 같은 역할을 합니다. 그리고 박쥐의 경우 염증 반응을 최소화하는 특별한 면역 체계를 가지고 있습니다. 덕분에 수많은 바이러스를 몸에 지니고 있어도 병에 걸리지 않는다고 합니다. 하지만 야간에 최대 350km 이상을 비행할 수 있는 박쥐는 이 과정에서 바이러스를 여기저기 퍼트리는 역할도 합니다. 이때 박쥐가 가진 바이러스는 중간 숙주를 거치며 변이되어 새로운 숙주에서 독성이 강화되는 경우가 많습니다. 이 상태로 인간에게 바이러스를 옮기면 치명적인 감염병이 되는 것이죠.

박쥐의 바이러스가 많이 전파되는 또 다른 이유는 최대 50년이나 되는 박쥐의 수명에 있습니다. 그만큼 바이러스도 오랫동안 생존할 수 있죠. 게다가 박쥐는 수백만 마리가 한 곳에 무리 지어 살거나 먹이를 찾아다닌다고 합니다. 그 과정에서 가축이나 야생동물과 접촉할 확률도 높아 쉽게 바이러스를 퍼트립니다. 여기서 짚고 넘어가야 할 것은 박쥐는 아무런 죄가 없다는 사실입니다. 야생에서 살아가는 박쥐는 그 자체로는 인간에게 아무런 해를 입히지 않습니다. 오히려 생태계에서 이로운 역할을 하죠. 그런데 인간이 생태계를 파괴하자 살 곳을 잃은 박쥐가 점차 인간이 사는 마을에 접근하게 된 것입니다. 동시에 박쥐가 가진 바이러스 역시 우리 곁으로 다가왔습니다.

게다가 바이러스들은 변이를 통해 얼굴을 바꿔서 예상치 못한 시기에 다시 모습을 드러내기도 합니다. 1976년에 콩고민주공화국과 수단을 공포로 몰아넣었던 에볼라 바이러스가 시간이 흘러 다시 나타난 것입니다. 워낙 치사율이 높아 바이러스가 다른 숙주로 옮겨 가기도 전에 숙주가 사망해 폭발적인 확산이 일어나지 않았던 에볼라 바이러스는 수십 년간 발병하지 않았고, 그대로 사라진 듯했습니다. 그런데 2014년에 서아프리카를 중심으로 다시 나타나더니 급속도로 퍼졌습니다. '자이르-에볼라'의 변종으로 확인된 이 바이러스는 2016년까지 2만 8,646명이 감염됐고 이 가운데 1만 1,323명이 사망했습니다. 서아프리카의 작은 나라인 기니는 6개월간 9,000명이 감염됐고 그중 절반이 목숨을 잃기도 했죠.

이 시기에 퍼진 에볼라 바이러스는 이전과는 다른 양상을 보였습니다. 아프리카 풍토병으로 인식됐던 감염병이 미국, 영국, 스페인, 이탈리아까지 번진 것입니다. 에볼라가 다시 유행한 것은 그사이 달라진 사회적 환경의 영향을 받은 것으로 볼 수 있습니다. 처음 발병했던 1970년대에 비해 도시화가 이뤄졌고 인구는 증가했습니다. 자동차와 비행기 등 교통의 발달과 함께 세계 곳곳으로 이동하는 사람들도 비교할 수 없을 만큼 많아졌습니다.

당시 미국에서는 조금 과하다고 할 정도로 에볼라에 대한 공포가 컸습니다. 공포(fear)와 에볼라(ebola)를 합쳐서 '피어볼라(fearbola)'라는 말이 생겼을 정도였죠. 에볼라 바이러스 감염으로 사망자가 발생한 텍사스주에서는 살균제를 사재기하는 일이 벌어졌고, 어느 학교는 휴교에 들어갔습니다. 교직원이 에볼라 바이러스 감염자와 같은 비행기를 탔기 때문이었죠. 하지만 감염자와 교직원은 같은 시간에 비행기를 탄 게 아니라 서로 다른 시간에 동일한 비행기를 탔을 뿐입니다. 즉 동선이 겹치지도 않았는데 감염자가 이용한 비행기를 나중에 이용했다는 이유만으로 휴교 명령을 내린 것이죠. 모두 에볼라 바이러스가 치사율이 높다는 생각에만 사로잡혀서 과민한 반응을 보인 것입니다. 이렇게 지나친 혐오와 집단 공포감을 조성하는 미국의 상황을 꼬집는 만평이 등장하기도 했습니다.

에볼라에 과민 반응을 보이는 미국

그림을 보면 왼쪽에 사람들이 "저 소녀를 격리해라!"라며 아우성치고 있습니다. 그리고 한 소녀가 방호복을 입은 사람들의 손에 끌려가고 있죠. 소녀는 자신은 아프리카 라이베리아(Liberia)에 다녀온 게 아니라 라이브러리(Library), 그러니까 도서관에 다녀왔다고 외치고 있지만, 방호복을 입은 사람들은 아랑곳하지 않고 소녀를 끌고 갑니다. 심지어 "얘야, 조심해서 나쁠 건 없단다"라는 말을 하면서 말이죠. 당시 미국 사회에 만연했던 에볼라에 대한 지나친 공포심을 풍자한 것입니다.

에볼라 바이러스가 다시 등장하자 세계보건기구(WHO)는 확산을 막기 위해 비상사태를 선포했고 UN은 군대를 파견해 에볼라 바이러스 발생지를 강력하게 통제했습니다. 이후 2016년에 에볼라가 잠잠해지면서 WHO는 서아프리카에서 에볼라가 종식됐음을 선언했죠.

죽음의 바이러스 에볼라를 다른 목적으로 사용하려는 시도도 있었습니다. 러시아는 과거 소련 시절에 에볼라 바이러스를 생물무기로 만들려 했습니다. 다양한 생물무기를 개발하는 과정에서 에볼라 바이러스도 연구 대상으로 삼은 것입니다. 소련의 비밀 군사시설에서 30년이 넘도록 진행한 연구는 전염성이 훨씬 강한 에볼라 변이 바이러스를 만드는 것과 에볼라 유전자 복제를 시도하는 일이었다고 합니다. 하지만 별다른 성과를 내지 못했죠. 소련 해체 이후 러시아에서도 연구를 계속했지만 에볼라 바이러스가 너무 일찍 소멸해버려서 테러나 생물무기로 쓰기에는 적합하지 않다는 결론을 내리고 연구를 중단했다고 합니다.

바이러스의 생물무기화는 지금도 학계의 큰 논란거리입니다. 2011년에도 조류 인플루엔자 바이러스가 포유류 사이에서 더 쉽게 퍼질 수 있는지에 관한 내용의 연구가 이루어졌고, 실제로 실험에 성공한 것으로 알려졌습니다. 이 연구는 조류 인플루엔자 바이러스가 생물무기로 사용될 가능성이 있다고 판단해 실험 방법과 상세한 내용을 공개할 수 없도록 조치하기도 했습니다. 그만큼 바이러스는 여러 방면에서 인간에게 두려운 존재가 된 것입니다.

20세기 의학적 홀로코스트, 스페인 독감

콩고민주공화국에서는 2022년에도 에볼라 바이러스로 사망자가 발생했다고 합니다. 이처럼 인수 공통 감염병은 언제든 바이러스 변이를 통해 다시 나타날 수 있으며 완벽한 정복은 불가능에 가깝습니다. 언젠가 또다시 예측 불가한 순간에 무방비 상태인 인간을 공격해 팬데믹의 공포로 몰아넣고 인류에 큰 피해를 남길 수도 있죠. 실제로 20세기에 충격적인 팬데믹을 일으키고 사상 최악의 사망자 수를 기록하며 전 세계를 초토화한 감염병이 있습니다. 인수 공통 감염병의 역사에서 빼놓고 얘기할 수 없는 '스페인 독감(spanish flu)'입니다.

20세기 최초의 팬데믹이자 인류 최악의 재앙인 스페인 독감은 1918년~1920년에 전 세계 5,000만 명이 사망하는 비극적인 결과를 낳았습니다. 당시 18억 명의 세계인구 중 3분의 1에 가까운 약 5억 명이 스페인 독감에 감염된 것으로 추정합니다. 엄청난 사상자 때문에 스페인 독감을 '인류 역사상 최악의 의학적 홀로코스트'라고 평가하기도 하죠. 그만큼 치명적이고 충격적인 감염병이었습니다.

이토록 많은 사망자를 낳은 스페인 독감이 어디서부터 어떻게 시작됐는지에 대해 아직도 명확하게 확인된 사실은 없습니다. 하지만 수많은 학자들이 입을 모아 스페인 독감의 시작으로 지목하는 곳이 있습니다. 한적한 시골 마을이었던 미국 캔자스주 해스켈입니다. 1918년 2월, 이곳에서 갑자기 마을 청년들이 연이어 쓰러지고 심지어 숨지는 일이 벌어졌습니다. 이들에게는 공통점이 있었는데 심한 두통과 몸살, 그리고 고열과 기침을 했다는 것입니다. 그런데 그 증상의 정도가 너무 심했습니다. 이들을 치료하러 나섰던 의사 로링 마이너Loring Miner는 심상치 않은 일이 일어났음을 직감하고 마을에서 벌어진 일을 보고서로 작성했습니다. 그의 보고서는『퍼블릭 헬스 리포트Public Health Reports』라는 한 의학 전문지에 다음과 같이 실렸습니다.

인플루엔자

캔자스주 해스켈

> 1918년 3월 30일, 심각한 유형의 인플루엔자가 18건 발생. 그중 3인 사망, 캔자스주 해스켈에서 보고됨.

이는 스페인 독감이 보고된 최초의 사례입니다. 스페인 독감에 걸린 사람은 최소 24시간부터 4일~5일까지 잠복기를 거치는데 첫 증상으로는 두통, 오한, 마른기침, 발열, 무기력증, 식욕 부진 등이 나타납니다. 그다음에는 전신 피로와 함께 기관지염이나 폐렴이 뒤따랐죠. 그리고 스페인 독감의 특징인 청색증이 나타났습니다. 청색증은 폐 안이 염증 물질로 뒤덮여 공기가 차 있어야 할 공간에 피가 차면서 생기는 증상으로, 혈액에 적절한 산소를 공급해주지 못하면서 얼굴이 푸른 빛을 띠는 것을 말합니다. 당시 스페인 독감에 걸린 환자들은 청색증이 너무 심해서 얼굴빛이 푸르스름한

보라색 헬리오트로프

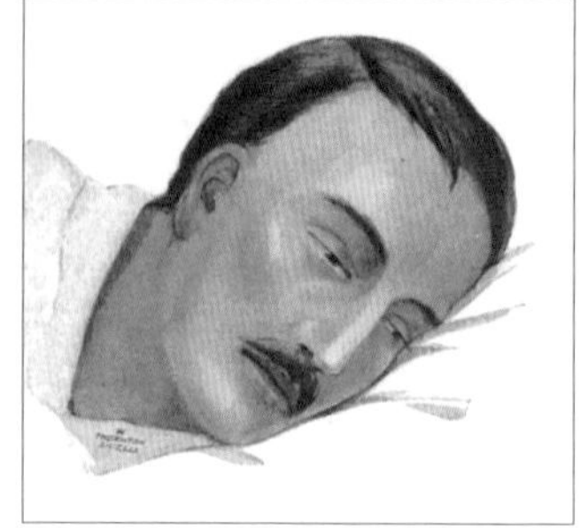

청색증이 나타난 스페인 독감 환자

수준을 넘어 보라색으로 보일 정도였다고 합니다. 그리하여 '헬리오트로프 청색증'이라는 병명을 붙였습니다.

사진 속 보라색 꽃을 피운 식물의 이름이 헬리오트로프입니다. 그 옆의 그림은 스페인 독감으로 청색증이 나타난 환자입니다. 귀와 입술이 파랗게 변하고 나중에는 얼굴 전체가 검푸른색으로 바뀌기도 했죠. 폐에서 산소가 공급되지 않아 산소가 부족한 환자들은 뭍으로 나온 물고기처럼 숨을 헐떡거렸습니다. 그 모습이 마치 움직이는 시체 같았다고 합니다. 청색증에 걸리면 헬리오트로프꽃의 색처럼 낯빛이 검푸르게 변하며 죽어갔습니다. 또 다른 증상은 극심한 염증으로 폐 일부분이 터져서 가슴 피부밑에 공기주머니가 생기는 것이었죠. 그러면서 출혈이 발생했는데 코, 입, 귀, 심지어는 눈을 통해서도 피가 나오기도 했습니다. 다음은 당시 환자들을 돌보던 어느 의사가 동료에게 보낸 편지에 기록한 증상입니다.

> "이들은 처음에는 평범한 감기나 독감에 걸린 것처럼 보이지만, 병원에 올 때쯤에는 지금까지 본 적이 없던 가장 지독한 유형의 폐렴으로 아주 급속히 진행돼. 입원한 지 두 시간 뒤에 광대뼈에 적

갈색 반점이 나타나고 몇 시간 뒤에는 청색증이 귀에서부터 시작되어 얼굴 전체로 퍼질 수 있고, 이윽고 백인과 유색인을 구별하기 어려울 정도가 되지. (…) 겨우 몇 시간 뒤에 죽음이 찾아와….
끔찍해."

지도는 나라별 인구수 대비 스페인 독감에 따른 사망률을 집계한 것입니다. 이를 보면 끔찍한 증상을 낳는 스페인 독감이 전 세계를 초토화한 것을 확인할 수 있습니다. 미국에서는 55만 명이 사망했는데 당시 인구의 0.5% 정도였죠. 사망자가 무려 1,670만 명이나 발생한 인도는 사망률이 당시 인구의 5.2%에 달했고, 아프리카 케냐도 많은 사람이 숨졌는데 사망률이 5.8%에 달했습니다.

이렇게 끔찍한 스페인 독감이 전 세계를 강타한 데는 한 역사적 사건이 결정적 역할을 했습니다. 제1차 세계대전입니다. 스페인 독감의 정식 명칭

스페인 독감 인구수 대비 사망률

은 '1918 인플루엔자'인데 1918년은 제1차 세계대전의 막바지였죠. 지도는 제1차 세계대전 중 스페인 독감이 퍼져나간 경로를 나타낸 것입니다. 1918년 초, 스페인 독감은 미국 캔자스주의 군기지인 캠프 펀스톤을 시작으로 미국 전역의 다른 군사 캠프로 확산됐습니다. 이후 대서양을 건너 프랑스 및 독일, 벨기에 등과 같은 서부전선 국가들에 전파되었죠.

먼저 문제가 된 것은 전쟁 중 병사들이 머무는 환경이었습니다. 제1차 세계대전 당시 서부전선에서는 땅을 파고 들어가 싸우는 참호전이 한창이었습니다. 참호는 비좁고 습도가 높은 불결한 환경이었기 때문에 스페인 독감이 퍼져나가기 딱 좋은 환경이었죠. 이런 상태에서 전쟁 중이라 먹는 것도 부실했던 군인들은 면역력이 약해진 몸으로 끔찍한 참호전을 치러야 했습니다. 스페인 독감은 그 틈을 파고들어 더욱더 공격적으로 전쟁터의 군인들에게 빠르게 침투한 것입니다. 여기에 각지의 군인들이 전쟁에 참전하기 위해 모여든 것도 원인이었습니다. 이들이 배를 타고 국경을 넘으면서 감염병이 무서운 속도로 퍼진 것입니다. 한마디로 전쟁과 감염병이라는 최

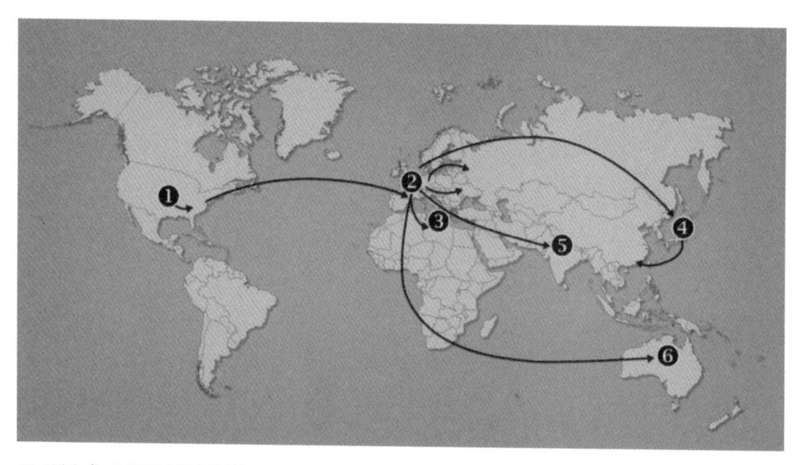

1918년 초 스페인 독감 전파

악의 조합이 탄생한 것이죠.

스페인 독감은 서부전선 진입 한 달 만에 우리나라와 일본까지 덮쳤습니다. 당시 조선에서는 스페인 독감을 '서반아西班牙 감기'라고 불렀습니다. '서반아'는 스페인을 한자로 표현한 말입니다. 이 시기 조선의 총인구 1,700만 명 중 약 740만 명이 감염됐으며 사망자는 약 14만 명으로 추정합니다. 「매일신보」에는 많은 학교가 휴교하고, 회사들은 휴업했으며 추수를 할 수 없어 민심이 흉흉하다는 기사가 실리기도 했습니다. 《백범일지》에도 김구 선생이 1919년에 서반아 감기에 걸려 약 20일간 고생했다는 이야기가 등장한다고 합니다. 1918년 11월 7일 자 「매일신보」를 보면 다음과 같은 내용도 기록돼 있습니다.

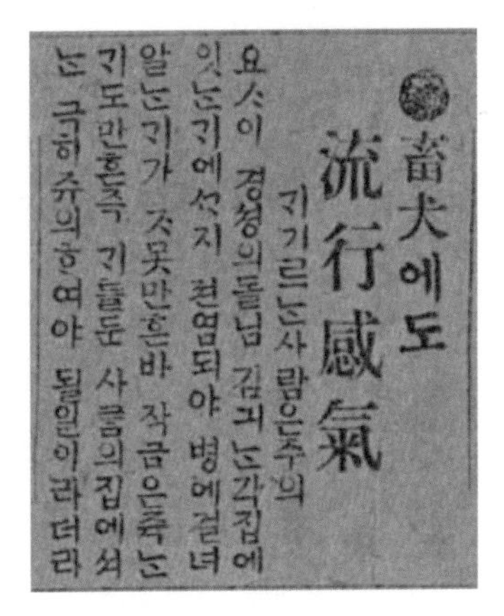
畜犬에도
流行感氣
ᄀᆡ기르ᄂᆞᆫ사람은주의
요ᄉᆞ이 경성의돌님 감긔ᄂᆞᆫ각집에
잇ᄂᆞᆫᄀᆡ에ᄭᆞ지 전염되야 병에걸녀
알ᄂᆞᆫᄀᆡ가 젹지안흔바 작금은죽ᄂᆞᆫ
ᄀᆡ도만흔즉 ᄀᆡ들둔 사ᄅᆞᆷ의집에셔
ᄂᆞᆫ 극히쥬의ᄒᆞ여야 될일이라더라

1918년 11월 7일 자 「매일신보」

> '축견에도 유행 감기, 개 기르는 사람은 주의, 요사이 경성의 돌림 감기는 집에서 기르는 개까지 전염되어 병에 걸렸다.'

스페인 독감으로 개들도 많이 죽었다는 내용입니다. 사람뿐 아니라 동물에게도 위협적일 만큼 스페인 독감의 전염성은 강했던 것이죠.

1918년 후반이 되자 프랑스와 미국에서 스페인 독감의 변이 바이러스가 확산하면서 브라질과 카리브해 지역뿐만 아니라 남아프리카 지역까지 퍼져나갔습니다. 스페인 독감도 폭발적인 확산세가 조금은 수그러드는 것처럼 보였습니다. 하지만 전쟁이 끝났다고 스페인 독감도 끝난 것은 아니었죠. 해외에 파견됐던 군인들이 귀국하면서 호주에서 유럽으로 스페인 독감이 다시 퍼졌고, 미국 도시들에서도 산발적으로 독감이 퍼지다가 멕시코로 옮겨가기도 했습니다. 그 결과 제1차 세계대전으로 숨진 사람이 약 1,500만 명인 데 반해 스페인 독감으로 숨진 사람은 5,000만 명에 달했습니다. 전쟁으로 목숨을 잃은 사람보다 스페인 독감으로 목숨을 잃은 사람이 훨씬 더 많았던 것입니다. 제28대 미국 대통령인 우드로 윌슨Woodrow Wilson과 화가 구스타프 클림트Gustav Klimt도 스페인 독감으로 사망했습니다. 〈절규〉로 유명한 화가 뭉크Munch도 스페인 독감에 걸렸는데 감염 전 자화상과 감염 후 자화상을 비교해 보면 그의 몰골이 심하게 망가진 것을 확인할 수 있습니다.

게다가 스페인 독감으로 사망한 희생자의 대부분은 65세 이하였으며, 20세~45세가 전체 사망자의 60%를 차지했다고 합니다. 이는 '사이토카인 폭풍' 때문입니다. 사이토카인은 우리 몸의 면역을 유지하는 데 필수적인 것으로 면역 세포가 세균이나 바이러스에 대항하기 위해 지원군을 부르는 수단입니다. 65세 이상은 면역체계가 상대적으로 좋지 않아 사이토카인 면역 반응이 약한 편입니다. 그런데 면역체계가 활발한 젊은이들은 외부에서

뭉크의 스페인 독감 감염 전후 자화상 비교(1909년, 1919년)

바이러스가 들어오면 매우 강렬하게 면역 반응이 일어납니다. 문제는 바이러스만 죽여야 하는데 지나치게 과도한 반응으로 정상적인 세포까지 마구 공격해 폐에서 염증이 발생하는 것입니다. 결국 면역력이 너무 강력해 사망하는 아이러니한 상황이 벌어지고 말았죠.

1918 독감은 왜 스페인 독감이 되었을까?

스페인 독감이 처음 발생한 곳은 미국이고 금세 전 세계를 강타했는데 왜 '스페인' 독감이라 불린 것일까요? 그 이유는 스페인에서 이 전염병에 대한 증상과 사망자 수를 세계 최초로 보도했기 때문입니다. 1918년 5월 22일 스페인의 일간지 「ABC」 신문에는 스페인에서 독감이 유행 중이라는 기사가 실렸습니다.

DE ESTADO

EL SR. LLORENS

EL DIRECTOR DE OBRAS PUBLICAS

MADRID AL DIA

NUEVOS CONSULES

세계 최초로 스페인 독감을 보도한 기사

"실제로 특이한 점은 독감에 걸렸다가 회복됐거나, 독감으로 아픈 적이 없는 친척, 혈육, 친구에게까지 빠르게 확산된다는 것이다. 이 질병은 마드리드에 들이닥쳤다."

첫 보도 이후에도 스페인 독감에 대한 단독 보도는 이어졌습니다. 당시 신문에는 '마드리드에는 8만 명이 감염되었습니다'라는 제목의 기사가 실렸습니다. 이 보도를 통해 스페인은 엄청난 질병이 발생한 나라가 됐고, 그 결과 전염병의 명칭이 '스페인 독감'으로 굳어졌죠. 훗날 스페인 정부가 항의했지만 사람들의 생각은 바뀌지 않았습니다.

스페인만이 단독 보도를 이어 나간 이유는 언론 통제 때문입니다. 특히 미국은 제1차 세계대전에 연합국으로 참전하면서 자국에서 독감이 퍼지고 있다는 사실을 철저히 은폐했습니다. 이 같은 내용이 알려지면 전황에 불리할 수 있고 여론에도 안 좋은 영향을 미칠 수 있다고 판단해서였죠. 전쟁과 관련한 부정적 내용은 모두 차단하고자 했습니다. 미국과 달리 제1차 세계대전 당시 중립국이었던 스페인은 별다른 제재 없이 독감에 관한 보도를 할 수 있었던 것입니다. 스페인이 독감의 진원지로 오해받고 있는 사이 영미권에서는 언론 통제가 통하지 않을 정도로 스페인 독감이 폭발적으로 퍼져갔습니다. 그에 따라 사람

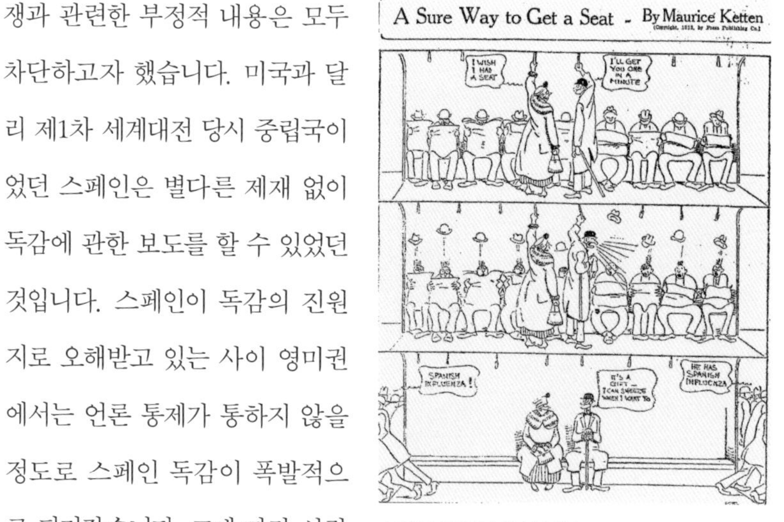

스페인 독감을 향한 공포

들의 공포심도 커져만 갔죠.

228쪽의 그림은 1918년에 미국 일간지 「뉴욕 월드」에 실린 3컷 만화입니다. 붐비는 전차에서 두 사람이 의자에 앉을 수 있었던 방법은 무엇이었을까요? 기침을 해서 사람들을 도망가게 만든 것입니다. 사람들은 "스페인 독감에 걸렸다!"라고 말하며 자리를 떠나고 있습니다. 만화는 뉴욕 중부에서 스페인 독감이 정점에 달했던 1918년 10월 21일에 실린 것입니다. 이 시기에는 주변에서 기침만 해도 스페인 독감에 걸릴까 봐 노심초사했다는 것을 알 수 있습니다. 그러면서 사람들 사이에서 유행하기 시작한 것이 마스크입니다. 여러 겹의 거즈를 겹쳐서 만든 마스크를 쓰고 다녔습니다. 아래 사진은 오리건주에서 마스크 사용을 적극 권장한 신문광고입니다.

실제로 사람들은 일상생활에서도 마스크를 착용했습니다. 230쪽 첫 번째 사진처럼 경찰관들은 단체로 마스크를 쓰고 활동해야 했고, 두 번째 사진처럼 마스크를 쓰지 않은 사람은 전차 탑승이 거부되기도 했죠. 샌프란시스코에서는 보건 검사관이 마스크 착용을 거부한 남성에게 발포하는 사건도 일어났습니다. 세 번째 사진은 메이저리그에서 선수와 심판, 그리고 관중들까지 모두 마스크를 착용한 모습입니다. 네 번째 사진은 가족사진인데 자세히 살펴보면 가운데 남성이 안고 있는 고양이까지 마스크를 쓰고 있습니다. 당시 동물의 마스크 착용은 의무가 아니었습니다. 하지만 같이 사는 동물이 스페인

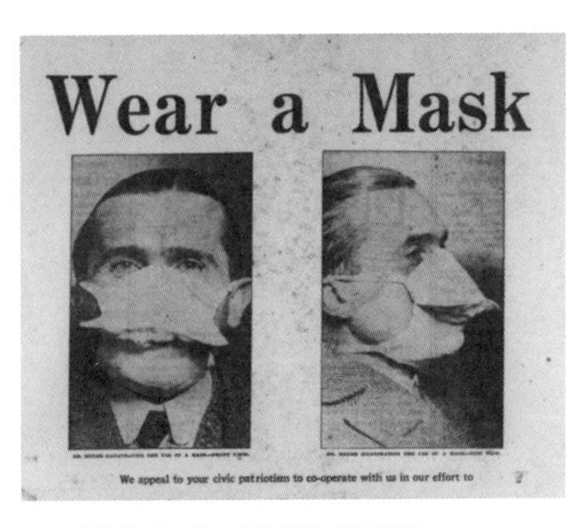

오리건주의 마스크 착용 권장 신문광고

다양한 상황에서 마스크를 쓴 사람들

독감을 옮길 수 있다는 이야기가 퍼지면서 반려동물에게 독감이 옮을까 봐 걱정된 사람들은 이렇게 마스크를 씌웠다고 합니다. 실제로 펜실베이니아의 한 시의원은 개와 고양이가 스페인 독감 확산에 책임이 있다고 주장하면서 스페인 독감이 퍼지는 것을 막으려면 개와 고양이를 죽이거나 적어도 면도를 시켜야 한다는 억지 주장을 펼치기도 했죠.

이렇게 마스크는 일상이 됐고 사회 곳곳에서도 스페인 독감의 감염 확산을 막기 위한 적극적인 대책을 마련했습니다. 대표적인 것이 '침 뱉기 금지, 창문 열기, 버스 소독'이었죠. 필라델피아는 231쪽의 사진에서 보는 것처럼 전차와 거리의 가로등에 '침을 뱉으면 죽음이 퍼진다'라는 경고문을 붙여두었습니다. 비말 감염을 예방하기 위한 캠페인을 진행한 것입니다. 오하이오주는 전차 차창에 '스페인 독감 확산을 막으려면 침실 창문을 열어

침 뱉기 금지

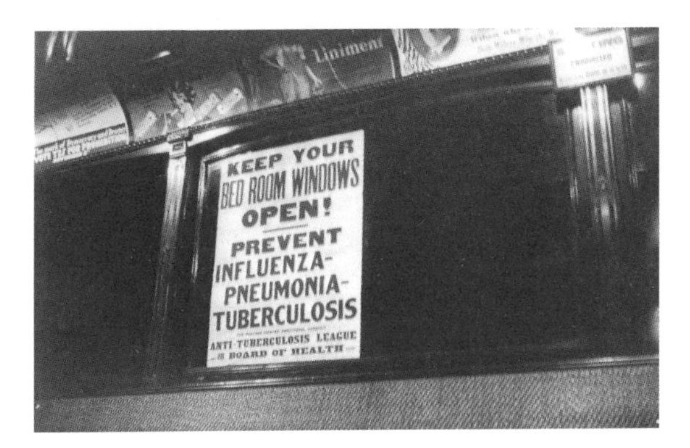

창문 열기

버스 소독

두라'라고 써 붙였죠. 그리고 전차 곳곳에 소독제를 뿌렸습니다. 약 100년 전의 사진이지만 코로나19가 발생한 현재의 시국과 매우 흡사한 모습입니다.

하지만 이런 방법으로 스페인 독감에 따른 죽음의 그림자를 쉽게 지울 수는 없었죠. 감당할 수 없이 죽어 나가는 사람들로 인해 미국에서는 사람을 묻을 관이 부족한 충격적인 상황마저 벌어졌습니다. 그러자 장의사들은 가격을 6배나 올려 폭리를 취했고, 장례를 치르지 못한 시체를 며칠씩 집에 방치해야 했습니다. 급기야 관을 훔쳐 가는 사람까지 생기면서 관을 지키는 경비원을 고용하기도 했죠. 기하급수적으로 죽어가는 사람들로 부모를 잃은 아이들도 많았는데 펜실베이니아주에서만 최소 4만 5,000명의 아이가 부모를 잃고 고아가 되는 비극을 겪었습니다. 스페인 독감이 걷잡을 수 없이 퍼지면서 공포에 질린 사람들은 집에 틀어박혀 나오지 않았습니다. 켄터키주 농촌 지역에서는 음식물을 구하러 나오지 못해 굶어 죽는 사람까지 생겼고, 스페인 독감에 걸린 부모가 남겨진 자식들을 걱정해 자식을 살해하는 비극까지 벌어졌습니다.

스페인 독감에 대한 두려움이 커지자 갖가지 치료법도 등장했습니다. 사람들은 스페인 독감에 효과만 있다면 그게 무엇이든 일단 하려고 들었죠. 한때 위스키가 도움이 된다는 소문이 떠돌면서 위스키 가격이 폭등했고, 뉴욕주 시러큐스 지역 주류상들은 신문 1면에 '스페인 독감 퇴치를 위해 추천'이라는 위스키 광고를 내기도 했습니다. 그뿐 아니라 의사들도 위스키를 권하며 처방전에 '위스키'라고 써넣었죠. 필라델피아에서는 약국에서 위스키를 구매할 수 있었다고 합니다. 미국 외에 덴마크와 캐나다, 폴란드 등에서도 술이 스페인 독감을 치료하는 데 도움이 된다고 생각했습니다.

거침없이 확산하던 스페인 독감은 어느 순간 잠잠해지기 시작했습니다. 스페인 독감이 사그라든 이유는 명확하게 밝혀지지 않았지만 집단면역력이 생겼다는 설이 주요합니다. 워낙 많은 사람이 감염 후 회복했거나 백신 접종 등의 이유로 공동체 대부분이 면역을 갖게 된 것입니다. 이 외에도 숙주인 인간이 독감으로 많이 사망하면서 바이러스도 함께 소멸한 것이죠. 검역 격리와 방역 등 모든 것이 종합적으로 작용한 것으로 추정합니다.

뒤늦게 밝혀진 스페인 독감의 정체는?

스페인 독감은 끝났지만 원인은 끝내 밝히지 못했습니다. 그러니 그에 맞는 해결책인 백신 역시 개발할 수 없었죠. 스페인 독감의 진실은 87년이 지난 2005년이 되어서야 비로소 모습을 드러냈습니다. 미궁에 빠진 스페인 독감의 실마리를 찾은 것은 미군 병리학연구소 연구원이었던 제프리 토벤버그Jeffery Taubenberger 박사와 병리학자 요한 훌틴Johan Hultin입니다. 두 연구자는 바이러스의 정체를 알기 위해 과거에 스페인 독감이 발병했을 때 죽은 시신을 찾아서 바이러스의 표본을 구하기로 했습니다. 그들은 1997년에 미국 알래스카로 가 얼어 있던 땅을 깊게 파고 감염자의 시체를 찾았습니다. 노력 끝에 시체의 폐에서 썩지 않고 유전자 배열이 그대로 유지된 스페인 독감 바이러스 조직을 떼어냈습니다. 사진은 실제 발

1997년 알래스카의 바이러스 발굴 현장

굴 현장입니다.

원래 숙주가 죽으면 바이러스도 더 이상 증식하지 못하고 소멸합니다. 그런데 알래스카처럼 영하 20℃의 낮은 온도가 일정하게 유지되는 조건이라면 바이러스가 증식할 수는 없지만 보존은 가능합니다. 냉동고에 바이러스를 보관한 효과와 같죠. 이렇게 얻은 바이러스를 무려 8년간 연구한 끝에 2005년에 드디어 진실을 밝혀낸 것입니다. 1918년에 창궐한 스페인 독감의 정체는 바로 조류독감과 인체독감이 섞인 A형 바이러스였습니다. 인수 공통 감염병이었던 스페인 독감의 정체를 밝히면서 감염병의 역사는 일단락되는 듯했습니다.

그런데 놀랍게도 1920년에 스페인 독감과 함께 사라진 줄 알았던 독감의 공포가 2009년에 부활한 것입니다. 최소 15만 명에서 최대 57만 명의 목숨을 빼앗으며 인류를 위협한 팬데믹인 신종플루(H1N1)였죠. 감염자와 스치기만 해도 감염될 정도로 전파력이 강한 신종플루는 다행히 치사율이 0.05%로 낮았습니다. 스페인 독감과 신종플루는 모두 'H1N1'이라는 바이러스입니다. 완벽히 같은 바이러스는 아니며 같은 계통의 친척 관계라고 볼 수 있습니다. 독감 바이러스의 특징 중 하나는 늘 새로운 변이가 나타나서 신종 바이러스를 만들어 낼 수 있다는 것입니다. 그림 속 H1N1 바이러스의 구조를 보면서 그 과정을 설명하겠습니다.

바이러스의 종류에는 DNA 바이러스와 RNA 바이러스가 있습니다. 이들은 복제를 거듭하다 유전자 손상을 입기도 합니다. 이럴 경우 DNA 바이러스는 교정 능력이 있어서 돌연변이가 잘 발생하지 않습니다. 반면 코로나 바이러스 같은 RNA 바이러스는 교정 능력이 없어 쉽게 새로운 돌연변이를 만들며 증식합니다.

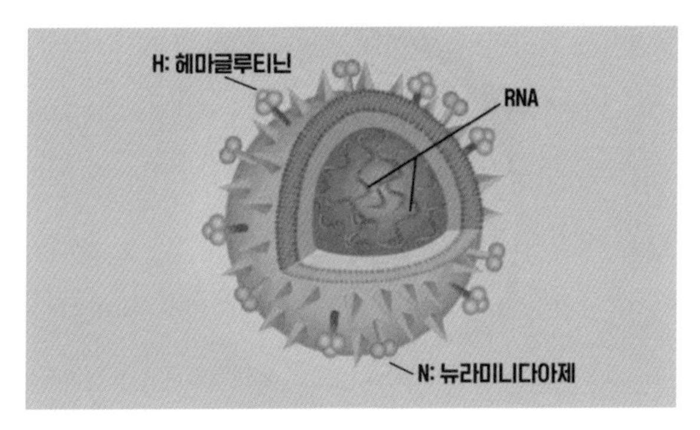

인플루엔자(독감) 바이러스의 구조

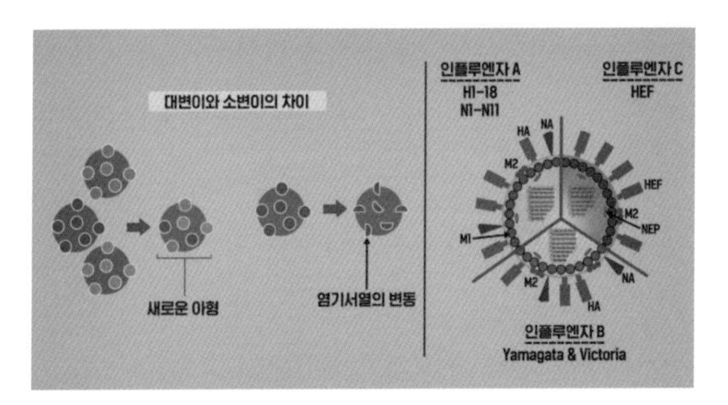

독감 바이러스 A형, B형, C형

독감 바이러스 표면 돌기에는 H(헤마글루티닌)라는 성분이 있는데, 이는 독감 바이러스가 우리 몸의 세포로 들어갈 수 있는 열쇠와 같은 역할을 합니다. 이렇게 몸에 들어온 독감 바이러스와 서로 다른 바이러스들이 결합하게 되면 새로운 형태의 독감 바이러스가 만들어집니다. 우리가 매년 독감 주사를 맞는 이유도 변화무쌍하게 재창조되는 독감 바이러스의 돌연변이 때문입니다. 독감 바이러스는 A형, B형, C형이 있습니다. 특히 A형 독감 바이러스는 증상과 전염성에 차이가 있는데, 그 이유는 바이러스 표면에 있는 H와 N(뉴라미니다아제)의 다양성 때문입니다. 바이러스들은 소변이와 대변이라는 변이가 발생할 수 있는데 소변이의 경우 아미노산 서열의 변화로 나타납니다. 대변이는 H와 N이 다른 종류의 H와 N으로 교체되어 새로운 타입의 독감 바이러스가 되는 경우를 말합니다. 이는 매년 유행하는 독감이 서로 다른 이유입니다. 항원 대변이는 A형에서만 발생하며 수십 년에 한 번씩 창궐하는 대유행과 연관이 있습니다. 이러한 변이로 인해 매년 유행하는 독감의 항원이 달라져, 해마다 예측에 기반해 3개~4개 정도의 항원을 조합해 방어할 수 있는 백신을 맞는 것이죠. 다만 어디까지나 예측이기 때문에 예방률이 완벽하지는 않습니다. 우리가 독감 주사를 맞아도 독감에 걸릴 수 있는 이유입니다. 따라서 현재 전 세계에서는 유니버설 백신 분야의 연구가 활발하게 진행 중입니다. 이는 한 번의 접종으로 다양한 변이에 대응할 수 있는 백신입니다.

그렇다면 신종플루는 어디에서 시작된 것일까요? 첫 감염이 미국인지 멕시코인지 아직도 불분명하지만 신종플루의 전파자로 지목된 동물은 돼지입니다. 실제로 신종플루라는 이름을 짓기 전까지 새롭게 발병한 전염병을

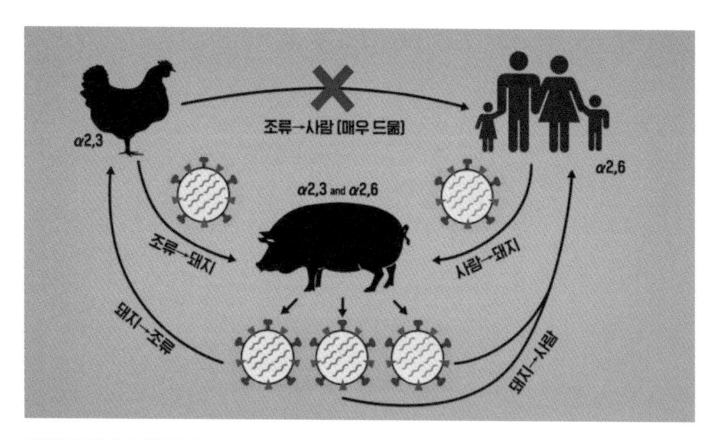

돼지의 몸에서 일어나는 바이러스 재조합

'돼지독감'이라고 불렀죠. 사실 돼지는 인간에게 독감 바이러스를 옮기는 주요 매개체입니다. 일반적으로 인체 감염 독감과 조류독감은 종 특이성에 따라 인체 바이러스는 인체에, 조류 바이러스는 조류에 감염을 일으킵니다. 조류독감 바이러스의 열쇠인 헤마글루티닌이 사람에게는 맞지 않기 때문입니다. 그런데 돼지는 특이하게도 인체독감과 조류독감 모두에 감염이 잘 일어나서 재조합된 바이러스의 화수분 같은 역할을 하죠. 실제로 돼지를 가리켜 mixing vessel, 그러니까 '혼합통'이라고 부를 만큼 돼지는 독감 감염에서 매우 중요한 숙주입니다.

이렇게 돼지의 몸에서 재조합해 탄생한 새로운 바이러스는 여러 종류의 동물에 감염될 수 있습니다. 호흡하는 것만으로도 감염 가능성이 큰 돼지독감은 바이러스를 퍼트리는 데 유리한 조건을 갖췄습니다. 신종플루는 조류독감 바이러스, 돼지독감 바이러스, 그리고 인간의 계절형 독감 바이러스의 유전자 조각이 모여서 만들어진 것으로 밝혀졌습니다. 여러 유전자가 섞인 변종은 전파력이 매우 강한 바이러스로 진화했고 순식간에 전 세계로 전파돼 21세기 첫 번째 팬데믹으로 기록되었죠.

코로나 바이러스의 습격_ 사스, 메르스, 코로나19

최근에 전 세계를 공포로 몰아넣은 코로나19의 원인체는 인수 공통 감염병 중 하나인 코로나 바이러스입니다. 2002년의 악몽을 불러온 사스, 2015년에 온 사회를 마비시킨 메르스, 그리고 2019년에 발생해 지금도 전 세계를 장악한 코로나19 모두 코로나 바이러스의 변이 형태죠. 사스와 메르스는 모두 국내에서 제1급 법정 감염병으로 분류됐고, 코로나19 역시 처음에는 제1급 감염병으로 분류됐다가 제2급 감염병이 됐습니다.

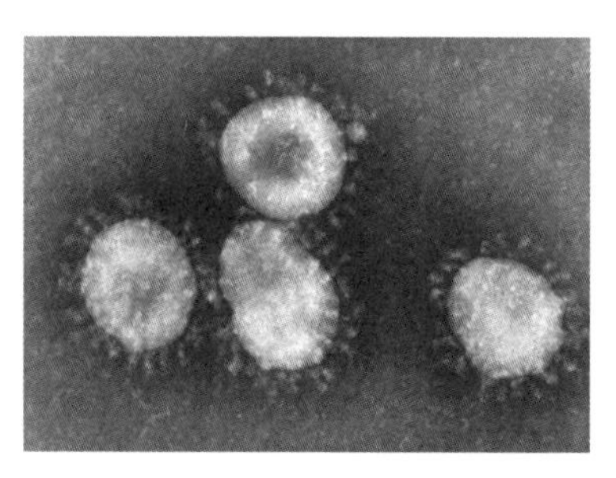
전자현미경으로 본 코로나 바이러스

독감 바이러스보다 더 큰 파장을 일으킨 코로나 바이러스는 그 형태가 태양 주위에 빛나는 코로나 현상과 비슷해 '코로나 바이러스'라고 불립니다. 사실 코로나 바이러스는 이미 100여 년 전에 발견되었습니다. 닭에서 처음 발견한 코로나 바이러스는 소, 돼지, 닭, 고양이에게 전파될 경우 매우 치명적인 결과를 가져옵니다. 하지만 사람에게는 가벼운 코감기나 설사를 일으키는 정도였죠. 1960년대 중반에 처음으로 코로나 바이러스가 사람에게 전파되는 사건이 벌어졌으나 당시에도 가벼운 감기 정도의 증상만 유발했다고 합니다. 때문에 사람들은 지난 100년간 코로나 바이러스에 별다른 관심을 보이지 않았습니다.

그런데 2002년에 예상치 못했던 사건이 벌어졌습니다. 박쥐에서 시작해 중간 숙주인 사향고양이에게 옮겨간 '사스'라는 바이러스가 인간에게 전파되면서 목숨을 위협하는 치명적인 코로나 바이러스 감염증을 일으킨 것입니다. 사스-코로나 바이러스가 인간의 호흡기를 침범해 발생하는 감염병인 사스는 '중증급성호흡기증후군'의 줄임말입니다. 2002년 11월부터 2003년 7월까지 유행해 8,096명의 감염자가 발생하고 774명이 사망했죠. 치사율 9.6%에 달했던 사스는 홍콩, 싱가포르, 베트남, 중국, 미국, 캐나다 등 32개국에 퍼졌습니다. 우리나라에서도 3명의 확진자가 발생했고 모두 완치됐습니다.

사스의 증상은 2일~10일의 잠복기를 거친 후 38℃ 이상의 고열과 함께 무력감, 두통, 근육통이 발생하는 것입니다. 시간이 지나면서는 기침과 호흡곤란도 동반하죠. 그리고 사스 환자의 25% 정도가 설사 증상을 겪는다고 합니다. 심한 경우 호흡 기능이 크게 나빠지면서 급성 호흡곤란 증후군이나 다기관 부전증으로 진행됩니다. 사스는 감염자의 기침, 재채기, 말할 때 배출하는 호흡기 비말 등에 의해 전파됩니다. 이 외에 환자의 체액에 오염된 물건을 통해서도 전염될 수 있습니다. 이처럼 사스의 전염력은 매우 높습니다.

사스의 놀라운 전염력은 첫 발생 후 지구 한 바퀴를 돌게 된 경로를 추적해보면 확실하게 실감할 수 있습니다. 2002년 11월 16일, 중국 광둥성 포산에서 지방 공무원으로 일하는 한 남자가 발열과 호흡곤란으로 쓰러졌습니다. 그의 부인과 병문안을 왔던 친척도 잇따라 비슷한 증상을 보이며 쓰러졌죠. 포산에서 쓰러진 이 남자는 역학 조사상 사스의 첫 번째 발병자로 추정되는 인물입니다. 첫 번째 환자의 특이 사항은 증상이 나타나기 전에 식사 준비를 도왔는데 재료 중에 닭과 고양이, 그리고 뱀이 있었다는 것입니다. 이후 중국 선전과 광저우에서 평소 뱀이나 사향고양이 등을 요리한 두 명의 요리사도 비슷한 증상을 보였습니다. 순식간에 이들 가족과 의료진도 전염되었고 곳곳에서 두통과 고열, 피가 섞인 가래 등의 증상을 보이는 환자들이 늘어났죠.

이는 비극의 시작에 불과했습니다. 해를 넘긴 2003년 1월 30일, 수산물 시장에서 일하는 해물 도매상인 조우 줘펑周作芬이라는 인물이 사스 바이러스에 감염되었습니다. 문제는 이 한 사람으로부터 시작된 감염이 비행기를 타고 순식간에 중국을 넘어 홍콩까지 전파되어 70명이 넘는 사람이 감

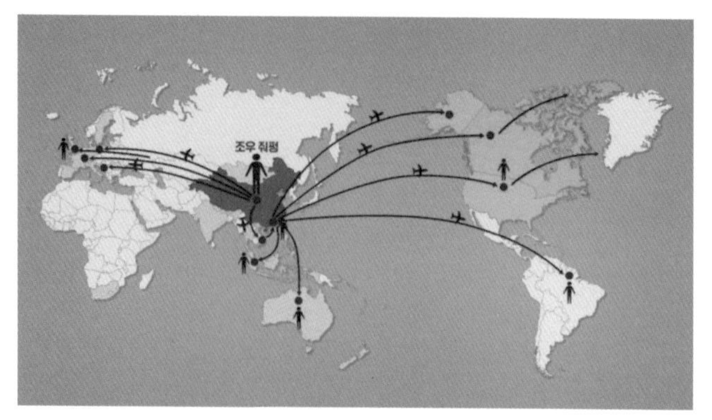

사스의 확산

염되었다는 것입니다. 조우의 주치의가 친척의 결혼식에 참석하기 위해 홍콩에 간 것이 발단이었습니다. 그가 머물렀던 홍콩의 호텔 9층은 사스 감염의 진원지가 되었죠. 그는 호텔에서 기침과 구토 등의 증상을 보였고 결국 그의 가족뿐 아니라 같은 층을 쓴 투숙객 23명이 감염된 것입니다. 이들이 홍콩을 떠나 각자의 나라로 귀국하면서 사스는 비행기를 타고 전 세계로 퍼져나갔습니다. 지도는 당시 사스의 확산을 보여줍니다.

이때 사스에 감염된 환자 중에는 WHO 감염병 전문가인 카를로 우르바니Carlo Urbani도 있었습니다. 우르바니는 심각한 신종 감염병이 출현한 것을 처음으로 알아차리고 WHO에 보고했죠. 하지만 얼마 지나지 않아 그도 사스로 목숨을 잃고 말았습니다. 이 외에도 호텔 투숙객 중 캐나다로 돌아간 한 할머니와 그 아들도 사스에 걸렸고 그들로부터 수백 명이 사스에 전염되는 결과를 낳았습니다.

어마어마한 전파력을 가진 사스 바이러스의 원인은 확산이 일단락된 후에야 밝혀졌습니다. 2004년 호주 동물보건연구소가 밝혀낸 사스의 주범은 박쥐였습니다. 연구진은 중국인들이 박쥐고기를 즐겨 먹는다는 사실에 주목했고, 사스 바이러스가 박쥐로부터 유래했을 수도 있다는 가정을 세웠죠. 연구진은 중국에 서식하는 야생 박쥐들을 조사한 끝에 3종의 중국 박쥐로부터 사스 바이러스와 유사한 코로나 바이러스를 검출했습니다. 연구 결과 중국의 여러 박쥐 종이 가지고 있는 코로나 바이러스들이 서로 합쳐지고 옮겨가면서 사스 바이러스가 됐고, 이것이 사향고양이에게 퍼지고 곧 인간에게도 전파됐다는 결론에 이르렀습니다.

사스 이후 코로나 바이러스는 또다시 우리를 습격했습니다. 2012년 6월, 사우디아라비아에서 정체불명의 폐렴 환자가 발생했는데 조사 결과 코로나 바이러스로 판명된 것입니다. 2012년 처음 발견된 메르스-코로나 바이러스는 2015년 6월까지 23개국에서 1,142명에게 전염됐습니다. 이 중 465명이 사망해 치사율이 40%에 이르렀죠. 우리나라도 2015년에 6개월간 168명의 환자가 발생해 그중 38명이 사망했습니다. 다만 메르스는 치사율에 비해 전염성은 낮았는데, 호흡기를 통해 급속도로 전파된 사스와 달리 침방울과 같은 접촉을 통해서만 전파됐기 때문입니다.

과연 인간에게 메르스를 옮긴 동물의 정체는 무엇일까요? WHO는 메르스의 주범으로 낙타를 지목했습니다. 사우디아라비아에서 진행한 역학조사에 따르면 낙타와 밀접하게 접촉한 사람이 메르스에 많이 걸렸고 일부 낙타에서 메르스 바이러스의 항체가 발견됐기 때문입니다. 그런데 낙타 외에 또 다른 동물을 메르스의 원인으로 추정했는데 이번에도 박쥐였죠. 현재는 낙타는 중간 매개체였으며 박쥐를 숙주로 보는 것이 대체적인 견해입니다.

이후 코로나 바이러스는 또 한 번 종간의 벽을 뚫고 변이를 거쳐 전 세계 사람들의 삶을 송두리째 흔들어 놓았습니다. 2019년에 불현듯 나타나

지금까지도 종잡을 수 없이 퍼져나가고 있는 역대급 바이러스인 코로나19입니다. 2023년 5월 기준 전 세계에서 코로나19로 사망한 사람은 약 685만 명이며 여전히 감염자는 증가하고 있습니다. 게다가 전파 중에도 델타, 오미크론, 켄타우로스 등으로 변이되어 더 빠르고 쉽게 인간의 몸에 침투하고 있죠. 불행한 사실은 코로나19 이후 또 다른 팬데믹이 일어나지 않을 거라는 보장을 할 수 없다는 것입니다. 바이러스는 점점 진화하고 있고, 전파력과 확산세는 명확히 예측하기 어렵습니다. 게다가 어떤 새로운 바이러스가 인류를 시험할지 알 수도 없죠.

코로나19, 원숭이두창에 이은 질병 X는?

코로나19 이후 우리는 또 어떤 바이러스와 싸우게 될까요? 최근 미국 캘리포니아 대학교 데이비스의 연구진은 종간 장벽을 넘어 인간에게 침투해 질병을 일으키는 동물 바이러스 887개의 위험도를 평가했습니다. 그중 위험도가 가장 높은 것은 라싸 바이러스입니다. 나이지리아 라싸 마을에서 발견돼 미국, 캐나다, 독일, 영국 등으로 퍼진 풍토병이죠. 라싸 바이러스에 감염된 들쥐를 통해 사람에게 전파되는 라싸열은 두통, 발열, 설사, 복통 등의 증상이 나타나고 탈모나 청력 손상의 후유증이 생기기도 합니다. 라싸열의 위험도가 높은 것은 감염된 사람 중 80%는 무증상이거나 경미한 발열 및 두통만 보이기 때문입니다. 증상이 뚜렷하지 않고 눈에 보이지 않기 때문에 라싸열에 감염됐다는 사실을 알지 못해 타인에게 쉽게 전파하며 증상을 방치하다가 사망하는 경우가 많습니다. 이런 이유로 나이지리아

바이러스 위험도 순위		
순위	위험도	바이러스
1	91.18	라싸 바이러스
2	87.14	사스-코로나 바이러스-2
3	87.00	에볼라 바이러스
4	86.49	서울 바이러스
5	86.49	니파 바이러스
6	86.38	E형 간염 바이러스
7	85.70	마르부르크 바이러스
8	85.04	사스-코로나 바이러스
9	84.78	원숭이면역결핍 바이러스
10	84.69	광견병 바이러스

에서는 원숭이두창보다 라싸열이 널리 알려져 있습니다. 실제로 나이지리아에서는 2022년에만 5개월간 약 150명이 라싸열로 사망했으며 치사율은 19.8%에 달한다고 합니다. 높은 치사율 때문에 라싸열을 제2의 에볼라라고 칭하기도 하죠. 안타깝게도 아직 백신은 개발되지 않았습니다.

4위에 있는 서울 바이러스는 우리나라 서울이 맞습니다. 한탄강에서 발견한 한탄 바이러스의 일종으로 1980년에 이호왕 박사가 처음 발견해 백신까지 개발한 바이러스입니다. 서울의 시궁쥐에서 세계 최초로 이 병의 원인이 되는 한탄 바이러스를 발견하면서 서울 바이러스라는 이름을 붙였다고 합니다. 이 바이러스는 유행성 출혈열을 일으키는 것이 특징입니다.

과연 인류는 인수 공통 감염병의 위험성에서 벗어날 수 있을까요? 안타깝게도 인간과 동물이 함께 걸리는 인수 공통 감염병의 종말은 모든 숙주

인간에게 감염병을 전파하는 동물들

가 사라지지 않는 한 불가능한 일입니다. 2021년에 과학 전문 주간지 『네이처』는 흥미로운 삽화를 실었습니다. 동물들이 마치 범인들처럼 머그샷을 찍은 것입니다. 모두 사람에게 감염병을 이미 전파했거나 감염병을 전파할 위험성이 큰 동물들입니다. 이들의 뒤에는 코로나 바이러스가 배경처럼 자리하고 있죠. 코로나 바이러스는 이미 동물들에게는 매우 흔한 바이러스입니다. 하지만 인간에게 전파되면 치명적인 바이러스로 변이하면서 어느새 이들은 인간에 의해 범죄자로 몰린 상황입니다.

일례로 2017년 중국에서 박쥐가 전파한 코로나 바이러스로 돼지 2만 4,000마리 이상이 몰살한 적이 있습니다. 돌이켜 생각해보면 이는 자연이 우리에게 보낸 경고인 셈입니다. 이때 바이러스의 종간 장벽을 뛰어넘는 사례를 좀 더 면밀하게 추적했다면 코로나19는 일어나지 않았을 수도 있습니다. 게다가 이제는 사람이 동물에게 감염병을 옮기는 '역인수 공통 감염병'의 위험성도 생겨나고 있습니다. 인간이 함께 사는 동물에게 감염병을 옮길 수 있다는 뜻입니다. 어느새 감염병 대응에 있어 인체 감염, 동물 감염 바이러스를 구분 짓는 일이 무의미해진 것입니다.

결국 인간, 동물, 생태계가 하나로 연결되어 있다는 원헬스one health 개념이 무엇보다 중요합니다. 한 가지 더 고려해야 할 점은 인수 공통 감염병은 오로지 인간의 편의와 이득을 위해 동물의 생명을 위협하고 생태계를 훼손하면서 벌어진 일이라는 것입니다. 바이러스 저장고로 불리며 인간을 위협하는 바이러스를 전파하는 박쥐도 무분별한 개발로 서식지를 잃은 까닭에 오명을 쓰게 되었죠. 1990년대 후반 말레이시아와 싱가포르에서는 박쥐 서식지가 파괴되면서 숲에서 과일을 먹고 살던 박쥐가 양돈농장 주변 과일나무로 몰려들었습니다. 이때 박쥐가 가지고 있던 바이러스가 돼지를 거쳐 사람에게 감염되기도 했습니다.

인간이 유발한 기후 변화 역시 인수 공통 감염병에 큰 영향을 끼칩니다. 최근 연구에 따르면 지구의 평균 기온이 2℃ 상승할 경우 2070년에 최소 1만 5,000종의 새로운 바이러스가 이종 간 공유될 것으로 전망된다고 합니다. 또 기후 변화로 빙하가 녹으면서 영구 동토층에 최대 수백만 년간 보존돼 있던 바이러스가 깨어나 고대 감염병을 유발할 수도 있다는 위험성도 제기되고 있죠.

결국 인수 공통 감염병의 모든 원인에는 인간이 존재합니다. 우리는 동물의 서식지를 지켜주고 환경을 지키기 위한 실천에 나서야 합니다. 미국의 과학저술가 데이비드 콰먼David Quammen이 자신의 저서인 《인수공통 모든 전염병의 열쇠》에 남긴 말을 기억하며 감염병을 이겨내기 위한 노력을 멈추지 않기를 바랍니다.

"모든 것은 우리에게 달려 있다."

벌거벗은 이란 히잡 혁명

히잡을 둘러싼 의문사

박현도

2022년 9월 13일, 이란의 수도 테헤란에서 21세의 여성 마흐사 아미니Mahsa Amini가 지도순찰대에 체포된 지 3일 만에 싸늘한 주검으로 세상에 모습을 드러냈습니다. 히잡을 바르게 착용하지 않았다는 이유로 붙잡힌 지 몇 시간 만에 병원으로 옮겨져 혼수상태로 사흘을 지내다 숨진 것입니다. 사인은 심장마비라고 했지만, 사람들은 믿지 않았습니다. 지도순찰대로 연행하는 밴 안에서 아미니가 맞는 것을 본 사람들이 있었기 때문이죠. 유족들 역시 갑자기 심장마비를 일으켜 실신했다는 당국의 발표를 반박했습니다. 평소 건강에 이상이 없었다고 말입니다.

한 달 후, 서울에서는 스포츠클라이밍 아시아선수권대회가 열렸습니다. 이란 대표 엘나즈 레카비Elnaz Rekabi는 히잡을 쓰지 않은 채 경기를 치렀고 4위에 입상했습니다. 하지만 레카비는 대회 이틀 후 돌연 사라지더니 이란 테헤란 공항에서 모습을 드러냈습니다. 이윽고 여권과 핸드폰을 압수당한 채 가택 연금에 처했다는 소식이 들려왔고 두 달이 지난 후에는 집이 철거되었다는 소식이 알려졌죠.

2022년 이란에서는 히잡 착용 논란을 둘러싸고 의문스러운 일이 연이어 일어났습니다. 마흐사 아미니의 석연치 않은 죽음에 분노를 표하며 히잡을 거부하는 반정부 시위가 시작되었고, 이란 곳곳으로 들불처럼 번졌죠. 문제는 이란 정부가 시위를 강력하게 진압하면서 수백 명의 사망자가 발생했다는 사실입니다. 언론 보도에 따르면 시위가 일어난 지 2개월 만인 2022년 11월 기준 1만 5,000여 명의 시위대가 체포됐다고 합니다. 그중 11명에게 사형 선고를 내렸고, 2명은 이미 사형을 집행했습니다. 이란 정부의 시위 진압 수위는 갈수록 높아졌죠.

2022년 11월에 열린 카타르 월드컵에서는 이란 축구 국가대표팀 선수들이 시위를 지지하는 뜻을 모아 영국과 첫 경기에서 국가 제창을 거부했습니다. 그런데 경기 후 선수들의 가족이 위험해질 것이라는 협박을 받았다고 합니다. 반정부 시위에 참여한 축구선수 아미르 나스르 아자다니Amir Nasr Azadani는 사형 선고를 받았죠. 이러한 이야기가 알려지면서 이란의 시위는 단순히 히잡 착용과 관련한 종교적 문제를 떠나 국민의 자유, 더 나아가서는 세대, 성별, 국경을 뛰어넘어 인권 문제로까지 번지고 있습니다.

이란에서 히잡 논쟁은 언제, 어떻게 시작된 것일까요? 그리고 히잡 문제는 이슬람 사회를 넘어 세계를 어떻게 뒤흔들고 있을까요? 지금부터 히잡을 둘러싼 의문사와 이란을 뒤흔든 히잡 혁명을 알아보려 합니다. 히잡의 역사를 짚어 보면서 중동의 국제 정세와 변화상을 벌거벗겨 보겠습니다.

아라비아반도에서 살아남는 법, 히잡의 탄생

히잡의 역사를 알기 위해서는 먼저 아라비아반도의 특성을 주목해야 합니다. 아시아와 아프리카를 잇는 아라비아반도에는 세 가지 특징이 있습니다. 이슬람교를 국교로 삼고, 아랍어를 사용하며, 엄청나게 넓은 사막이 자리한다는 것입니다. 아라비아반도는 우리나라보다 약 23배나 큰데, 사막이 전체 면적의 약 80%를 차지합니다. 지도에서 주황색으로 표시한 부분이 사막입니다. 늘 건조하며 여름에는 기온이 40℃를 훌쩍 넘어 50℃ 가까이 올라가죠.

먼 옛날부터 사막이 많았기에 아라비아반도에 사는 사람들은 나름 생존 방법을 찾았습니다. 남녀 상관없이 머리부터 발끝까지 천으로 몸을 가린 것입니다. 뜨거운 태양 빛과 사막의 모래바람을 막아 화상을 입을 위험에서 벗어나기 위해서였죠. 특히 여성들은 반드시 천을 몸에 둘러야 했습니다. 지리적 특성상 농사를 지을 수 없는 아라비아반도에는 유목민이 많았고 유목 생활에 필요한 물건과 식량을 서로 약탈하곤 했습니다. 이때 살생이 일어나면 보복 전쟁이 일어나므로 물건만 빼앗았는데, 대표적 약탈품 중 하나가 여성이었던 것입니다. 자신의 부족 여성을 보호해야 했던 유목민들은 여성의 몸을 천으로 둘러 최대한 적의 눈에 띄지 않도록 했습니다.

아라비아반도의 사막

여기서 한 가지 짚고 넘어가야 할 것이 있습니다. 이슬람교에서 중요하게

19세기에 그린 고대 아라비아반도 복장 상상화

여기는 옷차림이자 현재 논쟁이 되는 히잡은 구체적으로 무엇을 말하는 것일까요? 이를 위해서는 먼저 히잡의 어원을 살펴봐야 합니다. '히잡'은 원래 '가리다', '나누다'라는 뜻의 아랍어 '하자바hajaba'에서 유래했습니다. '옷'이 아니라 공간을 '분리'하는 장막이나 칸막이 같은 개념으로 사용한 것입니다. 이후 히잡은 이슬람을 따르는 신앙인 여성, 즉 무슬림 여성이 착용하는 천과 옷차림을 가리키는 단어로 확장되었죠.

정숙함을 상징하는 히잡을 의무적으로 착용해야 한다는 가르침은 이슬람교의 경전 《쿠란》에 담겨 있습니다. 무슬림에게는 절대적인 믿음의 책인 동시에 신이 내려준 생활 지침서인 《쿠란》에 현재 이란 시위의 초점인 히잡 관련 가르침이 있습니다.

"믿는 여인들에게 눈을 낮추고 은밀한 부위를 가리며 명백히 드러난 것 외에 다른 치장물이 드러나지 않게 하라고 이르라. 천으로 가슴을 가려 남편과 그의 부모, 자기 부모, 자기 자식, 자기의 형제, 형제의 자식, 소유하고 있는 하녀, 성욕을 갖지 못하는 하인, 성을 알지 못하는 어린이 이외의 사람들에게 아름다운 곳을 드러내지 않도록 하라."(24장 31절)

한마디로 무슬림 여성은 천이나 수건으로 가슴을 가리고 이 부위를 가족이나 아이 외의 다른 사람들에게 드러내서는 안 된다는 것입니다. 가슴이 다른 사람을 유혹할 수 있기 때문이라는 것이죠. 이 외에 다음과 같은 구절도 있습니다.

“집에 머물라. 이슬람 이전 시대의 여인들처럼 자신을 드러내지 말라.”(33장 33절)
“예언자여! 여러 아내와 딸과 믿는 여인들에게 몸을 겉옷으로 감싸라고 이르라. 이렇게 하면 그녀들이 누구인지 알고 해코지하지 않을 것이다.”(33장 59절)

신이 이슬람교 창시자이자 예언자인 무함마드Muhammad에게 아내와 딸과 믿는 여인들이 집에 머물러 자신을 드러내지 않도록 하고, 겉옷으로 몸을 감싸야 한다고 이르라고 가르치는 내용입니다. 이렇게 히잡은 정숙한 무슬림 여성의 상징이 되었습니다. 이에 따라 오늘날 무슬림이 다수인 국가에서는 여성의 신체가 노출되는 영화는 상영을 금지하며, 할리우드 영화도 노출 장면을 편집해 상영합니다. 이란의 경우 여성 출연자는 무조건 히잡을 써야 하죠. 정숙한 복장은 남성에게도 해당합니다. “실로 나는 그대들에게 그대들의 부끄러운 부분을 가리는 옷을 내렸노라”(7장 26절)라는 《쿠란》 말씀에 따라 무슬림 남성도 공식적인 자리에서는 배꼽부터 무릎까지 맨살을 드러내지 않습니다.

예언자 무함마드의 언행을 담은 《하디스》에는 “거만하게 옷자락을 땅에 끄는 자가 있다면 신은 심판의 날에 그의 얼굴을 보지 않으실 것입니다”라는 말도 있습니다. 옷을 바닥에 끄는 것을 천국에 갈 수 없을 정도로 거만한 행동이라고 본 것입니다. 과거에는 비싼 천을 길게 내려 입는 것을 재력을 과시하는 행위로 여겼습니다. 그래서 복숭아뼈 아래로 옷을 내려 입지 않았죠. 이 외에도 비단옷은 여성에게만 허용하는데, 남성은 피부병을 앓고 있는 특별한 상황에서만 비단옷을 입을 수 있었습니다. 또한 비무슬림과 구별하기 위해 남성은 턱수염을 기르고 터번을 둘러야 한다고도 합니다. 무엇보다 남녀의 역할이 다르므로 입는 옷도 달라야 한다는 점을 강조하죠. 지금까지도 이슬람교에서 옷차림은 종교적인 정체성과 신앙심을 드러내는 수단인 동시에 금욕을 상징합니다. 초창기에는 자연환경이나 이민족으로부터 자기 자신을 보호하기 위해 자발적으로 히잡을 착용했다면, 《쿠란》 등장 이후에는 종교적, 사회적으로 히잡 착용을 강권하는 분위기로 바뀌었습니다.

이슬람교가 규정하는 남녀의 정숙한 옷차림은 무슬림 영토가 넓어지면서 점차 멀리 뻗어나갔습니다. 7세기에 무슬림들은 아라비아를 넘어 이란은 물론 이집트와 북아프리카에 진출했고, 8세기에는 지금의 스페인까지 세력을 확대했습니다. 이후 13세기에 세운 이슬람 제국인 오스만 튀르크는 15세기에 비잔티움 제국을 무너뜨리고 흑해 연안까지 진출해 헝가리 등 동유럽까지 세력을 넓혔죠. 그 결과 이슬람교와 함께 무슬림 여성의 히잡도 점점 더 너른 지역으로 퍼져나갔습니다.

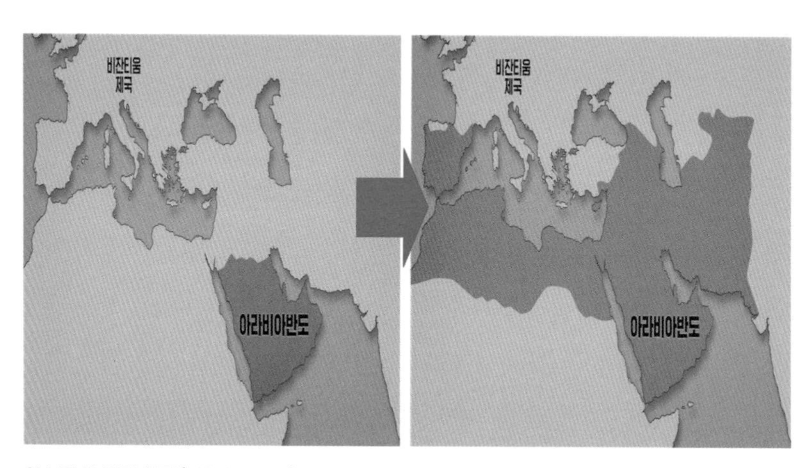

이슬람의 세력 확장(7세기~8세기)

다양한 형태의 히잡

지금은 히잡이라는 말로 통틀어 부르지만, 국가와 민족마다 명칭과 모양이 다릅니다. 현재 무슬림 여성이 두르는 히잡은 크게 네 가지로 나눠 볼 수 있습니다. 전 세계 무슬림 사이에서 가장 널리 통용되는 것은 머리와 가슴까지만 가린 '히잡'입니다. 색깔이 다양하고 청바지나 티셔츠 위에 두르기도 하죠. 그리고 얼굴과 손을 제외하고 온몸을 가리는 것은 '차도르'라고 하는데 이란에서 많이 착용합니다. 눈만 노출 가능한 '니캅'은 사우디아라비아, 예멘 등에서 주로 입습니다. 마지막으로 눈 부위까지 망사로 덮어 전신을 가린 '부르카'가 있습니다. 최근에는 2021년 무장단체 탈레반이 재집권한 아프가니스탄에서 주로 착용합니다.

히잡의 형태가 다양한 것은 해석의 차이에 따라 모양도 다르기 때문입니다. 《쿠란》은 가려야 할 '은밀한 부위'를 명확하게 규정하지 않았습니다. 따라서 가슴 부위까지 가리는 것은 경전으로 의무화하다시피 했지만, 경전 해석에 따라서 가리는 신체 부위가 달라진 것입니다. 경전을 보수적으로 해석하는 나라일수록 여성의 신체를 더욱 많이 가리는 히잡을 선호합니다.

히잡 개혁의 초석을 다진 나라_ 튀르키예

이렇게 무슬림 여성의 대표 복장이 된 히잡은 20세기 이슬람 사회에서 논란의 중심으로 떠올랐습니다. 영국에서 시작된 산업혁명 이후 엄청난 자본을 쓸어 담은 유럽은 새로운 시장을 찾던 중 약소국을 침략해 식민 지배를 시작했습니다. 한 국가가 무력으로 다른 국가를 침략해 지배하는 이른바 제국주의 시대가 열린 것이죠. 이처럼 식민지 개척에 열을 올린 나라가 있습니다. 그림에서 세계 지도를 칼로 가르고 있는 영국과 프랑스입니다.

19세기 무렵부터 세계 곳곳에서 식민지 쟁탈전을 벌이던 두 나라는 아프리카와 아시아를 넘어 중동까지 세력을 뻗쳤습니다. 영국과 프랑스가 중동을 선택한 이유는 20세기 초에 이 일대에서 석유가 발견되었기 때문입니다. 석유는 산업 발전에 매우 중요한 자원이었죠. 두 나라는 이슬람 문화권의 강대국 오스만 제국이 각종 전쟁으로 쇠약해진 틈을 타 침략의 기회를

영국과 프랑스의 식민지 쟁탈전 풍자화

호시탐탐 노리고 있었습니다. 그러던 중 1914년에 전 세계 지형을 뒤흔든 제1차 세계대전이 시작됐습니다. 오스만 제국은 패배했고, 승전국인 영국과 프랑스는 오스만 제국의 중동 영토를 땅따먹기하듯 나눠 가졌습니다.

영국과 프랑스의 칼날 아래 산산조각이 난 오스만 제국의 영토 일부를 끝까지 지키며 패망의 절벽에서 독립전쟁을 이끈 무스타파 케말 아타튀르크Mustafa Kemal Atatürk는 1923년 튀르키예 공화국을 세우고 내부 개혁을 단행했습니다. 존경을 표하는 경칭 '파샤'를 붙여 케말 파샤Kemal Pasha로도 불리는 아타튀르크는 신생 튀르키예 공화국을 근대 국가로 만들고자 강력한 개혁정책을 시행했습니다. 아랍 알파벳을 버리고 로마자를 선택해 튀르크어를 표기하였고, 이슬람 대신 서구적 세속주의를 택해 개인적인 이슬람 신앙을 공적인 영역에서 표현하지 못하도록 막았습니다.

케말 파샤는 튀르키예가 근대 국가로 발돋움하려면 무엇보다 겉모습을 바꿔야 한다고 생각했습니다. 당시 튀르키예 남성은 챙 없는 모자인 '페스fes'를 착용했습니다. 오스만제국 시대의 페스는 무슬림의 상징이기도 했죠. 그런데 1925년 케말 파샤는 페스 착용을 금지하고, 그 대신 서구식 모자를 쓰도록 '모자법'을 선포했습니다. 사진처럼 모자법 시행 이후 튀르키

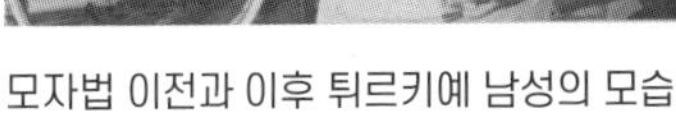
모자법 이전과 이후 튀르키예 남성의 모습

에 남성들은 페스를 벗고 저마다 다른 서양식 모자를 착용했습니다. 이때 우리나라의 단발령처럼 반발도 있었습니다. 하지만 모자법을 어기면 징역 3개월에서 1년 형에 처하는 등 강력하게 처벌했습니다. 페스를 벗기는 일 자체를 근대화의 초석을 다지는 중요한 일이라 여겼던 것이죠.

본격 히잡 개혁을 시작한 나라_ 이란

이때 튀르키예의 모자법을 예의주시하던 나라가 있었습니다. 이란입니다. 쇠약한 카자르Qajar 왕조를 전복하고 1925년 이란의 마지막 왕조인 팔라비 왕조를 연 레자 샤 팔라비Reza Shah Pahlavi는 근대 국가를 건설하기 위한 서구적 세속화 정책에 돌입했습니다. '레자'는 이름이고 '샤'는 페르시아어로 왕이라는 뜻이며, '팔라비'는 왕조명입니다. 레자 샤는 서양의 군대처럼 상비군을 세워 나라의 기초를 다지고 근대적인 교육기관을 설립해 인재를 양성하고자 했죠. 1929년에는 남성들에게 구시대의 모자를 벗고 서구식 모자를 착용하게 했습니다. 이렇게 근대화에 돌입한 1930년대의 이란은 서구화 정책으로 혁신을 이뤄나갔습니다. 근대화를 위해 도로를 정비했고, 이후 자동차와 증기기관차를 운행했으며, 튀르키예의 영향을 받아 남성들은 서구식 복장을 착용한 것입니다. 다만 히잡 문제는 아직 건드리지 않았죠. 히잡을 두른 여성들의 모습은 서구화 정책과 거리가 멀어 보였습니다.

그러던 중 1934년에 튀르키예를 방문한 레자 샤는 빠르게 근대화를 이뤄나가는 튀르키예의 모습에 엄청난 자극을 받았습니다. 1936년 1월 7일,

이란은 페르시아어로 '히잡 벗기'라는 뜻의 '카슈페 헤잡(Kashf-e hejab)' 법안을 발표했습니다. 헤잡은 히잡의 페르시아어 발음입니다. 공공장소에서 히잡을 착용할 수 없는 법령이었죠. 히잡뿐 아니라 전통적인 이슬람 복장 착용까지 금지했습니다. 이란이 히잡 착용을 법으로 금지한 이유는 여성의 사회 진출 없이 근대화는 불가능하다고 보았기 때문입니다.

1936년 공식 석상에서 히잡을 벗은 왕비와 공주

튀르키예를 다녀온 레자 샤는 하루빨리 이란을 서구와 어깨를 견줄 수 있는 근대 국가로 만들고 싶었습니다. 그래서 법령 발표와 함께 국민을 깜짝 놀라게 할 이벤트도 기획했습니다. 테헤란 교육대학교 졸업식이 열리던 날, 왕비가 히잡을 벗은 것이죠. 사진에서 가장 앞에 선 여성이 팔라비 왕비이며 뒤를 따르는 두 여성은 공주입니다. 이란 국민은 가장 높은 지위의 여성인 왕비와 공주가 히잡을 착용하지 않은 모습에 충격을 받았다고 합니다. 다음은 깜짝 이벤트를 기획한 레자 샤의 연설 중 일부입니다.

> "나의 어머니, 여형제들이여. 이 뜻깊은 날 이제 이 기회를 통해 여러분들은 나라의 발전을 도모할 수 있습니다. (…) (여성은) 집에서 눈에 띄는 것처럼 사회에서도 눈에 띄어야 합니다."

레자 샤는 근대 국가를 건설하기 위해서는 여성의 사회 참여가 반드시 필요하다고 생각했습니다. 레자 샤가 보기에 히잡은 여성의 사회 진출을 방해하는 걸림돌이자 전근대적 유물의 상징이었죠. 당시 이란은 히잡을 벗기는 법령과 함께 여성 교육을 확대했습니다. 이란 최초의 현대적 대학인 테헤란 대학교조차 여성의 입학이 불가능했고, 결혼과 이혼 문제에서 여성이 결정할 수 있는 권리는 없었습니다. 이러한 남녀 차별적인 풍조를 없애기 위해서는 히잡을 벗기는 것이 필요하다고 본 것이죠. 또한 여성의 행동에 제약을 주는 히잡을 없애야만 얼굴을 드러내고 적극적으로 사회에 참여할 수 있다고 판단했습니다.

법으로까지 히잡 착용을 금지했음에도 이란 여성들은 쉽게 히잡을 벗지 않았습니다. 이슬람 율법을 중요한 가치로 여겨 온 이슬람 사회에서 수백 년 동안 쓴 히잡을 벗는 것은 결코 쉬운 일이 아니었죠. 법령 시행 후 경찰은 공공장소에서 히잡을 착용한 여성에게 히잡을 벗도록 명령했습니다. 거부하면 히잡을 찢었고 심지어는 때리기도 했죠. 히잡을 벗지 않으려는 여성도 문제였지만 반대로 히잡을 벗은 여성에게도 문제가 생겼습니다. 이슬람교 지도자들이 정숙의 상징인 히잡을 착용하지 못하도록 한 법령에 분노하며 반대한 것입니다. 열성 신자들은 히잡을 벗은 여성을 폭행하기도 했습니다.

결국 여성의 사회 진출을 위한 '카슈페 헤잡'이 역설적으로 히잡 벗기를 두려워하는 수많은 여성을 집안에 가두는 결과를 낳았습니다. 논란을 피하고자 아예 집 밖으로 나가지 않은 것입니다. 평생 써온 히잡을 갑자기 금지하자 수치심을 느낀 여성들이 오히려 히잡 착용을 허용해 달라며 시위를 벌이기도 했죠. 지금과는 정반대의 상황이 펼쳐진 것입니다. 전통과 개혁,

이슬람과 세속화 사이에서 히잡 문제는 첨예한 대립을 불러일으켰고 팔라비 왕조가 추진하는 개혁의 걸림돌이 되었습니다.

히잡을 벗기려는 노력은 1941년에 레자 샤의 아들 모함마드 레자 샤 팔라비Mohammad Reza Shah Pahlavi가 새로운 국왕으로 즉위하면서 중대한 국면을 맞이했습니다. 모함마드 레자 샤는 아버지의 정책을 바꿔 국민의 반발을 불러온 히잡 착용 금지법을 완화하고 히잡 착용을 허용했죠. 그러나 아버지의 꿈을 깨진 않았습니다. 아버지와 마찬가지로 히잡을 근대화의 장애물로 여긴 국왕은 결국 직접적인 방법이 아닌 새로운 방법으로 히잡 벗기기에 나섰습니다. 여성들의 권리를 높이는 동시에 히잡 착용을 자율에 맡긴 것입니다. 그렇게 탄생한 것이 경제적·정치적·사회적 개혁이자, 피를 흘리지 않는 혁명이라는 의미의 1963년 '백색 혁명'입니다. 다음은 백색 혁명의 주요 개혁안입니다.

- 토지 개혁(삼림과 목초지 국유화)
- 문맹 퇴치 사업
- 여성의 투표권 허용

백색 혁명은 다양한 개혁을 추진했지만, 위의 세 가지 개혁에 주목해야 합니다. 첫 번째는 소수가 장악하고 있던 토지를 정부가 거둬들여 국민에게 재분배한 것입니다. 두 번째는 어린이 의무교육을 실행하고, 수많은 학교를 세워 문맹률을 낮춘 것이죠. 세 번째는 여성에게 투표권을 주어 정치에 참여할 수 있게 한 것입니다. 이후 가족보호법을 개정해 일부일처제를 명시하고 여성의 최저 결혼 연령을 13세에서 18세로 상향 조정했습니다.

여성의 이혼 신청권도 확대하여 여성의 권리를 강화했죠. 여성 인권 신장을 필두로 근대화 개혁을 추진하자 상황이 달라졌습니다. 여성들이 자연스럽게 히잡을 벗기 시작한 것입니다. 교육의 기회가 확대되고 여성이 누릴 수 있는 권리가 늘어나니 굳이 행동에 제약을 두는 히잡을 쓸 필요가 없다고 생각한 것이죠.

당시 이란 여성은 유럽 여성과 별반 다를 게 없었습니다. 히잡을 한 여성들이 대거 줄어든 도시 중심지는 자유스럽고 개성적인 옷차림을 한 여성이 채웠습니다. 이제 이란은 히잡과 작별한 듯 보였죠. 여성은 반소매 옷과 반바지를 입었고, 남녀가 함께 운동했습니다. 이성 간 공개 연애도 가능했습니다. 남녀는 함께 수업을 받았으며 많은 학생을 미국으로 유학 보내기도 했습니다. 술집과 클럽은 물론 모스크 옆에서 팝송을 크게 들어도 괜찮았던 시절이었죠. 복장 제약이 없는 이란은 하루아침에 완전히 다른 나라가 되었습니다. 강력한 이슬람 색채의 보수적인 분위기는 사라지고 자유분방한 서구식 분위기가 팽배한 나라로 탈바꿈한 것입니다.

1970년대 이란 여성의 자유로운 옷차림

하지만 이란의 사회적 분위기는 심상치 않게 흘러가고 있었습니다. 국왕을 향한 불만의 목소리가 터져 나오기 시작한 것입니다. 가장 큰 계기는 백색 혁명이었죠. 이란의 보수적인 이슬람 세력은 특히 토지 개혁안에 반발했습니다. 당시 이슬람 종교시설은 많은 땅을 가진 지주 세력이었습니다. 그런데 정부에 강제로 땅을 빼앗겼으니 불만이 클 수밖에 없었죠. 토지 개혁은 수백 년간 이어진 종교 지도자의 특권을 빼앗는 것을 뜻했고, 이슬람 세력은 이를 위협으로 받아들였습니다. 국왕 반대 세력으로 부상한 이슬람 지도자들은 근대화 개혁의 걸림돌이 되었습니다.

여기에 국민의 반발심에 불을 지핀 사건이 발생했습니다. 국왕이 백색 혁명 비판자들을 무력 진압한 것입니다. 당시 비판 세력의 중심에는 종교 지도자였던 아야톨라 루홀라 호메이니Ayatollah Ruhollah Khomeini가 있었습니다. 호메이니는 토지 개혁과 여성의 투표권 허용이 이슬람 교리에 어긋난다며 비판했습니다. 일부 국민도 동조했죠. 하지만 국왕은 대화로 설득하기보다는 무력으로 반대 세력을 탄압했습니다. 이슬람 신학교를 중심으로 반정부 시위가 계속되며 수백 명의 사상자가 발생했고, 호메이니는 1964년에 국외로 강제 추방되었습니다.

탄압과 무력 진압에도 국민의 반발은 쉽게 수그러들지 않았습니다. 이란 왕정에 대한 불만과 반미 감정으로 가득 찼기 때문입니다. 당시 이란은 중동의 경찰 역할을 자처하면서 미국산 무기 구입에 막대한 비용을 치렀습니다. 그 결과 1970년대에 OPEC(석유수출국기구)과 중동 지역을 이끄는 국가로 성장했지만, 왕정의 친미 노선을 비굴한 외세 의존으로 받아들이면서 왕정을 비판하는 국민도 있었습니다. 게다가 왕정은 국민 반발을 잠재우기 위해 미국 CIA의 지원을 받아 비밀경찰인 사바크SAVAK를 창설해 반대 세력을 무자비하게 고문하고 숙청하는 악수까지 두었습니다. 이런 상황에서 이란 국민은 국왕이 미국의 꼭두각시일 뿐이며 백색 혁명도 미국의 이란 내정 개입을 정당화하려는 시도라 여겼죠. 결국 종교인, 지식인, 청년층을 중심으로 국왕과 개혁에 반대하는 목소리가 점점 거세졌습니다.

국왕이 국민의 지지를 얻지 못한 또 다른 이유는 백색 혁명에서 시도한 토지 개혁으로 오히려 도시 빈민이 늘어났기 때문입니다. 그뿐 아니라 이란은 1970년대에 석유로 막대한 돈을 벌었지만, 수익을 서민층까지 골고루 분배하지 못했습니다. 1970년대 초 이란의 상위 10%의 부유층이 이란 GDP의 약 40%를 차지한 것만 봐도 부의 분배가 골고루 이루어지지 못했음을 짐작할 수 있습니다. 경제는 발전했지만, 빈곤층은 증가한 상황에 국민도 분노할 수밖에 없었죠.

그럼에도 국왕은 국민의 눈치를 보지 않았습니다. 왕실 소유 궁전을 7개나 두었고, 그중 하나는 프랑스 베르사유 궁전을 본떠 사방을 화려하게 꾸며놓기도 했죠. 가구, 샹들리에, 시계, 화병 등 루이 16세의 물건부터 나폴레옹 시대 장식품까지 총망라해 꾸몄습니다. 국민의 불만과 가난은 외면한 채 엄청난 사치를 누린 국왕은 어느새 부패의 상징이 돼버렸습니다. 1967년 황제 황후 대관식에서 전통적인 페르시아 황제의 칭호인 '왕 중의 왕'으로 불린 국왕은 태양 문양의 60캐럿 다이아몬드가 박힌 왕관을 썼고, 파라 디바Farah Diba 왕비는 150캐럿의 에메랄드와 1,541개 보석으로 장식한 왕비관을 썼습니다. 모함마드 레자 샤는 고급 자동차를 수집하는 취미를 가졌는데 지금까지 남아 있는 자동차만 50대가 넘습니다. 롤스로이스, 람보르기니, 페라리, 포르셰, 캐딜락, 재규어 같은 값비싼 브랜드가 대부분입니다. 그리고 전 세계에 딱 한 대 남아 있는 1934년 벤츠 한정판도 있습니다.

전임 국왕인 아버지에게 히틀러가 준 선물이었다고 합니다.

계속되는 왕정의 부패와 개혁 결과에 대한 실망으로 국민의 불만은 폭발했습니다. 1978년, 테헤란 중심부에는 수많은 군중이 모여 반정부 시위를 이어 나갔고 12월이 되자 반정부 시위대는 어느새 200만 명까지 증가했습니다.

이란 혁명과 다시 돌아온 히잡의 시대

1979년, 이란 혁명이 일어났습니다. 민심은 폭발했고 분노한 국민은 거리로 몰려나왔습니다. 이때 시위에 나선 이란 여성은 히잡을 꺼내 들었습니다. 정치적 반대의 상징으로 히잡을 두른 채 시위에 나선 것입니다. 이 시기 국민의 98%가 독재자 국왕이 왕위에서 내려오길 바란다는 여론이 있었을 정도라고 합니다. 이렇듯 친미 정책을 기반으로 한 왕정은 보수적인 이슬람 종교 지도자들의 반발, 전통적인 이슬람 가치를 추구하는 사람들, 왕가의 부패에 분노한 국민이 일으킨 혁명으로 무너지고 말았습니다. 국왕은 1월 16일에 돈과 보석, 금을 챙겨 도망치듯 이집트로 떠났습니다. 이란의 마지막 왕조는 이렇게 사라졌습니다. 그해 10월, 암 치료를 위해 미국이 쫓겨난 국왕을 받아주자 이에 분노한 이란 대학생들이 테헤란 미국 대사관을 점거해 미국인 52명을 무려 444일 동안 인질로 잡았습니다. 이렇게 중동 최대 친미 국가였던 이란은 혁명을 계기로 최대 반미 국가가 되었습니다.

사람들은 독재 정권에서 벗어나 스스로 지도자를 뽑을 수 있다는 자신감과 희망으로 기뻐했습니다. 이란 국민은 왕이 사라진 나라를 새롭게 이

끌어갈 인물로 왕이 국외 추방한 종교 지도자 호메이니를 선택했습니다. 그는 이란 혁명이 일어났을 때도 나라 밖에서 이란 국민이 계속해서 혁명의 불씨를 이어갈 수 있도록 메시지를 보냈고, 국왕이 이란을 탈출한 지 보름이 지난 2월 1일에 수많은 지지자의 환호를 받으며 15년 만에 귀국했습니다. 호메이니는 '이란이슬람공화국'이라는 현재의 국가 체제를 만들었습니다. 이란 국민은 자신들의 손으로 새로운 나라를 세웠다는 자부심과 기대감에 부풀어 있었습니다.

혁명 당시 히잡을 두르고 시위하는 여성들

그런데 호메이니가 추구한 이슬람 국가는 과거와는 완전히 달랐습니다. 혁명으로 이슬람 국가를 세운 만큼 친미 정책이나 외세에 또다시 정권이 흔들리지 않도록 서구화 이전의 이슬람 전통 사회로 돌아가는 데 온 힘을 쏟았습니다. 이슬람 원리주의를 근본으로 삼는 국가가 탄생한 것입니다.

이슬람 원리주의 국가는 정치와 종교가 일치하는 나라로, 서구식 근대화와 세속화를 거부하고 이슬람의 가르침이 곧 법인 사회를 뜻합니다. 이러한 나라에서는 이슬람 교리에 따라 금지하는 것이 많습니다. 술과 도박, 우상 숭배와 점술은 사탄이 행하는 불결한 것이니 하지 않습니다. 그러나 무슬림이 많은 국가라고 해서 모두 원리주의 국가는 아닙니다. 정치와 이슬람교가 별개인 나라가 더 많습니다. 이런 나라를 '세속주의 국가'라고 합니다. 대표적으로 튀르키예가 여기에 속하죠. 개인적으로는 이슬람 교리를 지키며 살되 정치와 종교를 분리하는 국가입니다.

새로운 지도자 호메이니

원리주의 국가와 세속주의 국가의 가장 큰 차이는 히잡 착용 자율성 여부입니다. 원리주의 국가에서는 히잡을 반드시 써야 하지만, 세속주의 국가는 개인의 선택에 맡깁니다. 이란 혁명 이후 호메이니는 가장 먼저 히잡 착용을 의무화하려고 했습니다. 1979년 3월 8일 자 신문은 '호메이니의 히잡 발언이 불러온 거대한 후폭풍'이라는 제목과 함께 호메이니의 연설문을 실었습니다. 다음은 연설 내용의 일부입니다.

> "이슬람 정부 기관에는 벌거벗은 여성이 출근해서는 안 됩니다. 여성은 출근해도 됩니다. 그러나 히잡을 쓰고 와야 합니다."

호메이니는 히잡을 착용하지 않은 여성은 벌거벗은 상태와 다를 바 없다고 규정하였고, '죄'라고 말했습니다. 이때는 혁명이 성공한 지 한 달도 채 되지 않았을 때였죠. 호메이니의 연설이 신문에 실린 날부터 의사, 간호사,

변호사 등 수많은 여성 근로자들이 직장에 나타나지 않았습니다. 직장 대신 시위를 선택했기 때문입니다. 여성들은 테헤란 거리로 몰려나와 히잡 착용 의무화 반대 시위를 시작했습니다. 신문에서 이야기한 '후폭풍'이었죠. 이란 여성들은 히잡을 쓰기 위해 혁명을 한 것이 아니라고 외쳤지만 새로운 정부는 듣지 않았고, 결국 기세는 점차 사그라들고 말았습니다.

호메이니가 여성에게 히잡 착용을 강요한 것은 종교적인 이유 때문이었습니다. 혁명 이후 이란이 내건 이념은 이슬람 교리에 맞는 사회 질서를 정립하고 이슬람 문화의 정체성과 정통성을 찾자는 것입니다. 이러한 이슬람교의 가치와 전통 수호의 상징이 히잡이었죠. 당시 이란에서는 여성의 머리카락에서 남성을 미치게 만드는 광선이 발생한다는 과학적 근거가 있다는 소문까지 떠돌았죠. 정말 말도 안 되는 이야기지만 놀랍게도 이런 헛소문

1979년 3월 8일 히잡 시위

을 사실로 받아들이는 사람들도 있었습니다. 그래서 여성의 머리카락을 감추는 히잡 착용이 필요하다고 생각했다는 것입니다.

이란 정부는 1981년에 이슬람식 복장 준수 법령을 발표하며 과거 팔라비 왕조가 내건 히잡 착용 금지법을 뒤집고 히잡 착용을 의무화했습니다. 히잡 착용 연령은 9세로, 초등학교 저학년 여자아이부터 히잡을 써야 했죠. 독재 왕정을 몰아내고 혁명을 성공시킨 이란 여성들은 다시 강제로 히잡을 써야 하는 운명을 맞게 된 것입니다. 강력한 원리주의 국가로 돌아가는 방법은 히잡 착용만이 아니었습니다. 과거에 팔라비 왕조가 히잡을 벗기기 위해 여성의 권리를 신장했다면, 호메이니는 다시 히잡을 씌우기 위해 여성의 권리를 제한했습니다. 학교에서 남녀가 같은 공간에 있을 수 없고, 여성은 스포츠 경기장에 갈 수 없으며, 결혼한 여성이 해외여행을 가려면 남편의 승인을 받아야만 했죠. 종교적인 경건함을 지켜야 한다는 이유로 이란 여성의 자유를 점점 더 많이 제한했습니다.

이란이 히잡 착용을 강제한 또 다른 이유는 과거에 히잡을 착용하지 않았던 행동을 서구화의 상징으로 여겼기 때문입니다. 서구 문화를 모조리 몰아내고자 이란 정부는 여성의 복장을 히잡으로 되돌리는 것은 물론 '이슬람적이지 않다'라는 이유로 유행가도 퇴출했습니다. 당시 방송은커녕 길거리에서조차 클래식과 팝송을 들을 수 없었죠. 이후 1997년에 개혁파 행정부가 들어서기 전까지 서양의 노래와 영화, 옷은 이란에서 공식적으로 찾아보기 힘들었습니다. 이 외에도 최근 이란 정부는 서구화의 상징이라며 반려동물도 제한하려 합니다. 반려견을 키우는 것은 혁명 이후 이란 정부에서 줄곧 논란거리였습니다. 이슬람교에서 개는 불결한 동물로 여기는데, 이란의 시아 이슬람 법학파에서는 개의 타액이 묻으면 반드시 씻어야 한다고 가르치기 때문이죠.

게다가 과거 중동에서 동물 복지법을 최초로 통과시킨 팔라비 왕가가 개를 키우는 모습이 언론에 자주 나왔습니다. 사진에서 보듯 당시 왕가가 반려견과 함께 있는 모습은 서구 가정을 연상케 했죠. 그래서 혁명 이후 새로운 이란 정부는 반려동물을 친서방 정책의 상징으로 보았습니다. 반려견 논란은 지금도 거셉니다. 2010년 이란 정부는 신문과 방송 매체에서 반려동물과 관련 제품 광고를 게재하지 못하도록 조치했습니다. 2014년에는 개를 산책시키는 사람에게 벌금을 부과하는 법안을 통과했죠. 2021년에는 반려동물을 전면적으로 제한하는 법안을 발의했습니다. 이 법안에 따르면 반려동물을 소유하려면 특별위원회의 허가가 필요하며, 허가증 없는 사육은 모두 불법으로 간주해 벌금형에 처합니다. 이란에서 반려동물 문제는 혁명 이후 지금까지 여전히 논란거리입니다.

이렇듯 이슬람 원리주의 국가가 된 이란은 더욱 원칙적인 이슬람 국가의 면모를 갖추기 위해 노력했습니다. 여성의 히잡 착용을 긍정적으로 받아들이도록 정부는 벽화 등 선전 매체에서 적극적으로 홍보했죠. 269쪽 사진 속 벽화에는 '히잡, 진주를 위한 껍질'이라는 말이 적혀 있습니다. 그 아래에는 '수수하게 차려입은 여성은 마치 향이 있는 진주와 같다'라는 영어 설명도 덧붙였습니다. 여성을 진주에 비유하여, 진주를 감싸는 껍질이 히잡이라고 홍보하는 것입니다. 즉 귀한 존재인 여성

모함마드 레자 샤 팔라비 왕가의 반려견

을 히잡이 보호한다는 뜻이죠. 이 시기 벽화 대다수가 히잡 홍보물이었다고 합니다.

히잡 착용을 장려하는 이란의 벽화

또한 법을 개정해 히잡을 착용하지 않은 여성을 처벌하는 강도를 높였습니다. 1983년에는 '길이나 공공장소에서 히잡을 쓰지 않은 여성은 태형 74대에 처한다'라는 법령을 발표했죠. 이듬해에는 '히잡을 쓰지 않고 이슬람식 복장을 하지 않은 여성의 공공장소 출입을 금한다'라는 규정도 공표했습니다. 이후 태형에서 멈추지 않고 징역에 처한다는 조항을 추가했죠. 1996년부터는 거리나 공공장소에서 히잡을 쓰지 않은 여성은 10일에서 최대 2개월의 징역형이나 벌금형에 처했습니다. 최근 이란에서는 이 법에 따라 징역 24년형을 선고받은 여성이 나오기도 했습니다. 공공장소에서 히잡을 쓰지 않은 자신의 모습을 촬영해 SNS에 올린 여성에게 공공장소에서 히잡을 쓰지 않은 횟수를 계산해 15년형을, 히잡을 착용하지 않은 모습을 SNS에 올린 것을 매춘을 선동하고 음란물을 유포한 죄목으로 다스려 9년형을 추가한 것입니다. 히잡 착용 거부를 선동하면 매춘에 준하는 범죄로 간주해 1년형에서 최대 10년형까지 판결하도록 법을 강화한 결과입니다.

그리고 이란 정부는 히잡을 제대로 착용하지 않은 여성들을 잡아들이기 위해 아예 새로운 단속반도 만들었습니다. 2005년부터 여성과 남성이 한 조를 이루는 '지도순찰대'를 설립해 여성들이 히잡을 제대로 착용했는지,

지도순찰대 대원과 차량

히잡 미착용 적발

남녀가 한 공간에 함께 있는 것을 적발하고 체포하는 일을 시작한 것입니다. 지도순찰대에 잡혀간 여성들은 재교육 센터에서 히잡 착용의 중요성 교육을 받은 뒤 정부가 마련한 의복 규제 서약서에 서명해야만 풀려날 수 있었죠. 지금도 지도순찰대는 곳곳에서 나타나 히잡을 제대로 잘 쓰고 있는지 단속하고 있습니다. 히잡을 둘러싼 분위기가 엄격한 곳에서는 지도순찰대가 없어도 히잡을 제대로 쓰지 않은 여성의 얼굴을 칼로 공격하거나 염산 테러를 하는 사건도 벌어졌습니다. 이제 이란 여성들은 히잡을 착용해야만 외출이 가능한 사회에서 살게 된 것입니다.

핵 개발이 불러온 핵폭탄급 미국의 경제 제재

이란은 히잡을 강제하고 강력한 원리주의 국가를 유지했으나 국제 정세가 급변하면서 국내 분위기도 조금씩 달라지기 시작했습니다. 변화의 계기는 2011년 국제원자력기구가 발표한 보고서였습니다. 이란이 핵을 개발하고 있다는 내용이었죠. 보고서는 중동을 넘어 전 세계를 발칵 뒤집었고 엄청난 파장을 불러일으켰습니다. 미국을 중심으로 서방 국가들은 일제히 석유 금수, 중앙은행 자산 동결, 달러 및 귀금속 구매 제재 등 이란에 경제적 제재를 가하며 핵 개발 포기를 촉구했습니다. 이란은 자급자족으로도 경제를 발전시킬 수 있다고 자신만만했지만 그럴수록 미국과 서방 국가는 더욱 강력하게 제재를 가했습니다. 이란의 경제 상황은 위기를 맞을 수밖에 없었습니다.

2015년에 유엔 안전보장 상임이사국과 독일이 이란과 핵 협상을 타결하면서 경제 제재가 풀렸습니다. 이란의 핵 개발을 제한하는 대신 각종 제재를 해제하기로 합의한 것입니다. 그러나 2018년에 미국의 도널드 트럼프 Donald Trump 대통령이 핵 협상에서 일방적으로 탈퇴하며 다시 더 강력한 미국의 경제 제재가 재개됐죠. 핵 개발 의혹으로 시작한 미국과 서방의 제재로 이란은 심각한 경제난을 맞았습니다. 본격적으로 경제 제재를 가하기 전인 2012년 이란의 1인당 GDP는 9,000달러에 육박했습니다. 그런데 2020년에는 3,000달러까지 감소했습니다. 더욱 심각한 문제는 이란 국민의 약 10%가 기본 의식주를 해결할 수 없는 절대 빈곤 상태에 놓여 있다는 것이었죠. 이란의 평균 임금은 150달러~300달러 수준인데 최근 코로나19의 여파로 전기와 수도 요금, 식료품값이 크게 오르면서 경제 위기에 직면한 국민이 더욱 증가하고 있습니다.

이런 상황에서 이란 정부를 향한 국민의 불만은 작은 것에서부터 터져 나왔습니다. SNS도 그 진원지 중 하나였죠. 미국의 오랜 경제 제재로 경제 발전이 사실상 멈춘 상황에서도 이란 국민은 견뎌내고 있었습니다. 하지만 SNS를 널리 사용하면서 그동안 보지 못했던 새로운 사실이 보이기 시작한 것입니다. 이란 혁명의 주역인 호메이니의 손녀 사진이 SNS에 올라왔는데 손녀가 들고 있는 가방은 무려 3,800달러였습니다. 국민이 생계를 걱정할 때 종교 지도자와 정부 고위직 자녀들은 호의호식하고 있다는 사실을 직접 눈으로 확인한 셈이죠. 호메이니 손녀 가족은 가방이 위조품이라고 수습하고 나섰지만 그 말을 믿는 사람은 그리 많지 않았습니다.

SNS로 엿본 이란 상류층의 삶은 일반 국민의 예상보다 훨씬 화려했습니다. 이란의 대표적 금수저로 알려진 전 베네수엘라 주재 이란 대사의 아들은 자신의 SNS에 요트와 스포츠카, 고급 클럽, 돈다발, 명품으로 둘러싸인 일상을 꾸준히 공개했습니다. 자신의 사치를 비판하는 여론에는 "내 화려한 사진을 볼 시간이 있다면 돈 벌 방법이나 찾아라"라고 오히려 맞대응했죠. 이란 최정예 부대인 혁명수비대의 사이드 톨루이Saeed Toloui 장군의 아들 역시 SNS에 과시용으로 자신의 애완용 호랑이와 함께 있는 모습을 올렸습니다. 호랑이는 웬만한 재력으로는 키울 수 없는 동물이죠. 우리나라에 '금수저'라는 말이 있듯이 이란에서는 이들을 가리켜 페르시아어로 '귀족 출신'이라는 뜻인 '아가자데Aghazadeh'라고 부릅니다. 이들이 사는 동네에는 지도순찰대도 없다고 합니다.

이처럼 고위직 부모를 둔 청년들과 자신의 삶을 비교하게 된 이란의 젊은이들은 상대적 박탈감에 시달렸습니다. 동시에 정부 고위직의 부패도 깨닫게 되었죠. 이란은 소득 상위 10%가 국민총소득의 3분의 1을 차지하고 있는데, 지도급 인사들이 금융자산 통제권과 군 보안조직 인사권 등을 쥐고 권력을 휘두르며 부를 세습한 정황이 적나라하게 드러난 것입니다.

엄청난 빈부 격차와 양극화를 목격한 국민의 불만은 걷잡을 수 없이 커졌습니다. 그런데 이란 정부는 이슬람 국가의 정체성을 다잡는다는 명목으로 오히려 국민을 압박했습니다. '순결과 히잡'이라는 칙령을 발표한 것입니다. 2021년, 이란 정부는 히잡 착용 강화 방침을 밝히면서 올바른 히잡 착용 대국민 캠페인에 나섰습니다. 과거 이란 혁명 이후 법을 동원해 히잡 착용을 강제한 것처럼, 느슨해진 히잡 착용 분위기를 바로 잡겠다고 나선 것이죠. 지도순찰대는 머리카락 한 올 노출도 용납하지 않을 만큼 단속을 강화했습니다. 심지어는 아이스크림 광고에서 여성의 머리카락이 보일 정도로 히잡을 휘날렸다는 이유로 여성의 광고 출연마저 금지해버리기도 했죠.

한 여성의 죽음이 몰고 온 나비효과

미국의 계속된 제재로 경제난이 심각해지는 상황에서 과거에 혁명을 일으킨 정부를 향해 국민이 반기를 드는 '히잡 혁명'이 일어났습니다. 혁명의 불씨는 한 여성으로부터 시작되었죠. 그녀는 이 글 첫머리에서 이야기한 마흐사 아미니입니다. 2022년 9월 18일, 이란의 일간지에는 '사람들의 요구, 지도순찰대 행동 재검토'라는 기사가 실렸습니다. 기사 속 사진은 마흐사 아미니와 그녀의 무덤입니다. 아미니에게 무슨 일이 벌어진 것일까요?

آرمان امروز
«تواصی به حق و تواصی به صبر» دستورالعمل اساسی برای همیشه ما است
درخواست مردم
بازنگری جدی در عملکرد پلیس امنیت اجتماعی
برگزاری نشست برجامی در نیویورک؟
تور اطلاعاتی دشمنان برای آقازاده‌های مهاجر
صداوسیما از نظر مخاطب ورشکسته است
خداحافظ ای داغ بر دل نشسته
اربعین باشکوه
«ازکی» بیمه نخریم!

2022년 9월 18일 이란의 일간지 기사

2022년 9월 13일에 남동생과 테헤란에 간 아미니는 지도순찰대에 붙들렸습니다. 머리카락이 살짝 보이게 히잡을 썼다는 이유였죠. 그런데 갑자기 의식불명 상태에 빠졌고, 3일 만에 주검이 되어 가족의 품으로 돌아왔습니다. 법의학기구가 밝힌 사인은 '뇌질환에 따른 사망'이었습니다. 아미니의 뇌를 촬영한 CT 사진 등을 제시하며 아미니가 8세 때 뇌종양 수술을 받았던 것이 문제가 돼 산소 공급이 부족해지면서 급격히 장기가 망가졌다고 설명했죠. 하지만 가족의 주장은 달랐습니다. 아미니가 구금 상태에서 구타를 당했다는 것입니다. 지도순찰대의 호송 차량에서 아미니가 구타당하는 모습을 봤다는 목격자도 나왔죠.

과거였다면 정부 의견을 따랐을 것입니다. 하지만 이번에는 달랐습니다. 21세에 불과한 아미니의 죽음은 이란 국민에게 큰 충격으로 다가왔습니다. 정부와 유가족의 주장이 엇갈린 가운데 분노가 폭발한 국민은 9월 17일 아미니의 고향에서 시위를 벌였습니다. 거리로 나온 사람들은 아미니 죽음의 진실을 밝히라고 요구했습니다. 이들의 목소리는 전국으로 퍼져 히잡을 강요한 정권을 규탄하는 시위로 번져 갔죠. 히잡 혁명이 시작된 것입니다.

아미니 사건으로 촉발된 반정부 시위가 한창이던 10월 21일, 시위대의 기세는 더욱 거세졌습니다. 9월 20일에 "독재자에게 죽음을"이라고 외치며 시위 현장에서 히잡을 불태우고 항의했던 17세 소녀 니카 샤카라미Nika Shahkarami가 한 달 뒤 테헤란에서 변사체로 발견된 것입니다. 누군가에게 죽임당한 것인지, 왜 죽어야 했는지 밝혀진 사실은 아무것도 없습니다. 하지만 CNN은 영상과 목격자 진술을 토대로 샤카라미가 죽기 전에 사복 차림의 군경에 쫓기다 연행돼 구금되었다고 추정했습니다. 이번에도 이란 정부는 샤카라미가 밤길을 배회하

니카 샤카라미

다 극단적 선택을 한 것으로 보인다며 군경과의 연관성을 부인했죠.

이 사건을 두고 이란에서도 다양한 의견이 나왔습니다. 히잡을 제대로 쓰지 않았다는 이유로 경찰에 잡혀 목숨을 잃는다는 것이 말이 안 된다는 의견과 나라의 법을 무조건 따라야 한다는 의견이 충돌하고 있죠. 동시에 히잡 착용의 자유를 달라는 의견도 점차 힘을 싣고 있습니다. 현재 반정부 시위에 참여하는 사람들은 '히잡을 잘못 쓰면 나도, 내 엄마도, 내 누나도, 내 동생도, 내 언니도 아미니처럼 죽을지 모른다'라는 생각에 더욱 적극적으로 행동한다고 합니다.

이란의 히잡 혁명은 무슬림이 다수인 주변 국가에도 변화를 불러일으키는 중입니다. 국민이 언제 폭발할지 모르는 만큼 이제 무슬림 사회도 조금씩 바뀌어야 한다는 목소리가 나오고 있죠. 주목해야 할 것은 남성도 히잡 혁명에 참여한다는 사실입니다. 히잡 강요를 여성의 자유만이 아니라 전 국민의 자유를 막는 것으로 본 것입니다. 정부와 시위대의 분쟁은 점점 거세지고 있습니다. 이제 시위대는 히잡을 넘어 강압적인 이슬람 정권을 향해 반기를 들고 있습니다.

이란의 히잡 혁명은 젊은 세대가 주도하고 있습니다. 이란 언론 기사에 따르면 시위 초반에 체포된 사람의 90%가 10대라고 합니다. 혁명은 자유를 갈망하는 젊은 세대와 이슬람 원리주의를 유지하고자 하는 현 정부 간 싸움으로 비치고 있습니다. 2022년 9월에 시작된 시위는 3개월이 지난 시점에서 2,000여 명의 시위 참가자가 기소됐고, 구금된 시위자만 1만 5,000여 명에 달하는 것으로 추정합니다. 하지만 이란 정부는 강력하게 부인하고 있죠. 히잡 혁명은 이란의 젊은 세대가 많이 동참했는데, 시위 과정에서 400여 명이 숨졌으며, 그중 미성년자가 60여 명이나 되는 것으로 알려져 전 세계에 충격을 주었습니다. 사상자는 지금도 늘어나고 있습니다.

그런데 이란 사법부는 더욱 강경한 진압을 예고하고 나섰습니다. 이란 국회는 '눈에는 눈, 이에는 이' 원칙을 강조하면서 시위자 사형 촉구 서한을 제출했죠. 이란 정부가 시위대를 강경하게 진압하는 또 다른 이유는 배후에 다른 나라가 있다고 생각하기 때문입니다. 미국, 이스라엘, 사우디아라비아 등 미국과 친서방 국가가 현 이란 정부를 무너뜨리기 위해 히잡 시위를 부추기고 있다는 것입니다.

법원은 정부청사 방화와 공공질서 저해, 국가 안보 위반 공모 혐의 및 시위 참가로 기소된 11명에게 사형을 선고했습니다. 이들 중 2명은 이미 사형을 집행했습니다. 이란 사법부가 운영하는 사이트에는 이들에게 '신의 적이자 세상의 타락'이라는 죄목도 더해진다고 밝혔습니다. 이란의 한 래퍼는 시위에 동조했다는 이유로 가족과 변호사조차 참석하지 못한 채 재판을 치르고 사형을 선고받기도 했죠. '신과 전쟁'을 했다는 게 이유라고 합니다. 2022년 11월에 카타르에서 열린 월드컵에서는 이란의 국가대표 축구선수들이 국가를 부르지 않으며 시위 동참의 뜻을 간접적으로 밝혔습니다. 그러자 이란은 논란이 되는 장면 중계를 중단했습니다. SNS에서 시위를 강경 진압하는 정부를 비판한 축구선수가 체포되는 등 각계각층에서 변화를 요구하는 목소리가 점점 커지고 있습니다.

아미니의 죽음이 촉발한 시위는 이제 이란을 넘어 전 세계 여성까지 동참한 상황입니다. 아르헨티나, 시리아, 레바논, 이스라엘, 미국, 프랑스, 독일, 이탈리아, 네덜란드 등 전 세계가 한목소리로 이란 시위대와 연대의 뜻을 밝히고 있습니다. 국제사회는 유혈 진압을 하는 이란 정부를 향해 여성의 삶과 자유를 보장하라며 비판의 목소리를 냈습니다. 하지만 1979년 혁명으로 체제를 전복했던 이란 정부도 쉽게 양보할 수 있는 사항이 아닙니다. 이렇듯 물러설 수 없는 현 정부가 시위대를 강압적으로 저지한 결과 눈에 총을 맞아 시력에 문제가 생긴 시위자가 1,000명 이상이며, 수많은 국민이 총격에 목숨을 잃었습니다. 최근 이란은 내부 문제를 해결하기 위해 외부로 눈을 돌리고 있습니다. 이란과 달리 히잡 강제 착용을 폐지한 오랜 앙숙 관계의 사우디아라비아를 공격할 계획이 있다는 첩보가 돈 것입니다. 사우디아라비아가 이란 내 히잡 시위를 부추기고 사주하기에 손을 보겠다는 말이 나왔고, 중동 지역에는 긴장이 감돌았습니다.

과거에는 단순한 전통 의상이었던 히잡은 종교와 세속, 근대와 전통, 강요와 자유를 가르는 상징이 되었습니다. 히잡을 두고 여성을 향한 억압이라고 하거나, 종교적 문화일 뿐이라고도 합니다. 중요한 것은 히잡이 무엇을 상징하느냐가 아닙니다. 강압에 따라서가 아니라 스스로 자유롭게 히잡을 쓰거나 벗어야 한다는 사실입니다. 히잡 혁명이 현재 진행형인 만큼 이제 용기를 내어 변화를 이루고자 자신의 목소리를 내기 시작한 이란 국민이 어떤 결과를 만들지 관심 있게 지켜봐야겠습니다.

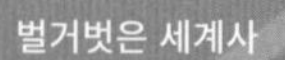

벌거벗은 체르노빌 원전 폭발

전쟁보다 더 무서운 이야기

류한수

● 2011년 3월 11일에 온 세상이 깜짝 놀랄 사건이 일어났습니다. 지진이 잦기로 이름난 일본에서도 사상 최대 규모인 진도 9.0의 지진이 일본 동북부 지방을 관통한 뒤 이어진 거대한 쓰나미가 후쿠시마 지방을 덮친 것입니다. 쓰나미가 훑고 지나간 자리는 폐허가 되었고, 다음 날 후쿠시마 원자력 발전소가 폭발했습니다. 원자로 1호기 폭발을 시작으로 3호기와 4호기가 잇달아 터지면서 엄청난 양의 방사능 물질이 새어 나왔습니다. 이 원전 사고의 피해 규모는 상상을 뛰어넘습니다. 이때 새어 나온 방사능 물질인 세슘의 양이 1945년 히로시마에 떨어진 원자폭탄 리틀 보이 170개분에 맞먹는다는 아찔한 분석도 있습니다.

사고 여파는 어마어마했습니다. 원전이 있던 후쿠시마현 반경 수십 킬로미터 지대가 방사능 물질에 오염된 것입니다. 2018년까지 후쿠시마 원자력 발전소와 주변 지역의 오염 제거 작업에 투입된 사람만 3,000만 명이 넘는다고 합니다. 폭발의 영향은 일본에만 국한되지 않았습니다. 우리나라를 비롯한 주변국들은 방사능 공포에 사로잡힌 채 기약 없는 해결을 기다리는 중입니다. 폭발이 일어난 지 10년이 훌쩍 넘었지만 여전히 방사능 위험에서 벗어나지 못했고 전 세계가 사고의 여파에 주목하고 있습니다.

그런데 후쿠시마 원자력 발전소 폭발보다 더 끔찍한 사고가 1986년에 있었습니다. 인류 역사상 최악의 재난 가운데 하나이자 최대의 원전 사고로 꼽히는 소련 체르노빌 원자력 발전소 폭발입니다. 이때 상상을 뛰어넘는 양의 방사능이 누출됐는데 무려 히로시마 원자폭탄의 400배나 된다고 합니다. 방사능 피폭 피해자만 수십만 명에 이를 것으로 추정하는 끔찍한 재난이었죠. 이 폭발은 전 세계에 크나큰 충격을 주었고 사고의 여파로 초강대국 소련은 심한 타격을 입었습니다. 결국 잇단 악재로 소련이 무너지면서

20세기 세계사의 흐름까지 바뀌었습니다.

도대체 왜 체르노빌에서 이런 일이 벌어졌을까요? 체르노빌 원전은 우크라이나가 소비에트 연방, 즉 소련에 속해 있던 시기에 세워진 원자력 발전소입니다. 체르노빌 지방에 있어서 체르노빌 발전소로 불리지만 정식 명칭은 러시아 혁명의 주역인 레닌의 이름을 딴 '블라디미르 일리치 레닌Vladimir Ilich Lenin 기념 체르노빌 원자력 발전소'입니다. 우크라이나 수도 키예프에 전력을 공급하는 매우 중요한 발전소였죠. 1978년에 완공한 1호기를 비롯해 모두 네 대의 원자로를 가동했고, 폭발이 일어난 1986년에는 5호기와 6호기를 건설 중이었습니다. 폭발이 일어난 4호기는 완공된 지 3년밖에 안 된 새 원자로였죠.

이제부터 최악의 원전 사고가 일어난 1986년 4월 26일 새벽 1시 24분으로 가보겠습니다. 키예프에서 100km쯤 떨어진 체르노빌 원자력 발전소에서 대폭발이 일어나면서 고요하던 새벽이 깨졌습니다. 4호기 원자로가 터지는 순간 1,000톤 무게의 반응로 쇠뚜껑이 하늘로 날아갔고 원자로에서는 엄청난 불기둥이 치솟았습니다. 동시에 방사능을 내뿜는 거대한 푸른 빛기둥이 하늘로 뻗쳤죠.

가장 큰 문제는 원자로가 갈가리 찢기면서 중심부인 노심이 완전히 파괴된 것입니다. 핵연료봉 다발, 제어봉, 감속재 등이 들어있는 노심은 핵반응이 일어나는 발전소의 심장부입니다. 이 노심이 폭발로 녹아내리면서 핵연료가 엄청난 양의 방사능을 공기 중에 그대로 내뿜는 최악의 상황이 벌어지고 말았습니다. 원자로 노심에는 우라늄 핵연료 200톤이 들어있었는데, 이는 핵폭탄 수백 개에 해당하는 양입니다. 이 모든 것이 폭발하면서 히로시마 원자폭탄의 400배를 웃도는 엄청난 양의 방사능이 체르노빌을 중심으로 인근 지역까지 퍼져나갔습니다.

체르노빌 원전 폭발은 인류 역사상 가장 큰 사고와 어깨를 나란히 합니다. 이때까지 일어난 다른 원자력 발전소의 사고들은 설비 일부에 문제가 생긴 정도였습니다. 하지만 체르노빌 원전 사고는 자동차로 치면 엔진이 완전히 부서진 수준이었죠. 방사능 오염 측면에서 원전 폭발은 핵폭탄보다 더 위험할 수도 있습니다. 폭발 당시는 물론이고 이후로도 오랫동안 막대한 양의 방사능 먼지가 흩날리고 구름과 바람에 실려 넓게, 그리고 멀리 퍼져나가기 때문입니다. 또한 방사능 물질의 반감기가 긴 경우에는 방사능이 사라지기까지 상상을 뛰어넘을 만큼 오랜 시간이 걸립니다.

원전 폭발의 피해를 막으려고 이리저리 뛰어다니다 방사능에 노출된 사람들은 얼마 뒤 픽픽 쓰러졌고 병원으로 옮겨졌으나 대부분 목숨을 잃었습니다. 수많은 사람의 목숨을 빼앗고 삶의 터전을 빼앗아버린 체르노빌 원전 폭발은 단순한 사고가 아닙니다. 우리가 자세히 알지 못했던 사건과 폭발을 예고하는 신호가 있었습니다. 지금부터 폭발이 일어나기에 앞서 대체 무슨 일이 있었는지, 어쩌면 전쟁보다 더 무서울지도 모르는 체르노빌 원전의 진실을 벌거벗겨 보겠습니다.

미국 대 소련, 치열한 핵무기 경쟁

체르노빌에서 일어난 사고를 알아보는 데 빠질 수 없는 이야기가 있습니다. 인류가 원자력을 처음 활용한 분야인 전쟁과 핵폭탄에 관한 것입니다. 20세기 초에 핵분열 현상에서 나오는 에너지를 발견한 인류는 이를 무기 개발에 응용했습니다. 미국은 제2차 세계대전의 막바지였던 1945년 7월에 실험용 핵폭탄인 '가제트' 개발에 성공했습니다. 7월 16일에 뉴멕시코주의 사막에서 세계 최초로 핵무기 폭발 실험까지 성공하자 8월에 일본의 히로시마와 나가사키에 원자폭탄을 떨어뜨렸죠. 폭탄은 두 도시를 쑥대밭으로 만들었고, 미국은 길었던 전쟁에 마침표를 찍으며 승자가 됐습니다.

이 폭발을 보고 흠칫 놀란 사람이 있었습니다. 소련의 최고 권력자 이오시프 스탈린Iosif Stalin입니다. 그는 핵무기가 국제 정세의 판도를 바꿀 무기라는 사실을 깨닫고 핵 개발에 박차를 가했습니다. 1949년 8월 29일에 소련의 세미팔라틴스크에서 소련 최초의 핵무기 'RDS-1' 실험이 성공하면서 소련도 원자폭탄 보유국이 되었습니다.

제2차 세계대전이 끝난 뒤에 냉전 시대가 시작됐고, 세계의 패권을 놓고 치열하게 대립한 미국과 소련은 핵폭탄 보유 개수를 늘려나가는 경쟁을 벌였습니다. 하지만 1950년에 이미 299개의 핵무기를 보유한 선두주자 미국과 5개의 핵무기를 보유한 후발주자 소련의 격차는 너무도 컸죠. 대처 방안을 고민하던 소련은 핵에너지를 평화적으로 이용하는 원자력 발전소를 상용화했고, 라이벌 미국과 서방 세계를 깜짝 놀라게 할 성과를 이뤄냈습니다. 1954년에 세계 최초로 가동을 시작한 소련의 오브닌스크 원자력 발전소는 공산주의 체제의 상징이자 자랑이었습니다. 소련은 스스로를 핵을 평화적으로 이용하는 '평화 진영'으로, 미국을 핵으로 전쟁이나 일삼는 '전쟁광'으로 평가했습니다.

하지만 원자력 발전과 원자폭탄의 원리는 같습니다. 우라늄의 원자핵에 중성자가 충돌하면서 일어나는 핵분열에서 막대한 에너지가 만들어지는 원리죠. 핵연료인 우라늄은 기본적으로 매우 불안정한 원소입니다. 이 원소의 핵이 10억 분의 1초 단위로 빠르게 분열하면 온도가 급속도로 올라가면서 기하급수적으로 에너지를 생산합니다. 이 원리에 바탕을 두고 만든 핵폭탄은 터지는 순간 엄청난 열기로 주변을 초토화하고 방사능을 뿌립니다. 최악의 무기인 셈이죠.

그런데 우라늄이 격렬한 분열을 일으키지 않고 안정적으로 분열을 유지하면 천천히 열이 발생합니다. 그 열로 전기를 생산하는 것이 원자력 발전소입니다. 핵폭탄과 핵발전의 원리가 같으므로 원자력 발전소도 자칫 잘못하면 원자폭탄처럼 터질 수 있는데, 대표적인 사례가 체르노빌 원전 사고입니다. 원자로가 에너지를 천천히 만들어내야 하는데 핵폭발에 버금가는 수준까지 급속도로 만들어냈던 것입니다.

소련은 매우 실리적인 이유로 원자력 발전소를 세웠습니다. 전력의 대량 생산은 소련의 최우선 정책 과제였습니다. 세계 최초의 공산주의 체제인 소련을 세운 레닌은 '공산주의 = 소비에트 권력 + 전기화'라는 공식을 내놓았습니다. 소련이 세운 발전소에서 전기를 보급해 호롱불 대신 전구를 쓰게 된 시골 농민의 모습을 보여주며 전기화를 공산주의의 자랑거리로 홍보하기도 했죠.

소련도 처음에는 다른 나라처럼 화력 발전으로 전기를 생산했습니다. 문제는 끊임없이 석탄을 캐서 옮기고 태우는 화력 발전 비용이 많이 들어간다는 것이었죠. 그에 비해 원자력 발전소는 건설비는 많이 들지만 한번 만들어 놓고 가동하면 운영비가 적게 들었고, 원자로 하나로 키예프 절반을 밝힐 만큼 전기를 대량 생산할 수 있었습니다. 결국 소련은 화력 발전보다 훨씬 효율적인 원자력 발전소를 늘리는 것을 우선 목표로 삼았고, 1960년대부터 원전 건설을 본격화하기 시작했습니다.

더욱이 체르노빌 폭발이 일어난 1986년은 소련의 지도자가 바뀐 매우 중요한 시기였습니다. 권력자에 오른 미하일 고르바초프Mikhail Gorbachev는 국가의 주력 에너지원을 석탄, 석유, 가스 같은 화석 연료에서 원자력으로 전환하겠다고 밝혔습니다. 이를 위해 5년 안에 원자력 발전 설비를 2.5배나 늘리겠다고 공약했고, 원자력 발전소 건설에 박차를 가한 것입니다.

소련은 1954년에 지은 세계 최초의 오브닌스크 원자력 발전소를 필두로 1980년대까지 꽤 많은 원전을 지었습니다. 첼랴빈스크, 레닌그라드, 쿠르스크, 스몰렌스크, 코스트로마, 노보보로네슈 등 곳곳에 원자력 발전소가 들어섰죠. 그때의 선전 포스터를 보면 소련이 원자력을 어떻게 여겼는지 알 수 있습니다. 왼쪽 포스터는 '소련 과학에 영광 있으라!'라는 표어를, 오른쪽 포스터는 '평화를 위해, 공산주의를 위해 일하는 원자!'라는 표어를 내걸었습니다. 원자력을 첨단 과학의 상징이자 평화의 상징으로 간주한 것

소련의 원자력 홍보 포스터

입니다.

그런데 이때 '5년 안에 원자력 발전소 2.5배 건설'이라는 목표 못지않게 더 중요한 게 있었습니다. 초과 달성입니다. 공산당에서 정한 목표 달성은 물론이고 5개년 계획을 조기에 달성해야 했던 것입니다. 초과 달성을 하지 못하면 호된 질책이 쏟아졌습니다. 이런 분위기에서 제대로 된 원자력 발전소가 세워질 리 없었죠.

체르노빌 원전이 폭발한 이유

체르노빌 원전은 다양한 원인이 겹쳐 폭발했습니다. 첫 번째 원인은 '무리한 건설 일정'입니다. 빨리 지으려다 보니 온갖 실수가 발생했고 공사는 부실했습니다. 체르노빌 원자력 발전소는 1977년 12월에 원자로 1호기를 완공한 뒤 1978년 12월에 2호기, 1981년 12월에 3호기, 1983년 12월에 4호기를 완공했습니다. 그런데 왜 모든 원자로 공사를 12월에 마쳤을까요? 이는 우연이 아닙니다. 소련의 공산당 지도자와 정부 관리는 연말 보고서에 자기 실적을 적어내고 싶어 했습니다. 공사 담당자도 해를 넘기지 않고 맡은 과업을 끝내야 보너스를 받을 수 있었죠. 때문에 일정을 강행해서라도 공사를 끝내려 한 것입니다.

특히 문제의 원자로 4호기는 모스크바 상부에서 정한 건설 일정을 지키고자 시간을 많이 잡아먹는 안전 검사를 건너뛴 채 완공되었습니다. 이처럼 문제투성이였음에도 연내에 공사를 마치는 공로를 세웠다며 발전소 소장과 부소장, 수석 엔지니어는 훈장까지 받았습니다. 이들이 뒤로 미룬 안

체르노빌 원자력 발전소의 책임자들(발전소장 빅토르 브류하노프, 부소장 겸 수석 엔지니어 니콜라이 포민, 부수석 엔지니어 아나톨리 댜틀로프)

전 검사는 나중에 체르노빌 폭발 사고의 치명적 원인이 되었습니다.

이런 사정은 발전소의 핵심인 '원자로 모델의 선택'에도 영향을 미쳤습니다. 이는 체르노빌 원전 폭발의 두 번째 원인이 되었죠. 자동차를 움직이는 동력기로는 디젤 엔진, 가솔린 엔진, 하이브리드 엔진, 전기 엔진 등 여러 종류가 있습니다. 전기를 만드는 원자로도 마찬가지여서 여러 종류가 있습니다. 하지만 핵물질의 분열에서 발생하는 엄청난 열을 이용하는 원리는 같습니다. 이 열로 물을 끓여 발생하는 증기의 힘으로 터빈을 돌려 전기를 생산하는 것이죠.

원자로 설계에서 중요한 것은 두 가지입니다. 하나는 적절한 속도의 핵분열입니다. 핵분열에서 발생하는 열로 전기를 생산하지만 핵분열이 한꺼번에 너무 많이 일어나면 원자로가 엄청난 열을 견디지 못하고 녹아버립니다. 이 같은 대형 사고가 일어나지 않도록 핵분열을 일으키는 중성자의 속력과 양을 사람이 조절할 수 있게 설계해야 합니다.

다른 하나는 원자로가 너무 뜨거워지지 않고 알맞은 온도를 유지하도록 설계하는 것입니다. 그림은 체르노빌 발전소 원자로 4호기의 구조도입니다. 아래 그림을 절반으로 나눴을 때 오른쪽은 화력 발전소의 구조와 같습니다. 나무, 석탄, 석유, 핵물질 등 연료를 태워서 생기는 뜨거운 증기가 터빈을 돌려 전기를 생산하는 것입니다. 그림 왼쪽이 보일러라면 화력 발전소가 되고 원자로라면 원자력 발전소가 되죠. 원자로의 주요 연료는 우라늄으로 체르노빌 발전소의 원자로에는 둥그런 바닥에 핵연료 다발 1,500여 개가 꽂혀 있었습니다. 하나의 핵연료 채널에는 100kg 이상의 우라늄 원료가 들어있으며, 200여 톤의 우라늄 원료 다발이 모여 있는 중심부를 노심이라고 합니다. 핵분열이 계속되면 노심의 온도가 끊임없이 오르니 자칫 잘못하면 폭발할 수도 있습니다. 따라서 온도를 알맞게 유지해야 합니다.

알맞은 온도를 유지하려면 반드시 갖춰야 할 것이 있습니다. 냉각수, 즉 물입니다. 원자로가 너무 뜨거워지면 차가운 물을 넣어서 식혀야 하죠. 그

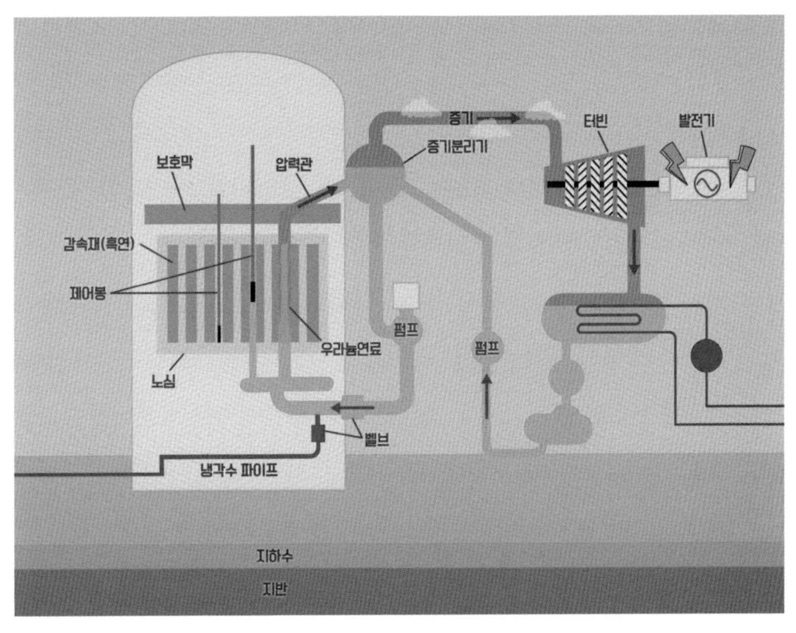

체르노빌 발전소 원자로 4호기 구조도

리고 또 핵분열 속도를 조절하는 제어봉입니다. 제어봉은 핵연료 부근에서 핵반응을 일으키는 중성자를 잡아먹어 줄이는 일을 합니다. 원자로 내부에서 핵분열이 지나치게 이루어질 때 제어봉을 노심에 꽂으면 핵분열이 줄어들어 원자로의 출력이 낮아집니다. 반대로 제어봉을 빼면 핵분열이 늘어나서 원자로의 출력이 오릅니다. 쉽게 말해 자동차의 브레이크 노릇을 하는 셈이죠. 체르노빌 발전소의 원자로에는 200개가 넘는 제어봉이 있었습니다.

마지막으로 중성자의 움직임을 핵분열하기 좋은 속도로 만들어주는 감속재가 필요합니다. 핵분열이 일어나면 중성자가 두 개 생기고 이것이 다음 우라늄의 원자핵과 충돌하는 연쇄 반응이 일어납니다. 그런데 중성자가 점점 늘어나면서 고속 중성자가 되면 속도가 너무 빨라져 우라늄의 원자핵과 충돌하지 못하는데, 그러면 핵분열도 일어나지 않습니다. 이때 감속재가 있어야 합니다. 다만 감속재는 무조건 속도를 줄이기보다 중성자의 반응이 잘 일어나도록 맞춰주는 역할을 합니다.

감속재로는 주로 물이나 흑연이 쓰이는데, 우리나라를 비롯한 대다수 국가의 원자력 발전소는 물을 감속재로 하는 VVER(Vodo-Vodianoi Energeticheskii Reaktor, 가압수형 원자로)을 사용합니다. VVER은 전기가 끊기고 동력기가 멈춰서 냉각수가 들어오지 않아도 자동으로 핵분열이 줄어드는 비교적 안전한 구조입니다. 소련도 처음에는 원자력 발전에 VVER을 썼습니다. 그러다 1950년대에 흑연을 사용하는 원자로인 RBMK(Reaktor Bol'shoi Moshchnosti Kanal'nyi, 채널형 고출력 원자로)를 독자 개발해서 체르노빌을 비롯한 여러 원자력 발전소에 설치했습니다.

물이 아닌 흑연을 감속재로 쓰는 RBMK에는 치명적 위험이 존재합니다.

정전으로 전기가 들어오지 않아 냉각수가 뜨거워지면 핵분열이 멈추지 않고 과열돼 폭발할 가능성이 있는 것이죠. 게다가 원자로가 너무 거대해서 제어봉만으로는 원자로 내부를 섬세하게 제어하기 어렵습니다. 이럴 경우 원자로 비상정지 버튼을 누르면 모든 핵분열을 가라앉히는 붕소 성분으로 만든 제어봉이 한꺼번에 원자로에 꽂히면서 순식간에 핵반응이 멈춥니다. 그런데 RBMK에는 붕소로 된 제어봉의 끝에 흑연이 달려 있었습니다. 문제는 흑연이 중성자 속도를 조절해 핵분열을 활성화한다는 것입니다. 원자로가 정상일 때는 흑연이 말썽을 일으키지 않았습니다. 그런데 출력을 올리려고 200개가 넘는 제어봉을 빼놨다가 한꺼번에 노심 위쪽에 꽂자 순식간에 핵분열이 급증했습니다. 이 현상은 비상정지 버튼이 오히려 폭발의 방아쇠가 될 수 있다는 경고와 같았죠.

VVER과 RBMK 원자로 사이에는 결정적으로 중요한 차이점이 있습니다. 소련이 RBMK를 개발한 원래 목적은 전력 생산이 아닌 핵폭탄 제조였습니다. RBMK는 냉전 시대에 미국과의 핵 경쟁을 염두에 두고 개발한 것으로 저농축 우라늄을 사용해 훨씬 경제적이었죠. 또한 값싼 흑연을 감속재로 쓰면 대형 원자력 발전소를 쉴 새 없이 건설해서 전력을 대량 생산할 수 있다는 장점까지 있었습니다. 때문에 소련은 비교적 안전한 VVER이 아닌 가성비 높은 RBMK를 더 선호했습니다.

이처럼 치명적 위험을 안은 원자로 모델이 선택된 소련 곳곳의 원자력 발전소에서는 사고가 일어났습니다. 하지만 소련은 이 사실을 알리지 않았죠. 여기에 체르노빌 원전 폭발의 세 번째 원인이 있습니다. 안전하다고만 하면서 위험은 철저히 감춘 '비밀주의'입니다.

가장 심각했던 사고는 체르노빌 원전이 폭발하기 약 10년 전에 일어난

1975년의 레닌그라드 원자력 발전소 사고입니다. RBMK 내부의 연료봉이 녹으면서 많은 양의 방사능 물질이 배기관을 통해 외부로 새어 나갔지만 모든 것은 비밀에 부쳤습니다. 공식적으로는 우라늄 연료관 하나가 부서진 단순 사고로 정리했지만, 실제 원인은 RBMK 설계의 결함이었습니다. 원자로에 제어봉을 꽂았는데도 핵분열이 멈추지 않고 증가한 것입니다. 소련 당국은 이 사실을 밝히지 않았고 사고를 감췄습니다. 같은 방식의 원자로를 사용 중인 다른 원자력 발전소의 직원들에게조차 위험성을 제대로 알리지 않았죠. 심지어 정부는 레닌그라드 원전 사고 다음 날에 체르노빌 원자로 3호기와 4호기를 RBMK로 건설한다는 계획을 최종 승인했습니다. 그 결과로 체르노빌 발전소 원자로 4호기는 훗날 인류 최악의 원전 사고 현장이 되고 말았습니다.

소련이 원자력 발전소의 문제를 감춘 배경에는 냉전이 있습니다. 미국과 소련이 팽팽하게 대립하던 그때 소련이 자랑하는 첨단 과학기술인 원자력 발전에 문제가 있다고 발표한다면 공산주의 체제의 체면이 크게 구겨졌겠죠. 때문에 소련은 원자력 발전소가 매우 안전하다는 선전만 해댔습니다. RBMK가 러시아 주전자인 사모바르만큼 안전하다면서 모스크바의 붉은 광장에 설치해도 될 정도라고 큰소리치기도 했죠. 1985년에는 아나톨리 마요레츠Anatolii Maiorets 에너지 장관이 다음과 같은 새로운 훈령을 발표했습니다.

> "(원자력) 에너지원이 미치는 생태학적 영향의 부정적 결과에 관한 보고서는 신문·잡지의 보도, 그리고 라디오·TV 방송의 대상이 되어서는 안 된다."

원자력 발전소의 위험성을 알리는 것이 불법이라는 뜻입니다. 이러한 상황 때문에 체르노빌 원전이 폭발하기 불과 2년 전에도 체르노빌 발전소 원자로 1호기에 문제가 일어났지만, 이마저도 비밀에 부쳐졌습니다. 냉전 시대에 소련은 정보를 통제했고 이 관행이 굳어져 문제가 은폐되곤 했습니다.

운명의 폭발 하루 전, 체르노빌 발전소 원자로 4호기의 무모한 실험

체르노빌 원전 폭발은 예정된 사고였지만 촉발 원인은 사고 전날 계획한 4호기 원자로의 안전 실험이었습니다. 원래는 원자로의 완공 전에 해야 했으나, 앞서 설명한 대로 그해 12월까지 어떻게든 공사를 끝내야 했기에 나중으로 미뤄둔 실험이었죠. 그날 체르노빌에서는 실험이 어떻게 진행되었을까요?

원자로는 핵분열 제어와 열 제거가 가장 중요합니다. 특히 RBMK는 열을 식히는 냉각수가 핵심이라 할 수 있죠. VVER과 달리 정전으로 냉각수 공급이 중단되면 자동으로 핵분열이 줄어들지 않기 때문입니다. 그래서 RBMK에는 정전에 대비해 냉각수 펌프에 전력을 공급하는 비상 발전기가 있습니다. 문제는 정전 이후 비상 발전기가 돌아가기까지 1~2분이 걸린다는 것입니다. 원자로 내 핵분열은 1억 분의 1초 단위로 빠르게 일어나기에 아무리 짧은 공백이라고 해도 뜨거워지는 핵연료를 가만히 두면 원자로가 폭발할 위험이 있습니다. 이런 사태에 대비해 반드시 안전 검사 실험을 해야 합니다. 정전으로 전기가 끊기면 증기 터빈이 천천히 멈추는데, 그 회전력으로 비상 발전기가 돌아가기 전까지 원자로의 냉각수 펌프를 돌릴 수 있는지 확인하는 것입니다. 이후 비상 발전기가 작동해서 냉각수가 안정적으로 순환해야 안전하다는 것이 입증됩니다.

문제는 완공 전에 마쳤어야 할 그 실험을 뒤늦게 시작한 데다가 몇 차례의 실험이 실패했다는 것입니다. 이미 관계자들이 훈장까지 받고 발전소를 가동 중인 상황에서 지난 3년간 실험을 했지만 모두 실패로 끝났습니다. 특히 안전 실험은 정전 상황을 가정해 진행되어야 하므로 실험을 하려면 원자로를 거의 멈춰야 합니다. 때문에 실험 일정을 마음대로 확정할 수 없었죠. 어떻게든 실험을 끝내고 싶었던 운영자들은 마지막이라는 생각으로 한 달 전에 날짜를 잡아놓고 실험할 날을 기다렸습니다.

사고 하루 전이자 실험 예정일이었던 1986년 4월 25일에 기술자들은 원자로 4호기 안전 검사를 위해 원자로 출력, 즉 전기 생산량을 정전 상황에 맞춰 절반으로 낮추고 냉각수 공급용 비상 발전기의 전원까지 껐습니다. 이때 전화가 울렸습니다. 우크라이나의 수도 키예프의 전력 담당 공무원이었죠. 그는 키예프에 반드시 전기가 필요하니 현재 상태에서 전력 생산량을 더는 낮추지 말아달라고 요청했습니다. 당시 키예프의 공장들은 당으로부터 생산 목표량을 할당받았는데 전기 생산량이 감소하면 공장을 가동하지 못해 목표 생산량을 맞출 수 없으니 다급했던 것입니다. 이렇게 되면 체르노빌 발전소는 실험을 멈추고 실험 날짜를 다시 잡아야 합니다. 하지만 마음 급한 발전소 담당자들은 공장 가동이 끝날 때까지 기다린 뒤 실험 요건을 제대로 갖추지도 않은 상황에서 계획보다 하루 늦게 안전 실험을 강행했습니다.

1986년 4월 26일, 자정을 넘긴 지 얼마 되지 않은 시간에 안전 실험이 개시되었습니다. 절차와 규정, 안전까지 죄다 무시한 실험은 시간이 지연되면서 또 다른 문제를 불러일으켰습니다. 원자력 발전소는 24시간 돌아가므로 매일 밤 12시에 직원들이 업무를 교대합니다. 이 과정에서 원자로 4호기 제어실에 있던 실험 담당자가 바뀌었습니다. 새로 투입된 직원은 경력이 몇 개월밖에 되지 않는 20대 신입 엔지니어로, 실험 방법도 제대로 알지 못하는 데다가 실험 자체가 처음인 사람이었죠. 위험하기 짝이 없는 실험의 원자로 제어를 풋내기에게 맡긴 셈입니다. 게다가 원자로 노심 주변에서 일하는 사람들에게도 실험 공지를 제대로 전하지 않았습니다.

이런 상태에서 무리하게 전기 출력을 낮추려는 순간 원자로는 제어 불능 상태에 빠지고 말았습니다. 절반으로 줄이려 했던 출력이 어느새 바닥까지 떨어진 것입니다. 이 같은 상황이 일어난 원인을 추정할 수 있는데, 하나는 하루 동안 저출력 상태로 가동된 원자로가 불안정해졌다는 것입니다. 또 경험이 적은 엔지니어의 조작 실수라는 추정도 있죠. 상황을 제대로 파악하지 못한 실험 책임자 아나톨리 댜틀로프Anatoly Dyatlov는 출력을 높이고자 원자로에서 제어봉을 모조리 빼라고 지시했습니다. 안전 규정에는 제어봉이 적어도 15개는 꽂혀 있어야 한다고 되어 있는데, 실험을 강행하려고 또다시 규정을 무시한 것입니다. 엔지니어는 너무 위험하다고 항의하며 실험 중단을 요구했습니다. 하지만 댜틀로프는 받아들이지 않았고 실험을 계속하라고 명령했죠.

결국 핵분열을 제어하고 있던 제어봉을 거의 다 빼자 원자로가 제어 불능 상태에 빠졌고 비상 알람이 계속 울렸습니다. 하는 수 없이 비상정지 버튼을 누르자 정상 출력의 10배를 초과한 출력량과 함께 순간적으로 태양

표면의 온도인 6,000℃의 열이 발생했습니다. 온도가 급격히 치솟으면서 원자로 안의 물은 단번에 수증기로 변했고 압력을 견디지 못한 원자로가 터져버리고 말았습니다.

아비규환, 폭발 당일의 처참한 기록

새벽 1시 24분에 체르노빌 발전소 원자로 4호기가 굉음을 내며 터졌습니다. 잇단 두 차례의 대폭발로 허물어진 원자로에서 엄청난 불기둥이 치솟았고 주변 곳곳에서도 불길이 타올랐습니다. 아래는 폭발이 일어난 날 오후 3시에 찍은 첫 현장 사진입니다. 폭발 사고가 일어난 체르노빌은 지구에서 가장 위험한 장소라고 해도 지나친 말이 아니었죠. 이곳에서는 히로시마에 떨어진 원자폭탄의 400배가 넘는 방사능이 뿜어 나왔습니다. 지붕이 날아간 건물 아래 원자로의 잔해에서 수백 톤의 방사능 핵연료와 흑연이 뒤섞여 용암처럼 불타올랐습니다. 핵분열이 멈추지 않았고 엄청난 열기가 주변을 녹였습니다. 방사능 물질이 나뒹구는 아비규환의 현장이었죠.

폭발 당일의 체르노빌 원자력 발전소

이때 발생한 방사능의 위험은 어느 정도였을까요? 사실 우리는 방사선을 일상적으로 접합니다. 이를 생활주변방사선이라고 하는

데, 워낙 약해서 건강에 해롭지 않습니다. 그런데 체르노빌 원전이 터졌을 때 발전소 주변의 방사선은 거리에 따라 다르지만 생활주변방사선의 1억 배까지 올라갔습니다. 원자로에는 방사선 유출을 막는 보호막이 겹겹이 둘러쳐져 있는데, 폭발과 함께 1,000여 톤의 반응로 쇠뚜껑이 날아가고 엄청난 증기와 방사선이 유출된 것입니다. 콘크리트 지붕도 무너지면서 최소한의 가림도 없이 그대로 드러났죠. 이때 폭발과 함께 아름다운 파란빛이 원자력 발전소를 중심으로 뿜어 나왔습니다. 원래 방사선은 눈에 보이지 않는데 폭발로 뿜어나온 막대한 양의 방사선이 공기와 반응해 눈에 보였던 것입니다. 그만큼 방사선 수치가 높았음을 알려주는 위험한 상황이었죠.

폭발 당시 원자로 4호기에는 180여 명의 직원이 있었습니다. 이들은 어떻게 됐을까요? 폭발과 함께 원자로 근처에 있던 직원 두 명이 불길에 휩싸여 숨졌습니다. 다른 직원들은 사고가 커지는 것을 막으려 필사적으로 움직였습니다. 화재 진압을 돕다가 쓰러지기도 했고, 폭발 현장으로 다가가 파괴된 노심을 몸소 확인한 다음 책임자에게 보고하고 쓰러지기도 했습니다. 심지어는 원자로가 파괴된 줄도 모르고 어떻게든 열을 식히려 냉각수 밸브를 열려고 달려간 엔지니어도 두 명 있었죠. 그 둘 가운데 한 명이 당시 상황을 그림으로 남

냉각수 밸브를 열려고 달려간 엔지니어의 스케치

졌습니다.

왼쪽 아래 사람은 혼자 힘으로는 설 수 없을 만큼 기진맥진해 벽에 기대 있고, 오른쪽 사람은 허리를 숙인 채 구토하고 있습니다. 두 사람은 심각한 피폭으로 병원에 실려 갔습니다. 피폭된 사람은 불에 닿지도 않았는데 온몸이 심하게 그을렸고 살갗이 붉은색에서 보라색, 흑갈색으로 바뀌더니 나중에는 살갗이 낱장처럼 벗겨졌죠. 이들은 끔찍한 고통 속에 끝내 숨을 거두었습니다.

방사능은 빛, 맛, 냄새가 없고 쬐어도 뜨겁지도 아프지도 않으니 피폭돼도 처음에는 알 길이 없습니다. 게다가 잠복기까지 있어서 이 시기가 지나야 비로소 끔찍한 고통과 함께 피폭되었음을 깨달을 수 있는 증상이 나타납니다. 방사능은 어떤 원리로 신체를 파괴할까요? 그리고 원전 폭발 현장에서 안전장치 없이 일하는 것은 얼마나 위험할까요?

타오르는 핵연료에 가까이 다가가는 것은 용암에 맨몸으로 뛰어드는 것과 같습니다. 차이점이 있다면, 용암에 뛰어들면 곧바로 죽지만 피폭되면 끔찍한 고통을 느끼다 천천히 죽는다는 것이죠. 방사능 물질에서 나오는 방사선은 우리의 피부 세포를 찢고 신경을 파괴합니다. 우라늄이나 플루토늄 같은 핵물질은 알파선, 베타선, 감마선 따위의 전자파를 발산합니다. 알파선은 입자가 가장 커서 살갗을 뚫고 몸 안에 들어오지 못하지만 사람이 숨을 쉬다 들이키거나 삼키면 신체를 파괴합니다. 베타선을 쬐면 피부에 화상을 입습니다. 불을 끄는 소방관이 불길에 직접 닿지 않았는데도 심한 화상을 입은 이유이기도 합니다. 몸에 들어온 베타선은 뼈나 내장, 갑상선에 쌓여 갖가지 암을 일으킵니다. 마지막으로 가장 위험한 감마선은 물질 투과성이 강해 레이저와 같습니다. 우리 몸을 이루는 세포의 핵보다 더 작

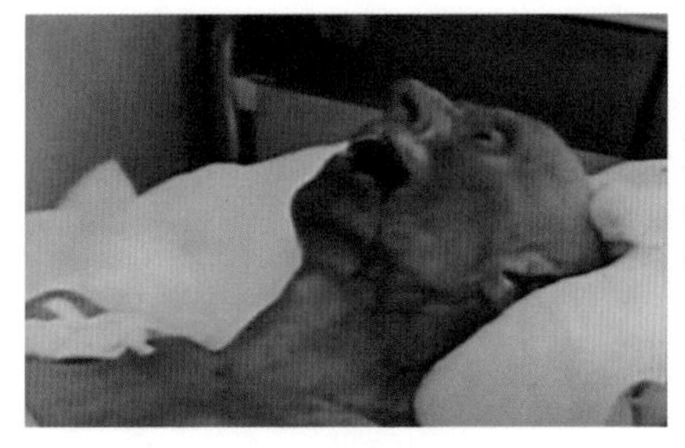
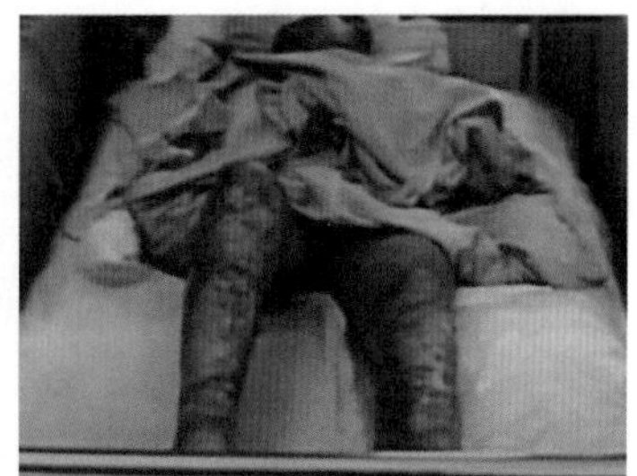

원전 폭발로 피폭된 직원들의 모습

은 감마선 입자는 세포의 DNA까지 조각조각 끊어놓습니다. DNA가 파괴되면 기형아 출산 위험이 커지죠. 이 모든 것이 방사능 피폭의 피해입니다.

피폭 피해자는 직원만이 아니었습니다. 폭발이 일어나자마자 소방서에 신고 전화가 들어갔고 1차로 소방관 14명이 출동했습니다. 그 뒤 새벽 내내 소방관 200여 명이 투입되었죠. 이들은 불길을 잡으려고 온 힘을 다했습니다. 덕분에 원자로 4호기 주변과 원자로 3호기의 지붕에 붙은 불이 꺼지면서 3호기는 터지지 않았습니다. 그런데 밤새 불길을 잡던 소방관들이 여기저기서 구토하며 의식을 잃고 쓰러졌습니다. 방사능을 차단하는 방호복을 입지 않고 원자로에 다가가서 피폭된 것입니다.

2019년에 미국에서 방영한 드라마 〈체르노빌〉은 이때의 상황을 잘 보여줍니다. 피폭된 소방관이 죽을 때까지 곁에서 함께했던 아내도 남편의 몸에서 나온 방사능에 피폭된 것입니다. 남편이 숨진 뒤 아내는 아이를 낳았는데 아기마저 배 속에서 피폭된 탓에 태어난 지 닷새 만에 죽었죠.

오늘날에는 원자력 발전소가 폭발하면 방사능이 유출돼 위험하다는 사실이 잘 알려져 있습니다. 하지만 1980년대에는 그렇지 않았습니다. 폭발 현장에 출동한 소방관들은 원자력 발전소 인근에서 근무하는데도 원전 사고에 관한 교육이나 훈련을 전혀 받지 못했습니다. 이 같은 상황은 소련뿐 아니라 전 세계에서 마찬가지였죠.

정부가 방사능의 위험성을 제대로 경고하지 않은 것은 핵 경쟁 때문입니다. 미국과 소련을 비롯한 핵무기 보유국은 수십 년간 핵 경쟁을 하면서 방사능의 위험이 대중에게 알려지면 문제가 된다고 생각해 그 위험성을 감춰왔습니다. 게다가 과학자들도 핵 발전기술이 안전하다는 신화를 버리려 하지 않았죠. 그들은 원자력 발전소가 기술적으로 완벽하므로 안전하다고 주장했습니다. 1980년대까지 이어진 방사능에 관한 무지는 체르노빌 원전 폭발이라는 비극을 빚었습니다.

대참사로 이어진 은폐와 거짓

체르노빌 원자력 발전소 관계자들은 방사능의 위험성을 어느 정도 알고 있었습니다. 그럼에도 사고가 더욱 심각해진 원인 중 하나는 폭발 직후의 방사능 수치를 잘못 파악한 것입니다. 빛, 맛, 냄새가 없는 방사능은 사람이 감지하기 힘들어서 그 강도를 파악하려면 반드시 방사능 측정기를 사용해야 합니다. 실험 책임자인 댜틀로프는 원자로 폭발 사고가 일어나자마자 방사능 강도를 측정했습니다. 첫 측정치는 시간당 3.6뢴트겐(방사선 노출량을 나타내는 단위)이었습니다. 문제는 그가 측정 최대치가 3.6뢴트겐에 불과한 소형 측정기를 사용했다는 사실입니다. 최대치가 100kg인 저울로 5,000kg이 나가는 코끼리의 무게를 잰 것과 같았죠. 나중에 원자로 4호기 주변의 파편에서 나오는 방사능을 고성능 측정기로 재자 시간당 1만 뢴트겐이라는 수치가 나왔습니다. 무려 3,000배 가까이 차이가 난 셈입니다.

댜틀로프가 잘못 측정한 시간당 3.6뢴트겐도 결코 낮은 수치는 아닙니다. 사람이 한 해 동안 쬘 수 있는 허용 방사선의 30배를 1시간 동안 쬔 것과 같죠. 일반적으로 사람은 500뢴트겐의 방사선에 5시간 넘게 노출되면 사망하고, 1만 뢴트겐을 1시간 동안 쬐면 즉사한다고 합니다.

폭발 당시 정확한 방사능 수치를 파악하지 못한 빅토르 브류하노프Viktor Briukhanov 발전소장은 댜틀로프의 보고만 믿고 3.6뢴트겐이라면 그리 위험하지 않다고 생각했습니다. 새벽에 시민 방호 담당자가 방사선 수치가 측정기의 최대치인 200뢴트겐이 넘는다고 보고했으나 끝내 무시했죠. 그는 인근 도시의 주민에게 사고를 알려야 한다는 주장도 받아들이지 않았습니다. 의심할 여지 없이 위험한 상황인데도 직원들의 의견을 묵살한 것입니다. 심지어 원자로에 문제가 생기기 전에 불길을 잡고 원자로의 열을 식힐 냉각수를 수동으로 공급하라고 지시했습니다. 결국 방사능을 피할 아무런 대비도 없는 상태에서 소방관들이 달려와 불을 껐고 발전소 직원들은 이미 터져서 존재하지도 않는 원자로로 달려가 냉각수를 공급하려고 고군분투했죠. 이 작업에 투입된 많은 사람이 나중에 목숨을 잃었습니다.

재난 사태가 한창일 때 소련 정부는 어떤 대책을 세우고 있었을까요? 소방관들이 불을 끄려고 애쓰고 발전소 직원들이 이리저리 뛰어다니던 때에 소련의 최고 지도자 고르바초프에게 전화로 사건 보고가 이루어졌습니다. “체르노빌 원자력 발전소에서 폭발과 화재가 있었으나 원자로 4호기는 안전하다”라는 터무니없는 내용이었죠. 방사능 수치를 잘못 파악한 발전소장이 원자로 자체는 멀쩡하다는 거짓 보고를 한 탓에 노심이 녹아내렸으리라는 생각을 전혀 못 했던 것입니다. 심지어 방사능 피폭에 따른 부상은 언급조차 되지 않았습니다. 이런 탓에 대처는 더욱 늦어졌습니다.

결국 저녁이 되어서야 새벽에 일어난 사고의 정부 대책위원회가 열렸습니다. 체르노빌 인근 프리퍄트시의 공산당 본부에 정부 각료, 과학자, 국가보안위원회(KGB) 관계자 등 수십 명이 모였습니다. 이들은 현장에 와서야 발전소장의 보고가 거짓이라는 사실을 깨달았습니다. 원자로는 이미 무너져 있었고 핵물질이 타면서 방사능을 내뿜는 상황을 직접 확인한 것입니다. 가장 큰 문제는 체르노빌 발전소에서 멀지 않은 곳에 많은 사람이 살고 있다는 사실이었죠. 겨우 3km 떨어진 곳에 인구 5만 명의 프리퍄트시가, 수십 킬로미터 반경 안에는 수백 개 마을이, 다른 무엇보다 100km 거리에는 우크라이나의 수도 키예프가 있었습니다.

사진을 보면 프리퍄트시와 원자력 발전소가 얼마나 가까운지 알 수 있습니다. 붉은색 동그라미 안에 있는 것이 발전소입니다. 아파트 단지에서 보

프리퍄트시와 체르노빌 원자력 발전소의 거리

일 만큼 가까운 거리였기에 자연 방사능의 수천 배가 넘는 고준위 방사능이 도시를 덮쳤습니다. 하지만 위험하다는 사실을 누구도 알려주지 않았기에 시민들은 평소와 다름없이 생활했습니다. 이때 원자로에서 치솟은 빛기둥이 아름답다며 구경하는 사람도 많았다고 합니다. 하늘에는 꽃가루 같은 것도 날아다녔습니다. 신비로운 빛은 방사능 기둥이었고 꽃가루처럼 흩날리던 먼지는 방사능 낙진이었죠. 발전소에서 가까운 철교에 모여 원자로가 불타는 모습을 구경하던 사람들이 모두 사망했다는 이야기도 있습니다. 그 철교는 현재 '죽음의 다리'로 불리고 있습니다.

원자로 폭발로 엄청난 양의 방사능이 퍼져나가는 와중에도 정부는 진실을 숨겼고 시간은 흘러갔습니다. 발전소 주변 마을의 주민에게 이동 명령이 내려진 시각은 폭발이 일어나고 36시간이 지난 이튿날 오후 1시 무렵이었죠. 소지품을 챙겨서 버스에 타라고 말하는 안내 방송이 도시 곳곳에 울

'죽음의 다리' 위치

대피하는 프리파트 시민과 버스 행렬

렸습니다. 그날의 사진을 보면 갑작스레 닥친 상황에 놀란 할머니들이 울며 도시를 떠나고 있습니다. 정부가 제대로 설명하지 않은 탓에 그때까지도 사고의 심각성을 제대로 깨닫지 못한 사람들은 그저 잠시 집을 떠난다고 생각했죠. 눈에 보이지도 않는 방사능 때문에 도시에서 쫓겨난다는 사실을 받아들일 수 없어 집에서 나가지 않으려 드는 노인도 적지 않았다고 합니다.

사고가 나고 하루가 지나도 상황은 달라지지 않았습니다. 소방관들은 쉴 새 없이 화재 진압에 나섰지만, 원자로 4호기는 계속 타오르며 연기를 내뿜었습니다. 불길의 원인이 원자로 내부에서 분열 중인 핵연료라는 사실을 깨달은 대책위원회는 조금이라도 더 빨리 불을 꺼서 핵분열을 가라앉히기 위해 헬리콥터로 수천 톤의 모래, 자갈, 붕소를 원자로에 뿌리기로 했습니다. 하지만 타오르는 원자로에 가까이 날아가는 것은 목숨을 건 일이었죠.

이때 헬리콥터 조종사들은 낙하산을 넣어두는 좌석 아래 공간에 납 총알을 채워서 방사능 피폭을 막으려고 했습니다. 또 기내에는 4~5mm 두께의 납판을 댔습니다. 방사선을 직격으로 맞지 않으려는 임시변통이었죠.

감마선은 두께 1cm의 납을 통과하면 반으로 줄어듭니다. 때문에 방사선 방호복은 납으로 만들죠. 조종사들이 임시변통으로 쓴 납 총알은 얼마만큼은 효과가 있었을 것입니다. 하지만 체르노빌 원전의 방사능 수치가 워낙 높았으므로 아무리 납을 둘러도 피폭을 제대로 막을 길은 없었습니다. 또 호흡에 따른 내부 피폭은 마스크로 줄일 수 있지만 가장 민감한 눈은 보호할 수 없었죠.

조종사들은 납 총알을 의자 밑에 깐 채로 헬리콥터에 붕소, 자갈, 모래를 싣고 원자로로 날아갔습니다. 폭발한 원자로 주위를 돌며 자갈, 붕소, 모래 등을 투하했지만 불길을 완전히 잡지는 못했죠. 불을 끄려고 뿌린 모래가 원자로를 덮으면서 열기가 빠져나가지 못하자 오히려 방사능 수치가 올라갔고, 조종사들은 모두 피폭됐습니다. 이틀 뒤 가까스로 불이 꺼졌지만 원자로 잔해는 핵분열을 멈추지 않았고 막대한 방사능을 뿜어냈습니다.

스웨덴 원전에서 울리는 오싹한 경고음

소련 정부는 여전히 사고를 은폐했지만, 체르노빌 원전에서 뿜어 나온 방사능 물질은 유럽 전역으로 퍼져나갔습니다. 방사능 피해를 입은 나라들 가운데 스웨덴이 가장 먼저 눈치를 챘습니다. 유럽 북쪽 끝에 위치한 스웨덴의 수도 스톡홀름은 체르노빌로부터 무려 1,100km나 떨어져 있습니다. 이렇게 멀리까지 방사능 물질이 날아간 것입니다.

사고 사흘째에 스톡홀름 인근 포르스마르크 원자력 발전소에서 경고음이 울렸습니다. 방사능 수치가 정상치보다 훨씬 더 높았기 때문입니다. 출근한 직원들은 입구에서 경고음이 계속 울린 탓에 원전 안으로 들어가지 못했습니다. 등골이 오싹해진 관계자들은 이상이 있는지 긴급히 살폈지만, 원전에는 아무 문제가 없었습니다. 그런데 같은 상황이 노르웨이, 핀란드, 덴마크 등 북유럽의 다른 나라에서도 일어났습니다. 특히 핀란드에서는 정상 수치의 6배에 이르는 방사능이 측정되었죠.

스웨덴 원전의 전문가들이 바람의 방향을 계산해 방사능 유출 지점을 추정해보니 방사능이 흘러나온 곳은 소련의 체르노빌 발전소였습니다. 스웨덴은 소련 정부에 연락했지만 돌아온 대답은 "아무 일도 없다"였죠. 하지만 시간이 지날수록 상황은 더욱 심각해졌습니다. 체르노빌 원전에서 흘러나간 방사능의 확산을 분석한 지도에서 짙은 색으로 표시한 부분이 방사능 오염이 심한 곳입니다. 즉 체르노빌을 중심으로 심각한 방사능 오염이 일어났음을 알 수 있습니다. 노심이 폭발하면서 대기 중으로 분출된 방사능은 바람을 타고 멀리 북유럽과 중앙 유럽까지 퍼져나갔습니다.

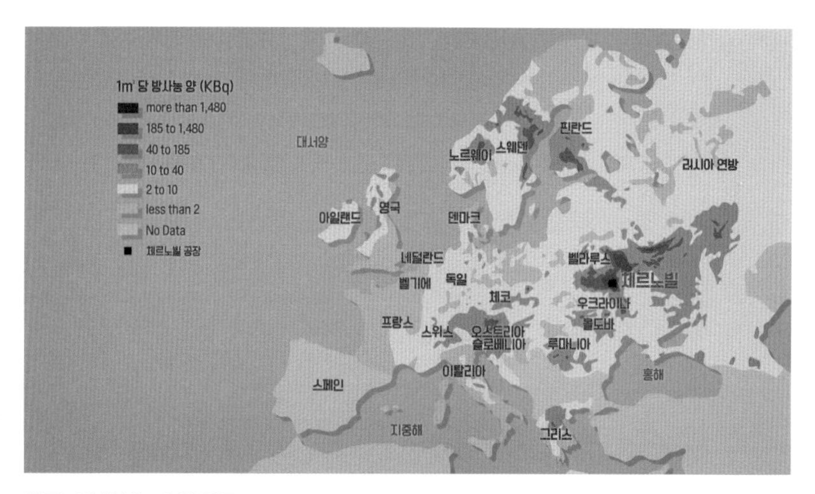

체르노빌 방사능 오염 지도

고르바초프는 사고가 일어난 지 사흘이 지나서야 긴급회의를 열었습니다. 조사위원회와 프리퍄트시의 전문가들이 전달한 진실을 뒤늦게 알게 된 것입니다. 이제는 상황의 심각성에 걸맞는 대책을 세워야 했죠. 열띤 토론과 표결 끝에 체르노빌 원전 사고 대처 방안이 결정됐습니다. 소련의 자존심에 큰 상처를 낼지도 모르니 주요 내용은 비밀에 부친 채 일부 정보만 공개한다는 것이었습니다. 그날 밤 모스크바 라디오에서 체르노빌 사고를 알리는 첫 공식 발표가 흘러나왔습니다.

> "체르노빌 원자력 발전소에서 사고가 일어나 원자로 하나가 손상되었습니다. 사고로 말미암은 영향을 제거하는 조치가 취해지고 있으며 피해자에게 지원이 이루어지고 있습니다. 정부위원회가 구성되었습니다."

사고가 언제 일어났는지, 상황이 얼마나 심각하고 위험한지 등 기본 정보조차 알리지 않았기에 소련 시민 누구도 방사능 피폭의 위험이나 대처 방법을 알지 못했습니다. 한 시간 뒤에 서방에서도 핵사고가 많았다는 말을 덧붙인 내용을 영어로 다시 발표했을 뿐이었죠. 여러 이웃 나라가 불안에 떠는데도 소련 정부는 침묵을 지켰고 상황은 점점 최악으로 치달았습니다.

사고 6일째인 5월 1일은 노동절이었습니다. 소련은 노동자 혁명으로 세워진 나라이기 때문에 노동절을 혁명 기념일과 더불어 가장 중요한 경축일이자 국가 명절로 삼았습니다. 해마다 노동절이면 전국 곳곳에서 퍼레이드가 벌어졌고 축제가 열렸죠. 이날도 체르노빌에서 100km 떨어진 우크라이나의 수도 키예프에서 대대적인 노동절 행사가 예정되어 있었습니다.

노동절 전날 키예프에서는 정상보다 수백 배 높은 방사능이 검출됐습니다. 극비리에 보고를 받은 우크라이나의 지도자는 노동절 거리 행진을 취소하려 했지만, 소련 중앙 정부의 입장은 달랐습니다. 노동절 행사를 취소하면 사고가 일어났다는 사실이 나라 안팎에 알려지므로 행사를 강행해야 한다고 생각한 것입니다. 결국 원래 계획대로 행사가 열렸고 키예프 시민은 아무것도 모른 채 아이의 손을 잡고 거리로 나가 축제를 즐겼습니다. 이들 대다수가 방사능에 피폭됐습니다.

더는 감출 수 없는 연쇄 폭발 위기

사고 이후 열흘이 지났지만 체르노빌 원전 폭발 현장은 여전히 수습에 난항을 겪고 있었습니다. 불타고 있는 200여 톤의 핵연료가 점점 아래쪽 시멘트를 녹이면서 마그마가 되어 내려앉는 중이었죠. 여기에 처음에 불을 끄려고 퍼부은 물이 밑의 탱크에 가득 찬 것이 문제였습니다. 200여 톤에 이르는 방사능 마그마가 물에 닿으면 대폭발이 일어날 수도 있다는 무시무시한 예측이 나온 것입니다. 만약 이 폭발로 원자로 1호기, 2호기, 3호기까지 연쇄 폭발한다면 얼마나 큰 피해가 발생할지 가늠조차 되지 않았죠. 사고 이후 나머지 원자로의 가동이 중단되었지만 여기에도 수백 톤의 핵연료와 핵폐기물이 남아 있었습니다.

예측대로 다른 세 원자로가 폭발하면 어떤 일이 벌어질까요? 원자로 4호기의 폭발로 히로시마 원자폭탄의 400배에 이르는 방사능이 유출됐으니,

단순 계산으로도 1,600배의 방사능이 퍼질 것입니다. 이제는 정부도 위기를 주민에게 알릴 수밖에 없었습니다. 사고가 난 지 열흘이 지나서야 키예프 시민에게 실내에 머물며 창문을 닫아 바깥바람을 들이지 말라고 권고했습니다. 하지만 이때도 정확한 진상은 알리지 않은 채 그저 안심하라는 말뿐이었죠. 그런데도 체르노빌 사고의 소문이 암암리에 퍼지면서 사람들이 도시에서 빠져나가고 대규모 예금 인출 사태가 벌어지는 등 일대 혼란이 일어났습니다. 정부의 소개령에 따라 아이와 보호자를 우선해서 전체 인구의 20%인 50만 명이 키예프를 급히 탈출했고 도시는 극심한 공포에 빠졌습니다.

체르노빌 발전소도 상황은 다르지 않았습니다. 연쇄 폭발을 막으려면 사람이 직접 원자로 지하로 내려가 고인 물을 빼내야 했습니다. 불타는 핵연료 바로 밑에 방사선이 얼마나 센지, 지하 복도에 방사능 오염수가 얼마나 들어찼는지도 추측하기 어려웠죠. 이때 사태의 심각성을 전해 들은 세 사람이 목숨을 걸고 원자로 밑으로 내려가겠다고 자원했습니다. 펌프 기사 알렉세이 아나넨코Aleksei Ananenko와 발레리 베스팔로프Valerii Bespalov, 그리고 일반 사병 보리스 바라노프Boris Baranov입니다. 이들은 잠수 장비와 간단한 인공호흡기를 달고 원자로 아래 지하 복도로 내려갔습니다. 지하의 오염은 생각만큼 극심하지 않았습니다. 지하에 고인 물이 오히려 방사선을 막아주는 방어막 노릇을 한 것입니다. 다만 가는 길목에서 방사능 마그마가 녹아 내려오는 구간은 지극히 위험했죠.

308쪽의 사진은 체르노빌 원전 사고를 상징하는 대표 이미지 가운데 하나입니다. 녹아내린 핵물질 마그마의 모양 때문에 '코끼리 발'이라고 불리죠. 체르노빌 사고 이후 10년이 지난 1996년에 찍힌 사진 속 마그마는 원

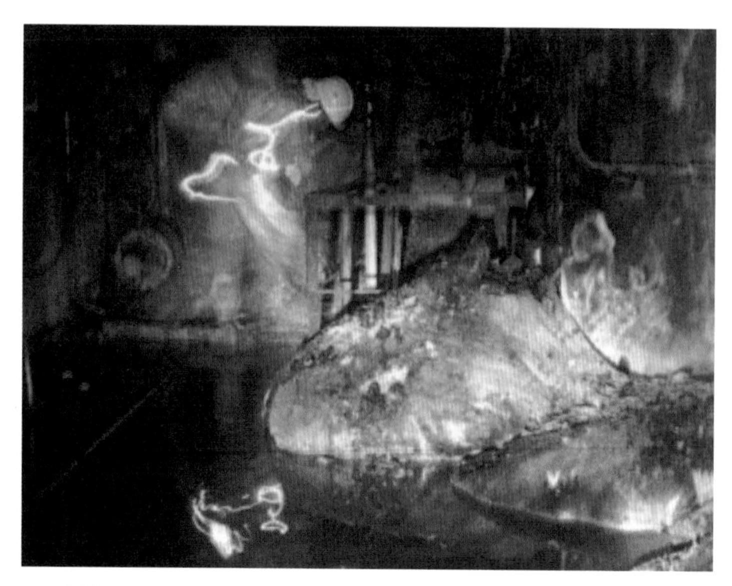

1996년에 촬영된 '코끼리 발'

자로 노심이 녹아내려 만들어진 용암과 유사한 혼합물입니다. 정식 명칭은 '노심 용융'으로 2,000℃ 이상의 고온에 녹아버린 핵연료, 핵분열 생성물, 제어봉, 콘크리트 등이 섞여 있죠. 핵연료가 들어있어 엄청난 방사선을 뿜어내므로 근처에 있으면 목숨을 잃을 수 있습니다. 강한 방사능의 영향으로 사진 왼쪽 윗부분에 환영 같은 것이 그대로 찍혀 있습니다. 세 사람은 이 구간을 지나 수문 밸브를 열어 지하의 물을 빼냈습니다. 목숨을 걸고 대폭발의 위험을 막아낸 것입니다.

이처럼 체르노빌에서 전쟁 같은 상황이 펼쳐지는 동안 소련 정부는 원전 사고의 심각성을 제대로 밝히지 않고 입을 다물고 있었습니다. 하지만 스웨덴, 폴란드, 루마니아 등 여러 나라가 진상 규명을 요구했습니다. 결국 사고가 일어난 지 19일째인 5월 14일에 고르바초프가 공개 연설에 나섰습니다. 미국 CNN은 연설을 생중계했고, 최악의 원자력 사고가 전 세계에 알려졌습니다.

> "여러분 모두가 알고 있는 듯이 얼마 전에 체르노빌 원전 사고라는 재난이 있었습니다. 사고는 소련 인민에게 심한 고통을 주었고 국제 여론을 들썩이게 했습니다. 체르노빌 사고와 관련해 '우크라이나 전역이 오염됐다'라는 말이 있습니다. 우리는 가장 부정직하고 악의적인 거짓말을 마주했습니다."

연설을 마친 고르바초프는 불같이 화를 냈다고 합니다. 그제야 관료주의와 RBMK의 위험성도 문제 삼았죠. 소련 정부가 시민의 목숨을 제대로 보살피지 않고 사고의 진상을 숨기기에 급급했다는 사실은 전 세계에 엄청난 충격을 안겨주었습니다. 그림은 미국 일간지 「워싱턴 포스트」에 실린 1986년 5월 6일자 만평입니다. 이미 죽어 해골이 된 소련의 한 가족이 라디오를 들으며 "이제야 체르노빌 사고의 공식 정보가 조금 더 나왔네"라며 비아냥거리고 있습니다. 만일 정부가 사고를 확인한 즉시 있는 그대로 정보를 공개했다면 어땠을까요? 도시가 극심한 공황에 빠졌을지는 몰라도 더 많은 목숨을 구했을 것입

사실을 숨기기에 급급했던 소련 정부

니다.

한편 체르노빌은 대폭발의 위기를 넘겼지만 불타는 핵연료가 땅을 파고 들어갈 위험은 아직 남아 있었습니다. 토의 끝에 원자로 바로 밑까지 땅굴을 파고 들어가 냉각 장치를 설치해 원자로를 식히자는 의견이 나왔고 즉시 모스크바와 돈바스 탄전 지대에서 광부 400여 명이 모였습니다. 이들은 냉각 장치를 설치하기 위한 땅굴 작업에 투입됐는데, 핵연료에 가까워질수록 숨이 턱턱 막힐 만큼 더웠습니다. 땅굴 내부 온도가 50℃에 이르자 광부들은 옷을 벗어 던지고 방사선을 막을 보호 장비도 없이 일해야 했죠. 시간당 방사능 수치가 300뢴트겐까지 치솟은 극한 환경에서 광부들은 한 달 동안 3교대로 일했습니다. 이들 가운데 25%가 마흔 살을 넘기지 못하고 숨졌다는 말도 있습니다. 이 같은 희생이 있었지만 본래 계획대로 냉각 장치를 설치하지 않아도 됐다고 합니다. 걱정과 달리 마그마가 땅속까지 내려오지 않았기 때문이죠. 하지만 방사능 연료를 처치할 방법은 여전히 찾지 못했습니다.

이때부터 소련은 방사능이라는 보이지 않는 적과 본격적으로 전쟁을 치러야 했습니다. 이를 위해 칙령을 선포했고 소련 곳곳에서 사람과 물자를 동원해 체르노빌 원전으로 보냈습니다. 오염 지역이 드넓고 방사능 먼지가 계속 퍼져나가고 있었기 때문에 많은 인력을 투입할 수밖에 없었죠. 전국에서 수십만 명이 징집됐는데 대다수가 무슨 일을 하는지 알지 못하는 예비군, 즉 민간인이었습니다. 이들은 방사능으로 오염된 원자로 주변 반경 30km 지대를 청소하는 위험한 임무를 맡았습니다. 방사능을 막을 장비도 없이 일반 군복에 헝겊 방독면만 쓴 채 청소 작업을 했습니다. 그뿐 아니라 방사능 낙진을 맞은 집과 마을을 철거하고 땅을 불도저로 갈아엎었죠. 그 과정에서 수십만 명의 예비군이 방사능에 피폭됐습니다. 수개월에 걸쳐 방사능 제거 작업을 했지만 방사능을 다 없애지는 못했습니다.

그러는 사이 끊임없이 바람이 불면서 폭발 당시 하늘로 흩뿌려진 미세한 방사능 먼지가 멀리 날아가 농경지와 물, 가축과 작물에 내려앉았습니다. 정부는 불타는 방사능 연료와 원자로 4호기 전체에 거대한 콘크리트 구조물을 덮어씌운다는 대책을 내놓았죠. 원자로 가까이에 2~3분만 머물러도 목숨이 위태로운 극한의 조건에서 최악의 작업이 개시되었습니다. 그런데 거대한 석관을 겨우 짜 맞추던 중에 새로운 문제가 생겼습니다. 사고 당시 원자로 4호기 내부에서 튕겨 나간 잔해물이 원자로 3호기 지붕에 떨어져 강력한 방사능을 내뿜었던 것입니다. 그 잔해를 치워야 하는데 원자로 주변의 방사선 수치는 사람이 살아남을 수 없을 만큼 높았습니다.

결국 원격조종 로봇을 투입해 잔해를 치우기로 결정했습니다. 그 가운데는 소련이 달 표면에서 사용하려고 개발한 로봇과 독일에서 공수해온 로봇도 있었죠. 지붕 위에서 원격조종 로봇이 잔해물을 떨어뜨리면 수십 미터 아래에서 불도저가 한데 모아 원자로 4호기의 잔해와 함께 석관에 넣어 봉인한다는 계획이었습니다. 그런데 며칠 만에 로봇이 모조리 고장 나고 말았습니다. 방사선이 워낙 센 탓에 로봇의 반도체가 망가진 것입니다. 원격제어 로봇마저 쓸모없어지자 당국은 사람을 투입했습니다. 로봇도 고장 날 만큼 위험한 현장에 사람을 던져 넣는 참극이 벌어진 것입니다.

작업에 투입된 사람들은 스스로를 '바이오 로봇'이라고 불렀습니다. 시간을 지체할 수 없었기에 납으로 된 속옷과 앞치마를 비롯해 급조한 보호복을 입었습니다. 보호복 무게는 30kg에 가까웠죠. 9월 19일에 현장에 투입한 이들은 치명적 방사능을 내뿜는 파편을 삽으로 떠서 옥상 가장자리까지 들고 가 폐허가 된 원자로 4호기 위에 던졌습니다. 피폭 한도 규정을 지키기 위해 각 조의 작업 시간을 스톱워치로 재면서 분주히 작업했습니다.

작업을 마친 뒤에는 몸을 움직이지 못할 만큼의 고통이 밀려왔다고 합니다. 눈이 아프고 입에서는 쇠 맛이 났으며 입 안이 얼얼해 이가 있다는 느낌이 사라질 정도였죠. 방사능 수치가 워낙 높아 한 사람이 한 번씩만 작업하기로 했지만 실제 현장에서는 여러 번 반복한 사람도 많았습니다. 로봇도 버티지 못하는 곳에 사람이 대신 들어가 일하는 상황에 이르자 웃지 못할 농담까지 생겨났습니다.

"미국산 로봇은 지붕에 올라간 지 5분 만에 고장이 났다. 일본산 로봇도 5분이 지나자 고장 났다. 러시아산 바이오 로봇은 그곳에 2시간이나 있었다."

당시 원자로 옥상에 있던 흑연 덩이 하나가 시간당 500뢴트겐을 웃도는 방사능을 내뿜었다고 합니다. 이런 공간에서 한 시간 넘게 일하는 것만으로도 한 달 안에 60%가 사망할 수 있습니다. 따라서 가장 위험한 곳에는 최소 40초, 최대 3분까지만 머물러야 했죠. 하지만 옥상에 올라가 삽질을 두 번만 해도 40초가 훌쩍 지났기에 지침보다 더 오래 머무를 수밖에 없었습니다. 이렇게 12일간 투입한 바이오 로봇 군단은 무려 4,000여 명이었습니다. 이들은 목숨을 걸고 일한 대가로 100루블과 증서 한 장을 받고 돌아갔다고 합니다. 당시 노동자 월급이 200루블이었으니 터무니없이 적은 금액이었죠.

이때부터 소련은 곳곳에서 사람과 물자를 동원했습니다. 폭발이 일어난 4월 말부터 그해 11월까지 체르노빌 방사능 오염 제거 작전에 투입한 수십만 명의 사람을 '청산인'이라고 합니다. 오염 물질을 치우는 사람이라는 뜻이죠. 대부분 방사능의 심각성을 모른 채 투입돼 제대로 된 보호 장비도 없이 헝겊 방독면을 쓰고 방사능 오염 물질을 치웠습니다. 이 과정에서 수십만 명이 방사선에 피폭됐습니다. 국가의 부름에 달려왔지만 끝내 피폭된 청산인들은 화상을 비롯해 여러 가지 이유로 고통을 겪었습니다. 청산인 가운데 몇 명이 사망했고 구체적으로 어떤 피해를 입었는지는 집계된 적도, 발표된 적도 없습니다. 정부가 은폐했기 때문입니다.

사고가 일어난 1986년부터 1995년까지 수습 작업에 투입한 60만 명 가운데 목숨을 잃은 이가 많았을 거라고 추정됩니다. 또한 직접적 영향권은 아니지만 사고 지역에서 가까운 우크라이나, 벨라루스, 러시아 일부 지역의 주민도 방사능 피폭으로 사망했을 것이라 추정되죠. 2006년에 세계보건기구는 체르노빌 사고로 말미암은 사망자가 9,000명을 웃돌 수 있다고 추산했습니다. 같은 해에 그린피스는 사망자가 9만 3,000명, 질병으로 고통

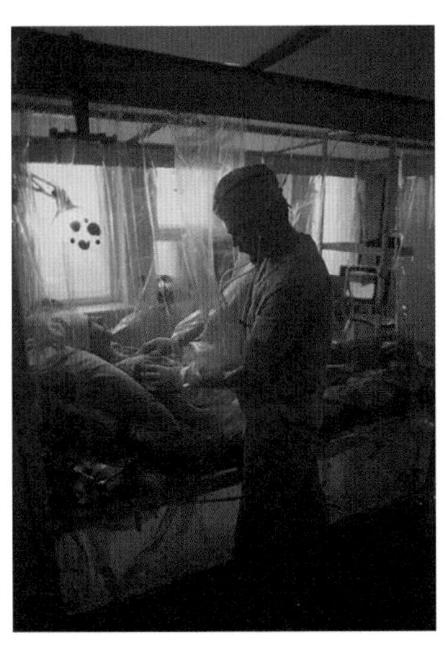

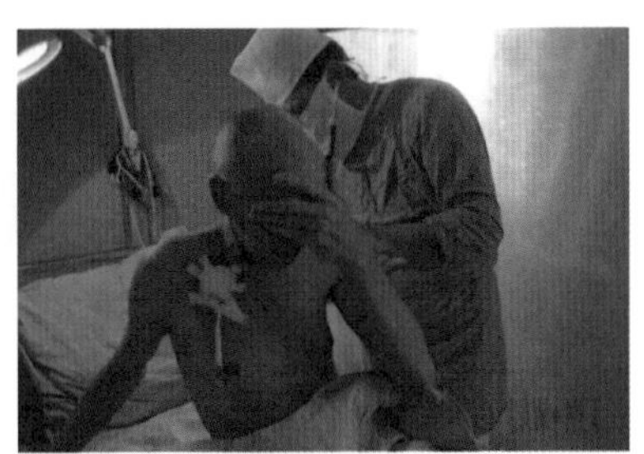

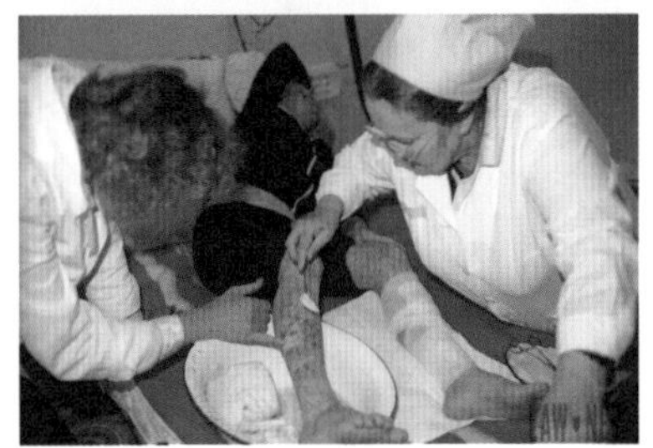

원자로 청산 작업에 투입된 이들의 고통

받는 피해자가 22만 명이라는 추산치를 발표했죠. 이처럼 피해 수치가 제각각인데다 모두 추정이라고 말할 수밖에 없는 까닭은 갖가지 질병의 원인을 체르노빌 사고 탓으로 단정할 수 없어서입니다. 이런 사정으로 정확한 피해 규모는 밝혀지지 않았습니다.

많은 사람의 희생으로 원자로 4호기는 사고 7개월 만에 콘크리트로 완전히 덮였습니다. 체르노빌 청산 작업이 끝난 뒤 소련은 원자로 1호기를 돌리기 시작했습니다. 당장 눈에 보이는 위험을 정리하자 곧바로 원자력 발전소를 재가동한 것입니다. 사고 5개월 만에 체르노빌 원자력 발전소는 다시 전기를 생산했습니다. 하지만 무수한 사람의 몸에 파고든 방사능은 그들의 삶을 서서히 망가뜨렸습니다. 원자로는 콘크리트로 덮였지만, 무시무시한 방사능과의 전쟁은 아직 끝나지 않았습니다.

소련 붕괴의 신호탄이 된 체르노빌

그렇다면 체르노빌 사고를 일으킨 책임자들은 어떻게 됐을까요? 진실을 감추고 사고를 키운 사건 관계자 3인의 재판이 1987년에 열렸습니다. 이들은 모두 10년형에 그치는 처벌을 받았습니다. 심지어 발전소 최고 책임자 브류하노프 소장은 1991년에 소련이 해체되자 4년 만에 풀려났고, 체르노빌로 돌아와 다시 원자력 발전소에서 일했습니다. 부소장도 감옥에서 나온 뒤에 다른 원자력 발전소에서 근무했죠. 거대한 사고였고 피해자가 너무나도 많았지만 가해자들은 별다른 책임을 지지 않은 셈입니다. 원자로의 위험성을 알았으면서도 안전하다며 밀어붙인 소련의 고위층도 처벌을 받지 않았습니다.

반면에 수습 현장의 최전선에서 사람을 살리려고 최선을 다했던 인물도 있습니다. 주민이 한시라도 더 빨리 대피해야 한다고 주장한 정부위원회의 과학자 발레리 레가소프Valerii Legasov입니다. 그는 체르노빌 사고가 터진 지 2년째 되는 날 스스로 목숨을 끊었습니다. 사고 이후에도 RBMK의 위험성을 알리려 했으나 정부의 압력 탓에 진실을 밝히지 못했던 그는 사고의 진실을 녹음한 음성 테이프를 유서로 남긴 채 극단적 선택을 했습니다. 다음은 그가 남긴 유서의 일부입니다.

> "우리 가운데 원자력에 관해 정말로 진실하고 솔직하게, 할 말을 한 사람은 드물었습니다. 원자력을 안전하게 하려면 세 요소가 필요합니다. 첫째, 원자로를 최대한 안전하게 만들기. 둘째, 철저한 안전 관리. 셋째, 사고가 일어날 수 있다는 예상입니다. 소련의 원자력 발전소는 그 세 요소가 범죄적으로 무시되어 왔습니다. (…) 사람에게 어느 정도의 방사선이 안전하고 어느 정도의 방사선이 극도로 위험한지, 위험한 방사능 장소에 있을 경우에 어떻게 행동을 해야 할지, 올바른 조언을 제공할 수 있는 시스템이 없었습니다."

레가소프가 끝까지 알리고자 했던 사고의 진실은 그의 죽음에 충격받은 소련 과학자들을 통해 퍼져나가기 시작했습니다. 그 여파로 소련 정부가 RBMK의 재설계를 결정하면서 레가소프의 마지막 외침은 많은 사람을 구했습니다.

그리고 체르노빌 원전 사고는 소련이라는 거인의 붕괴를 알리는 신호탄이 되었습니다. 이 사고로 관료 체제의 무능함이 드러나면서 고르바초프는 나라 안팎에서 큰 비판을 받았고 위신이 땅에 떨어진 소련 공산당은 설 자리를 잃었습니다. 공산당의 힘이 빠지자 소련 안에서도 비밀주의, 관료주의, 무사안일주의를 꾸짖는 목소리가 나왔고 소비에트 연방이 각 공화국을 대변하지 못한다는 비판이 거세졌죠. 수십 년 동안 초열강이었던 소련은 마침내 1991년에 최후를 맞이했습니다.

체르노빌 인근 30km 지역은 지금도 개인의 출입이 금지되고 있습니다. 우크라이나 정부의 허가를 받은 업체를 통해 1일 투어가 이루어지고 있지만, 어떤 불상사에도 이의를 제기하지 않겠다는 서약서를 써야만 그 안으로 들어갈 수 있습니다. 그만큼 위험하다는 뜻이죠. 실제로 체르노빌과 인근 지역에 사람이 다시 살 수 있으려면 무려 2만 4000년이 지나야 한다는 주장이 있을 정도입니다. 최근에도 체르노빌 원전 가까운 곳에 있는 숲에 불이 나면서 나무와 흙에 있던 방사능이 나와 퍼진다는 걱정을 자아냈고, 콘크리트로 덮인 채로 있는 원자로 4호기에 남은 핵물질은 아직도 핵반응을 일으키고 있습니다. 즉 체르노빌은 수십 년 전에 일어나서 마무리된 사건이 아니라 현재 진행형인 사건입니다.

그간 체르노빌 원전 사고를 바라보는 시각은 무척 다양했습니다. 하지만 체르노빌의 비극을 공산주의 체제 탓으로만 돌리면 자본주의 국가인 미국에서 일어난 스리마일섬 원전 사고, 일본에서 일어난 후쿠시마 원전 폭발 사고를 제대로 설명할 수 없습니다. 핵의 위험은 특정 체제의 문제가 아니라 현대 사회 전반의 문제입니다. 과학자들은 원전이 안전하다고 자신하지만 이를 관리하는 것은 결국 잘못을 저지르기 마련인 사람이기 때문이죠.

소련이 진실을 감춘 대가는 무엇일까요? 최악의 사고? 수많은 생명의 상실? 거짓은 더 큰 거짓을 만들고 그사이 사고의 상처는 더욱 깊어졌습니다. 체르노빌은 색을 잃어버린 도시가 되었고 시간이 멈춰선 땅으로 남았습니다. 상처가 채 아물지 않은 체르노빌 사고는 전 세계가 원자력 발전의 안전성을 다시금 생각하게 만들어 주었습니다. 핵은 발견된 지 한 세기밖에 안 된 에너지로 사고가 일어날 때마다 안전 매뉴얼이 갱신되고 있습니다. 문제는 새로운 위험이 터지지 않는 한 경제성을 우선시해 안전을 희생하는 경우가 많다는 현실입니다. 하지만 인류가 핵을 이용하는 한 사고는 언제든 다시 일어날 수 있습니다. 우리가 체르노빌 원자력 발전소 폭발 사고를 꼭 기억해야 할 까닭이 여기에 있습니다.

벌거벗은 위기의 지구

인류 멸망의 시그널

남성현

● 2022년 10월 14일 영국 런던의 내셔널 갤러리, 이곳에서 전시 중인 빈센트 반 고흐Vincent van Gogh의 작품 〈해바라기〉가 토마토수프 테러를 당했습니다. 약 1,210억 원의 가치를 지닌 이 작품에 토마토수프를 뿌린 사람들은 주변을 향해 "백만 명이 죽어가고 있다"라고 소리쳤습니다. 곧장 경찰이 출동했고 이들은 체포됐습니다.

며칠 뒤 독일의 바르베리니 미술관에서도 유사한 사건이 일어났습니다. 약 1,600억 원의 작품인 클로드 모네Claude Monet의 〈건초더미〉가 으깬 감자 범벅이 된 것입니다. 이 외에도 손에 풀을 바른 사람들이 레오나르도 다 빈치Leonardo da Vinci의 작품 〈최후의 만찬〉의 테두리에 손바닥을 붙이기도 했죠. 파블로 피카소Pablo Picasso, 앤디 워홀Andy Warhol 등이 남긴 명화에 식료품이나 액체를 던지거나 자신의 몸을 접착제로 붙이는 등의 추가 테러가 일어났습니다.

그런가 하면 일부 과학자들도 거리로 나서서 시위를 벌였습니다. 손목을 쇠사슬로 묶은 이들은 "우린 모든 것을 잃어버릴 것입니다"라고 경고했고, 끝내 체포되었습니다. 이 외에도 독일에서는 교수형 퍼포먼스를 벌였고, 명품 패션쇼에 난입하기도 했죠. 최근 세계 곳곳에서 유례없던 과격한 시위가 펼쳐지고 있습니다. 이처럼 무모한 시위를 벌이는 사람들은 국적도, 직업도, 나이도 모두 다릅니다. 하지만 단 하나의 목적은 같습니다. 인류의 생존입니다. 이를 위해 지금 당장 벼랑 끝까지 몰린 기후 위기를 멈출 행동에 나서야 한다는 것이죠.

다소 과격한 시위 방법은 논란의 여지가 있습니다. 하지만 현재 지구가 '기후 위기'를 넘어 '기후 재난'이라는 말이 나올 만큼 심각한 상황임에는 모두 공감합니다. 지금의 지구는 사람에 비유하면 '말기 암 환자'라고 말할 수 있습니다. 그것도 온몸 곳곳에 암세포가 퍼진 상태죠. 이제 지구는 이전까지와는 차원이 다른 극단적인 기후 재난이 세계 곳곳을 덮칠 것밖에 남지 않았습니다.

2022년, 미국에는 초강력 허리케인이 밀어닥쳤고 남동부가 초토화됐습니다. 이때 1,000년에 한 번 있을까 말까 한 폭우까지 쏟아졌고 도시가 홍수에 휘말려 파괴되는 참사가 벌어졌죠. 그런데 유럽에서는 정반대의 상황이 펼쳐졌습니다. 40℃~50℃의 폭염이 이어지면서 수천 명의 사망자가 발생한 것입니다. 여기에 500년 만에 닥친 가뭄까지 겹쳐 유럽은 그야말로 불바다가 됐습니다.

수만 년의 역사를 거치며 인류는 많은 기후 변화를 겪어왔습니다. 그때마다 인구 감소로 멸망의 길을 걷기도 하고 번성을 누리기도 했죠. 세계사를 바꾸는 중요한 축의 하나가 기후라고 해도 과언이 아닐 것입니다. 그렇다면 현재의 기후 변화는 세계사에서 나타난 이전의 기후 변화와 어떤 차이가 있을까요? 그리고 우리는 어떤 위기에 처해 있는 걸까요?

지구에서는 지금 그 어느 때보다도 더 많은 변화가 일어나고 있습니다. 과거에는 주로 과학자들이 지구의 변화를 느꼈다면 현재는 수많은 사람이 생존의 위기를 느끼며 직접 체감하고 있죠. 이제 인류는 지구에서 무슨 일이 벌어지고 있는지 알고 싶어 합니다.

지금부터 최신 연구 결과들을 가지고 지구의 기후 변화에 관한 이야기를 풀어보려고 합니다. 우리에게 인류 멸망의 시그널을 보내는 기후 변화의 진실을 벌거벗겨 보겠습니다.

1.1°C가 불러온 기후 재난의 서막

2019년은 세계사에 중요한 분기점이 되는 해입니다. 이전과 달리 이례적이고 극단적인 기후 변화가 나타났기 때문입니다. 호주는 가장 큰 악재가 닥친 곳이었죠. 2019년에 호주에서 일어난 일을 알아보기 위해서는 먼저 지구 환경에 어떤 변화가 생겼는지 짚어볼 필요가 있습니다. 그래프는 지난 2,000년간 지구의 평균 온도를 나타낸 것입니다.

인류는 문명이 시작된 이후부터 기후 변화의 영향을 계속 받아왔습니다. 기원전 4000년경에는 기후 최적기가 찾아오면서 농업 생산력이 좋아졌고 도시가 발달해 고대 문명이 탄생했죠. 이후 약 10세기경에는 유럽이 지금보다 따뜻했고 그린란드에서도 농장을 운영할 만큼 온화한 기후가 이어지면서 농업 생산량이 증대했고 인구는 번성했습니다. 다만 유럽 등 일부 지역만 온화했고 다른 지역은 한랭했기 때문에 지구의 평균 온도는 크게 변하지 않았습니다. 이 시기를 '중세 온난기'라고 합니다.

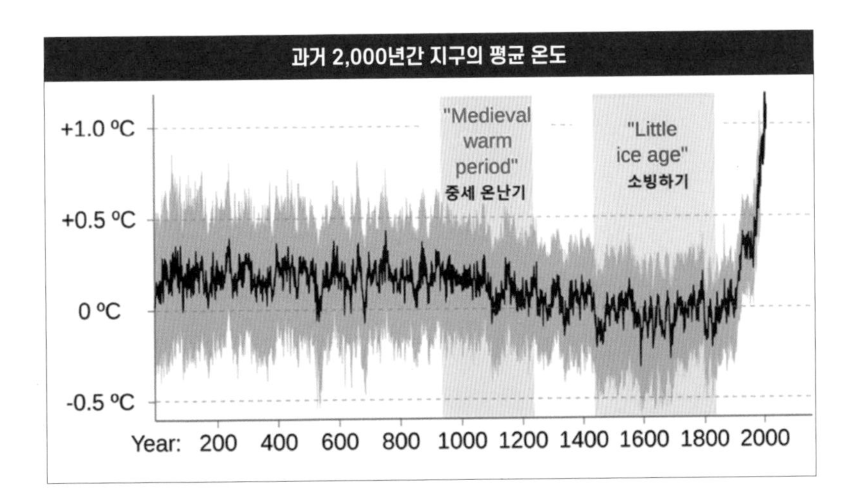

그런데 이후에 정반대의 상황이 펼쳐졌습니다. 14세기~18세기 초까지 수백 년에 걸쳐 지구의 평균 온도가 내려간 것입니다. 이를 '소빙하기'라고 합니다. 이때 세계 곳곳에서 심각한 가뭄과 홍수, 대기근, 대규모 전염병이 나타났죠. 유럽 인구의 3분의 1이 죽을 만큼 흑사병의 피해가 컸던 것도 기후 변화에 따른 대기근의 영향으로 추측하고 있습니다. 우리나라도 1670년에 온갖 자연재해가 집중해서 일어난 경신 대기근으로 수십만 명이 굶어 죽었다는 기록이 있는데, 이 역시 소빙하기의 영향을 받은 것입니다.

세계사 최대의 격변기라 할 수 있는 소빙하기에 지구의 평균 온도는 얼마나 내려간 것일까요? 놀랍게도 소빙하기 이전과 이후의 온도 차는 0.2℃에 불과합니다. 이 작은 차이가 지구의 기후를 바꾸고 인류의 생존과 세계사에 지대한 영향을 끼친 것입니다. 그렇다면 지구의 온도가 급격하게 상승하기 시작한 1900년대 이후에는 무슨 일이 있었던 것일까요? 제1차 산업혁명이 일어났습니다. 이때부터 인류는 전례 없이 풍족한 시대를 맞았습니다. 하지만 공장과 발전소, 기차, 자동차 등이 기하급수적으로 늘어나며 석탄과 석유를 무분별하게 사용한 결과 약 100년 만에 지구 온도가 무려 1.1℃나 치솟고 말았죠. 이렇게 지구의 전체 온도가 단기간에 빠른 속도로 올라간 것은 유례없는 일입니다.

그런데 온도가 1℃ 정도 오른 게 그렇게 큰 문제일까요? 날씨에서의 1.1℃는 작은 변화지만 기후에서의 1.1℃, 특히 지구의 전체 평균 온도에서는 엄청난 변화라 할 수 있습니다. 지구의 평균 기온이 1.1℃ 오르는 데 벌어진 일을 살펴보면 그 심각성을 알 수 있습니다. 얼마만큼의 열에너지가 지구에 흡수되며 1.1℃를 올린 것인지를 이해하기 위해 비유를 들어보겠습니다. 1945년 일본 히로시마에 원자폭탄이 떨어졌습니다. 그 피해는 엄청났죠.

도시 대부분이 무너지고 수많은 사람이 목숨을 잃거나 다쳤습니다.

그런데 지구 전체 기온이 1.1℃ 올라가려면 지난 수십 년간 1초마다 히로시마에 떨어진 것과 같은 규모의 원자폭탄 4개가 한꺼번에 폭발하는 만큼의 열에너지가 쌓여야 합니다. 어마어마한 열이 지구에 축적돼 평균 온도를 높인 것입니다. 더 심각한 문제는 그래프에서 보듯이 지구의 온도가 급격하게 오르고 있다는 사실입니다. 10년 전까지만 해도 1초에 4개 정도의 원자폭탄이 터지는 것으로 추산한 열에너지가 지금은 1초에 5개 정도의 원자폭탄이 터지는 수준이 된 것입니다. 즉 지구는 매일 약 43만 2,000개의 원자폭탄이 내뿜는 위력의 열에너지를 흡수하고 있는 셈이죠.

지구의 평균 기온이 상승하는 현상을 '지구 온난화'라고 합니다. 온난화의 핵심 원인은 지구를 둘러싸고 대기를 오염시키는 이산화탄소, 메탄과 같은 기체인 '온실가스'의 증가입니다. 정상적인 지구 시스템은 태양이 지구에 열의 형태로 에너지를 전달했을 때 일정량은 받아들이고 그만큼 다시 우주로 돌려보냅니다. 이때 받아들이고 내보내는 열에너지의 양이 서로 같아 안정적으로 기후를 유지했습니다.

하지만 산업화 이후 석탄과 석유를 태우면서 이산화탄소와 메탄가스 등이 발생해 대기 중 온실가스 농도가 높아졌고, 이는 지구가 열에너지를 우주로 방출하는 것을 줄이고 지구로 되돌려보내는 열에너지를 늘려서 지구 표면이 더워지는 온실효과를 불러온 것입니다. 2021년 기준 지구 전체적으로 우리가 배출하는 온실가스의 양은 약 400억 톤에 달합니다. 각종 산업현장과 발전소, 교통수단 등에서 이산화탄소가 발생해 대기 중에 쌓이고 있죠. 2022년, 대기 중 온실가스의 농도는 지난 200만 년 중 최고 수준에 달했습니다. 그만큼 지구는 뜨거워졌습니다.

그런데 화석 연료만 지구 온난화를 부채질하는 것은 아닙니다. 또 다른 주요 원인은 동물들의 트림과 방귀입니다. 모든 동물은 아니고 되새김질하는 소와 양, 염소 같은 동물이 해당합니다. 동물의 트림과 방귀의 양이 얼마나 되겠냐고 생각하겠지만 소 한 마리가 1년간 배출하는 온실가스의 양은 소형차 한 대가 내뿜는 양에 맞먹을 정도입니다. 소의 트림과 방귀에는 온실가스인 메탄가스가 포함돼 있는데 한 마리의 배출량이 연간 약 1,600kg이나 되죠. 지난 100여 년간 전 세계의 육류 소비량이 급증하면서 사육되는 소는 현재 10억 마리까지 늘어났습니다. 그 결과 축산산업에서 나오는 온실가스가 전체 온실가스 배출량의 일정 수준을 차지하는 심각한 상황에 이르렀습니다.

유럽에서는 'SUV를 타는 채식주의자보다 자전거 타는 육식주의자가 더 많은 이산화탄소를 배출한다'라는 말도 있습니다. 소가 내뿜는 메탄가스의 양이 워낙 많은데다 자동차가 내뿜는 이산화탄소보다 온실효과를 25배나 더 강하게 일으키기 때문입니다. 그 외에도 우리가 농사지을 때 뿌리는 질소 비료나 에어컨의 냉매 등도 온실가스 농도에 영향을 줍니다. 2019년 기준 한국의 온실가스 배출량은 세계 9위를 차지할 정도로 지구 온난화로 알려진 기후 변화의 책임이 큰 상황이죠.

인도양의 온도 변화와 불바다가 된 호주

급격한 산업화와 육식 등 생활의 변화로 인간이 100년 이상 인위적으로 만들어낸 열은 지구 시스템에 예상치 못한 변화를 일으켰습니다. 2019년에

세계 5대양

일어난 이 사건을 두고 과학자들은 전 세계를 위험에 빠뜨린 변화라고 입을 모았습니다. 지구에는 5개의 대양이 있습니다. 이 중에서 지구 온난화로 가장 극단적인 변화가 나타난 곳은 지구에서 가장 빠르게 온난화된 바다인 인도양입니다. 호주 대륙과 인도, 아프리카, 동남아시아 사이에 있는 인도양은 태평양과 대서양에 이어 세 번째로 크지만 가장 덜 알려진 미지의 바다이기도 합니다.

그런데 기후 관측 역사상 한 번도 없었던 이변이 인도양에서 발생했습니다. 인도양의 동쪽과 서쪽의 온도 차이가 역대급으로 크게 벌어진 것입니다. 아직 정확한 원인을 찾지 못했지만 해양 내부의 열이 순환하는 과정에서 인도양의 동쪽과 서쪽에서는 원래부터 약간의 온도 차가 지속해서 나타나고 있었습니다. 그 차이는 보통 1℃ 정도였죠. 그런데 2019년 가을에 그 차이가 무려 2℃까지 벌어진 것입니다. 바다의 수온은 잘 변하지 않는데 광대한 영역인 인도양의 수온이 변했다는 것은 거대한 열의 분포와 순환에 변화가 있었음을 의미합니다. 아마도 급격히 높아진 지구의 온도가 영향을 주었을 것으로 추정합니다.

인도양의 수온 변화는 심각한 기상 이변을 불러일으켰고, 인도양에 접한 나라인 호주에는 최악의 재앙이 닥쳤습니다. 인도양 동부에 비해 서부의 해표면 수온이 낮아지면서 호주 대륙은 극심한 가뭄에 시달렸고, 건조해져 곳곳에서 산불이 발생하기 쉬운 조건이 되었죠. 결국 2019년 9월, 모든 국민을 공포와 혼돈으로 내몰았던 초대형 산불이 발생했습니다. 초기에 불이 붙은 곳은 호주 동남부의 뉴사우스웨일스주와 퀸즐랜드주였습니다. 건조한 산에 갑자기 마른번개가 내려치면서 불씨가 붙고 산불이 시작된 것으로 추정하고 있죠. 이때만 해도 산불이 얼마나 커질지 누구도 예상하지 못했습니다. 그런데 손 쓸 틈 없이 빠르게 번진 산불은 1개월 사이에 호주 대륙 동부의 뉴사우스웨일스주와 빅토리아주의 해안을 따라 수많은 산을 줄줄이 집어삼켰습니다. 우리나라의 영토의 77배나 되는 넓고 광활한 호주

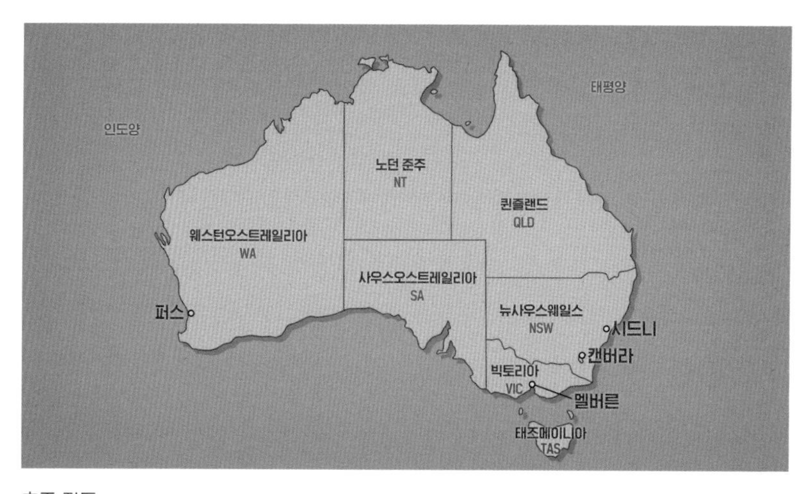

호주 지도

대륙에서 산불은 비정상적으로 빠르고 강하게 번져나간 것입니다.

관건은 시드니나 캔버라 같은 호주 남동부의 대도시까지 산불이 번지지 않도록 막는 것이었죠. 이곳에는 호주 전체 인구의 3분의 2가 살고 있습니다. 만약 화재가 대도시까지 번진다면 참사를 피할 수 없었죠. 상황은 전쟁과도 같았습니다. 산 전체가 새빨갛게 변했고 현장은 방독면 없이는 숨도 쉴 수 없었죠. 뉴사우스웨일스 정부는 산불 진화를 위해 소방대원 25만 명 이상을 투입하고, 소방차량 700대와 항공기 100대 이상을 동원했습니다. 미국과 뉴질랜드, 싱가폴, 캐나다, 프랑스 등 해외에서도 1,000명이 훨씬 넘는 대규모 소방팀을 지원해 현장에 투입할 정도였죠. 하지만 위험을 감수한 소방대원들의 사투에도 역대 최악의 산불은 잡히지 않았습니다.

산불이 무서운 기세로 번진 것은 진압이 어려운 최악의 상황들이 계속해서 펼쳐졌기 때문입니다. 특히 산불 현장에서 뜨거운 공기와 먼지, 잡동사니가 한꺼번에 소용돌이치는 화염 토네이도가 발생하면서 화재 진압을 방해했습니다. '악마의 불(fire devil)'이라 불리는 이 현상이 만들어지는 과정은 다음과 같습니다. 산불이 일어나 뜨거워진 공기는 가볍기 때문에 하늘 위로 치솟습니다. 그러면 공기가 이동한 빈 곳으로 주변 공기들이 계속해서 빨려 들어가 회오리가 만들어집니다. 이 과정에서 공기가 빠르게 회전하면서 산불의 불꽃과 재를 흡수하면, 수십에서 수백 미터에 이르는 거대한 불 회오리가 발생하는 것입니다. 화염 토네이도는 최대 시속이 200km, 중심부 온도는 무려 1,000℃ 안팎까지 올라가기 때문에 산불 피해를 더욱 키우고 화재 진압도 어렵게 만들었습니다.

그런데 이때 예상치 못한 또 다른 현상이 발생했습니다. 비 한 방울 내리지 않는 뜨거운 하늘에서 느닷없이 마른번개가 치는 상황이 여기저기서 펼쳐진 것입니다. 산불이 크게 일어나면 공기가 하늘로 치솟으면서 구름이 만들어지는데, 이렇게 만들어진 구름은 뜨거워서 수증기가 말라버립니다. 그 결과 비는 내리지 않고 마른하늘에 번개만 내리치게 되죠. 문제는 구름이 바람을 타고 이동하면서 번개가 내려치기 때문에 먼 곳까지 산불이 확장된다는 것입니다. 높은 하늘에서 사방으로 불을 쏘는 셈이었죠.

새롭게 발생한 산불은 또다시 구름과 번개, 화염 토네이도를 증폭시키면서 점점 거대해지는 악순환을 낳았습니다. 산불이 발생한 지 3개월이 지난 12월 말, 불은 호주 대륙 전역에서 동시다발적으로 타올랐습니다. 아래 지도에서 붉은색으로 표시한 곳은 모두 화재가 발생한 지역입니다. 호주 역사상 최초로 모든 주가 산불의 영향권에 들어가는 초유의 사태가 벌어진 것입니다. 호주 정부도 통제 불가능한 상황이었죠. 산불 피해가 가장 심각했던 뉴사우스웨일스주의 한 장관은 "이건 산불이 아니라 원자폭탄이다"라며 절망에 찬 발언을 하기도 했습니다. 당시 지구 밖의 위성 사진에서 호주 산불의 불길이 보일 만큼 산불의 규모는 어마어마했습니다.

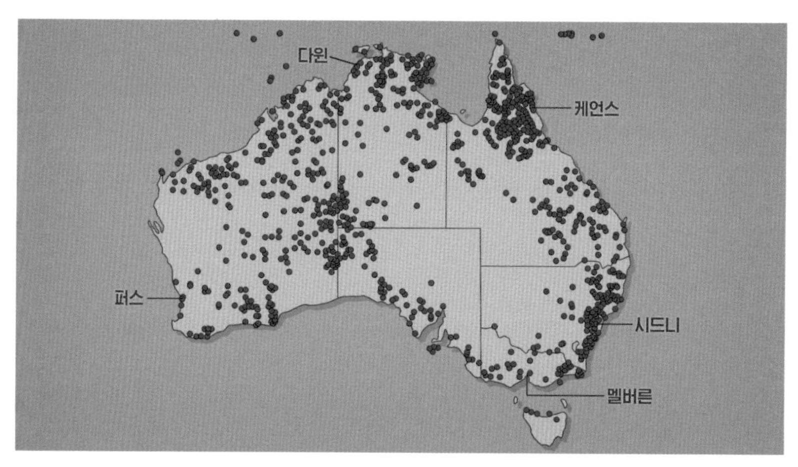

호주 전역에서 타오르는 산불

호주 산불 위성 지도

산불이 언제 어디로 번질지 모르니 사람들은 제대로 피할 수도 없었습니다. 산불이 번지는 지역마다 긴급 피난 경보를 내렸지만 불길이 옮겨붙는 속도가 너무 빨라서 미처 피하지 못하는 경우도 많았죠. 특히 12월 31일에는 수천 명이 호주 동남부의 말라쿠타 마을로 번진 불길 속에 갇히는 긴급 사태가 벌어졌습니다. 빅토리아주의 작은 해변 마을인 말라쿠타는 연말이면 일출을 보러 오는 관광객들이 몰리는 곳입니다. 이때도 마을 주민을 포함해 4,000여 명의 사람들이 머물고 있었죠. 그런데 갑자기 불길이 마을을 향해 번지기 시작했습니다. 이때 마을을 덮친 불길은 뉴사우스웨일스주와 빅토리아주의 동남부를 따라 무려 500km에 달했습니다. 거대한 불이 장벽처럼 마을을 집어삼켰고 여기저기서 자동차와 집이 폭발하는 가운데, 사람들이 불을 피해 도망칠 수 있는 곳은 오직 해변밖에 없었습니다.

그렇게 수천 명이 말라쿠타 해변으로 피신해 오도 가도 못한 채 죽음의 공포 속에 새해를 맞아야 했죠.

당시 상황은 지옥과도 같았습니다. 해가 떴는데도 하늘은 어두컴컴했고 지척에서 불길이 이글거리는 소리가 들려왔죠. 하늘은 유독 검붉었는데 화재로 생긴 연기와 구름이 다른 색의 태양 빛을 모두 차단했기 때문입니다. 사람들은 해변까지 불이 번지는 최악의 경우에 대비해 바다에 뛰어들 수 있도록 구명조끼를 껴입었습니다. 공기를 뒤덮은 연기로 숨쉬기가 어려워 방독면까지 썼다고 합니다. 4,000여 명이 해변에 고립된 기간은 무려 3일이었습니다. 4일째 되던 날 호주 해군의 배가 해변에 접근해 사람들을 모두 구조하면서 최악의 인명 피해는 막을 수 있었죠.

9월에 발생한 산불은 해가 바뀔 때까지 이어졌습니다. 안타깝게도 호주의 혼돈은 여기서 끝나지 않았습니다. 정부는 국가 비상사태를 선포하며 산불 진화에 힘을 쏟았지만 2020년 1월 중순에 또다시 호주를 대혼란에 빠뜨리는 일이 발생했습니다. 한여름의 무더위 속 거대한 불길이 여기저기 치솟은 가운데 얼음덩어리가 휘몰아치는 믿기지 않는 일이 벌어진 것입니다. 우박 폭풍이 떨어진 곳은 수도 캔버라를 비롯한 호주의 남동부 지방이었습니다. 골프공 크기의 우박이 도시에 폭풍처럼 몰아치면서 건물과 자동차가 파괴됐습니다. 여기에 정전까지 일어나며 도시는 아수라장이 됐죠.

화재로 공기가 뜨거워지면서 화염 토네이도와 번개가 발생했는데 왜 갑자기 우박이 떨어진 것일까요? 불이 나면 뜨거워진 공기가 하늘로 치솟습니다. 이때 상승기류를 따라 화재 현장에서 발생한 엄청난 재와 먼지, 수증기도 같이 올라가게 됩니다. 구름이 만들어지는 높은 고도에서는 기온이 영하로 떨어져 매우 차가운데 하늘로 올라간 재와 먼지 같은 알갱이를 중심으로 수증기가 달라붙어서 얼음덩어리가 만들어진 것입니다. 보통은 얼음덩어리의 크기가 작아서 아래로 떨어질 때 녹아서 비가 되죠. 하지만 당시에는 대규모 화재로 상승기류가 강해서 우박이 아래로 떨어지지 않았습니다. 상승기류를 타고 하늘 위에서 반복해서 오르내리던 우박은 결국 엄청나게 크고 무거운 얼음덩어리가 됐고, 그렇게 커진 얼음덩어리가 무게를 견디지 못하고 녹을 새도 없이 아래로 뚝 떨어진 것입니다.

호주 산불로 인한 엄청난 피해

산불로 위기를 맞은 것은 인간만이 아니었습니다. 숲에 살던 야생동물들의 피해도 극심했습니다. 호주를 상징하는 동물인 코알라는 이 산불로 멸종 위기에 처하기도 했습니다. 호주는 코알라의 최대 서식지로 특히 남동부 지역에 많은 코알라가 살고 있었죠. 그런데 이 지역에 산불이 집중되면서 코알라들이 떼죽음을 당한 것입니다. 2018년 기준 호주의 코알라 개체 수는 8만 마리 정도였는데, 2019년의 화재로 6만여 마리가 죽거나 다쳤을 것으로 추정합니다. 코알라가 유일하게 살 수 있는 유칼립투스 숲도 화재로 폐허가 돼버려 겨우 살아남은 코알라들도 생존이 위험하긴 마찬가지였죠. 그렇지 않아도 점점 개체 수가 줄어가던 코알라는 화재로 멸종 위기종이 되고 말았습니다.

세계자연기금(WWF)에 따르면 이처럼 산불에 휘말려 죽거나 다친 야생동물의 수는 무려 30억 마리 이상으로 추정합니다. 다만 이는 육상 동물만 포함한 통계이므로 조류, 파충류, 어류, 곤충까지 포함하면 천문학적인 숫

친구를 잃고 우는 코알라

도망치지 못하고 그대로 타버린 아기 캥거루

자의 생명이 사라졌을 것입니다.

사진은 산불로 화상을 입은 코알라가 동료 코알라의 죽음 앞에서 가슴에 얼굴을 묻고 있는 모습입니다. 호주에서 코알라가 가장 많이 사는 캥거루섬까지 불이 번지면서 이곳의 코알라 중 절반이 죽거나 다쳤습니다. 불이 옮겨갈 때마다 숲에는 코알라의 비명이 가득했다는 이야기도 있습니다. 호주를 상징하는 또 다른 동물인 캥거루도 많이 죽었는데 도망치다가 철조망을 넘지 못하고 그곳에 매달려 까맣게 타죽은 아기 캥거루의 모습에 많은 사람이 가슴 아파했다고 합니다.

동물이 이렇게 많이 희생됐다는 것은 호주의 자연이 그만큼 많이 파괴됐다는 뜻입니다. 초대형 산불로 호주의 자연환경도 심각하게 훼손됐습니다. 거대한 불이 지나간 자리가 완전히 잿더미가 된 것입니다. 333쪽의 첫 번째 사진은 호주 남부 캥거루섬의 모습입니다. 초록으로 뒤덮였던 숲은 화재 이후로 검은 숲이 되고 말았죠. 다음 사진은 시드니 해변의 모습입니다. 이곳은 산불이 직접 번지지는 않았지만 뉴사우스웨일스 지역에서 숲과 나무, 동물 등이 탄 엄청난 재가 바닷가로 날아가 시드니 해변으로 밀려든

캥거루 섬 화재 전과 후

화재 현장에서 날아온 재로 뒤덮인 시드니 해변

것입니다. 이 모습을 본 시드니 시민들은 큰 충격을 받았다고 합니다.

공기 오염도 심각했죠. 화재가 한창이던 2020년 1월의 시드니 공기는 세계 최악 수준으로 매일 하루에 담배 한 갑을 피는 정도였습니다. 산불 연기에는 담배 연기와 마찬가지로 각종 휘발성 화학물질이 혼합돼 있어 무척 해롭다고 합니다. 그러다 보니 산불 연기로 약 450명이 사망하고 수천 명이 입원했다는 보고가 나오기도 했죠. 호주는 산불을 끄기 위해 노력을 총동원했지만 5개월이 지나도록 불길은 잡히지 않았습니다. 끝나지 않는 재난 속에서 호주 사람들은 공포와 무력감에 시달렸습니다.

그런데 화재가 시작된 지 6개월이 되던 2월에 호주 전역을 괴롭히던 대화재가 갑자기 사그라들었습니다. 엄청난 양의 폭우가 호주에 쏟아진 것입니다. 2020년 2월 9일부터 24시간 동안 산불이 휩쓸고 있던 호주의 중남부 해안을 따라 내린 비는 무려 350mm에 달했죠. 하늘에서 엄청난 물 폭탄이 떨어지면서 불길은 빠르게 잡혔습니다. 호주 정부는 화재가 시작된 지 약 6개월 만인 2월 13일에 초대형 산불이 종식되었음을 공식 선언했습니다.

산불에 화염 토네이도, 번개에 우박까지…. 수개월간 호주 대륙을 휘저은 화재로 불탄 면적은 약 12만㎢입니다. 우리나라 국토의 면적이 약 10만㎢이니 얼마나 넓은 땅이 불에 타 폐허가 됐는지 짐작할 수 있습니다. 호주 전체 숲의 약 14%가 전소했고, 수십 개의 국립공원과 2만 개 이상의 농장이 피해를 입었죠. 산불로 인한 피해 규모는 80조 원 이상으로 호주 역사상 최악의 재난으로 기록됐습니다.

안타깝게도 대형 화재를 잠재운 폭우는 또 다른 재앙의 시작이었습니다. 갑자기 쏟아진 비로 홍수가 도시를 덮친 것입니다. 결국 몇 개월 전 화재로 국가비상사태를 선포했던 호주는 홍수로 또다시 국가비상사태를 선포해야 했습니다. 이렇듯 호주 역사상 최대 규모의 피해를 남긴 산불은 그 시작도, 과정도, 끝도 이상하기 이를 데 없었죠.

2℃ 차이가 불러온 기후 재앙

6개월간 호주를 뒤덮은 잇따른 재해는 '기후 위기'가 불러온 '기후 재난'이라고 할 수 있습니다. 2019년 인도양에서 나타난 2℃의 수온 차이가 어떻게 이 같은 기후 재난을 불러온 것일까요? 2019년 가을, 인도양 서쪽의 수온은 평소보다 더 뜨겁게 동쪽은 평소보다 더 차갑게 변했습니다. 여러 관련 연구가 진행 중이지만 과학자들은 지구 온난화로 인한 이변으로 추측합니다. 해양은 지구 온난화로 발생한 열의 90% 이상을 흡수하는 곳입니다. 그런데 1초에 원자폭탄이 4개~5개씩 터지는 만큼의 열이 매년 해양에 쌓이면서 이를 감당하지 못한 해양이 대기 순환 구조를 변화시키며 전례 없는 이변이 발생하는 것입니다. 실제로 2019년은 지구 평균 온도가 지난 2,000년을 통틀어 두 번째로 높았던 해였습니다.

이때 인도양에도 이변이 생겼습니다. 가장 먼저 변화가 나타난 곳은 인도양의 동쪽 바다였죠. 대기의 이상 순환으로 차가워진 동쪽 바다 위에서는 찬 공기가 만들어졌습니다. 찬 공기는 무거워서 올라가지 못하고 주변으로 퍼지는데 이렇게 공기가 흩어지면 그 빈자리로 하늘 위에 있던 공기가 내려오게 됩니다. 하강기류와 고기압이 형성된 것이죠. 이때는 비구름이 만들어지지 않아서 맑고 건조한 날씨가 이어집니다. 그런데 인도양 동쪽에서 전례 없이 강한 고기압이 발생하면서 주변에 있던 호주에 극단적인 폭

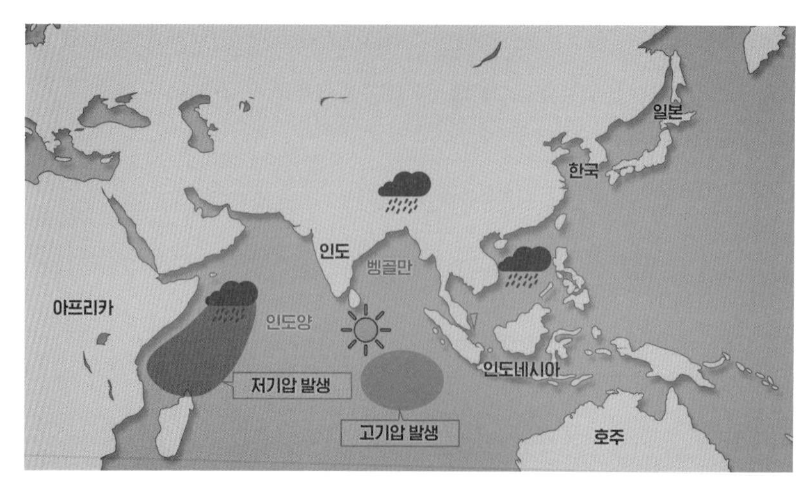

인도양 다이폴 현상

염과 가뭄이 찾아옵니다. 이로 인해 뜨거워진 대지는 시한폭탄 같은 상태로 변했습니다. 풀과 나무가 바짝 마르면서 정전기나 작은 불씨에도 불이 번질 만큼 대륙 전체가 거대한 불쏘시개가 된 것입니다. 상황이 이렇다 보니 어떤 노력을 해도 산불을 잡을 수 없었죠. 산불이 한창이던 2019년 12월 호주의 온도의 낮 최고기온은 41.9℃를 기록했고 이듬해 1월에는 시드니의 기온이 48.9℃까지 오르면서 지구상에서 가장 뜨거운 지역으로 기록되기도 했습니다. 대륙 전체가 뜨겁게 달궈진 상태였죠.

지구 전체의 순환 시스템에서 물의 양은 한정되어 있습니다. 그래서 어디선가 비가 극단적으로 내리지 않으면, 다른 어딘가에선 비가 극단적으로 많이 내리게 됩니다. 인도양의 수온 차이가 인도양 동쪽과 서쪽의 극단적인 강수량 차이를 가져오는 양상을 '다이폴 현상'이라고 합니다. 2019년, 차가워진 인도양의 동쪽 바다와는 정반대로 평소보다 뜨거워진 서쪽 바다에서는 더 많은 수분이 증발해 수증기가 생겼습니다. 바다가 뜨거워지면 바다 위의 공기도 뜨거워지는데 이 공기가 위로 올라가면서 거대한 비구름이 만들어지고 상승기류와 함께 강한 저기압이 형성된 것입니다. 이렇게 생성된 구름은 동아프리카에 엄청난 비를 내렸습니다. 2019년 10월부터 케냐, 소말리아, 에티오피아 등에는 2개월 내내 이례적인 폭우가 쏟아졌습니다. 폭우는 홍수가 되어 아프리카를 쓸어버렸죠. 이때 300만 명에 가까운 사람들이 이재민이 되고 수백 명이 사망하는 참사가 벌어졌습니다.

폭우는 아프리카에 메뚜기떼라는 또 다른 재앙을 불러왔습니다. 아프리카의 사막 메뚜기는 습하고 축축한 환경에서 왕성하게 번식하는데 폭우로 최적의 환경이 마련된 것입니다. 메뚜기떼의 출몰은 《성경》에서도 언급할 만큼 오래되고 무서운 자연재해 중 하나입니다. 2019년 폭우로 아프리카에 등장한 메뚜기는 무려 4,000억 마리에 달했죠. 메뚜기떼는 하루 150km를 날아다니면서 모든 것을 초토화했습니다. 중간 규모의 메뚜기떼는 하루에 케냐 전체 인구가 먹을 작물을 해치워 버렸고, 그 결과 소말리아와 에티오피아에서만 무려 축구장 10만 개 크기의 농경지가 파괴되었습니다. 가뜩이나 식량이 부족했던 지역에 메뚜기떼의 출몰은 재앙 그 자체였죠.

안타깝게도 인도양의 수온 변화에 따른 기상 이변은 여기서 그치지 않았습니다. 동아시아 지역도 기록적인 홍수가 발생한 것입니다. 재난의 시작은 2020년 5월, 중국이었죠. 장시성과 안후이성, 후베이성 등 중국 중남부 일대에 2개월간 폭우가 쏟아지면서 모든 게 물바다로 변했습니다. 당시 이재민의 규모는 7,000만 명 정도로 이 재난은 21세기 중국에서 벌어진 최악의 홍수로 기록되었습니다. 중국을 괴롭히던 장마전선의 일부는 7월 초에 동쪽으로 이동했습니다. 곧이어 일본 남서부 지역인 규슈에 500mm가 넘는 기록적 폭우가 쏟아졌죠. 하천 100여 개가 범람하고 축구장 2,100개

넓이의 토지가 침수되는 등 피해가 속출했습니다. 동아시아 홍수의 종착지는 우리나라였습니다. 2020년 7월 중순, 중국과 일본의 장마전선 일부가 한반도로 이동했고 지역별로 최대 1,000mm가 넘는 비가 전국을 휩쓸었습니다. 장마 기간은 관측 사상 최장기간인 54일을 기록했죠.

흔히 지구 온난화 때문에 더워진다고 오해하지만 평균 기온 1℃ 상승 때문에 더운 것이 아니라 수십 도씩 극단적으로 오르는 폭염 때문에 더운 것입니다. 극단적으로 비가 안 오거나(가뭄) 비가 너무 많이 오며(폭우), 이처럼 홍수에도 영향을 미치는 것이 진짜 문제입니다. 최근 발표된 보고에 따르면 지구 온난화로 평균 기온이 1℃ 상승하면 대기 중의 수증기의 양이 약 7% 증가한다고 합니다. 그만큼 더 많은 비가 폭탄처럼 쏟아질 수 있는 조건을 갖추는 셈이죠. 문제는 앞으로 상상하지 못한 규모의 홍수가 더 많이, 더 심각한 수준으로 발생할 것으로 예측한다는 사실입니다. 지구의 온도는 이 순간에도 계속해서 오르고 있기 때문이죠.

최근 전례 없는 홍수로 큰 피해를 입은 또 다른 나라는 파키스탄입니다. 3개월간 내린 비로 국토의 3분의 1이 물에 잠기면서 《성경》에 나오는 대홍수 같은 상황이 벌어졌습니다. 평소의 3배, 지역에 따라 최대 8배 가까운 물 폭탄이 쏟아졌고 대한민국의 2배 반이나 되는 땅이 모두 물에 잠긴 것입니다. 지반이 약해 집이 무너지기 일쑤였으며 기록적인 홍수로 인한 이재민의 숫자만 무려 3,300만 명에 달했죠. 당시 얼마나 홍수가 심했는지 미국 국립항공우주국 나사(NASA)에서 찍은 위성 사진을 보면 인더스강이 넘쳐서 호수가 되고 도시는 완전히 물에 잠겨 파키스탄의 지형까지 바뀌었다고 합니다.

점점 뜨거워지는 바다와 또 다른 기후 재앙

진짜 무서운 이야기는 이제부터 시작입니다. 앞서 이야기한 것처럼 지구에는 인도양 외에도 4개의 대양이 더 있습니다. 그런데 지구 온난화가 가속화되면서 인도양뿐 아니라 태평양과 대서양, 북극해와 남극해까지 전 세계 해양의 수온이 급격하게 높아지는 현상이 관측되고 있습니다. 지구에서 해양이 차지하는 비중이 워낙 크기 때문에 바닷물의 수온이 아주 조금만 변해도 기후는 지대한 영향을 받게 됩니다. 전 세계의 해양이 순환하면서 지구 전체의 열을 재분배하고 기후를 조절하기 때문이죠. 또 지구는 모든 것이 연결되어 있어서 바닷물의 수온이 높아지면 지구의 순환 시스템에 연쇄적으로 영향을 미칩니다. 즉 인도양에서 시작된 기후 재난은 앞으로 어느 대양, 어느 대륙에서도 발생할 수 있습니다.

전 세계 바다가 뜨거워지면서 인류를 위협하는 기상 이변 중 최근 가장 급격하고 강하게 나타나는 것이 태풍입니다. 340쪽의 지도는 1945년부터 2006년까지 태풍이 발생한 위치를 나타낸 것입니다. 태풍은 발생한 지역에 따라 이름이 달라지는데 북대서양과 동태평양에서 만들어지면 '허리케인', 서태평양에서는 '태풍', 인도양이나 남태평양에서는 '사이클론'이라고 부릅니다. 이 세 가지 모두를 '열대성 저기압'이라고 통칭하죠. 일반적으로 열대성 저기압은 적도 부근, 저위도의 따뜻한 열대 바다에서 생성됩니다. 따뜻한 바다 위에서 데워진 따뜻한 공기와 그곳에서 공급되는 수증기가 하늘로 높이 상승하면서 회오리가 만들어지는 것이죠. 해수면 온도가 섭씨 26℃ 이상인 따뜻한 바다에서만 열대성 저기압이 만들어지기 때문에 지도에서 보는 것처럼 지구의 중간 적도 가까이 위치한 열대의 따뜻한 바다를 두고

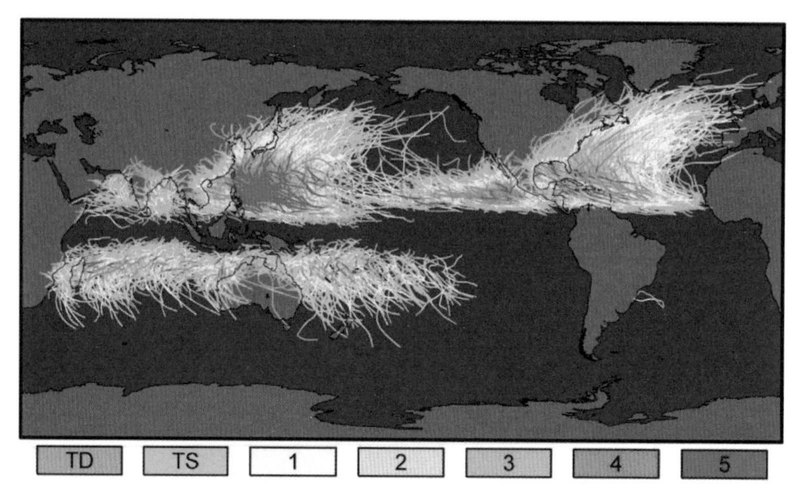

열대성 저기압 발생 위치(1945~2006)

'태풍의 고향'이라 부르기도 합니다.

그런데 최근 바닷물의 수온이 높아지면서 열대성 저기압의 위력이 이례적으로 강해지는 현상이 나타나고 있습니다. 이를 확인할 수 있는 것이 미국에서 발생한 허리케인입니다. 2020년 8월, 미국에서는 허리케인 관측 사상 초유의 사태가 벌어졌습니다. 동시에 2개의 허리케인이 한꺼번에 출현하는 이른바 '쌍둥이 허리케인'이 미국을 덮친 것입니다. '로라'와 '마르코'입니다. 역대 가장 강한 바람을 몰고 온 허리케인 중 하나인 로라의 풍속은 241km였습니다. 로라가 미국 남부 루이지애나주와 텍사스주를 강타하면서 무려 50만 명의 미국인이 피난하고, 80만 가구에 정전이 일어나는 등 대규모 재해로 이어졌죠. 그런데 쌍둥이 허리케인은 맛보기에 불과했습니다. 로라와 마르코가 8월 말에 한바탕 미국을 휩쓸고 간 뒤 더 무서운 상황이 대서양에서 펼쳐진 것입니다.

341쪽 사진은 미국 국립해양대기국 노아(NOAA)가 공개한 것으로, 2020

년 9월 14일에 위성에서 찍은 것입니다. 쌍둥이 허리케인이 발생한 지 보름도 채 지나지 않은 상황에서 여러 개의 허리케인이 또다시 미국으로 접근하고 있는 모습입니다. 대서양은 여기저기 등장한 허리케인으로 어지럽기 짝이 없었죠. 먼바다에서 허리케인이 새로 만들어지는가 하면 또 어떤 허리케인은 북상하고 있었습니다. 이때 새롭게 발생한 허리케인 '샐리'는 시속 160km가 넘는 거센 바람과 무려 1m에 이르는 물 폭탄을 안고 미국에 상륙했습니다. 그리고 4개월 동안 내릴 비가 불과 4시간 만에 쏟아지면서 미국 남동부의 플로리다주와 앨라배마주는 쑥대밭이 됐습니다. 놀랍게도 미국을 덮친 허리케인은 여기서 끝이 아니었습니다. 11월까지 강한 허리케인들이 연속해서 상륙했죠. 2020년에 대서양에서 발생한 열대성 저기압의 수가 미국 관측 사상 신기록을 세우자 사람들은 기후 위기가 직면했다는 사실을 실감했습니다.

우리나라도 최근 몇 년 사이 태풍이 많이 발생했습니다. 우리나라에 영향을 미치는 태풍은 태평양에서 만들어지는데, 태평양의 수온이 상승하면

대서양에서 동시에 발생한 허리케인(샐리, 폴레트, 르네, 테디, 비키)

서 미국과 비슷한 일들이 벌어지고 있죠. 2019년에는 7개나 되는 태풍이 한반도를 강타했는데 이렇게 많은 태풍이 한반도에 온 것은 대한민국 기상 관측사에서도 그리 흔치 않은 일이었습니다. 그리고 2020년에 단 열흘 만에 매우 강력한 태풍 3개가 연달아 한반도에 영향을 끼치면서 또다시 이례적인 기록을 세웠습니다.

태풍이 점점 강력해지자 우리나라 기상청은 태풍에 '초강력'이라는 등급을 새롭게 매겼습니다. 원래 태풍의 강도는 '중·강·매우 강' 수준의 3단계로 구분해왔습니다. 그런데 최근 10년 동안 발생한 태풍 가운데 '매우 강' 수준의 태풍이 절반을 차지하면서 한 단계 높은 등급을 새로 만들게 된 것입니다. 사실 '매우 강' 수준의 태풍만 해도 최대 풍속이 시속 158km~194km로 수십 톤의 커다란 바위를 날릴 정도라고 합니다. 사람들이 쉽게 날아가는 것은 물론 기차도 탈선하고 건물이 붕괴할 만큼 강력하죠.

그럼 초강력 태풍의 위력은 어느 정도일까요? 시속 194km 이상인 초강력 태풍은 견고한 콘크리트 건물까지 무너뜨릴 만큼 강력합니다. 이 등급을 만든 지 2년 만에 초강력 수준의 태풍이 한국을 찾아왔습니다. 2022년 8월 말에 부산을 스쳐 지나간 태풍 '힌남노'입니다. 거센 파도와 폭우를 동반한 힌남노는 어마어마한 위력만큼이나 놀라운 점이 또 있는 태풍입니다. 열대 바다에서만 태풍이 만들어진다는 법칙을 깨고, 열대 바다의 위쪽인 온대 바다에서 발생한 유례없는 돌연변이라는 것입니다. 온대 바다에서 슈퍼 태풍이 발생한 것은 전례 없는 일이었죠. 바다가 따뜻해지면서 우리가 미처 예측하지 못한 곳에서 더욱 강력한 태풍이 발생하게 될 것을 시사합니다.

세상을 충격에 빠뜨린 북극의 이상 기온

지금까지 지구 온난화로 바다가 따뜻해지면서 일어나는 기상 이변들을 살펴보았습니다. 그런데 지구 전체의 기후에 막대한 영향을 미치는 것은 바다만이 아닙니다. 현재 가장 빠르게 변화하면서 기후 대재난으로 자칫 인류 멸망 시나리오의 서막이 열릴 수도 있는 지역인 북극입니다. 흔히 북극이라고 하면 지구의 가장 북쪽에 있는 빙하를 떠올립니다. 북극해의 거대 빙하 외에도 가장 큰 얼음 섬인 그린란드, 미국의 알래스카, 러시아 북부, 스발바르 제도까지 포함해 북극의 영역으로 보고 있습니다. 이를 '북극권'이라 하죠. 남극은 북극과 달리 지구의 남쪽 끝에 두꺼운 얼음으로 덮여 있는 거대한 대륙으로 되어 있는데, 이를 '남극 대륙'이라고도 부릅니다.

북극은 지구 전체의 냉장고 역할을 하며 균형을 잡아주는 지역으로 기후 위기의 바로미터로 불리는 곳입니다. 그런데 최근 몇 년 사이 북극권의 모습이 플러그가 뽑힌 냉장고처럼 완전히 달라졌습니다. 북극해 중심부에 있는 스발바르 제도는 100년 전까지만 해도 대부분 빙하로 덮여 있었습니다. 여름의 시작점인 6월까지도 눈이 내리고 겨울에는 영하 수십 도를 넘나드는 혹한이 계속되는 곳이었죠. 그런데 2022년에는 빙하가 있던 곳이 녹아 갯벌처럼 변하고 모기떼가 뒤덮은 믿지 못할 풍경이 벌어졌습니다. 따뜻한 기온과 빙하가 녹아 생긴 물웅덩이는

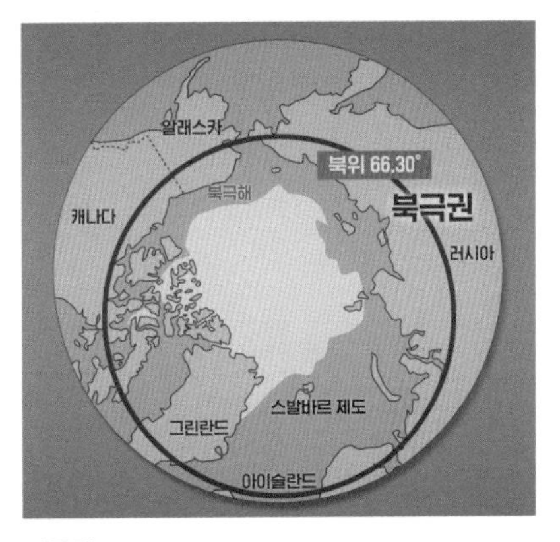

북극권

모기 번식에 최적의 환경을 제공했고 천적도 없는 모기떼는 면역력 없는 동물의 생명을 위협한 것입니다. 동물의 개체 수가 줄어들면 북극권 주민의 식량도 줄어듭니다. 이렇게 북극권 생태계에 어두운 그림자가 드리워졌습니다.

북극은 다른 지역에 비해 태양열이 덜 미치기 때문에 항상 낮은 기온을 유지했고 덕분에 북극해의 바닷물이 얼어서 빙하(해빙)가 만들어진 것입니다. 하지만 지구 온난화는 북극에도 영향을 미쳤고 엄청난 면적의 빙하가 녹아내렸습니다. 사진은 1984년과 2019년의 빙하 상태를 비교한 것입니다. 1984년까지만 해도 북극해를 가득 덮고 있던 빙하는 35년이 지난 2019년에는 무려 4분의 3이 사라졌습니다. 빙하가 사라지자 태양광 반사율이 줄어들고 그대로 북극해에 열에너지가 흡수되면서 북극권은 지구상 다른 곳들에 비해 두세 배 빠른 급속한 온난화가 진행 중입니다. 이대로 간다면 2030년에는 북극권의 여름 해빙이 완전히 소멸할 것으로 예상하고 있죠.

최근 이런 현상이 두드러지는 곳은 지구 최대 얼음 섬인 그린란드입니

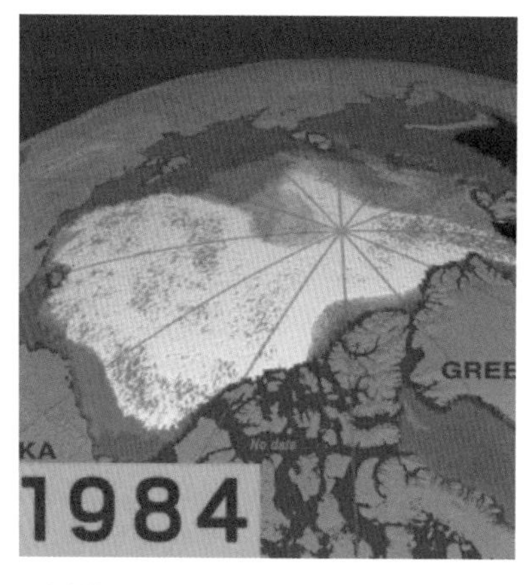

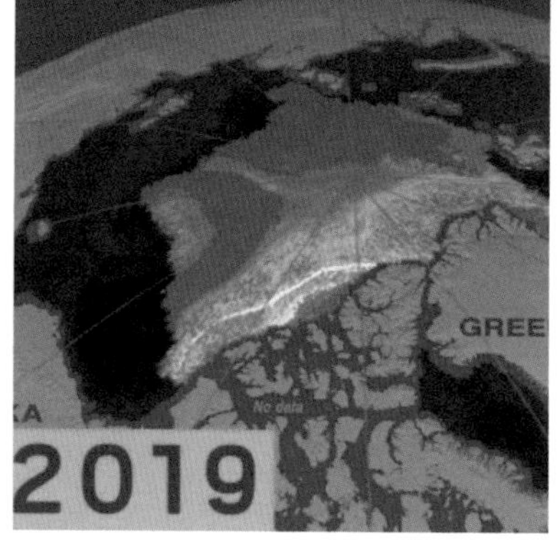

35년 만에 75% 이상 사라진 북극 해빙

다. 이곳의 정상은 한여름인 7월에도 최고기온이 영하 10℃ 안팎을 유지하는 혹한의 땅으로 사계절 내내 눈이 내리는 기후를 유지해 왔습니다. 그런데 2021년에 관측 사상 처음으로 비가 내린 것입니다. 3일간 내린 비의 양은 무려 70억 톤에 달했습니다. 그린란드에 내린 비로 우리나라 면적의 약 20배에 달하는 얼음이 녹아내렸습니다. 2022년 여름에도 평균 기온이 6℃ 가까이 오르면서 60만 톤에 가까운 얼음이 녹았죠. 대한민국의 3분의 2를 30cm의 얼음으로 덮을 수 있는 얼음이 순식간에 사라진 것입니다.

북극권의 빙하는 지구에 내리쬐는 태양열이 지구에 흡수되지 않도록 막는 일종의 반사판 역할을 합니다. 그런데 지구 온난화로 빙하가 사라지면 빙하 아래에 있던 물이나 암석이 드러나면서 태양열을 그대로 흡수해버립니다. 마치 한여름에 검은 옷을 입고 나가면 더 더운 것 같은 원리죠. 빙하의 또 다른 역할은 얼음으로 바다를 덮어 수증기의 증발을 억제하는 것입니다. 하지만 빙하는 계속해서 소멸하면서 지구는 뜨거워지고 다시 지구 온난화가 가속화되는 악순환이 일어나고 있습니다.

위기의 북극, 재앙의 시그널_ 영구 동토층 붕괴

북극권의 기온이 올라가면 인류는 어떤 위기를 맞게 될까요? 가장 먼저 짚어봐야 할 것은 북극권에 있는 영구 동토층입니다. 영구 동토란 계절이 바뀌어도 온도가 영하로 유지되며 얼어있는 땅입니다. 지구 육지 전체의 14%를 차지하고 있죠. 땅 밑에는 대기 중에 있는 탄소의 2배가 넘는 1조 6,000억 톤에 달하는 탄소가 저장되어 있습니다. 북극권의 기온이 올라가면 영구 동토층이 녹을 것이고, 그러면 막대한 양의 탄소가 대기로 뿜어져 나와 온실효과를 가속화할 것입니다. 그 결과 지구 온난화가 더욱 빨라지는 악순환이 반복되죠.

문제는 얼음 속의 시한폭탄인 영구 동토층이 녹고 있다는 징후가 나타났다는 것입니다. 2020년 6월, 세계에서 가장 추운 도시 중 하나인 러시아의 베르호얀스크의 기온이 38℃까지 치솟는 일이 벌어졌습니다. 원래 이곳은 한여름에도 평균 기온이 20℃를 넘지 않았던 지역입니다. 기상 이변으로 따뜻한 지중해처럼 변한 북극권의 날씨에 많은 사람이 충격받았습니다. 그뿐 아니라 시베리아에서는 150년 만에 닥친 고온과 가뭄으로 대형 산불까지 발생했습니다.

베르호얀스크 외에도 러시아의 북극권 곳곳에서 영구 동토층이 녹는 징후가 포착되고 있습니다. 땅이 녹자 지반이 불안정해져 언 땅 위에 세운 광산과 공장, 송유관 시설들에 균열이 생긴 것입니다. 2019년에는 영구 동토층의 유류 저장고가 파열돼 디젤 2만여 톤이 유출되는 사고가 발생하기도 했죠. 당시 러시아의 블라디미르 푸틴Vladimir Putin 대통령이 국가비상사태를 선언했을 만큼 중대한 문제였습니다.

영구 동토층의 해동이 가져올 또 다른 문제는 바이러스입니다. 2016년 7월에 러시아 시베리아 야말반도에서 약 2,300마리의 순록이 떼죽음을 당한 사건이 있었습니다. 원인은 탄저균이었죠. 온난화로 영구 동토가 녹으면서 과거 탄저병으로 죽은 순록이 묻힌 지역이 드러나 탄저균이 되살아난 것으로 추정됩니다. 과학자들은 탄저균 외에도 고대에 존재했던 박테리아나 바이러스가 영구 동토층에 묻혀 있을 것으로 추측합니다. 지구의 기온 상승은 땅속 깊이 숨어 있던 무시무시한 질병을 땅 위로 끌어올리고, 우리는 상상조차 못한 무시무시한 질병에 걸릴 위험에 노출될 것입니다.

위기의 북극, 재앙의 시그널_ 약해진 제트 기류

온난화에 따른 북극권의 변화는 그 지역에만 한정되지 않습니다. 대기의 순환으로 지구에는 다양한 바람이 부는데 이 바람은 기후를 움직이는 데 결정적인 역할을 합니다. 그중에서도 북극권의 영향을 강력하게 받는 바람을 '제트 기류'라고 합니다. 제트 기류는 높은 상공의 가장 빠르고 강한 바람으로 북극의 차가운 대기와 적도의 뜨거운 대기 사이를 흐르며 일종의 바람 장막을 형성하고 있죠. 북극과 적도의 온도 차이로 유지하는 제트 기류는 북극의 찬 기운을 가둬서 우리가 사는 중위도의 온도 지역으로 내려가지 않도록 막아주는 역할을 합니다.

이렇게 강력했던 제트 기류의 바람 장막은 북극 기온이 올라가면서 적도

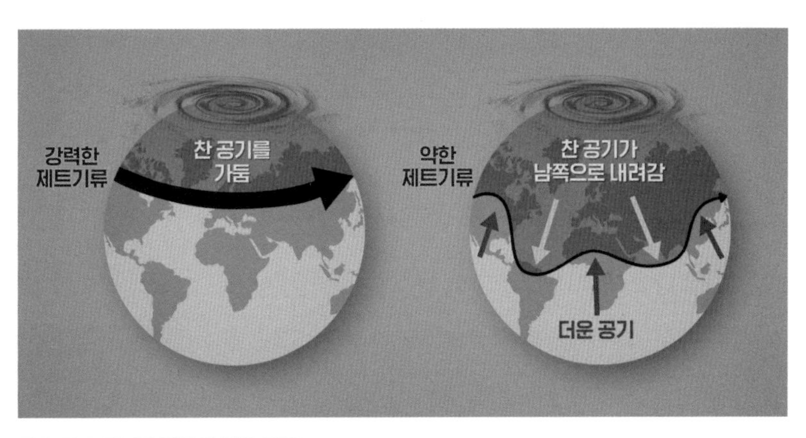

정상 제트 기류와 약화된 제트 기류

와의 기온 차가 줄어들자 약해졌습니다. 마치 벨트가 풀린 것처럼 제트 기류는 북극의 바람을 가두지 못하고 구불구불한 형태로 무너지면서 점점 아래위로 크게 진동하게 되었죠. 제트 기류가 내려간 곳에서는 북극의 한기가 중위도에까지 영향을 미치게 되어 전례 없이 기온이 낮아지는 한파가 발생할 수 있습니다. 이런 변화는 전 지구에 기상 이변을 일으켰습니다. 마치 재난영화의 한 장면 같은 상황들이 여기저기 펼쳐졌는데 특히 피해가 컸던 곳이 미국의 텍사스주입니다.

그림은 미국 항공우주국(NASA)이 공개한 것으로, 약해진 제트 기류 사이로 빠져나온 북극권의 거대한 냉기가 미국 전역에 흘러든 모습입니다. 북극의 냉기가 남부까지 내려오면서 2021년 겨울에 텍사스주에 전례 없는 한파가 몰아쳤습니다. 텍사스는 서부 영화의 주요 배경이 되는 곳으로 대부분 사막인 지역입니다. 한겨울인 1월에도 영상 10℃ 이상의 높은 온도를 유지하며 미국에서 가장 따뜻한 지역으로 손꼽히던 곳의 온도가 무려 영하 23℃까지 떨어진 것입니다. 미국에서 가장 추운 지역 중 하나인 알래스카보다 텍사스가 더 추운 믿기지 않는 일이 벌어졌죠.

북극의 냉기가 덮친 미국

미국 전역에 추위가 닥쳤지만 텍사스주의 피해는 다른 지역보다 훨씬 심각했습니다. 워낙 따뜻한 지역이어서 이례적 한파에 대비하지 않았기 때문입니다. 설상가상으로 텍사스주의 450만 가구에 대규모 정전 사태가 벌어지면서 난방까지 끊기고 말았죠. 추위에 발전소가 얼어붙고 전선이 동파되면서 전기가 끊긴 것입니다. 여기에 식료품 유통까지 중단되면서 음식도 구하기 힘들어졌습니다. 그야말로 생존의 위기에 내몰린 주민들은 전기가 끊긴 동안 나무를 베어 장작을 만들고, 눈을 녹여서 식수를 마련하며 버텼습니다. 하지만 곳곳에서 끝내 추위를 이기지 못한 채 동사하는 사람들이 나왔습니다. 또 전기가 없으니 다른 방식으로 난방을 때려다 집에 불이 나서 죽거나 일산화탄소 중독으로 사망하는 사람들도 있었죠. 결국 미국의 조 바이든Joe Biden 대통령은 텍사스주에 중대 재난지역을 선포했습니다.

이때 사람뿐 아니라 거북이들도 한파로 큰 피해를 입었습니다. 텍사스 앞바다는 1년 내내 바다의 수온이 높아서 따뜻한 바다를 좋아하는 거북이에게 중요한 서식지였습니다. 그런데 극한의 한파로 바다에 있던 4,500마리

한파 때문에 기절한 상태로 구조된 바다거북이

지구 온난화를 조롱하는 트럼프

이상의 거북이들이 추위에 마비된 채 바다 위를 둥둥 떠다니다가 해안가로 밀려온 것입니다. 떼지어 실신한 거북이를 본 사람들은 경악했습니다.

지구가 더워져서 한파가 밀려온다는 아이러니한 상황에 의문을 품은 대표적인 인물이 미국 전 대통령인 도널드 트럼프입니다. 미국은 그가 재임 중일 때도 한파가 심했는데, 트럼프는 자신의 트위터에 '지구가 더워졌다면서 왜 미국에 한파가 온 것인가? 미국은 지구 온난화가 필요하다'라는 망언을 남기기도 했죠. 그림은 트럼프의 트위터 발언을 비꼰 만평으로 "트럼프는 추워, 그러니 지구 온난화는 다 사기야!"라고 말하고 있습니다.

트럼프는 조롱에 그치지 않고 실제로 지구 온난화 해결에 반대하는 정책을 펼쳤습니다. 대통령에 당선되자마자 전 세계 200여 개 국가가 맺은 파리 기후협약을 탈퇴하고 온실가스 규제를 거의 없애버린 것입니다. 자동차와 에너지 산업이 발전하는 데 악영향을 미친다는 이유였죠. 기후 변화를 막기 위한 세계협약인 파리기후협약을 탈퇴하자 전 세계에서 비난이 빗발쳤습니다. 이후 미국은 2021년에 조 바이든 대통령이 새롭게 취임하면서 가장 먼저 파리기후협약에 재가입했습니다. 기후 변화를 일으키는 온실가스를 가장 많이 배출하는 국가 중 하나인 미국으로서는 당연한 조치였죠.

약해진 제트 기류의 영향은 한파에 그치지 않았습니다. 지구 안에서 열은 보존되므로 한쪽이 극단적으로 차가워지면 다른 한쪽은 극단적으로 더워지게 됩니다. 이로 인해 미국에서 한파가 발생한 지 1년 반이 지난 2022년 7월에 지구 반대편인 유럽에서는 재앙 수준의 폭염이 발생했습니다. 그림은 2022년 7월 22일 유럽 지역의 온도를 지도에 나타낸 것입니다. 원래 영국을 비롯한 서유럽 국가들은 여름에도 30℃ 이상 올라가는 일이 거의

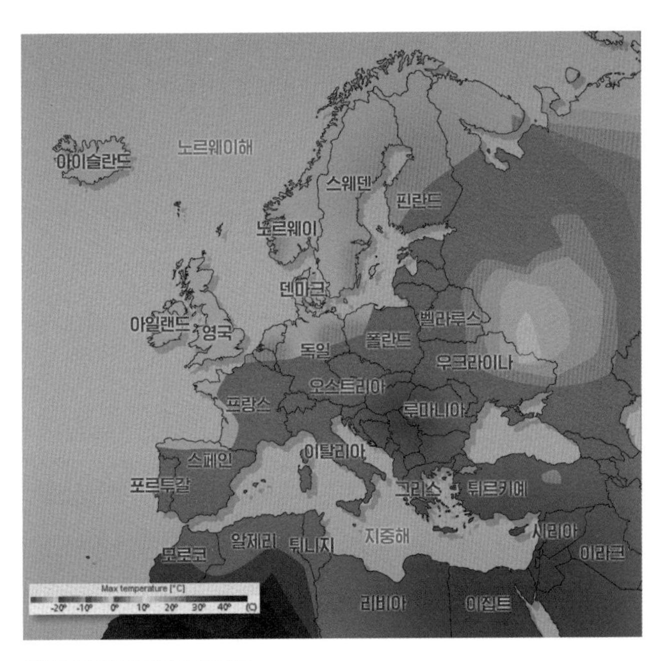

불바다가 된 2022년의 유럽

없을 만큼 시원한 편입니다. 하지만 2022년 여름의 폭염으로 최고 기온을 갱신했습니다. 영국은 역사상 최초로 7월 한낮의 최고기온이 40℃를 넘겼고 폭염으로 비상사태에 돌입했습니다. 유럽 남부에 위치한 스페인과 포르투갈은 무려 47℃가 넘는 고온을 기록했죠.

폭염이 계속되던 유럽에는 500년 만에 역대급 가뭄까지 찾아왔습니다. 강수량이 극단적으로 감소하면서 유럽의 3분의 2가 극심한 피해를 입었습니다. 독일의 라인강은 바짝 말라서 바닥을 드러냈고, 프랑스의 가장 긴 강인 루아르강도 바닥을 보였죠. 프랑스 남부의 일부 지역은 식수 공급까지 제대로 되지 않아 트럭으로 물을 긴급 공수했습니다. 어느새 유럽 전역은 물을 아끼기 위한 각종 캠페인을 벌였습니다. 영국은 머리를 매일 감지 말 것, 호스로 정원에 물을 주지 말 것 등의 지침을 내렸고 네덜란드에서는 샤워를 5분 이내에 끝내라는 캠페인을 진행하기도 했습니다.

위기의 북극, 재앙의 시그널_ 해수면 상승

북극권의 빙하가 녹으면서 예측할 수 있는 또 하나의 중대한 문제는 '해수면 상승'입니다. 지구의 빙하는 대부분 북극의 그린란드와 남극에 있습니다. 우리나라 면적의 17배인 북극 그린란드의 빙하가 모두 녹으면 지구 평균 해수면은 7m 상승하며 대부분의 해안 도시는 침수할 것으로 예상합니다. 특히 과학자들은 얼음의 절대량이 많은 남극의 빙하를 인류의 종말을 결정하는 마지노선으로 보고 있습니다. 남극은 호주의 두 배 크기로 대륙의 98%가 평균 두께 2km의 빙하로 뒤덮여 있으며 지구상 존재하는 얼음의 90%를 차지합니다. 하지만 1970년대부터 최근까지 빙하는 계속 감소하고 있습니다. 미국 국립항공우주국 나사의 발표에 따르면 2017년에만 2,520억 톤의 빙하가 녹았다고 합니다. 이는 올림픽을 치르는 수영장 약 1,008만 개를 채울 수 있는 천문학적인 양입니다. 지금도 남극의 빙하는 녹아서 바다로 흘러가고 있죠.

남극에는 인류 종말의 방아쇠가 되는 스웨이츠 빙하가 있는데 과학자들은 이를 가리켜 '운명의 날 빙하'라고 부릅니다. 남극의 서남쪽에 위치하며 대륙 안쪽의 빙상이 무너지지 않도록 막아주는 역할을 하고 있습니다. 현재 스웨이츠 빙하의 상태는 매우 심각합니다. 따뜻한 바닷물이 빙하의 아래쪽을 파고 들어가면서 녹이고 있어 무너질 위험이 있기 때문이죠. 이 현상이 가속화돼 스웨이츠 빙하가 녹아 무너지면 그 안쪽에 있던 서남극의 빙하가 흘러나와서 전 지구의 평균 해수면을 단번에 상승시킬 것입니다. 와인병의 코르크 마개처럼 서남극 빙하 대량 유출을 막아주던 스웨이츠 빙하라는 코르크 마개가 뽑히면 순식간에 지구가 잠길 수 있습니다.

만약 남극의 빙하가 전부 다 녹으면 어떤 일이 벌어질까요? 해수면이 약 57m나 상승할 것입니다. 해안 도시는 물론 서울과 뉴욕 등의 도시도 물에 잠기고 말죠. 이는 지구의 종말을 의미합니다. 이처럼 극단적인 해수면 상승 가능성이 아니더라도 이미 해수면 상승은 현실이 되고 있습니다. 특히 남태평양의 섬나라는 해수면이 조금만 상승해도 물에 잠겨버립니다. 그중에서도 인도양에 있는 몰디브는 국토의 80%가 해발 1m 이하인 섬나라로, 해수면이 지금 속도대로 상승한다면 얼마 지나지 않아 지도에서 흔적도 없이 사라지게 될 것입니다. 남태평양의 투발루는 이미 지난 2000년도에 해수면 상승으로 공항이 있던 섬이 통째로 사라졌죠.

이처럼 해수면 상승은 남태평양을 비롯한 지구촌 곳곳 해안가에 거주하는 사람들의 생존을 위협하는 심각한 문제입니다. 이들 나라는 갖가지 방법으로 기후 위기를 세계에 알리고 있습니다. 첫 번째 사진은 2020년에 몰디브의 모하메드 나시드Mohamed Nasheed 대통령이 정부 인사들과 함께 수심 6m의 바닷속에서 내각 회의를 하는 모습입니다. 이대로 가면 멀지 않아 모두가 이런 상황에 처할 것임을 암시하기 위해 이 같은 퍼포먼스를 벌였다고 합니다. 사진에서 대통령이 서명하고 있는 문서는 각국에 온실가스 감축을 촉구하는 결의안입니다. 두 번째 사진은 투발루의 외교부 장관 사이먼 코페Simon Kofe가 수중 국제연설을 하는 모습입니다. 허벅지까지 차오른 바닷물 속에서 한 그의 연설은 큰 화제가 됐습니다.

> "투발루에서 우리는 기후 변화와 해수면 상승이라는 현실을 살아내고 있습니다. 눈앞에 실제로 닥친 기후위기 대응을 위해 전 세계가 즉각 행동에 나서야 합니다. 우리는 말뿐인 약속만을 기다릴 여유가 없습니다."

몰디브의 수중 내각 회의

투발루의 수중 기자회견

해수면 상승은 몇몇 섬나라에만 국한된 문제가 아닙니다. 바다와 접한 모든 나라와 도시가 위협받을 것이며 전 세계 인구 중 최소 1억 명 이상이 해수면 상승에 영향을 받을 것으로 추정하고 있습니다. 현재 해수면은 평균적으로 1년에 3mm씩 상승하고 있습니다. 과학자들은 지구 온난화가 지금 속도로 계속해서 진행된다면 80년 뒤인 2100년에는 매우 보수적으로 전망해도 해수면이 약 1.1m 정도 높아질 것으로 전망합니다.

그렇게 되면 높아진 평균 해수면에 극단적인 태풍 등의 피해가 증가하며, 삼면이 바다인 우리나라는 인천공항이 있는 영종도 대부분이 물에 잠기고 송도 신시가지 지역도 수장될 것입니다. 서해안과 남해안의 해안 지역도 마찬가지입니다. 국토의 5% 이상이 물에 잠기고 약 332만 명이 직접 피해를 입을 것으로 추측합니다. 영화에서나 보던 디스토피아가 지구 위에 펼쳐지는 것이죠. 평균 해수면이 상승했을 때 발생하는 또 다른 문제는 해일 피해가 상상을 초월할 만큼 커진다는 것입니다. 특히 태풍이 몰고 올 강력한 해일 피해는 평균 해수면이 상승하기 전보다 훨씬 큰 위력을 발휘할 것입니다. 해수면이 조금만 상승해도 해일 피해는 지금의 수십 배 이상 커질 수 있죠.

지금부터 우리가 아무리 노력해도 이미 지구는 돌이킬 수 없는 지점을 지났다는 이야기도 있습니다. 허나 이 같은 기후 비관주의는 경계해야 합니다. 지구는 아직 끝나지 않았으며, 지금의 노력에 따라 전혀 다른 미래가 펼쳐질 것입니다. 우리가 기후 변화를 줄이는 노력을 게을리하는 지구 종말 시나리오는 지구 평균 온도가 2℃ 이상 오르는 것입니다. 지금 속도로 온실가스를 내보내면 십수 년 안에 도달할 가능성이 매우 큽니다. 이때는 정말로 돌이킬 수 없습니다.

더욱 무서운 사실은 지금부터 인류가 아무리 노력해도 앞으로 10년 안에 0.4℃가 더 올라서 지구 평균 온도가 1.5℃ 이상 오르는 것을 막기는 어렵다는 전망입니다. 지금까지 대기에 쌓인 어마어마한 온실가스의 누적 배출량 때문에 온실가스 배출을 빠르게 줄여도 당분간 지구 평균 온도가 더 오르는 것은 피할 수 없는 현실이 되었습니다. 결국 인류 멸망을 막기 위한 마지막 저지선은 1.5℃와 2℃ 사이로 보고 있습니다. 2100년까지 지구의 평균 온도 상승을 산업화 이전 대비 2℃ 아래로 유지하느냐, 아니면 유지하지 못한 채 3℃, 4℃를 뚫고 올라가느냐에 따라 인류는 생존할 수도, 멸종할 수도 있는 것입니다. 이는 전적으로 우리의 노력에 달려 있습니다. 그렇다면 우리는 무엇을 해야 할까요?

답은 간단합니다. 두 가지만 기억하면 됩니다. 첫째, 기후 변화 완화입니다. 탄소 배출을 줄여서 너무도 급격한 현재의 지구 온난화 속도를 조금이라도 낮추는 노력을 하는 것입니다. 삶의 모든 곳에 쓰이는 탄소이지만 이제는 전 세계가 탈탄소사회로의 전환을 위해 힘쓰는 중입니다. 2019년 기준 1인당 1년에 11.8톤의 탄소를 배출하는 우리나라도 2050년까지 온실가스 국내 순 배출량 '0'을 목표로 하고 있습니다. 일상 속 작은 선택과 노력으로 개인의 인식과 습관이 바뀌고, 정부와 기업의 더 큰 변화를 가져오면 탈탄소사회로의 빠른 전환을 이끌어 낼 수 있죠.

둘째, 기후 변화 적응입니다. 지구 온난화로 일상화될 기후 재난 피해를 줄이기 위해 적응하려는 노력을 기울여야 합니다. 우리나라는 2002년 태풍 루사, 2003년 태풍 매미 등을 경험하며 큰 피해를 입었고 이후 각종 방재 활동으로 태풍 피해를 줄여 왔습니다. 그런데 기후 변화에 따른 태풍의 특성 변화로 최근 다시 그 피해가 증가하고 있어 변화하는 기후에 적응하며 더욱 방재 노력에 힘쓰는 중입니다. 기후 위기와 함께 변화하고 있는 다른 각종 자연재해에도 같은 노력이 필요합니다. 이제는 점점 예측할 수 없는 방향으로 변화하는 각종 자연재해, 기후 재난에 적응하기 위해 보다 실질적인 행동에 나서야 할 때입니다.

지구 온난화 속도를 늦추는 일은 매우 시급하고도 절실합니다. 우리는 호주 화재 현장에서 살아남은 한 생존자가 남긴 말에 주목할 필요가 있습니다.

"우리는 화재로부터 빠져나왔지만 동시에 또 다른 화재를 향해 가고 있다. 우리가 이 사회를 바꾸기 위해 노력하지 않는다면 산불은 계속될 것이다."

지금 인류가 처한 상황을 정확하게 표현한 말입니다. 인류가 생존하기 위해 지금 우리가 바뀌어야 합니다. 이 한 마디를 깊이 새기고 행동하는 것, 우리가 기후 변화의 역사를 통해 미래를 새롭게 만들어갈 수 있는 최선입니다.

벌거벗은 미국 총기 사건

미국은 어떻게 총기 지옥이 되었을까?

김봉중

DAILY NEWS

NEW YORK'S HOMETOWN NEWSPAPER

50 dead in Orlando club massacre

THANKS, NRA

Because of your continued opposition to an assault rifle ban, terrorists

● 미국 텍사스주에 있는 롭 초등학교는 6세부터 11세의 어린 학생들이 다니는 곳입니다. 여느 때처럼 수업이 한창이던 2022년 5월 24일 오전 11시 30분경, 학교에 한 남자가 난입했습니다. 인근 고등학교에 다니는 18세의 살바도르 라모스Salvado Ramos였죠. 그의 손에는 375발의 탄약을 장착한 총 2자루가 들려 있었습니다. 라모스는 무려 한 시간이나 총을 난사했고 초등학생 19명과 교사 2명이 목숨을 잃었습니다.

범행은 4학년의 한 교실에 집중됐습니다. 이때 죽은 친구의 피를 몸에 발라 죽은 척 연기를 해서 생존한 학생이 당시 상황을 공개했습니다. 총격범은 아이들에게 "너희들은 다 죽을 거야! 이제 죽을 시간이다"라고 말한 뒤 총을 난사했다고 합니다. 희생자는 모두 총격범이 문을 막아두고 총을 난사한 4학년 교실에서 나왔습니다. 두 명의 선생님이 총격범을 제지하려 했으나 범인은 이들에게 '굿나잇'이라고 말하고는 뒷머리에 총을 쐈고 두 사람 모두 아이들과 함께 희생됐습니다. 옆 교실의 아이들은 필사적으로 책상 밑으로 숨었으며 아예 죽은 척을 하기도 했죠.

그런데 어떻게 이런 상황이 1시간이나 계속된 걸까요? 신고를 받은 경찰은 이 사건이 인질극이라고 잘못 판단했습니다. 그래서 교실 밖에서 77분이나 대기하는 최악의 실수를 저질렀고, 그 바람에 더 많은 피해자가 생긴 것입니다. 뒤늦게 상황을 판단한 경찰은 제압에 나섰고 총격범은 사살됐습니다. 사건이 끝난 후 경찰은 그의 범행 동기가 '묻지 마, 총기 난사'로 보인다는 의견을 냈습니다. 그리고 그가 겪은 집단 따돌림 때문에 그의 공격적 성향이 강해졌다고 판단했죠. 누군가 미리 이 상황을 예견하고 조치했다면 참극을 막을 수 있었겠지만 이미 사건은 벌어졌고, 무고한 21명이 희생당했습니다.

NEW YORK POST

THURSDAY, MAY 26, 2022 / Late showers, 72° / Weather: P. 22 LATE CITY FINAL nypost.com $2.00

They sat in one Texas schoolroom, most of them just 10 years old, counting the days until summer vacation. All 19 killed by 18-year-old Salvador Ramos, who barricaded the door and massacred them and their two teachers Tuesday.

PAGES 2-13

The children lost

Faces of fourth graders murdered in one classroom

「뉴욕포스트」가 공개한 잃어버린 아이들

「뉴욕포스트」는 아이들의 희생을 애도하며 행복했던 한때의 얼굴을 실었습니다. 다신 되풀이돼서는 안 될 사건이라는 메시지를 남긴 것이죠. 하지만 총기 난사의 피해자는 아이들만이 아닙니다. 평생 아픔을 안고 살아가야 하는 희생자들의 가족과 친구들 역시 또 다른 피해자입니다.

라모스는 어릴 때부터 집단 괴롭힘으로 학교에 잘 적응하지 못하는 학생이었다고 합니다. 마약중독자인 어머니로부터 제대로 보살핌을 받지 못해 외할머니와 함께 지내고 있었죠. 사건이 있던 날, 라모스는 휴대전화 요금 문제로 외할머니와 말다툼을 벌였고 끝내 외할머니에게 총을 쐈습니다. 그러고는 곧장 트럭을 타고 롭 초등학교로 향한 것입니다. 그는 이 학교에 다니는 사촌 동생에게 연락해 점심시간과 하교 시간을 확인했다고 합니다.

언론은 그가 아이들이 학교에 있는 시간을 확인하려고 물었던 것이 아닌가 추측하고 있죠.

경찰 조사 과정에서 밝혀진 놀라운 사실은 총격범이 범행 3일 전에 자신의 SNS에 셀카와 함께 AR-15 계열의 반자동 소총 사진을 자랑하듯이 올렸다는 것입니다. 미국에서 총기 난사 사건이 일어날 때 자주 등장하는 것으로 유명한 AR-15 반자동 소총은 가볍고 반동이 적어 정확도와 살상력이 높습니다. 군사용 총에 가장 가까우면서도 민간인이 소지할 수 있는 이 총은 개조만으로 30발 이상의 탄창을 장착할 수 있습니다. 세계 각국의 특수부대는 물론 테러범들도 사용할 정도로 위험한 무기죠. 미국에서 이 총에 반감을 가진 사람들은 '악마의 무기'라고 부른다고 합니다. 이처럼 총격범은 SNS에 총기 사진을 올렸지만 가족과 지인들에게 어떤 제지도 받지 않았습니다.

롭 초등학교 총기 난사 총격범의 SNS

더욱 기가 막힌 사실은 그가 외할머니를 총으로 쏜 뒤 친구에게 자신의 범행을 미리 언급했다는 것입니다. 그는 할머니를 살해한 직후 온라인 친구에게 메시지를 보냈습니다.

'할머니 머리에 총을 쐈어.'

'나는 초등학교에 총살하러 갈 거야.'

이 메시지를 받은 친구는 정확한 상황을 가늠할 수 없었다고 합니다. 총기 난사를 예고한 지 약 30분이 지나 총격범은 롭 초등학교를 쑥대밭으로 만들었습니다. 놀라운 것은 미국에서 총기 사고는 흔한 일이며 이 같은 대규모 총기 사건도 드문 일이 아니라는 사실입니다. 대체 왜 유독 미국에서만 대규모 총기 사건이 자주 일어나는 것일까요?

미국은 자유롭게 총기를 소유할 수 있는 국가 중 하나입니다. 인구 100명당 약 121정의 총을 보유하고 있죠. 이는 한 사람이 한 자루 이상의 총을 가지고 있다는 것입니다. 세계 어디에도 민간인이 이렇게 많은 총을 소유한 나라는 없습니다. 이런 상황은 총기 사건과도 연결되는데, 2022년에 미국은 단 한 주도 총기 사건이 일어나지 않은 적이 없다고 합니다. 그해 6월 20일까지 발생한 대규모 총기 난사 사건만 무려 320여 건에 달하죠. '영원한 내전'이라 불리는 총기 사고로 골머리를 앓는 미국은 총을 가리켜 시한폭탄과 같다고 말합니다.

세계 최강대국인 미국은 대체 왜 잇따른 총기 사건을 해결하지 못하는 걸까요? 그리고 사건이 발생할 때마다 총기 규제가 논란이 되는 이유는 무엇일까요? 지금부터 미국의 비극적인 현대사인 총기 문화의 역사를 알아보려 합니다. 동시에 미국을 지옥으로 몰아넣은 총기 사건과 총기 규제 논란에 대해 벌거벗겨 보겠습니다.

악몽의 시작, 콜럼바인 고등학교 학살

1999년 4월, 전 세계를 경악하게 만든 참극이 벌어졌습니다. 미국은 이 사건을 '콜럼바인 고등학교 학살'이라고 부릅니다. 대체 학교에서 무슨 일이 벌어진 것일까요? 두 명의 총격범이 학교에 난입한 것은 점심시간 무렵입니다. 이들은 먼저 학교 언덕에서 점심을 먹던 학생들에게 총을 쐈습니다. 그리고 교내로 들어와 도서관과 식당을 오가며 눈앞에 있는 사람들에게 무차별 총격을 가했죠. 이때 이들이 사용한 실탄은 무려 900여 발이라고 합니다. 이들은 얼마 후 출동한 경찰과 총격전을 벌였고 스스로에게 권총을 쏴 자살했습니다.

참혹한 사건을 벌인 범인들은 사건이 벌어진 콜럼바인 고등학교에 다니던 17세의 딜런 클리볼드Dylan Klebold와 18세의 에릭 해리스Eric Harris입니다. 사진은 『타임』에 실린 총격범들의 모습입니다. 이들을 둘러싼 흑백 사진은 이 사건으로 사망한 12명의 학생과 한 명의 교사의 모습입니다. 총격으로 부상을 입은 피해자도 21명이나 됐죠. 각종 언론은 이 10대 총격범들이 저지른 끔찍한 만행의 원인을 집단 따돌림이라고 보도했습니다. 운동부원들에게 케첩 테러를 당한 적이 있었다는 이야기도 전해지고 있는데, FBI는 이들이 정신질환 증세를 보였으며 우울증을 겪은 것을 범행 동기로 추정했죠.

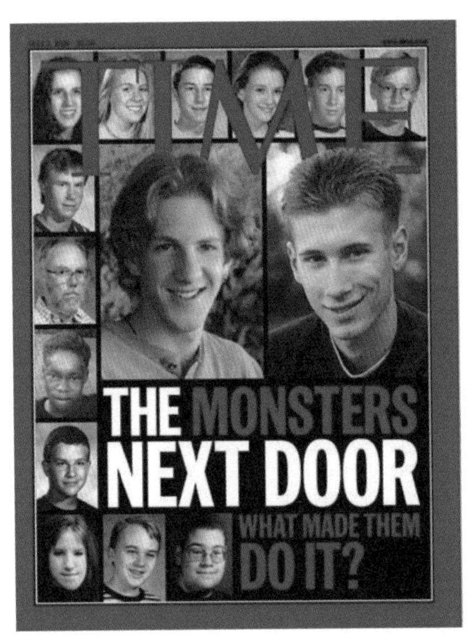

콜럼바인 고등학교 학살 사건의 용의자와 희생자

범행에 사용한 총은 모두 4정이었으며 총격범들은 사제폭탄도 준비했다고 합니다. 다행히

범인들이 사용한 총의 일부

기폭장치가 작동하지 않아 폭탄 피해는 일어나지 않았죠. 사진은 범인들이 사용한 총의 일부로 아래에 있는 것은 개머리판을 잘라낸 산탄총입니다. 산탄총은 영화나 게임에서 자주 등장하는 샷건으로 파괴력이 엄청납니다. 개머리판을 자르면 휴대하기 편하고 숨기기도 쉽죠. 오른쪽 위의 총은 TEC-9로 고속 연사로 여러 사람을 쉽게 죽일 수 있는 매우 위험한 반자동총입니다. 당시에는 판매를 금지했죠.

그런데 사건 종결 후 한 영상이 공개되면서 미국인들은 또다시 경악했습니다. 이들이 범행을 준비하면서 미리 사격 연습을 했다는 사실이 밝혀진 것입니다. 총을 쏘아대며 즐거워하는 이들의 모습은 미국의 미성년자들이 너무도 쉽게 총기에 노출되어 있다는 것을 여실히 보여줍니다. 현재 미국은 은닉과 휴대가 편리한 권총은 21세, 소총은 18세부터 연방정부의 허가를 받은 업자로부터 구매할 수 있도록 연방법으로 규정했습니다. 이를 기준으로 주마다 약간의 변동이 있죠.

그렇다면 당시 고등학생이었던 범인들은 어떻게 이런 총을 구했을까요?

3정은 친한 친구에게서 얻었습니다. 그 친구는 판매를 허가받은 총기 상점이 아닌 개인 판매자에게서 총기를 구매했다고 합니다. 콜로라도주에서 18세가 되어야 살 수 있는 반자동 소총은 친한 선배를 통해 500달러를 주고 얻었죠. 이들이 총을 얻은 과정을 확인해보면 미국에서 학생들이 얼마나 손쉽게 총을 얻을 수 있는지 알 수 있습니다. 이는 총기 규제가 필요하다는 목소리가 커지고 있는 매우 중요한 이유기도 하죠.

콜럼바인 고등학교 총기 난사 사건은 이후 다양한 모방 범죄로 이어지면서 거대한 후폭풍을 남겼습니다. 아래 표는 1999년부터 2022년까지 많은 사망자를 낸 역대 최악의 학교 총기 난사 사건을 정리한 것입니다. 10명 이상의 사망자가 발생한 사건만 해도 최근에 발생한 롭 초등학교 사건까지 무려 5건이나 됩니다.

캠퍼스 총기 난사 사건은 모두 비슷한 패턴으로 보이지만 총격범의 행동에는 차이가 있습니다. 특히 2018년 2월 14일, 플로리다주의 더글러스 고등학교에서 범행을 저지른 총격범의 행동을 보면 소름 끼칠 정도로 치밀합니다. 사건의 전말은 이러했습니다. 범인 니컬러스 크루즈Nikolas Cruz는 인근 고등학교에 다녔던 19세의 퇴학생으로, 그는 총기 상점에서 직접 구입한

미국 내 역대 최악의 학교 총기 난사 사건		
시기	학교	사망자 수
1999년 4월 20일	콜로라도주 콜럼바인 고등학교	13명
2007년 4월 16일	버지니아주 버지니아 공과대학	32명
2012년 12월 14일	코네티컷주 샌디훅 초등학교	26명
2018년 2월 14일	플로리다주 스톤맨 더글러스 고등학교	17명
2022년 5월 24일	텍사스주 롭 초등학교	21명

총을 가지고 더글러스 고등학교로 향했습니다. 그리고 교내 일과가 끝나기 전 학교 복도로 들어가 화재경보기를 울렸습니다. 대량 살상을 노린 것이죠. 학교에 있던 학생들은 화재 대비 훈련인 줄 알고 모두 교실 밖으로 뛰쳐나왔습니다. 복도에서 기다리던 총격범은 교실에서 나오는 학생들을 향해 무차별 총격을 가했습니다. 그는 경찰이 출동하자 도주했고 곧 학교 인근에서 체포됐죠. 그런데 사건을 수사하는 과정에서 더욱 분노할 만한 행동이 드러났습니다. 그가 자신의 범행 계획을 촬영했던 것입니다. 영상에서 범인은 이렇게 말했죠.

"나의 목표는 20명이야." "큰 이벤트가 될 것이다." "당신들은 모두 죽게 될 거다." "오직 내 AR 소총의 힘만이 내가 누군지 알게 할 것이다."

총기 난사가 계획범죄였다는 사실을 알게 된 미국인들은 엄청난 충격에 빠졌습니다. 뒤이어 과거의 악몽을 떠올리며 총기 구매 나이를 높이자는 여론이 등장했죠. 현재 미국에서 총기 상점은 맥도날드보다 많습니다. 2020년 기준 미국 내 맥도날드 매장은 1만 3,000여 개인데 총기 상점은 무려 5만 2,000여 개나 됩니다. 미국에서는 전문적으로 총을 파는 상점 외에도 식료품을 파는 대형 마트, 온라인에서도 총을 살 수 있습니다. 동네 벼룩시장이나 개인 간 거래로도 구매할 수 있죠. 이런 2차 시장에서 거래하는 총의 일부는 등록 절차를 제대로 거치지 않는 개인 대 개인의 거래로 문제가 되기도 합니다.

무엇보다 심각한 것은 온라인에서 판매하는 총기 부품만 따로 사서 조립해 총을 만드는 '유령총(ghost gun)'입니다. 총기 규제를 피해서 10대들도 쉽게 총기를 얻을 수 있고, 일련번호도 없어서 총기 소유자를 추적할 수 없기 때문이죠. 최근에는 3D 프린터를 이용해 부품을 제작하고 원하는 모양의

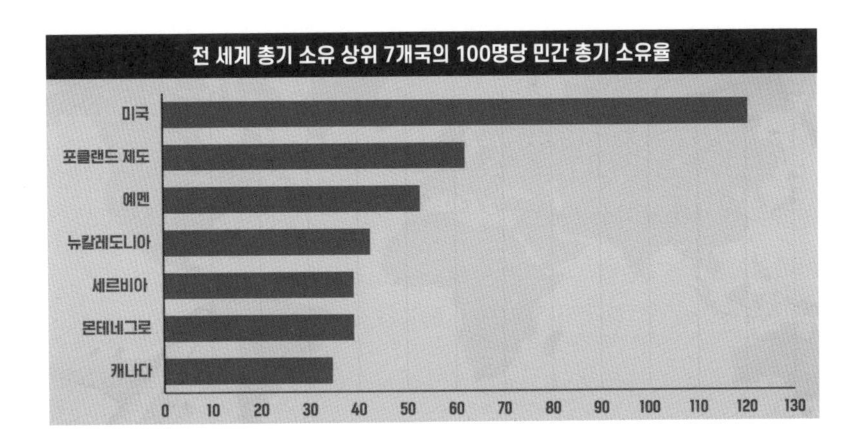

총기 소유를 만들기도 합니다. 이 영향으로 이미 한국에서도 유령총을 밀수입하려다가 적발된 사례가 있습니다. 총기 소유를 규제하는 나라에서도 문제를 일으킬 수 있다는 뜻이죠.

이렇게 다양한 루트로 총을 구매하는 미국인의 총기 보유율은 세계에서 가장 높습니다. 그래프는 전 세계에서 총기 소유가 가장 높은 상위 7개 국가의 100명당 민간 총기 소유율을 표시한 것입니다. 미국이 100명당 120.5개로 압도적으로 높죠. 포클랜드 제도와 예멘, 세르비아와 몬테네그로는 영토 분쟁이나 내전이 있는 곳이라서 총기 소유율이 높습니다. 야생동물이 많아서 총기 소지 제도가 있는 캐나다와 뉴칼레도니아와도 큰 차이를 보입니다. 강대국인 미국이 압도적으로 총기 소지율이 높다는 것은 상당히 특이한 현상입니다. 특히 미국의 민간 총기 보유 수는 무려 4억여 개로, 미국은 세계 인구의 5% 미만을 차지지만 세계 총기의 40% 이상을 보유하고 있습니다. 사람보다 총이 많은 셈이죠.

뿌리 깊은 미국의 총기 역사

총은 어떻게 미국인의 삶에 뿌리내렸을까요? 이를 알기 위해서는 먼저 미국의 역사와 문화를 살펴봐야 합니다. 1607년, 영국에서 온 개척자들은 아메리카 대륙의 동쪽인 버지니아에 도착했습니다. 이들은 정착을 위해 영국에서 돼지와 양, 염소 같은 동물과 식물의 씨앗, 망치와 삽 등 터전을 일구는 데 필요한 물품을 챙겨왔습니다. 그리고 총이 있었죠. 영국 정부는 신대륙의 척박한 땅으로 이주하는 정착민에게 인디언과 야생동물로부터 스스로를 보호할 수 있도록 총기 소유를 허용했습니다. 이처럼 정착 초기부터 총기는 미국 사회에 뿌리내렸습니다. 미국의 역사는 곧 총의 역사라고 할 수 있죠.

하지만 영국과 정착민 사이에는 여러 갈등이 발생했고, 1773년의 보스턴 차 사건을 기점으로 모국인 영국과 아메리카 식민지 간의 대결 분위기는 심각해졌습니다. 이때 영국은 아메리카 식민지에 총기와 무기 수출을 금지하는 법을 통과시켰습니다. 동시에 불법으로 수입한 무기들을 압수했죠. 식민지의 반발을 우려해 사전에 총과 무기를 차단한 것입니다. 이 같은 조치에 정착민들은 거세게 반발했습니다.

그리고 2년 후인 1775년 4월, 영국은 콩코드에 있는 식민지 민병대의 무기고를 침탈하려고 진군하던 중 렉싱턴에서 민병대와 마주쳤고 전투가 벌어졌습니다. 식민지 미국은 영국이 그들의 기본권인 무기 소유를 침탈한다고 판단했고, 이에 거세게 투쟁하면서 독립전쟁이 시작됐죠. 총을 든 민병대는 앞장서서 영국과 맞서 싸웠고 마침내 자신들의 자유와 독립을 지켜냈습니다. 이때 식민지인들은 총이 없었다면 영국의 탄압으로부터 자신들을 지킬 수 없었고, 새로운 나라를 세우지 못했다고 생각했습니다. 독립전쟁을 계기로 미국인에게 총은 자유의 상징이자 자신을 지킬 수 있는 수단으로 중요한 의미를 갖게 된 것입니다. 미국을 건국한 후 이러한 인식은 더욱 확고해졌죠.

모국인 영국이 등을 돌렸던 경험 때문인지 미국인들은 독립 후에도 새로운 연방정부를 믿지 않았습니다. 국가가 힘을 가지면 또다시 탄압받을지도 모른다는 생각에 불안했던 것입니다. 따라서 국가의 횡포를 막고 자신을 지키기 위해서는 반드시 총이 필요하다고 생각했습니다. 이를 위해 헌법이 제정된 이후 1791년에 국민의 무기 소유를 합법화한 '수정헌법 제2조'를 제정했죠. 이것이 바로 오늘날 뜨거운 논란의 중심이 된 미국의 총기 소유와 관련한 법입니다.

> "잘 규율된 민병대는 자유로운 주의 안보에 필수적이므로 무기를 소유하고 휴대하는 국민의 권리를 침해할 수 없다."

이는 어느 부분을 강조하느냐에 따라 다른 의미를 갖습니다. 먼저 '시민의 무기 소유와 휴대를 침해하면 안 된다'라는 것으로 해석할 수 있죠. 이와 달리 '잘 규율된 민병대를 꾸릴 권리를 침해해서는 안 된다'라는 내용의 해석도 가능합니다. 다양한 해석 때문에 수정헌법 제2조는 현재까지 논란을 불러일으키고 있습니다. 대부분의 미국인은 총기 소지는 개인과 국민의 기본권리라는 뜻으로 받아들입니다. 법이 총기 소지를 허락한 것이죠. 이렇게 헌법에 명시된 것처럼 총은 곧 자신과 가족을 지키는 수단으로 인식돼서 지금까지 이어져 오고 있습니다.

이 외에도 총은 미국인에게 '자유와 독립'을 만들어준 상징적인 의미도 가집니다. 민간인이 연방정부도 없이 영국과 싸워서 독립한 것은 총이 있어 가능했기에 미국인에게 총은 독재체제와 맞서 싸웠다는 자부심이기도 하죠. 이 같은 역사적 DNA 때문에 미국인에게 총기 소지는 자유와 삶의 방식을 보호하기 위한 권리이자 매우 신성한 자격입니다. 여기서부터 미국만의 독특한 총기 문화가 형성되기 시작했습니다.

미국에 총기가 본격적으로 확산된 계기는 1861년에 일어난 남북전쟁입니다. 전쟁이 시작되고 남북이 치열하게 격돌하면서 총에 대한 수요가 급증했고 때마침 총의 대량생산도 시작됐습니다. 이때부터 미국의 총기 산업은 규모와 기술면에서 크게 성장했는데, 남북전쟁 중에 성능이 개선된 총을 약 400만 정 제작한 것입니다. 참전 군인들은 작동이 편하고 기능이 우수한 총을 손에 넣었습니다. 이 과정에서 전쟁 전에 사용했던 약 250만 정의 구식 머스킷 총이 저렴한 가격으로 시장에 풀렸죠. 이런 이유로 총값은 더욱 싸졌고, 미국인들은 쉽게 총을 구매할 수 있게 된 것입니다. 1866년 11월, 연방정부는 군대 유지에 필요한 재정 지출을 줄이기 위해 민병대를 해산했습니다. 이때 약간의 돈을 내거나 혹은 무단으로 병사들이 총과 탄약을 가지고 고향으로 돌아가는 것을 허락했죠. 전쟁이 끝난 후 병사들이 총을 가지고 귀향하면서 미국 전역에 많은 양의 총이 퍼졌습니다.

전쟁은 끝났지만 오히려 총은 미국인에게 더욱 필요한 생존 수단이 됐습니다. 서부 개척 시대가 시작됐기 때문입니다. 이 시기 총은 무법자로부터 나와 가족을 지키기 위해 꼭 필요한 무기였죠. 당시 동부에 있는 정부의 영향력은 서부까지 미치지 못했습니다. 무법자들이 판쳤고 총을 가진 보안관조차 악행을 저지르는 일이 많았기 때문에 방어를 위해선 총이 꼭 필요했던 것입니다. 또한 서부에서는 인디언과의 마찰이 잦았고, 소떼를 모는 카우보이와 버펄로 사냥을 즐기는 사냥꾼까지 생기면서 총은 필수품으로 자리매김했습니다. 이렇게 일상에서 총의 필요성이 커지면서 총은 더욱 발달했습니다. 미국인에게 총기 문화가 자리 잡은 데는 서부영화가 큰 역할을 했습니다. 영화에는 악한 자들을 무찌르는 총잡이들의 대결이나 무법자와 보안관의 대결이 나오는데, 이때 총으로 무장한 영웅이 적을 무찌르는 장면을 보고 많은 미국인이 반한 것입니다. 게다가 당시에 총은 위험하다는 인식도 거의 없었습니다.

1904년의 리볼버 광고

이 시기 등장한 민간 총기 회사들은 총을 대량생산하면서 총기 소지를 부추겼는데, 가장 대표적인 회사가 윈체스터와 콜트입니다. 윈체스터는 사냥용 라이플 소총을, 콜트는 호신용으로 좋은 리볼버 권총을 시장에 내놨죠. 이들은 광고를 통해 총을 가지는 것은 남성적이고 애국적이라는 메시지를 전달했고, 그 전략은 백인 중산층에 통했습니다. 게다가 이런 총은 가격도 비싸지 않았죠. 당시 서부에서는 칼 한 자루의 값이 20센트에서 120달러 정도였는데 일반 권총은 20달러에 살 수 있었다고 합니다. 1880년 기준으로 서부 보안관의 일주일 치 봉급에 해당하는 금액이었죠. 사진은 권총의 한 종류인 리볼버 광고인데 아이가 총을 가지고 있는 모습과 함께 '완벽하게 안전하다'라는 카피를 넣었습니다. 가격은 6달러로 현재 값으로 환산하면 약 175달러로 추정합니다.

총기 규제법_ 성 밸런타인데이 학살과 암살 사건

전쟁과 서부 개척을 거치면서 미국만의 총기 문화가 빠르게 자리매김하던 이때, 시카고에서는 미국 사회를 큰 충격에 휩싸이게 한 엄청난 사건이 발생했습니다. 이 사건을 계기로 총기 구매가 자유로웠던 미국에서 총기 소지에 대한 우려가 처음 싹트기 시작했죠. 마피아의 세력 다툼이 벌어진 것입니다. 당시 미국의 동부지역은 뉴욕과 시카고를 중심으로 마피아들이 세력을 키워가고 있었습니다. 총을 무기로 조직적인 활동을 벌여나갔죠. 특히 이 시기 미국 정부의 금주법 시행으로 밀주를 유통하며 큰손이 된 마피아 조직들은 심심치 않게 세력 다툼을 벌였는데 1929년에 '성 밸런타인데이 학살'이라고 불리는 사건이 일어났습니다. 세력 다툼을 하던 마피아 조직이 라이벌 세력의 조직원 7명을 총으로 살해한 것입니다. 이 사건은 미국 사회에 총기 학살에 대한 공포를 심어주었죠. 이에 미국의 프랭클린 루스벨트 Franklin Roosevelt 대통령은 1934년에 미국 역사상 최초의 연방 총기 규제법인 '국가 총기법'을 제정했습니다. 다음은 주요 내용입니다.

'국가 총기법' 주요 내용

- 총기 제조, 유통, 매매에 세금 부과
- 특정 총신 길이에 해당하는 엽총과 소총, 그리고 기관총 등은 의무적으로 당국에 등록

당시에는 총기 상점이나 신문, 잡지 광고를 보고 돈만 내면 누구나 총을 살 수 있었습니다. 그런데 기관총같이 위험한 자동화기는 총기 거래 시

200달러~300달러의 세금을 더 부과한다는 규제법을 만들어 총기 구매 부담을 가중하고, 총기를 당국에 등록하는 것을 의무화한 것입니다.

최초의 연방 총기 규제법이 생겼지만 미국에 찾아온 평화는 그리 길지 않았습니다. 1963년에 또다시 미국을 쇼크에 빠뜨리는 사건이 발생한 것입니다. 사람들이 가득 모인 텍사스주 댈러스 시내에서 집권 3년 차를 맞은 존 F. 케네디John F. Kennedy 대통령이 영부인 재클린Jacqueline과 함께 퍼레이드를 하던 중 총격을 당한 것입니다. 현장에는 세 발의 총성이 울렸습니다. 첫발은 빗나가서 길바닥에 맞았지만 두 번째 총탄은 케네디 대통령의 목을 관통했죠. 이후 앞 좌석에 있던 텍사스주 주지사까지 부상을 입었습니다. 세 번째 총탄이 대통령의 머리를 관통하자 주변은 순식간에 아수라장이 됐습니다. 케네디 대통령은 곧장 병원으로 향했으나 과다출혈로 결국 생을 마감하고 말았습니다.

미국 역사에서 대통령이 총으로 암살당한 것이 처음은 아닙니다. 링컨 대통령과 윌리엄 매킨리William McKinley 대통령도 총을 맞고 희생되었죠. 경찰과 FBI는 사건 발생 약 두 시간 만에 근처 극장에 숨어있던 용의자를 체포했습니다. 용의자는 해병대 출신의 리 하비 오즈월드Lee Harvey Oswald로 텍사스 교과서 보관소의 직원이었죠. 그가 범행에 사용한 것으로 추정되는 총은 6.5mm 탄환을 사용하는 이탈리아산 '카르카노 소총'입니다. 조사에 따르면 그는 이 총을 우편으로 구매했으며 가격은 20달러도 채 되지 않았다고 합니다. 용의자는 잡지에 실린 총기 광고를 보고 구입처에 전화를 걸었고, 구매하고 싶은 총을 선택해 우편으로 원하는 총기 종류를 쓰고 돈을 보내서 택배로 받았습니다. 즉 당시 가치로 약 2만 원 정도의 총을 우편으로 사서 미국 대통령을 암살한 것입니다.

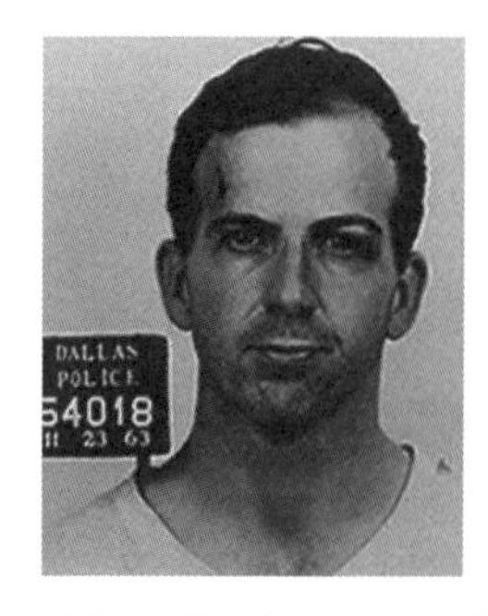

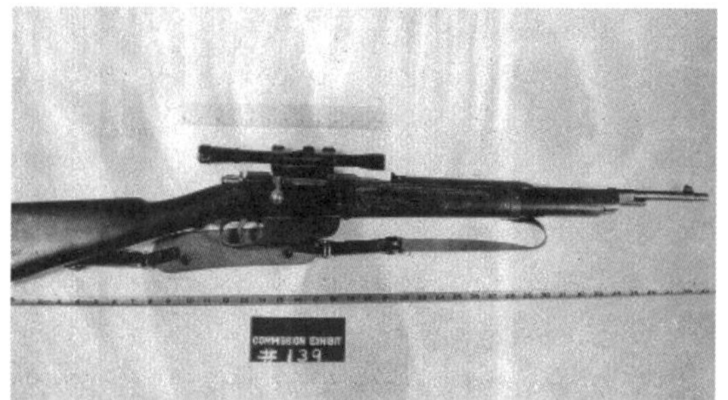

케네디 대통령 암살범과 사용한 총

케네디 대통령 암살 사건은 총기 규제에 대한 여론을 불러일으켰습니다. 하지만 이렇다 할 규제법을 내지 못하고 있었죠. 그리고 5년 후 또다시 미국을 발칵 뒤집는 암살 사건이 발생했습니다. 흑인 민권 운동가인 마틴 루서 킹Martin Luther King 목사가 총에 맞아 사망한 것입니다. 흑인과 백인의 동등한 권리를 외치던 그를 저격한 범인은 백인 우월주의자였습니다. 이렇게 미국인의 존경을 받던 두 인물의 암살 사건으로 미국 내에서는 총기 규제가 필요하다는 목소리가 커졌습니다. 그 결과 1968년에 지금의 미국 총기 규제의 바탕을 이루는 '총기 규제법'이 만들어졌습니다. 주요 내용은 다음과 같습니다.

'총기 규제법' 주요 내용

- 소총과 산탄총 우편 주문 판매 금지
- 구매하는 사람의 신원 확인
- 마약중독자와 전과자 등 범죄 문제가 있는 이력자, 정신 질환자에게 총기 판매 제한
- 장총 18세, 권총 21세부터 구매 가능

이 규제법에서 가장 실효성이 있는 법안은 장총은 18세, 권총은 21세부터 소유할 수 있다는 것입니다. 이 법은 현재 미국 각 주마다 총기 규제의 바탕을 이루는 연방법인 만큼 매우 중요한 총기 규제법이 탄생한 것이라 할 수 있죠.

총기 규제법_ 레이건 대통령 암살 시도

새로운 법을 제정했지만 안타깝게도 총기 소유율은 여전히 높았고, 총기 사고는 끊이지 않았습니다. 1979년부터 총기 사건으로 인한 사망자 수가 연간 3만여 명에 달할 정도였죠. 그러던 중 총기 사건의 그림자가 또다시 미국 대통령에게 드리워지고 있었습니다. 1980년에 미국의 제40대 대통령으로 당선된 레이건은 재임한 지 얼마 되지 않아 미국을 충격으로 몰아넣은 대통령 암살 시도 사건의 주인공이 되었습니다.

1981년 3월 30일 오후 2시 30분경, 호텔에서 오찬을 마치고 나오던 레이건 대통령 주변으로 6발의 총성이 울렸습니다. 사건의 정황은 이러했습니다. 군중 속에 숨어 있던 총격범은 6발의 총을 발사했는데 그중 한 발이 레이건 대통령의 가슴에 맞은 것입니다. 또 다른 피해자는 백악관의 공보비서인 제임스 브래디James Brady로 총탄이 그의 왼쪽 이마를 뚫고 들어가 박혔습니다. 경호 요원들이 빠르게 총격범을 제압했지만 단 1.7초 만에 6발을 발사하는 바람에 대처가 늦어진 것입니다. 두 사람은 급히 병원으로 이송됐고 다행히 부상에서 회복될 수 있었죠.

범인은 25세의 대학 중퇴생인 존 힝클리John Hinckley였습니다. 그는 범행을 위해 특수한 총알을 구매했는데, 체내에 박히면 총알이 폭발하면서 쪼개지고 그 조각들이 몸속에 전방위로 퍼져나가 장기를 파괴하는 위력을 가진 것입니다. 공보비서인 제임스 브래디는 뇌 아래쪽에 이 총알이 박혀서 폭발했고 뇌에 심각한 타격을 입어 하반신이 마비돼 평생 휠체어를 타게 됐죠. 범인은 현장에서 검거됐으나 암살을 시도한 이유가 밝혀지면서 사람들은 충격을 금치 못했습니다. 그는 영화배우 조디 포스터를 짝사랑했는데, 그녀에게 자신의 존재를 알리기 위해 저격을 시도했다고 합니다.

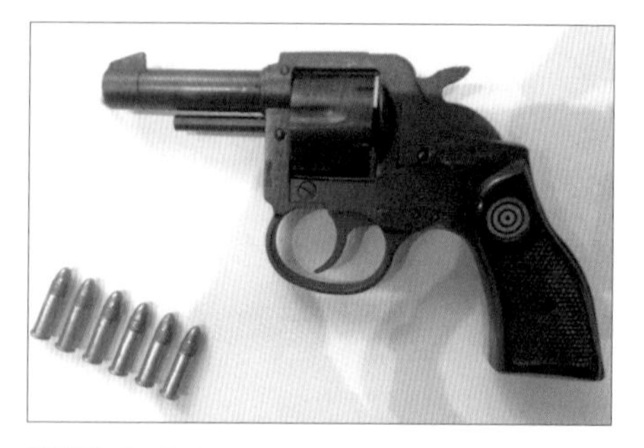

레이건 대통령 암살 시도에 사용한 리볼버 총과 총알

원래 암살을 시도해 직접적인 위해를 가한 총격범은 가석방 없는 종신형을 선고받습니다. 그런데 그는 중증 정신병자로 판명돼 처벌할 수가 없었죠. 법원은 대안으로 정신병 완치 판정 시 석방이 가능한 무기한 치료감호를 선고했습니다. 이 사건을 계기로 미국 사회에서는 또다시 총기 규제 여론이 들끓었고 정신 질환자의 총기 소지를 둘러싼 논란이 가열됐습니다. 레이건 대통령 암살 시도 사건의 가장 큰 피해자였던 브래디는 사고 이후 새로운 총기 규제법 제정을 위해 발 벗고 나섰습니다. 그 결과 1993년에 '브래디 권총 폭력 예방법'이 통과되었습니다. 다음은 법안의 내용입니다.

'브래디 권총 폭력 예방법' 주요 내용

- 신원 조회를 위해 5일간의 대기 기간을 의무화

• 총기 구매 예정자가 경찰이 수배 중인 범죄자가 아닌지, 불법체류자가 아닌지, 혹은 정신 이상자가 아닌지 등의 배경 조사

누구나 쉽게 소지할 수 있던 권총을 구매하는 과정에 신원 조회를 위한 대기 기간을 의무화한 것은 당시로서는 상당히 앞서 나간 법이었습니다. 새로운 법으로 총기 구입 절차가 더욱 까다로워졌지만 안타깝게도 이번 법 역시 실효성은 없었습니다. 브래디법은 총기 구매자의 신원 조회를 연방정부의 허가를 받은 공식 총기 매장에서만 실시했기 때문입니다. 총기 유통의 약 40%는 동네 벼룩시장이나 개인 간 거래로 이루어집니다. 즉 정부에서 허가한 매장만 피하면 언제든 손쉽게 총기 구매가 가능했던 것이죠. 게다가 신원 조회 역시 방법과 주체에 대한 헌법소송이 걸리면서 재차 논란의 대상이 되었습니다. 브래디법의 효력에는 의문을 가질 수밖에 없지만 권총 규제를 시도했다는 점에서 중요한 의미를 갖는다고 할 수 있습니다. 또한 이때 총기 규제 운동을 시작한 브래디와 그의 아내를 중심으로 결성한 모임은 지금까지도 미국에서 중요한 비영리 총기 규제 단체로 꼽히고 있습니다.

총기 규제법_ 킬린 대학살

브래디법은 레이건 대통령 암살 미수 사건 7년 만에 제정되었습니다. 법 통과를 두고 미국 의회가 설왕설래를 이어가던 1991년 10월, 텍사스주 중부에 있던 킬린의 한 카페테리아에서 누구도 예상치 못했던 비극적인 사건

이 일어났습니다. 일명 '텍사스 킬린 대학살'이라 불리는 이 사건은 35세의 조지 헤너드George Hennard가 자동차로 카페의 유리창을 들이박고 들어와 총을 난사하면서 시작됐습니다. 그는 "내가 너희 모두를 죽이겠다"라고 소리친 후 총을 쏘아댔다고 합니다. 이때 카페테리아는 150여 명의 손님으로 유난히 붐볐는데 경찰은 총격범이 14분 동안 50명에게 총격을 가했고, 이 중 23명이 사망했다고 전했습니다. 경찰이 도착하고 짧은 총격전이 벌어졌고 범인은 복부에 총을 맞았습니다. 그는 탄약이 떨어지자 자신의 머리에 총을 쏴서 자살했습니다.

사진은 그가 범행에 사용한 권총입니다. 앞선 총격범들이 사용했던 총은 일일이 총의 노리쇠를 손으로 젖히면서 발사하는 수동 방식인데 이 총은 장전만 하면 바로 한 발씩 빠르게 쏠 수 있죠. 이 사건의 피해가 컸던 이유도 짧은 반동만으로 작동하는 반자동 성능 때문이었습니다. 15발을 쏘는 데 1분도 안 걸렸죠. 총알이 다 발사되면 노리쇠 뒷부분이 자동으로 튀어나오는데 이때 새 탄창을 끼우고 손잡이 옆의 버튼을 누르면 다시 장전되는 시스템입니다. 20분에 100발을 쏘는 것도 가능하고 숙련된 사람은 3초에 10발을 쏠 수도 있다고 합니다. 공격성이 강하기 때문에 일반인이 쓰기에는 더욱 위험하죠.

텍사스 킬린 대학살에 사용한 권총

총의 성능은 점점 진화하는데 그동안 총의 종류를 규제하는 법은 없었습니다. 이에 연방정부는 심각성을 깨닫고 총기 난사 범죄를 통제하기 위한 목적으로 1994년에 시효 기간을 10년으로 하는 '공격용 무기 판매 금지법'을 제정했습니다.

'공격용 무기 판매 금지법' 주요 내용

- AR-15, TEC-9, MAC-10 등을 포함한 19개의 공격용 무기는 제조 또는 판매 금지
- 10발이 넘는 신형 대용량 탄창 금지

법에서 말하는 공격용 무기란 군용으로 개발된 것을 말합니다. 가벼워서 휴대하기 쉽고, 탄약이 많이 들어가며, 명중률이 높은 총이죠. 이 규제법의 핵심은 AR-15 소총을 포함한 19개의 공격용 무기를 일반인에게 팔 수 없게 한 것입니다. 칼린 대학살에서 범행에 사용한 권총이 공격용 무기였기 때문에 이 규제법을 마련한 배경에는 사건의 영향이 컸습니다. 이렇게 구체적인 규제법이 만들어진 것은 무척 고무적인 일이라 할 수 있죠.

이 법을 제정할 때만 해도 치명적인 부작용이 따를 거라고 누구도 상상하지 못했습니다. 총기 회사들이 '공격용 무기 판매 금지법'을 교묘히 이용한 꼼수를 찾아낸 것입니다. 법이 권총의 총탄 수를 10발 이하로 규제하자 총기 제조 회사들은 어차피 탄창 수를 적게 넣어야 한다면 더 강력하고 두꺼운 총탄을 넣을 수 있게 구경이 큰 총을 생산하는 방법을 찾아냈습니다. 소비자들도 범죄자로부터 스스로를 방어하기 위해 고성능의 총기를 더 선호했고 판매량은 급증했죠. 법이 오히려 살상의 효과가 더 큰 총기를 만들어 낸 꼴이 된 것입니다. 더욱이 이 법안은 시효 기간이 10년으로 제한돼 2004년에 끝내 폐기되고 말았습니다.

그 결과 지금은 공격용 무기를 아무나 살 수 있게 되었습니다. 하지만 최

근 바이든 대통령은 2004년에 만료된 공격용 무기 판매 금지법을 다시 되돌릴 것을 의회에 요구했습니다. 1994년에 상원 사법위원회 위원장으로서 이 법안의 통과를 주도한 인물이 바로 그였죠. 게다가 그는 상원의원이던 1993년에도 브래디법 통과에 핵심 역할을 했습니다.

미국이 꾸준히 총기 규제법을 제정했음에도 나아지는 게 없는 이유는 미국의 총기법을 소유, 구매, 소지로 나눠서 봐야 하기 때문입니다. 총기 소유는 수정헌법 제2조에서 권리로서 보장합니다. 그런데 각 주의 권한을 중요시하는 연방국가인 미국은 구매와 소지에 관해서는 주마다 조금씩 다른 법을 적용하고 있습니다. 현재 실효성을 갖는 것은 연방법이 1968년에 제정한 총기 규제법뿐이며 그 외에는 주별로 다른 규제법을 만들어 시행하고 있죠. 예를 들어 알래스카주는 다른 주보다 총기 규제가 느슨합니다. 총이 생존 도구이기 때문에 총기 등록이 의무가 아니고 구매할 때도 허가가 필요하지 않죠. 아이오와주는 놀랍게도 엽총과 소총 등에 한해서는 14세 이상이면 부모의 보호와 감독 아래 자유롭게 소지하도록 하고 있습니다. 반면 워싱턴 D.C나 뉴욕주, 캘리포니아주는 총기 규제법이 엄격한 편입니다. 이렇게 미국에는 연방법과 주법, 두 개의 법이 존재하므로 한 가지 법으로 엄격하게 총기를 규제하는 게 쉽지 않습니다.

이런 상황은 미국의 수도인 워싱턴 D.C와 한 주민 사이에 벌어진 법정 다툼으로 더욱 복잡해졌습니다. 워싱턴 D.C는 미국 내에서 개인의 총기 소지를 가장 엄격히 금지하는 정책을 펴왔습니다. 이에 워싱턴 D.C에 사는 딕 앤서니 헬러Dick Anthony Heller는 가정의 총기 소유를 금지한 워싱턴 D.C의 조치에 반발했고, 2008년에 '미국에서 개인의 총기 소유 제한은 합헌인가?'라는 문제로 연방 대법원에 소송을 제기했습니다. 대법원은 워싱턴 당국이 개인의 총기 소유를 금지하는 것은 '수정헌법 제2조'의 정신을 위반하는 것이므로 위헌이라는 판결을 내렸습니다. 지금까지도 총기 규제를 반대하는 사람들은 이 판례를 근거로 총기 소유를 금지하는 것은 개인의 자유를 침해하는 것이라고 강력하게 주장하고 있죠. 결국 미국은 총을 규제하는 것보다 총을 소유할 권리가 먼저인 나라입니다.

치명적인 총격 사건의 배후, 전미총기협회

미국은 특유의 문화와 법체계 때문에 통일된 강력한 법으로 총기를 규제하는 것이 어렵습니다. 이 같은 상황이 벌어진 데는 배후가 존재합니다. '미국인에게 총기 소지는 개인과 국민의 기본권리'라는 의미의 수정헌법 제2조를 신념으로 삼은 미국 최대의 로비 단체입니다. 총기 규제 논란이 있을 때마다 그 중심에 선 이들에 관한 기사가 2016년 6월 13일자 「뉴욕 데일리 뉴스」에 실렸습니다. 표지에 실린 글은 다음과 같습니다.

> "고마워요, NRA. 공격 소총 금지를 계속해서 반대하는 당신 덕분에 이런 미친 테러리스트가 합법적으로 살인 기계를 구매해 미국 역사상 가장 참혹한 총기 난사를 저질렀네요."

NRA란 시민의 총기 소지권을 지지하는 단체인 '전미총기협회(National Rifle Association)'를 뜻합니다. 이 단체는 총기 규제를 막기 위해 정치인들에게 적극적으로 로비 활동을 펼치며 동시에 총기 구입을 장려하기 위해 다양한 활동에 앞장서고 있습니다. 미국의 경제지 『포춘』은 이곳을 세계에서 가장 영향력 있는 로비 단체로 선정하기도 했죠.

지금부터 플로리다에서 벌어진 충격적인 사건을 통해 이 같은 기사가 실린 이유와 NRA, 즉 전미총기협회의 정체를 파헤쳐보겠습니다. 2016년 6월 12일, 미국 플로리다주에서 사상 최악의 사상자가 발생한 총기 난사 사건이 일어났습니다. 범행 장소는 플로리다주 올랜도의 성 소수자 클럽이었죠. 범인은 사설 경비업체 직원으로 일하던 29세의 오마르 마틴Omar Mateen이었습니다. 그는 뉴욕에서 태어난 미국 시민이지만 부모가 아프가니스탄계 이민자였기에 경찰은 테러와의 연관성을 의심하기도 했죠. 학창 시절 동급생과 친구의 증언에 의하면 그는 9·11 테러 당시 반 전체가 슬픔에 잠겨있을 때도 혼자 환호하며 기뻐서 날뛰었다고 합니다.

METRO FINAL

DAILY NEWS

NEW YORK'S HOMETOWN NEWSPAPER

50 dead in Orlando club massacre

THANKS, NRA

Because of your continued opposition to an assault rifle ban, terrorists like this lunatic can LEGALLY buy a killing machine and perpetrate the worst mass shooting in U.S. history

PAGES 2-7

DAILY NEWS NRA'S SICK JIHAD

DAILY NEWS NOWHERE TO HIDE

DAILY NEWS CRAZIEST MAN ON EARTH

2016년 6월 13일자 「뉴욕 데일리 뉴스」

총격범이 범행에 사용한 총은 여러 사건에서 자주 등장했던, 그럼에도 합법적으로 구입 가능한 AR-15 계열의 소총과 권총이었죠. 그는 무장 후 감시가 허술한 클럽의 서쪽 문으로 입장했습니다. 그리고 클럽 내부에 있는 사람들을 마구잡이로 사살했습니다. 클럽의 음악 소리 때문에 사람들은 처음에 총소리를 제대로 듣지 못했고, 일부는 효과음이라고도 생각했습니다. 시간이 지난 후 심각성을 느낀 300여 명이 숨거나 도망치려 했지만 총격범은 숨어있던 사람까지 찾아내서 한 명씩 총격을 가했다고 합니다.

이날 49명의 사망자와 58명의 부상자가 발생했습니다.

그런데 「뉴욕 데일리 뉴스」는 왜 이 사건과 관련해 전미총기협회를 언급했을까요? 기사 내용을 다시 보면 '공격 소총 금지를 계속해서 반대하는 당신 덕분에'라는 구절이 있습니다. 앞서 AR-15와 같은 공격용 소총의 판매를 금지하는 '공격용 무기 판매 금지법'을 제정했으나 2004년에 기한 만료로 폐지됐다고 이야기했습니다. 이후로 공격용 소총 판매 금지법은 꾸준히 거론됐으나 그때마다 적극적으로 나서서 금지 법안을 반대한 단체가 바로 전미총기협회입니다. 법안 제정이 미뤄지는 동안 총격범은 공격용 소총을 구매해 이처럼 끔찍한 사건을 저지른 것이죠. 이 사건으로 수면에 오른 전미총기협회는 거센 비난을 받았습니다. 플로리다의 클럽 총기 난사 사건으로 총기 규제 논란은 다시 뜨거워졌고 당시 대통령이던 버락 오바마Barack Obama는 연설을 통해 총기 규제가 필요하다는 의지를 드러냈습니다. 다음은 연설의 일부입니다.

> "이 학살은 학교, 교회, 영화관, 나이트클럽에서 쏠 수 있는 무기를 누군가가 손에 넣는 것이 얼마나 쉬운 일인지 다시 일깨워줍니다. 그것이 과연 미국인이 원하는 나라인지 결정해야 합니다."

대통령까지 나서며 총기 규제를 강화할 가능성이 커지자 사건이 일어난 플로리다주에서는 시민들의 공격용 소총 구매율이 월등히 높아졌습니다. 규제가 강화되면 AR-15 계열을 포함한 공격용 소총을 구하기 어려워질 테니 미리 총을 사두려고 한 것입니다. 총격 사건으로 불안한 마음에 성능이 좋은 총을 호신용으로 준비하려는 의도도 있었죠. 사건 발생 이틀 후 플로리다주에는 약 4,000명의 시민이 총기를 구매하기 위해 신원 조회를 신청했는데, 이는 6월 평균 일일 판매량의 두 배에 달하는 수치였습니다. 공격용 소총으로 100명이 넘는 사상자가 나왔는데 같은 총을 사려는 사람이 늘었다니 너무도 아이러니한 상황입니다.

이런 상황을 손 놓고 지켜만 볼 수는 없었던 민주당은 테러리스트 감시 명단에 등록된 인물의 총기 구매를 금지하는 내용의 총기 규제법을 들고 나왔습니다. 하지만 공화당 상원의원들은 이번 사건은 테러와의 전쟁의 또 다른 얼굴이며, 총기 규제가 있었어도 누구도 막지 못했을 것이라고 말했습니다. 사실상 사건이 총기 규제와 상관없다는 입장을 밝힌 것입니다. 최악의 총기 난사 사건으로 100여 명의 사상자가 발생했음에도 상원에서 표를 얻지 못한 총기 규제 법안은 끝내 부결됐습니다.

이 표결의 배후도 전미총기협회가 존재합니다. 투표가 끝난 후 한 민주당원은 기자들에게 전미총기협회가 의회 의원들에 대해 악의적인 영향력을 행사한다고 비난했습니다. 상원 내 총기 규제 반대파와 전미총기협회의 영향으로 총기 규제법 제정이 또다시 실패했기 때문입니다. 사실 전미총기협회는 그동안 대부분의 총기 규제법을 막아왔습니다. 특히 온라인이나 무면허 판매자가 총기 판매를 하기 전에 구매자의 배경 조사를 더 철저하게 수행하게 하는 'H.R.8' 법안을 2019년에 민주당 하원이 도입했으나 통과되지 않았습니다. 전미총기협회의 로비로 공화당 의원들이 대부분 총기 규제에 반대했기 때문이죠. 기사에 따르면 2019년 상반기에 전미총기협회는 의회를 상대로 한 총기 관련 법안 로비에 160만 달러 이상을 썼다고 합니다.

미국을 뒤흔드는 전미총기협회

대통령의 의지도, 의회의 법안도 막아서는 전미총기협회는 대체 어떤 단체일까요? 이들의 슬로건은 '내 총을 빼앗으려면 먼저 나를 죽여라!'입니다. 이 단체에는 총기 관련 기업을 비롯해 많은 공화당 의원이 소속돼 있습니다. 트럼프 전 대통령도 회원이며 영화배우인 브래드 피트Brad Pitt, 앤젤리나 졸리Angelina Jolie, 조니 뎁Johnny Depp 등도 총기 규제에 반대하는 유명인들입니다. 간단히 말하면 총기를 판매하는 사람들의 연합체입니다. 총기 규제를 강화하면 사람들이 총을 못 사고, 그러면 돈을 못 벌기 때문에 총기 규제를 반대하는 것이죠. 전미총기협회 조직 내부에는 '입법행동기구'라는 것이 있는데 미국의 총기 관련 기업들은 이곳을 통해 전미총기협회에 엄청난 규모의 활동 자금을 기부합니다. 그 돈으로 정치계에 막대한 로비를 하고 총기 규제 입법을 막는 것이죠. 전미총기협회의 자금 출처는 공개되지 않았으나 몇몇 자료를 통해 자금의 규모를 확인할 수 있습니다.

표는 전미총기협회의 세금 신고 자료입니다. 2018년도 총수익은 약 3억 5,000만 달러인데 로비를 비롯한 기부 광고 등에 쓴 비용은 수익을 넘어섭니다. 워낙 비밀스러운 단체이다 보니 전문가들은 실제로 더 많은 액수의

전미총기협회의 연간 수익 및 비용		
과세연도	총수익	총비용
2018년	3억 5,255만 864달러	3억 5,527만 5,317달러
2017년	3억 1,198만 7,734달러	3억 2,983만 1,651달러
2016년	3억 6,688만 9,703달러	4억 1,273만 7,440달러
2015년	3억 3,670만 9,238달러	3억 353만 4,567달러
2014년	3억 1,049만 1,277달러	3억 4,561만 1,985달러

돈이 오갈 것이라고 예상합니다. 또 다른 자료에 따르면 총기 규제를 반대하는 총기 기업들은 전미총기협회의 입법행동기구를 통해 돈을 기부하고 있는데, 그 액수가 무려 650억 원 이상이라고 합니다. 심지어 한 회사의 경우 판매액의 10%를 기부한다고 알려져 있죠. 여기에 500만 명 이상의 회원에게서 걷는 연회비와 광고비까지 더한 전미총기협회는 어마어마한 자금력을 바탕으로 막강한 힘을 가지게 된 것입니다.

전미총기협회가 차곡차곡 돈을 모은 이유는 오직 하나입니다. 총기 규제 법안을 막아 더 많은 돈을 벌어들이는 것입니다. 총기 규제는 곧 협회와 총기 기업들의 불이익이므로 총기 소유 권리를 유지하고 강화하는 데 앞장서는 것이죠. 총기 규제를 막을 목적으로 협회는 대통령을 만드는 킹 메이커가 되기도 합니다. 방법은 간단합니다. 막대한 자금력으로 정치인에게 자금을 지원하고 그가 미국 대통령이 될 수 있게 밀어주는 것이죠.

총기 규제를 반대하는 정치인이 대통령에 당선되길 원하는 전미총기협회의 눈에 가장 먼저 든 인물은 로널드 레이건입니다. 서부극 배우 출신으로 공화당에 입당한 그는 캘리포니아 주지사로 활동 중이었죠. 정치인으로서 총기 휴대 금지법을 폐지하는 데 찬성한 전력도 있는, 한마디로 '친총' 성향이었습니다. 1980년, 협회는 공화당 대통령 후보로 지명된 레이건을 대대적으로 밀어주었습니다. 당시 약 300만 명의 협회 회원이 모두 레이건을 지지했으며, 협회는 레이건을 위한 막대한 정치광고를 펼치며 그의 당선을 도왔죠. 그 결과 공화당의 레이건은 민주당의 지미 카터Jimmy Carter를 제치고 미국의 제40대 대통령이 되었습니다.

이후 공화당의 조지 W. 부시George W. Bush와 민주당 앨 고어Al Gore 후보가 제43대 대통령 선거에서 맞설 때도 전미총기협회는 큰 역할을 했습니다. 총기 규제 법안을 강력하게 추진하려 한 앨 고어의 낙선 운동을 펼친 것입니다. 전미총기협회 회장은 총기 규제를 강화하려는 민주당을 가리켜 '고압적인 정부 갱단'이라고 부르기까지 했죠. 결국 총기를 소유한 국민의 61%는 부시에게, 36%는 고어에게 표를 던졌습니다. 총기를 소유한 가정은 대부분 부시를 선택한 것이죠. 이때 선거 전문가들은 고어가 강력한 총기 규제 정책을 내걸었던 것이 부시 후보에게 패배한 요인의 하나였다고 지적했습니다. 전미총기협회는 제45대 미국 대통령인 도널드 트럼프의 선거 운동에서는 후원금을 포함해 약 342억 원을 쓴 것으로 추정합니다.

이처럼 대통령 선거에 막대한 돈을 쏟아붓는 전미총기협회는 법과 관련된 행보를 좀 더 적극적으로 펼치기 위해 정치계까지 발을 넓혔습니다. 후원 자금이라는 명목으로 정치인들에게 접근한 것입니다. 이를 위해 민주당과 공화당 의원들의 '총기 우호도'를 평가해 등급을 매기기도 했죠. 388쪽의 그래프에서 보듯이 A~F로 등급을 매긴 다음 로비 지원 수준을 결정했습니다. 협회는 A 등급 의원을 '수정헌법 제2조 문제에 대한 지지 기록이 있는 확고한 총기 지지자'로 정의하고 F 등급 의원은 '총기 소유자 권익에 항상 반대하는 일관된 총기 반대 후보'로 정했습니다. 협회가 발표하는 의원들의 총기 권리 인식 등급이 곧 의원들의 로비 지원 수준을 결정하는 기준이 된 것입니다.

그래프를 보면 민주당 의원들은 F 등급이 많은 '반총'이며, 공화당 의원들은 월등하게 A 등급을 받은 '친총'임을 알 수 있습니다. A 등급을 받으면 협회로부터 수백억 원의 후원금을 받을 수 있는데, 이때 의원들은 총기 규제에 적극적으로 반대 입장을 표명해야 합니다.

일반적으로 로비는 비밀스럽게 이루어집니다. 그런데 전미총기협회는

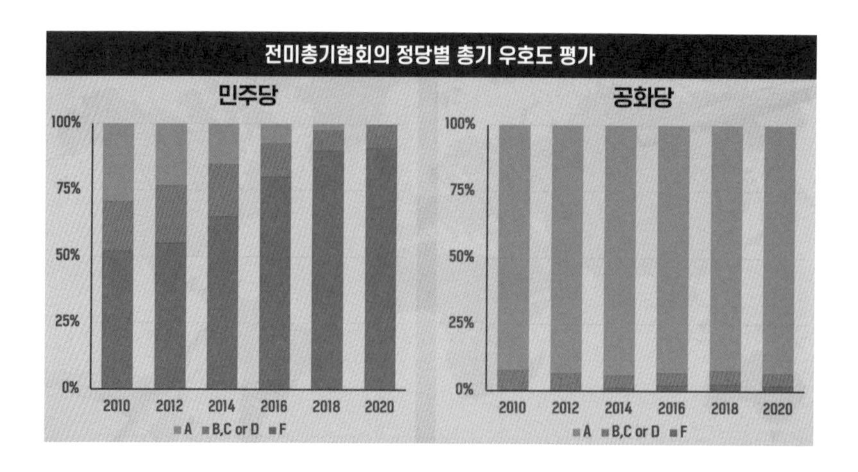

'총기 우호도 평가' 자료를 공개했습니다. 여기에는 숨겨진 속내가 존재합니다. 유권자가 이 자료를 투표 행사 기준으로 삼도록 한 것입니다. 전미총기협회의 500만여 명의 회원과 총기 규제를 반대하는 여론 및 시민은 상대적으로 총기 우호도가 높은 등급의 공화당 의원을 지지합니다. 즉 총기 규제를 반대하는 유권자가 A 등급의 후보에게 투표하고 F 등급의 후보에게는 투표하지 않도록 기준을 제시한 것이죠. 잇따른 총기 사고에도 국가가 엄격히 규제하지 못하는 이유 중 하나가 이것입니다.

전미총기협회는 로비를 위해 연간 5,000억 원의 자금을 사용합니다. 2016년에만 정치인에 대한 직접적인 후원과 로비에 약 45억 원, 정치 활동에 571억 원 이상을 썼다고 합니다. 또 의회에서 총기 규제 법안이 제출되면 주도면밀하게 계획을 세워 대응하고 있죠. 총기 규제 법안의 실현 가능성, 위헌 문제, 총기와 범죄와의 연간 관계 등 다양한 자료를 의회와 언론에 보내는 등 치밀한 준비로도 유명합니다.

미국 시민들에게 총을!

전미총기협회는 총기를 옹호하는 시민 여론을 만들기 위해 총을 친근한 이미지로 부각하기도 했습니다. 미국인의 일상에 총이 자리 잡을 수 있도록 저변을 확대해나갔는데 이때 큰 역할을 한 것이 총기 박람회입니다. 전미총기협회가 주최하는 총기 박람회는 매년 7차례 이상 열리고 있습니다. 해마다 28만 명이 참석할 정도로 인기가 많은데 가족과 함께 박람회를 찾는 사람이 많아 아이들도 흔히 볼 수 있죠. 규모가 큰 박람회에서는 보통 2만 5,000여 정의 총기 모델을 전시하는데 사람들은 판매대를 돌아다니며 슈퍼에서 물건을 고르듯 총을 구매합니다. 미국인들이 총기 박람회를 찾는 가장 큰 이유는 중고 총을 싸게 살 수 있기 때문입니다. 1만~20만 원짜리 총도 수두룩하고 소총은 70만 원 정도면 구매할 수 있습니다. '술보다 총이 더 사기 쉬운 나라'라고 말할 만큼 총을 구매하기 쉬운 나라가 미국입니다.

390쪽의 그래프는 미국 시민에게 개인의 권총 소지를 금지하는 법이 필요한지, 필요하지 않은지를 조사한 것입니다. 아래 파란색 그래프는 총기 소지를 금지해야 한다는 의견이고, 위의 빨간색은 총은 있어야 한다는 의견입니다. 해를 거듭할수록 총을 소지해야 한다는 의견이 높아지고 있습니다. 총기 규제를 반대하는 사람들은 스스로를 지키려면 총이 있어야 하며, 수정헌법 제2조에 명시된 총 소유 권리를 침해해서는 안 된다고 주장합니다.

이 같은 주장을 뒷받침하는 사건이 있습니다. 2016년 조지아주에서 한 여성이 자신의 집을 침입한 3인의 무장 강도에도 당황하지 않고 총을 쏜 것입니다. 무장 강도는 깜짝 놀라 도망쳤고 그중 한 명은 여성이 쏜 총에 맞

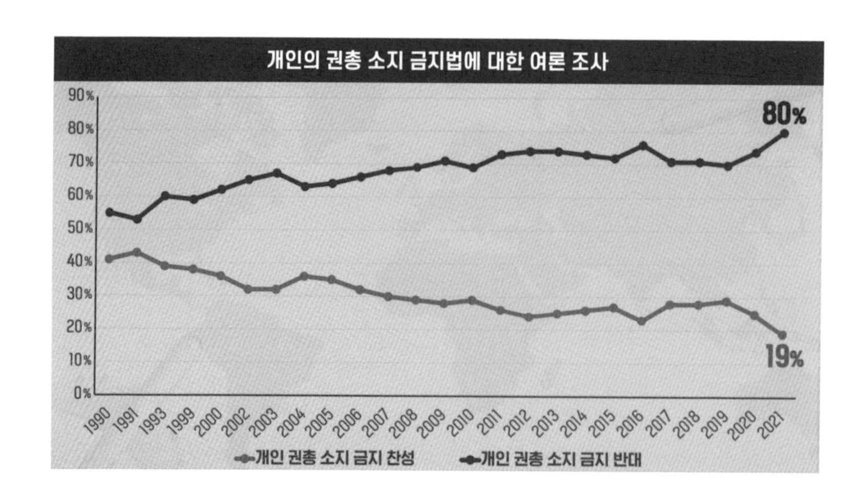

아 사망했죠. 총 덕분에 자신과 재산을 지킬 수 있었던 사건입니다. 미국에서는 이런 일이 비일비재하게 일어납니다. FBI의 미국 범죄 보고서에 따르면 미국은 3초마다 절도가 발생하고, 22초마다 강도·강간·살인 같은 강력범죄가 일어난다고 합니다. 그런데 경찰이 긴급 출동하는 데 걸리는 시간은 평균 7분~14분입니다. 총기 규제 반대론자들은 경찰이 오는 시간에 얼마든지 피해를 입을 수 있으므로 안전을 위해 총을 가져야 한다고 주장했습니다. 스스로 보호할 권리를 위해 총을 소지할 수 있게 해달라는 것이죠.

문제는 총기 난사 같은 사고 외에 오발 사고도 잇따른다는 것입니다. 특히 최근에는 대부분의 가정이 총기를 소지하면서 아이들의 오발 사고가 많이 일어나고 있습니다. 2022년 3월 28일, 미국 미주리주의 어느 가정에서 12세 소녀와 그녀의 사촌오빠가 SNS 라이브 방송을 하며 장난을 치던 중 오발 사고가 발생했습니다. 머리에 총을 맞은 사촌 오빠는 그 자리에서 숨지고 말았는데 이에 놀란 소녀가 스스로 총을 쏴 극단적인 선택을 한 것입니다. 총에 대한 안전의식 부족이 불러온 참사였죠. 이 사건은 SNS를 통해 6,100여 명에게 생중계됐습니다.

조사에 따르면 2021년에만 최소 377건의 의도하지 않은 어린이 총격이 발생했다고 합니다. 이로 인해 154명이 사망하고 242명이 부상을 입었습니다. 이 통계는 총기에 관한 안전의식에 주의를 기울여야 한다는 것을 나타냅니다. 아이가 있는 집에서는 총을 보관할 때 안전장치를 걸고 탄약을 별도의 위치에 보관해서 잠가야 하지만, 이를 지키지 않는 가정들이 많습니다. 일부 부모는 총을 숨기면 아이들이 총에 접근하는 것을 막을 수 있다고 생각하나 어린이의 75%는 총이 어디에 보관돼 있는지 알고 있다고 합니다. 그 결과 매년 총기로 인해 1,000명 이상의 어린이가 사망하거나 부상을 당합니다.

되풀이되는 총기 사고와 규제 논쟁

경악할 만한 총기 사고는 계속되지만 전미총기협회의 영향력과 총기에 대한 친근한 인식으로 미국에서 총은 더욱 널리 퍼져나갔습니다. 그러던 중 2017년 10월 1일에 사망자 61명, 부상자 867명이라는 역대 최다 희생자가 발생한 비극이 또다시 반복됐습니다. 사건이 일어난 곳은 컨트리 뮤직 페스티벌이 열린 라스베이거스의 야외 공연장이었죠. 연주가 시작되자마자 헬기 소리와 비슷한 연발 총성이 들리기 시작한 것입니다. 영문을 모르던 군중은 사람들이 쓰러져 있는 것을 보고 심상치 않은 일이 벌어졌음을 직감했습니다. 곧이어 무시무시한 총소리가 공연장 일대를 흔들어대고 공포와 혼란은 극에 달했죠. 총탄에 맞아 도움을 요청하는 사람들의 비명도 여기저기서 이어졌습니다. 음악과 웃음소리로 떠들썩했던 라스베이거스는 단 한 사람으로 인해 한순간에 대참사의 현장으로 변했습니다.

범인의 정체는 64세의 스티븐 패덕Stephen Paddock으로 그는 사건 5일 전인 9월 25일부터 콘서트장이 내려다보이는 만달레이 베이 호텔 32층의 스위트 룸에 묵었습니다. 그리고 그곳에서 축제가 열리자마자 총을 쏘아댄 것입니다. 경찰은 총알이 발사된 위치를 파악한 후 호텔 스위트 룸으로 잠입했지만 그는 이미 사망한 뒤였습니다. 사인은 머리에 입은 총상으로, 자살이었죠. 범인은 라스베이거스에서 프로 갬블러로 생활하며 수십억 원대 재산을 소유한 자산가였습니다. 전과가 없으며 정부 기관에 요주의 인물로 올라간 적도 없었죠. 결국 경찰은 뚜렷한 범행 동기를 밝히지 못한 채 사건을 종결했습니다.

사건 이후 트럼프 대통령은 목숨을 잃은 피해자들에게 애도의 메시지를 전했습니다. 그리고 라스베이거스로 가서 유족에게 위로를 전했죠. 900명이 넘는 사상자가 발생했지만, 전미총기협회 회원으로 총기 규제에 반대해온 트럼프는 총기 규제에 관한 어떠한 법안도 내놓지 않았습니다. 전미총기협회의 자금을 받아 대통령에 당선됐기 때문에 협회의 입김으로부터 자유롭지 못했던 것입니다.

전미총기협회는 이 같은 사고가 터질 때마다 정신이상자들이 총을 사용하는 것이 문제일 뿐, 정상인의 총기 사용에는 문제가 없다고 주장해 왔습니다. 하지만 라스베이거스 총기 난사 사건을 통해 사회적으로 인정받고, 돈도 많으며, 정신적으로 안정된 사람도 대량 살상을 할 수 있다는 여론이 생겼습니다. 이 문제는 단순히 총기를 구매하는 조건의 문제가 아니라 총기 자체에 대한 규제로 번질 수 있었죠. 그러자 협회는 강력한 총기 규제가 아닌, 총기 장비인 '범프스톡' 규제를 지지하는 차선을 택했습니다.

범프스톡은 반자동 소총을 자동화기로 개조해서 1분에 400발~800발을 쏠 수 있게 해주는 장치입니다. 라스베이거스 사건에서 인명 피해 규모를 키우는 데 결정적 역할을 했죠. 전미총기협회가 범프스톡 규제를 지지한다는 입장을 표명하자 놀라운 일이 일어났습니다. 공화당 주요 인사들이 범프스톡 규제가 필요하다고 피력했고, 결국 트럼프 대통령이 나서서 범프스톡의 민간 소유 금지명령을 내린 것입니다.

라스베이거스 총기 난사 사건으로부터 4년 후, 텍사스주에서 롭 초등학교 총기 난사 사건이 일어났습니다. 아이러니하게도 이틀 뒤 텍사스주에서는 전미총기협회의 연례행사가 열렸습니다. 여기에 참석한 트럼프 전 대통령은 총기 난사로 어린아이들이 목숨을 잃은 텍사스에서 "총을 든 나쁜 자를 막을 수 있는 것은 총을 든 착한 자다"라며 총의 필요성을 강조했습니다. 한편 미국의 바이든 대통령은 텍사스주에서 열린 추모식에 참석한 후 백악관으로 돌아와 총기에 대한 자신의 의견을 전했습니다. 그는 "합법적인 총기 소유자들의 문화와 전통을 존중하지만 수정헌법 제2조는 다른 모든 권리와 마찬가지로 절대적이지 않다. 공격용 무기를 금지할 수 없다면 무기 구매 연령을 높여야 한다"라며 트럼프 전 대통령과는 반대로 총기 규제법의 필요성을 강조했습니다. 그리고 2022년

범프스톡

6월에 총기 규제를 강화하는 법안이 상원과 하원을 통과했죠. 여기에 바이든 대통령이 서명하면서 30여 년 만에 드디어 연방 총기 규제법인 '초당적 총기 안전 법안'이 탄생한 것입니다.

'초당적 총기 안전 법안' 주요 내용

- 18세~21세 총기 구매자의 신원 조회를 위해 미성년 범죄와 기록 제공
- 21세 미만 총기 구매자의 정신건강 상태를 당국이 최소 열흘간 검토
- 법원이 위험하다고 간주하는 이들에게선 총기를 일시적으로 뺏을 수 있는 '레드 플래그 법(적기법)'을 도입하는 주에 인센티브 지급

미성년 범죄와 기록을 제공하고 총기를 일시적으로 뺏을 수 있는 법을 도입하는 주에 인센티브를 지급하기로 한 것이 이전 법과 다른 점입니다. 그렇다면 30여 년 만에 제정한 연방 총기 규제법은 총기 사고를 막는데 실효성이 있을까요? 사실 이 법안은 공격용 소총 구매 나이 상향 조정, 신원 조회 등 바이든 대통령과 민주당이 요구해온 총기 규제 방안을 합의안에서 제외한 채 나온 것입니다. 바이든 대통령은 합의안을 발표하는 성명에서 "필요한 조치가 모두 이뤄진 것은 아니지만 옳은 방향으로 가는 중요한 걸음이다"라고 말했죠. 이 법안은 법안에서 자칫 불이익을 받았다고 판단한 사람이 '수정헌법 제2조'에 근거해 헌법소원을 낼 수도 있을 만큼 애매합니다. 게다가 얼마 후 여론이 잠잠해지고 선거 때가 되면 전미총기협회는 또 다시 조용히 움직일 것입니다.

놀랍게도 연방 총기 규제법을 제정한 지 9일이 지난 2022년 7월 4일, 미국 독립기념일 연휴였던 이날 전국에서는 총기 사고가 잇따랐습니다. 미국

의 총기 사고는 여전히 끝나지 않았으며 총기 규제에 대한 갈등은 미국을 갈라놓고 있습니다. 총기 규제법안 자체는 실효성이 떨어집니다. 하지만 중요한 것은 국민이 지속적으로 함께 연대해서 희망을 갖고 여론을 형성해가는 것입니다. 미국에서 흑인들이 민권법을 쟁취하기까지는 100년이 걸렸습니다. 총기 규제도 마찬가지입니다. 개선될 것을 믿고 지치지 않는 마음으로 투쟁해야 하죠. 이 책에서 다룬 다양한 주제가 주는 공통적인 교훈은 복잡한 것을 자기 생각대로 단순화하고 내가 생각하는 것이 유일한 정답이라고 믿는 순간, 우리는 얼마나 처참한 비극을 경험했는가 하는 것입니다.

벌거벗은 세계사 - 잔혹사편

초판 1쇄 발행 2023년 5월 30일
초판 5쇄 발행 2024년 10월 25일

지은이 tvN 〈벌거벗은 세계사〉 제작팀
김봉중, 남성현, 류한수, 박장식, 박현도, 송대섭, 임승휘, 전진성, 황규득
펴낸이 안병현 김상훈
본부장 이승은 **총괄** 박동옥 **편집장** 임세미
책임편집 정혜림 **디자인** 박지은 **마케팅** 신대섭 배태욱 김수연 김하은 **제작** 조화연

펴낸곳 주식회사 교보문고
등록 제406-2008-000090호(2008년 12월 5일)
주소 경기도 파주시 문발로 249
전화 대표전화 1544-1900 **주문** 02)3156-3665 **팩스** 0502)987-5725

ISBN 979-11-7061-008-3 (03900)
책값은 표지에 있습니다.